国家出版基金项目
NATIONAL PUBLICATION FOUNDATION

新时代外国语言文学
新发展研究丛书

总主编　罗选民　庄智象

英语教学新发展研究

English Teaching: New Perspectives and Development

徐锦芬　龙在波／著

清华大学出版社
北　京

内 容 简 介

本书从理论、实践以及研究方法三个方面系统介绍了新时代尤其是近十年来英语教学研究的发展概况。理论层面,本书不仅介绍了传统教学理论的新发展,还介绍了近年来兴起的新理论(如动态评估)以及国内本土化理论(如产出导向法、续论)的发展脉络。方法层面,本书涵盖了英语教学研究中的常用方法,包括描述性研究和实验研究等。实践层面,本书梳理了近年来不同模式的英语教学以及专门用途英语教学研究概况。本书理论、方法、实践部分形成一个有机统一体,适用于各层次的英语教师、英语专业本科生和研究生,能够为广大外语师生从事外语教学与研究提供新视野。

图书在版编目(CIP)数据

英语教学新发展研究 / 徐锦芬,龙在波著 . —北京:清华大学出版社,2021.11(2022.5 重印)

(新时代外国语言文学新发展研究丛书)

ISBN 978–7–302–57323–4

Ⅰ . ①英… Ⅱ . ①徐… ②龙… Ⅲ . ①英语—教学研究 Ⅳ . ① H319.3

中国版本图书馆 CIP 数据核字(2021)第 012334 号

策划编辑: 郝建华
责任编辑: 郝建华 刘 艳
封面设计: 黄华斌
责任校对: 王凤芝
责任印制: 杨 艳

出版发行: 清华大学出版社
　　　　网　　址:http://www.tup.com.cn, http://www.wqbook.com
　　　　地　　址:北京清华大学学研大厦 A 座　　邮　编:100084
　　　　社 总 机:010–83470000　　　　　邮　购:010–62786544
　　　　投稿与读者服务:010–62776969, c-service@tup.tsinghua.edu.cn
　　　　质量反馈:010–62772015, zhiliang@tup.tsinghua.edu.cn
印 刷 者: 大厂回族自治县彩虹印刷有限公司
装 订 者: 三河市启晨纸制品加工有限公司
经　　销: 全国新华书店
开　　本: 155mm×230mm　　　**印　张:** 27.5　　　**字　数:** 419 千字
版　　次: 2021 年 11 月第 1 版　　　　**印　次:** 2022 年 5 月第 2 次印刷
定　　价: 148.00 元

产品编号:088100–01

总　　序

外国语言文学是我国人文社会科学的一个重要组成部分。自 1862 年同文馆始建，我国的外国语言文学学科已历经一百五十余年。一百多年来，外国语言文学学科一直伴随着国家的发展、社会的变迁而发展壮大，推动了社会的进步，促进了政治、经济、文化、教育、科技、外交等各项事业的发展，增强了与国际社会的交流、沟通与合作，每个发展阶段无不体现出时代的要求和特征。

20 世纪之前，中国语言研究的关注点主要在语文学和训诂学层面，由于"字"研究是核心，缺乏区分词类的语法标准，语法分析经常是拿孤立词的意义作为基本标准。1898 年诞生了中国第一部语法著作《马氏文通》，尽管"字"研究仍然占据主导地位，但该书宣告了语法作为独立学科的存在，预示着语言学这块待开垦的土地即将迎来生机盎然的新纪元。1919 年，反帝反封建的"五四运动"掀起了中国新文化运动的浪潮，语言文学研究（包括外国语言文学研究）得到蓬勃发展。中华人民共和国成立后，尤其是改革开放以来，外国语言文学学科的发展势头持续迅猛。至 20 世纪末，学术体系日臻完善，研究理念、方法、手段等日趋科学、先进，几乎达到与国际研究领先水平同频共振的程度，取得了令人瞩目的成绩，有力地推动和促进了人文社会科学的建设，并支持和服务于改革开放和各项事业的发展。

无独有偶，在处于转型时期的"五四运动"前后，翻译成为显学，成为了解外国文化、思想、教育、科技、政治和社会的重要途径和窗口，成为改造旧中国的利器。在那个时期，翻译家由边缘走向中国的学术中心，一批著名思想家、翻译家，通过对外国语言文学的文献和作品的译介塑造了中国现代性，其学术贡献彪炳史册，为中国学术培育做出了重大贡献。许多西方学术理论、学科都是经过翻译才得以为中国高校所熟悉和接受，如王国维翻译教育学和农学的基础读本、吴宓翻译哈佛大学白璧德的新人文主义美学作品等。这些翻译文本从一个侧面促成了中国高等教育学科体系的发展和完善，社会学、人类学、民俗学、美学、教育学等，几乎都是在这一时期得以创建和发展的。翻译服务对于文化交流交融和促进文明互鉴，功不可没，而翻译学也在经历了语文学、语言学、文化学等转向之后，日趋成熟，如今在让中国了解世界、让世界了解中国，尤其是"一带一路"建设、人类命运共同体构建，讲好中国故事、传递好中国声音等方面承担着重要使命与责任，任重而道远。

20世纪初，外国文学深刻地影响了中国现代文学的形成，犹如鲁迅所言，要学普罗米修斯，为中国的旧文学窃来"天国之火"，发出中国文学革命的呐喊，在直面人生、救治心灵、改造社会方面起到不可替代的作用。大量的外国先进文化也因此传入中国，为塑造中国现代性发挥了重大作用。从清末开始特别是"五四运动"以来，外国文学的引进和译介蔚然成风。经过几代翻译家和学者的持续努力，在翻译、评论、研究、教学等诸多方面成果累累。改革开放之后，外国文学研究更是进入繁荣时代，对外国作家及其作品的研究逐渐深化，在外国文学史的研究和著述方面越来越成熟，在文学理论与文学批评的译介和研究方面、在不断创新国外文学思想潮流中，基本上与欧美学术界同步进展。

外国文学翻译与研究的重大意义，在于展示了世界各国文学的优秀传统，在文学主题深化、表现形式多样化、题材类型丰富化、批评方法论的借鉴等方面显示出生机与活力，显著地启发了中国文学界不断形成新的文学观，使中国现当代文学创作获得了丰富的艺术资源，同时也有力地推动了高校相关领域学术研究的开展。

进入21世纪，中国的外国语言学研究得到了空前的发展，不仅及时引进了西方语言学研究的最新成果，还将这些理论运用到汉语研究的实践；不仅有介绍、评价，也有批评，更有审辨性的借鉴和吸收。英语、汉语比较研究得到空前重视，成绩卓著，"两张皮"现象得到很大改善。此外，在心理语言学、神经语言学和认知语言学等与当代科学技术联系紧密的学科领域，外国语言学学者充当了排头兵，与世界分享语言学研究的新成果和新发现。一些外语教学的先进理念和语言政策的研究成果为国家制定外语教育政策和发展战略也做出了积极的贡献。

习近平总书记指出："要着力推进国际传播能力的建设，创新对外宣传方式，加强话语体系建设，着力打造融通中外的新概念新范畴新表述，讲好中国故事，传播好中国声音，增强在国际上的话语权。"为贯彻这一要求，教育部近期提出要全面推进新工科、新医科、新农科、新文科等建设。新文科概念正式得到国家教育部门的认可，并被赋予新的内涵和定位，即以全球新技术革命、新经济发展、中国特色社会主义新时代为背景，突破传统的文科思维模式与文科建构体系，创建与新时代、新思想、新科技、新文化相呼应的新文科理论框架和研究范式。新文科具备传统文科和跨学科的特点，注重科学技术、战略创新和融合发展，立足中国，面向世界。

新文科建设理念对外国语言文学学科建设提出了新目标、新任务、新要求、新格局。具体而言，新文科旗帜下的外国语言文学学科的发展目标是：服务国家教育发展战略的知识体系框架，兼备迎接新科技革命的挑战能力，彰显人文学科与交叉学科的深度交融特点，夯实中外政治、文化、社会、历史等通识课程的建设，打通跨专业、跨领域的学习机制，确立多维立体互动教学模式。这些新文科要素将助推新文科精神、内涵、理念得以彻底贯彻落实到教育实践中，为国家培养出更多具有融合创新的专业能力，具有国际化视野，理解和通晓对象国人文、历史、地理、语言的人文社科领域外语人才。

进入新时代，我国外国语言文学的教育、教学和研究发生了巨大变化，无论是理论的探索和创新，方法的探讨和应用，还是具体的实验和实践，都成绩斐然。回顾、总结、梳理和提炼一个年代的学术发展，尤其是从理论、方法和实践等几个层面展开研究，更有其学科和学术价值及现实和深远意义。

鉴于上述理念和思考，我们策划、组织、编写了这套"新时代外国语言文学新发展研究丛书"，旨在分析和归纳近十年来我国外国语言文学学科重大理论的构建、研究领域的探索、核心议题的研讨、研究方法的探讨，以及各领域成果在我国的应用与实践，发现目前研究中存在的主要不足，为外国语言文学学科发展提出可资借鉴的建议。我们希望本丛书的出版，能够帮助该领域的研究者、学习者和爱好者了解和掌握学科前沿的最新发展成果，熟悉并了解现状，知晓存在的问题，探索发展趋势和路径，从而助力中国学者构建融通中外的话语体系，用学术成果来阐述中国故事，最终产生能屹立于世界学术之林的中国学派！

本丛书由中国英汉语比较研究会联合上海时代教育出版研究中心组织研发，由研究会下属29个二级分支机构协同创新、共同打造而成。罗选民和庄智象审阅了全部书稿提纲；研究会秘书处聘请了二十余位专家对书稿提纲逐一复审和批改；黄国文终审并批改了大部分书稿提纲。

本丛书的作者大都是知名学者或中青年骨干，接受过严格的学术训练，有很好的学术造诣，并在各自的研究领域有丰硕的科研成果，他们所承担的著作也分别都是迄今该领域动员资源最多的科研项目之一。本丛书主要包括"外国语言学""外国文学""翻译学""比较文学与跨文化研究"和"国别和区域研究"五个领域，集中反映和展示各自领域的最新理论、方法和实践的研究成果，每部著作内容涵盖理论界定、研究范畴、研究视角、研究方法、研究范式，同时也提出存在的问题，指明发展的前景。总之，本丛书基于外国语言文学学科的五个主要方向，借助基础研究与应用研究的有机契合、共时研究与历时研究的相辅相成、定量研究与定性研究的有效融合，科学系统地概括、总结、梳理、提炼近十年外国语言文学学科的发展历程、研究现状以及未来的发展趋势，为我国外国语言文学学科高质量建设与发展呈现可视性极强的研究成果，以期在提升国家软实力、构建人类命运共同体过程中承担起更重要的使命和责任。

感谢清华大学出版社和上海时代教育出版研究中心的大力支持。我们希望在研究会与出版社及研究中心的共同努力下，打造一套外国语言文学研究学术精品，向伟大的中国共产党建党一百周年献上一份诚挚的厚礼！

罗选民　庄智象

2021 年 6 月

前　　言

何为"新时代"？党的十九大报告指出，经过长期努力，中国特色社会主义进入了新时代。从这个意义上讲，新时代是指我国日益走近世界舞台中央、不断为人类做出更大贡献的时代；而"世界一流大学和一流学科"（简称"双一流"）建设则意味着我国高等教育发展进入了新时代。日趋激烈的全球化趋势以及英语长期以来的国际地位已经使英语成为当今世界应用最广泛的语言。另外，在全球范围内构建人类命运共同体这一时代使命需要作为全球通用语的英语来成为各国之间信息沟通与交流的桥梁，这使得英语教学的重要性更加凸显。很显然，新时代为我国英语教学发展提供了新机遇，提出了新要求。

改革开放四十多年来，我国高等教育在英语教学、国际化人才培养方面取得的成绩有目共睹。尤其是进入新时代以来，各个领域都发生了巨大变化，英语教学与研究也不例外。近十年无论是英语教学理论的探索与创新、理论在实际教学中的应用或实践，还是在英语教学研究方法的规范化方面都取得了可喜的成果。但是，客观审视和全面反思我国英语教学现状，我们还是会发现问题的存在，有长期以来没能解决的老问题，但更多是新时代背景下出现的新问题。因此，回顾英语教学发展的历史进程，尤其是近十年来英语教学研究在理论、方法和实践方面的新发展，探究未来英语教学与研究的发展趋势和路径对如何应对新时代我国英语教学面临的新问题、新挑战具有很重要的理论价值和实际指导意义。本书正是在这样的时代背景下产生的。

本书是一部系统介绍新时代英语教学理论与实践最新发展的专著，全书共由五部分组成。第一部分为"英语教学概论"（第1–2章），"第二部分为"英语教学理论发展"（第3–4章），第三部分为"英语教学研究方法"（5–8章），第四部分为"英语教学实践研究"（9–10章），第五部分为"未来展望"（11章）。第一部分包括两章，第1章主要从英语教学的学科关联性和英语教学目标两个层面讨论了英语教学的本质。首先，英语教学并非是一个与其他学科并无关联的自主性学科领域，语言学、教育学和心理学是其三大主要支撑性学科，而且人类学、社会学等其他诸多学科都能为英语教学提供宝贵启示，因此，英语教学实际上也是一个超学科研究/实践领域。其次，英语教学目标既涵盖语言目标（如语言使用能力）也包括非语言目标（如自主学习能力、思政素养等）。第 2 章从社会转向、多语转向、积极转向以及超学科趋势四方面论述了新时代英语教学研究概况，具体围绕每一方面的理论观点、实证依据以及对教学/研究的启示进行总结。

第二部分包括两章，第 3 章"国际英语教学理论研究新成果"首先从全球化时代背景出发，探究这一时代背景给英语教学带来的变革与挑战，以及英语学习者和英语教师身份的变化，同时我国外语语境下的英语教学又该如何在全球化背景下谋得新发展；然后阐释了交际教学法的理论基础、最新进展及未来研究发展方向；鉴于近十年动态评估得到英语教学领域越来越多教师和学者的欢迎，本章最后一节专门介绍了动态评估的理论基础、实施程序、研究进展以及未来研究发展方向。第 4 章"国内英语教学理论研究新成果"由四个小节构成，每一小节都涉及一个重要主题，具体包括"英语教学多模态研究""英语自主学习研究""续论"和"产出导向法"。纳入以上四个主题主要出于两点考虑：第一，国内有关"多模态英语教学"和"英语自主学习能力培养"相关研究成果较为丰富，在国内有较大影响力；第二，从国内教学理论创新视角论述"续论"和"产出导向法"等具有中国特色外语教育理论体系的构建，能激励国内更多学者致力于教学理论创新。

第三部分包括四章，首先专门介绍与英语教学紧密相关的三种研究方法，具体为描述性研究（第 5 章）、相关性研究（第 6 章）和实验研究（第 7 章）。高质量的英语教学研究离不开科学规范的研究方法，因此我们对每一种方法的定义及特征、数据收集和分析方法、研究的信度与效度都有系统介绍。尤其值得一提的是，这部分最后一章（第 8 章）专门探讨了英语教学研究的伦理观，涉及研究者的研究诚信、参与者隐私、知情同意等问题，以及有利无害和公平公正等原则，对开展相关教学研究具有重要的指引作用。

第四部分包括两章，第 9 章"不同模式下的英语教学实践研究"涉及线下教学、线上教学，以及线上与线下融合式教学三种不同模式的教学实践。受国家教育政策的引导和推动，近十年专门用途英语引起了国内学术界越来越广泛的关注，因此第 10 章"专门用途英语教学实践研究"系统介绍了专门用途英语的概念及其发展历程、专门用途英语教学现状研究，还专门探讨了专门用途英语与通用英语的关系，最后指出了未来相关教学与研究的发展方向。

第五部分是对未来英语教学发展进行展望，主要围绕复杂理论视角下的英语教学、与技术整合的英语教学、师生能动性研究和新时代英语教材研究四个方面呈现未来发展趋势。

从以上介绍可以看出，本书结构完整，具有新颖性、系统性、理论性、实践性等特点。理论、方法、实践／应用形成一个有机统一体。它适用于各层次的英语教师、英语专业本科生和研究生，是广大外语师生从事外语教学与研究并产出高质量成果的重要参考文献。

本书的问世首先要感谢庄智象教授的邀请，让我有幸加入"新时代外国语言文学新发展研究丛书"的撰写团队，在写作过程中促使我及我的团队成员系统搜集并认真阅读了大量英语教学相关文献，拓宽了我们的知识、深化了我们的认识；感谢郝建华分社长在整个写作过程中的耐心敦促；感谢华中科技大学外国语学院领导一直以来对我从事科学研究的支持。最后，要感谢我的研究团队成员陈聪、李霞、张姗姗、李高新、刘文波、何登科、陈子逸、李莹捷、邱钰景等，本书的顺利完成离不开他们的共同努力，其中博士生张志武、杨昱、李高新、陈聪分别协助完成了第 1 章、第 5 章、第 6 章和第 7 章、第 10 章的初稿。在此一并感谢。

由于作者水平有限，疏漏和不足在所难免，敬请专家同仁和广大读者批评指正。

徐锦芬

2021 年 9 月

目　　录

图 目 录

表 目 录

第一部分
英语教学概论

第1章
英语教学[1]的本质

英语在当今世界中具有独特的地位（Chvala，2020；Richards，2015）。在全球化日趋激烈的当代，英语作为全世界最为广泛使用的语言，有助于各国之间的信息沟通与交流，达到"通事"（李宇明，2018）之目的；进而有助于各国合力"构建人类命运共同体，促进全球治理体系变革"（习近平，2017），使各国人民共同面对和解决环境、疾病、霸权主义等问题对人类生存所构成的挑战。例如，2020年的新型冠状病毒（COVID-19）席卷全球，对世界各地人民的生活造成了巨大冲击。在此情况下，只有共通的语言才能保证世界各国达成共识并展开通力合作，共同协商各方权益，从而最大限度共同防御疾病对人类生存的毁灭性破坏（张红玲、姚春雨，2020；Chvala，2020）。

当代社会，英语已经成为许多领域关键性部门所广泛使用的语言，也反映着社会各阶层人民对教育、技术和知识等资源的掌握情况（Richards & Rodgers，2014）。因此，英语教学在当今世界起着举足轻重的作用。一方面，英语教学是为了在当今变革时代培养学生应对当前和未来现实生活的能力、提高他们在就业市场的竞争性、稳定性和成就感（Chvala，2020）；另一方面，英语教学也是教育现代化的必然要求，是提高国民素质、培养世界公民、强化学生全球化意识、提升主权国家国际事务参与程度和构建人类命运共同体的必然要求（文秋芳，2014a）。通常来说，英语教学最初在国际上主要有两种提法，一种是"英语语言教学"（English language teaching，ELT），为英国学者所常用；

---

1 在本书中，我们使用的"英语教学"既包括教师的教授行为，也包括学习者的学习行为；既强调知识传授和技能培养，也注重师生人格的培养，即育人。

另一种则是"英语非母语教学/对外英语教学"（teaching English to speakers of other languages，TESOL），为北美学者所常用。后来，两个缩略语经常被学者们交替使用（Gray，2016），或统称为"英语教学"。

1.1 英语教学的学科关联性

英语教学具有悠久的历史，但是直到20世纪，它才真正成为一种职业。在这一时期，应用语言家及其他领域学者试图借助语言学、教育学和心理学理论来发展有效的语言教学方法、设计有效的教学材料（Richards & Rodgers，2014）。不少基于理论的英语教学方法在这一时期得以创立和发展，如盛行于20世纪50年代及之后的情境教学法（situational language teaching）、听说法（audio-lingualmethod）等。

英语教学是一个多面性学术学科领域，需要教师接受语言学、二语习得、语言教学法、语言测试与研究、课程设计、项目管理、跨文化交际等多方面的培训。鉴于英语教学最初植根于语言学、教育学和心理学三个学科（Kramsch，2000；Pennington & Hoekje，2014），本章在此主要探讨英语教学与这三个学科之间的关系。

1.1.1 英语教学与语言学

语言学对英语教学具有认识论和方法论上的指导意义。语言学理论往往会通过显性或隐性方式指出语言应当如何教（Kramsch，2000），并且语言学理论的发展往往会直接或间接地对英语教育政策的制定、教材的编写和英语教学方法的使用与发展产生重要影响（程晓堂，2012）。20世纪之前的语言教学法（如语法翻译法）几乎不涉及语言学、教育学和心理学等方面的理论（Richards & Rodgers，2014）。19世纪中晚期，欧洲国家之间的交流日渐频繁，使得这些国家对高口语水平的人才需求与日俱增。因此，部分国家开始逐渐质疑和抵制当时盛行的语法翻译法，认为公共教育系统无法履行其责任并培养国家需要的人才。在此背景下，不少语言学家和教师发表了大量文章、出版了不少书籍和宣传册等，呼吁创新语言教学方法，这一努力在语言教学史上被称为"改革运动"（Reform Movement）。

　　在改革运动中，语言学在二语或外语教学中的地位得以突显。一批有见识的语言学家（如英格兰的 Henry Sweet、法国的 Paul Passy 等）建立了语音学，专门探究口语过程，并认为口语是语言的基本形式。他们于 1886 年成立了国际语音协会，随之又于 1888 年创立了国际音标（International Phonetic Alphabet）。国际音标的产生虽然基于语言学研究者的发现，但是其目的却是服务于语言教学（Allegra，2018）。国际语音协会主要倡导：①学习口语；②对学生进行语音训练，以帮助他们建立良好的发音习惯；③利用会话文本引介会话短语及习语；④采用归纳法教授语法；⑤通过目标语言教授新意义。因此，国际语音协会的成立以及国际音标体系的建立可谓是语音学家对英语教学做出的首次真正科学（语言学）意义上的贡献（徐锦芬，2006）。国际音标体系对 20 世纪许多英语教学法都产生了深远影响（如情境教学法、听说法、交际教学法等）（Allegra，2018）。

图 1-1　语言学与英语教学关系图（Close，1966：100）

　　实际上，语言学并不一定直接影响英语教学实践。一般情况下，语言学理论和研究可能经历几个阶段才能用于课堂实践。Close（1966）将语言学应用于课堂实践的过程描述为四个阶段、三个跨度（span）（如图 1-1 所示）。其中阶段 1 与阶段 2 之间为第一个跨度。阶段 1 代表语言学研究（如对英语的语言学分析），阶段 2 则指将语言学研究有选择性地应用于英语教学以解决一般性问题。阶段 2 与阶段 3 之间为第二个跨度。阶段 3 代表着将阶段 1 和阶段 2 的成果用于具体的环境中（如地域环境）以满足一定教学目标。这一过程需要通过制定具体的教学大纲和教学材料、对教师进行培训等行为才能实现。阶段 3 与阶段 4 之间代表第三个跨度。阶段 4 代表着将教学大纲、教学材料等内容落实到具体的课堂教学设计和教学行为中。

过去几十年的英语教学研究及实践表明，语言学理论影响英语教学法、英语教育政策、二语习得理论等方面（程晓堂，2012；Richards & Rodgers，2014），而无论是教学法（束定芳，2019）、语言教育政策（程文华，2012；Xu & Fan，2017）还是二语习得理论（文秋芳，2017；Kramsch，2000）都会直接或间接地影响到英语（课堂）教学实践。因此，基于图1-1，我们可以将语言学与英语教学实践的关系进一步具体化（如图1-2）。也就是说，语言学中所涉及的各种理论（包括普通语言学、应用语言学、心理语言学等）对课堂英语教学实践的影响主要通过二语习得理论、语言教学法和语言教育政策等方面产生。然而这些理论及政策又主要反映在教学原则、课程设置、教学大纲等方面，随之最终落实到教学设计、任务安排、语言使用（如母语使用量等）、测评方式等具体的教学实践行为当中。Close（1966）提出的语言学—课堂实践关系模型表明：语言学与英语课堂教学间是一个抽象与具体、宏观与微观的关系。下文重点从二语习得理论、语言教学法、语言教育政策三个方面讨论其在弥合语言学理论与英语教学中的中介作用。

图1-2　语言学对英语教学实践的影响

1. 二语习得理论与英语教学

二语习得是一个多学科理论融合的领域，但其最为主要的理论影响还是来自（普通）语言学和心理语言学（Mitchell & Myles，2004）。语言学家和心理语言学家通常专注于分析和模拟个体学习者用于加工、学习和储存新语言知识的内部心理机制（mental mechanism），试图描摹并解释学习者语言发展的路径。Ortega（2015）在回顾当代十条二语习得理论时指出：技能习得理论（skill acquisition theory）（DeKeyser，2015）、输入加工理论（input processing theory）（VanPatten，2015）、认知互动理论（cognitive-interactionist perspective）（Gass & Mackey，2015；Loewen & Sato，2019）、社会文化理论（sociocultural theory，SCT）（Lantolf et al.，2015）、复杂理论（complexity theory）（Larsen-Freeman，2015）五个理论与二语课堂教学最为相关。这些理论明确强调教学能优化学习过程，并且为如何教学才能有效促进二语习得提出了具体建议。在这五个理论中前三者更为关注二语学习的内部过程，而后两者则具明显的社会导向性，认为二语学习不仅仅是学习者的内部过程，还产生于学习者与外界互动的过程中。具体来说，这五条理论中，技能习得理论主要基于认知心理学，输入加工、认知互动和社会文化理论主要基于心理语言学，而复杂理论则主要融合了语言学、心理学等多学科的理论。我们在此主要以输入加工理论和认知互动理论为例讨论基于语言学理论的二语习得观对英语教学的影响。

1）输入加工理论

输入加工理论认为二语学习具有独特性，其结果是学习者大脑中形成一套隐性系统（implicit system），其中词汇、形式以及一套抽象的句法限制性系统相互交织构成一个统一整体。输入加工理论关注学习者如何从输入中获取知识，如何在聚焦意义的理解过程中分析句子。在这一过程中，学习者通常基于两条基本原则从输入中获取吸收（intake）：意义优先原则（the primacy of meaning principle）和句首名词原则（first-noun principle）。意义优先原则指二语学习者在加工语言输入时，往往倾向于先关注意义，而非语言形式；而句首名词原则是指二语学习者最初加工句子输入时，将句首名词或代词当作句子的主语／行为执行者。

VanPatten（2015）认为大部分课堂二语教学作用有限的原因在于教学关注语言产出和规则内化，而非加工过程。因此，如果教学不能解释如何对输入进行加工才能获得吸收，那么学习者就无法达到理想的学习效果。鉴于此，基于输入加工理论的研究者（如 Chan，2019；

Uludag & VanPatten，2012）力图通过一种教学干预来介入英语学习者的输入加工过程，从而改善加工行为，帮助学习者获取更为丰富的语法吸收，这种教学干预称为加工教学（processing instruction）。它力图设计活动操控输入，从而使学习者摒弃不恰当加工策略，依靠形式或结构建立正确的形式—意义映射（form-meaning mapping）或开展恰当的句子分析（parsing）。这种经过操控的语言输入被称为结构性输入（structured input），而操控输入的活动则被称为结构性输入任务（structured input task）。加工教学包含两个基本要件：第一，教师提供特定形式或结构的显性信息（explicit information），尤其是要提醒学习者不恰当的加工策略会影响他们语言加工过程中对形式或结构的吸收；第二，学习者需要在教师的督促下通过参与结构性输入任务加工语言形式或结构。

2）认知互动理论

认知互动理论主要基于两大假说：Long（1996）的互动假说和Swain（2005）的可理解性输出假说。这一理论认为语言学习产生于各种因素的交互过程中，这些因素既包括学习者内部因素（如对语言形式的注意），也包括学习者外部因素（如能够提供有效二语输入和反馈的任务设置）。外部环境能够为学习者提供语言习得的数据，但是习得本身却仅仅发生在大脑内部，是大脑内部加工的结果。

互动假说认为学习者与他人的意义协商能够促进语言附带习得（incidental acquisition）。意义协商常发生于互动者解决交际问题的过程中，表现为理解核查（comprehension checks）（意在阻止交际问题的发生）、确认核查和澄清请求（意在解决已发生的交际问题）等会话策略（徐锦芬、舒静，2020）。通过意义协商，会话者会调整话语，为会话另一方提供修正性输入（modified input），进而促进会话者对意义的理解。Long（1996）还借助Schmidt（1990）的注意假说指出意义协商能够使学习者选择性地注意并习得输入中的语言形式。因此，意义协商实际上为学习者在语言形式和他们想表达的意义之间建立正确的映射提供了机会。

后来的研究者扩展了协商的含义（Loewen & Sato，2018），指出形式协商跟意义协商一样，也能促进语言习得（如 Lyster et al.，2013）。形式协商作为一种常见的协商形式，通常发生于没有产生交际障碍的互动中，以语言使用的准确性为目标（徐锦芬、舒静，2020）。形式协商互动中，会话双方通常以显性求助及隐性求助来请求对方予以语言上的辅助，以重述、纠错、诱导和元语言反馈等话语策略帮助对方产出正确的语言形式（范玉梅、徐锦芬，2016；徐锦芬、舒静，2020）。与意义协商类似，形式协商同样能使学习者注意到语言形式并建立正确的形式—意义映射（Ellis & Shintani，2014），从而有助于学习者的语言习得。

随着基于互动假说的二语习得研究不断发展，研究者意识到学习者协商过程中修正性输出（modified output）的重要性。Swain（1985，1995，2005）提出的可理解性输出假说指出，输出能够通过三种方式发展学习者的语法能力：首先，语言输出有助于学习者注意自己的语言知识空白，进而触发他们的认知过程并且生成新的语言知识，或者巩固已有知识；其次，语言输出使学习者有机会检验自己对二语形成的假设，这种假设检验的渠道之一就是纠正性反馈及其后的修正性输出过程；此外，语言产出还能使学习者有意识地反思二语形式。

Ortega（2007）基于认知互动理论指出，二语课堂教学应当遵循三个原则：互动性、真实意义性以及任务设计针对性。互动性是指学习者之间需要具有足够结对或小组互动的机会；真实意义性是指教师需要将目标语言形式尽可能真实地穿插到交际任务中去（徐锦芬、李昶颖，2018，2019，2020），此外，真实意义性还要求教师所设计的任务能够让学习者从认知、情感、行为等方面全身心投入同伴互动活动中（范玉梅，2019，2020；徐锦芬、范玉梅，2019）；任务设计针对性是指设计专门的任务以训练特定的语言形式。

2. 语言教学法与英语教学

英语教学法和二语习得是应用语言学的两大分支领域，具有不同的历史背景。长久以来，英语教学主要依赖于理论学者和实践者的直觉。直到 20 世纪 60 年代，也就是二语习得作为一个学科领域诞生之时（Lightbown，1985），语言教学才具备了实证基础，从二语习得研究中获得了大量关于教学复杂过程的实证启发。由此可见，虽然近年来英语教学法与二语习得似有不可分割之势，但是语言教学法的诞生远远早于二语习得；而且我们也应该认识到，由于二者实际上在研究焦点上有所差异（二语习得侧重于探究语言学习机制，而语言教学法则聚焦于如何"教"才能促"学"），语言教学法不能完全基于二语习得理论/研究，二语习得研究也并非能为语言教学法提供全部支撑（Lightbown，2000）。

20世纪是语言教学成为一个专业性领域的时代，其原因在于这一时期的研究者开始借助语言学和心理学方面的理论去发展语言教学的原则、设计语言教学的步骤、开发语言教学材料等。这一时期不断有学者基于理论提出新的教学法，试图证明这些教学方法的有效性和价值所在。这些学者认为他们所提出或支持的教学法反映了其对语言学习理论的正确理解，而且相比之前的教学法，新设计的教学法在促进语言学习方面具有显著优势（Richards & Rodgers，2014）。我们在此介绍语言学如何影响教学法，进而影响课堂教学实践。

1）语言认知观

语言认知观的根本观点是语言能够反映思维。Atkinson（2011）指出语言认知观的核心特征包括以下四个方面。①大脑如计算机一样：语言的学习就是大脑吸收外界输入、加工并存储这些输入并最终产出语言代码的过程；②语言学习是一种表征过程：语言学习过程中大脑会将外界事件形成内部表征储存于大脑中；③语言学习是一种抽象知识习得：语言学习是从语言使用中提取抽象规则的过程；④语言是一种代码：这些代码需要依据一系列符号和句法规则构组起来。语言产出和理解实际上是一个编码和解码的过程；在该过程中，编码和解码的内容实际上就是一种思维单位。也就是说，语言就是一种指涉或编码世界的工具。

Chomsky于20世纪后半叶提出的普遍语法实际就是典型的语言认知观。普遍语法理论认为，在人的大脑中存在一套心理语法；该语法包含许多适用于一切语言的普遍性原则和一些因语言而异的参数。语法翻译法（grammar-translation method）可以被理解为是语言认知观的典型例子。这一教学法倡导学习者通过语言翻译活动和语法学习提取大量语言规则，进而积累语言知识。又如，沉默法（silent way）（见徐锦芬，2006；Richards & Rodgers，2014）也是基于语言认知观建立起来的。沉默法要求教师尽可能在课堂上保持沉默，主张"学重于教"，倡导学习者通过问题解决模式参与语言学习，并且在此过程中尽可能多地产出目标语言。因此，在使用沉默法的课堂上，学习者需要与其他人合作完成任务；其三个主要指导原则是：①学习者通过发现式学习（而非仅仅只是记忆或重复）促进语言习得；②学习者可以通过实物辅助学习；③通过解决问题来促进语言习得是沉默法的核心。因此，总体来说，语言认知观指导下的英语教学活动弱化教师的作用，认为学习者在语言使用（如翻译和解决问题）过程中，能够从使用中的语言提取规则，进而掌握语言知识。

2）结构主义语言观

结构主义语言观对语言教学有着深远影响。这一视角认为语言是由结构上相互关联的成分构成的一个系统，用以编码意义；语言学习的目标就是要掌握该系统中的每一个组成成分，这些成分通常包括语音学单位（如音位），语法学单位（如分句、短语、句子），语法操作（如词性转换、句子合并），词汇（如实词、虚词），等等。听说法（徐锦芬，2006；Richards & Rodgers，2014）就是在结构主义语言观影响下建立起来的；该方法的目标就是要掌握听、说、读、写四项语言技能并且尤其强调学习者对日常口语的使用，进而提升他们的口语表达能力。此外，听说法聚焦于帮助学生掌握音系和语法结构，其顺序是：始于音系层面，结束于句子层面。其常用的课堂实践是简单重复、替换、转换、翻译等，用以重点训练听说技能，将读写技能置于次要地位（徐锦芬，2006）。时至今日，结构主义语言学对语言教学的影响依然巨大（如模块化语言教学）。

3）功能主义语言观

功能主义语言观认为语言是表达功能意义和参与现实活动的工具。基于功能主义语言观的研究者认为语言的发展实际上是学习者掌握语言功能的过程；学习语言就是要学会使用语言表情达意（徐锦芬，2006）。功能主义语言观强调语言的语义和交际维度，而非仅仅是语法规则。这种功能主义语言观与交际能力紧密相关。兴起于 20 世纪 80 年代的交际教学法就是功能主义语言观的典型代表。交际教学法强调课堂互动的重要性，主张将学习者个人经历作为课堂交际内容的主要元素，而且重视课堂内活动与课堂外活动的关联（徐锦芬，2006）。需要指出的是，交际教学法并非不关注语言形式（朱茜、徐锦芬，2014），而是主张探索如何将语言形式融入交际活动（如徐锦芬、李昶颖，2018）。交际教学法并不预设一套模板式的教学步骤和过程，而只是提供一系列教学原则来指导教学大纲及课程设计。

以上虽然只探讨部分语言学理论和部分语言教学法，但是足以说明语言学理论对语言教学法的重要性，同时也从另一角度说明一名优秀英语教师需要具备一定的语言学知识。只有了解语言的作用机制、了解学习者的语言学习机制，他们才能有效开展课堂教学实践。

3. 语言教育政策与英语教学

成功的语言（教育）政策需要借助语言学理论的指导，包括社会语言学、心理语言学和应用语言学等（Mohamed，2013）。社会语言学有助于决策英语教学中使用何种英语变体，如何应对英语教学中的母语使用问题等；心理语言学（及二语习得）有助于语言教育政策制定者制定符合语言学习规律的教育政策；应用语言学则有助于教学材料的开发和课程设计。因此，语言观是影响语言教育政策的重要因素之一。

程晓堂（2012）专门撰文强调了语言学在语言教育政策制定中的作用。例如，如果政策制定者熟知语用学知识，那么他们在制定政策文件时便能关注具体现实世界中的语言使用。如停顿和重复在语用学中属于正常现象，或者此类现象具有特定交际意义，那么政策制定者就不能将此作为一种缺陷反映在教学大纲的语言表述中。程晓堂（2012）指出，把握语言学理论有利于更加全面地制定语言教育目标。又如，由于结构主义语言观影响深远，受该理论影响的政策制定者可能会尤其强调掌握语法目标的重要性。但是，如果一位政策制定者了解应用语言学理论（如会话分析），那么他可能会倡导编写能够反映真实生活会话的语言教材。此外，语言学理论还影响语言教育评价方式。例如，如果政策制定者深谙系统功能语言学、社会语言学等理论，那么他们在制定语言学习测评政策时就会更加关注学习者的实际语言表意能力，而非仅仅只是他们的多项选择能力。

我们进一步以后结构主义语言观为例探讨其如何能够指导语言教育政策。结构主义语言观认为语言学研究就是要研究语言内部系统，而过滤掉诸如经济、政治、社会文化等外部因素，这样才能建立一个界限分明的语言系统，抽取语言规律。后结构主义学者则指出语言是一个与社会权力和等级结构紧密相关的系统。占支配地位的社会群体往往会使用语言和话语的威力去将社会结构和秩序常态化。此外，语言没有边界，不受国界限制；语言的静态观让权力被少数人掌握；流动性（Busch，2014）和动态性才是语言实际使用的本质。基于此观点的超语言（translanguaging）概念近年来受到许多研究者关注（徐锦芬、龙在波，2020a）。不少学者指出，超语言使用（即灵活地使用多种语言资源传达意义）能够帮助学习者建立有效语言使用者身份，帮助其获得话语权并成为知识创造者，为学习者提供支架，提升学习者语言学习中的积极情感，促进意义协商等（关于超语言的综述可参阅袁妮娅、周恩，2015；徐锦芬、龙在波，2020a；Liu & Fang，2020）。因此，从后结构主义语言观以及超语言视角来看，语言教育政策制定者需要重新审视英语教学的目标（袁妮娅、周恩，2015），并且就课堂语言使用这一问题与英语教师展开深入探讨（Liu & Fang，2020），从而基于不断变化的英语学习语境，制定灵活的课堂语言使用政策，为教师及学习者深入参与课堂知识构建提供政策上的支持，为培养全球公民提供政策保障（袁妮娅、周恩，2015；Liu & Fang，2020）。

综上所述，语言学主要通过二语习得理论、英语教学法和语言教育政策等方面影响英语教学。具体说来，从二语习得理论角度来看，我们重点探讨了心理语言学如何以二语习得理论为中介桥梁影响英语教学；从英语教学法的角度来看，我们重点讨论了几种主流的语言观如何影响英语教学；从语言教育政策角度来看，我们论述了语言学如何帮助政策制定者制定合乎时间、空间语境的语言教育政策。因此，语言学知识对于英语教学至关重要，是英语教师实现专业发展不可或缺的知识基础。

1.1.2 英语教学与教育学

Johnson（1969：235）指出，语言学知识是"语言教学原材料"的最主要源泉，但是只有结合其他学科知识（Lightbown，1985，2000），语言教师才能真正有效地促进学习者对语言知识及交际技能的习得。

尽管英语教学实践与研究在早期主要以（应用）语言学理论为指导，但随着后期研究的不断深入，教育学理论也逐渐成为英语教学的指导理论（俞理明、袁平华，2004）。语言学虽然有助于我们对语言进行描述，从而为英语教学提供有效信息，但这种描述并非可以直接传递到学习者手中，还需要教师或教材编写者进一步依据教育和学习规律设置特定语言学习目标的顺序（Spolsky，1970）。甚至有人主张教育学理论已经等于或大于语言学理论在英语教学中的作用，并且建议将英语教学纳入教育语言学（如俞理明、袁平华，2004）或外语教育学（如魏立明等，1998）范畴之下。英语教学中语言既是教学内容，又是达成语言学习目标的手段（龙在波、徐锦芬，2020；徐锦芬、龙在波，2020a），语言学为英语教师提供了内容知识（content knowledge）（包括语言的功能、语言学习机制等），这一知识是其他学科教师所无法共享的。如果将包括英语教学在内的所有学科教学都纳入教育学范畴，势必造成"教育学不能承受之重"（王文斌、李民，2018：48），也会导致英语教学研究缺乏专业性。但是，我们并不否认教育学对英语教学的作用。

从教育学视角来看，英语教学对象是人，而人的情感、态度等心理活动都具有高度的情境化、动态性特征，如果想要寻找一个适用于所有学生以及不同时代学生的科学教学方法是不可能实现的。我国著名教育家叶圣陶先生曾经说过"教学有法，教无定法，贵在得法"。也就是说，教学过程中，教师既要遵循普遍性教学原则，也要依据具体语境及学生需求调整教学方法，并同时基于普遍性教育教学规律形成自己独到的教学方法。在经历20世纪70年代英语教学方法繁荣发展的时代后，研究者试图从教育学的角度来看待问题。他们主张从学习者学习的具体情境出发，考虑其具体需求，从教学大纲、英语学习策略、学习者个体差异等方面展开了不少研究。另外，学习者的学习可能因为学习环境及个体需求等方面的差异而呈现动态性、复杂性和多面性。这种人本主义倾向使得描述、解释和内省等方法受到了推崇。因此，20 世纪 80 年代兴起的"教师即研究者"（teacher as researcher）运动大力倡导教师基于自身课堂开展问题驱动型研究，解决实际教学问题（徐锦芬、龙在波，2020b；Mckinley，2019）。

不少教育学中的原则、理论或概念等都被用来探讨英语教学中的实际问题（如徐锦芬、寇金南，2017；Storch，2002）。例如，Damon & Phelps（1989）在教育学领域强调了同伴教育（peer education）中学习者平等性和相互性对学习的重要作用。不少二语学习研究者随之基于这两个概念探讨了学习者同伴互动学习中的互动模式及其对于语言学习的影响（如徐锦芬、寇金南，2017；Storch，2002）。徐锦芬、寇金南（2017）基于大学英语课堂同伴互动话语分析了学习者的互动模式，发现学习者协作学习呈现四种模式：合作型、专家/新手型、主导/被动型和轮流型，而且这些模式一旦形成就比较稳定。研究者进一步分析了这些模式的特征及其促学潜力，从而为教师开展同伴互动教学提供了重要启发。

由以上论述可知，教育学理论突显了英语教学的人本主义特征，促使研究者和教师将学习者看作真实世界中实实在在的人（Long & Xu，2020），而不仅仅是被动接收语言输入的机器。因此，教育学视角有利于研究者和教师基于本土情境，探究适于特定文化群体和特定学习者特征的最优英语教学途径，从而提升学习者动机、优化英语学习效果。从另一角度来看，教育学视角要求教师结合理论和具体情境开展探索性研究，解决教学过程中的实际问题，从而弥合理论/研究与实践之间的鸿沟，促使二者相得益彰。在此过程中，教师通过本土化、情境化的探究也能提升自身素养，实现个人专业发展。

1.1.3　英语教学与心理学

不同理论对英语教学实践具有不同的作用。例如，心理语言学指导的认知互动理论可能更强调将计算机网络技术用作英语交际手段，进而使学习者在此环境下获得语言附带习得的机会；而认知心理学指导的技能习得理论（skill acquisition theory）则更强调将技术设备作为学生语言操练的数据库和平台（徐锦芬、龙在波，2020b）。然而，尽管教学材料和工具对语言学习至关重要，但是如果教师不了解学习者心理，他们便无法为语言学习创设最佳环境（Gkonou et al.，2018）。因此，英语教学并非仅受语言学和教育学影响，还需受到心理学启发。我们以技能习得理论和积极心理学为例探讨英语教学与心理学的关联。

1. 技能习得理论

技能习得理论源于认知心理学的理性思维自适应控制理论（adaptive control of thought-rational theory，ACT-R）（Anderson et al.，2004）。该理论认为，所有技能学习都遵循三个阶段：陈述性知识、程序性知识和知识自动化。在陈述性知识（即关于"是什么"的知识）阶段，学习者要么通过观察并分析他人的熟练行为，要么通过专家口头传授而有意识地学习某项知识。学习者在陈述性知识的指引下从事操练活动以取得程序性知识（即关于"如何（做）"的知识），该过程称为程序化。在具备相关技能陈述性知识的前提下，学习者只需数次操练便可实现知识程序化。获得程序性知识后，学习者从事大量系统操练活动以减少完成某项技能的时间、出错率以及所需注意力，该过程被称为知识自动化。

技能习得理论为理解课堂二语习得提供了良好的解释框架。许多二语习得研究者用该理论来解释二语发展路径（如 DeKeyser & Sokalski，1996；Suzuki，2018 等），其中最有代表性的人物是 DeKeyser。Dekeyser（2015）认为二语知识发展类似于其他认知技能习得，尤其是在课堂环境下。二语课堂教学过程中，二语发展始于学习者对显性教学提供的语法规则的学习，随后通过操练逐步实现语言知识的程序化和自动化。随着学习者对新知识的程序化，他们能调用已有自动化知识，从而释放认知资源用以加工信息内容而非语言本身（DeKeyser，2007）。此外，在知识自动化阶段，学习者较少受到外界干扰，从而进一步提升语言技能并更多接触目标语言。值得注意的是，有意操练活动（deliberate practice）在知识转换过程中发挥着至关重要的作用。在将教师传授的语法知识用于操练的过程中，学习者首先会表现出反应缓慢、错误率较高的现象。只有通过反复训练，他们才能逐步提高语言流利度和准确度。因此，在课堂教学过程中，教师只有通过提供相关语法解释并同时提供与之对应的操练活动，才能保证学习者达到较高二语水平。

2. 积极心理学视角下的英语教学

传统心理学视角下的英语教学主要关注焦虑、负动机等消极情绪，尤其是语言焦虑得到了学者的广泛关注（Horwitz，2010）。20 世纪 90 年代末兴起于美国的积极心理学（Seligman & Csikszentmihalyi，2000）让我们意识到，英语教学目标不再局限于发展学习者语言知识和技能，还应促进他们的幸福感。换句话说，我们要采取"双聚焦"法看待英语教学：既关注语言教学的结果，也关注英语学习者的心理，即他们的个体幸福感。

首先，教师需要为学生创造一个积极愉悦的学习环境。创造此种环境的目的并非一定要完全消除消极情绪，而是当学习者产生负面情绪时，尽可能利用积极情绪的力量来创造一种平衡，降低消极情绪带来的负面影响。积极情绪如快乐、兴趣、满足、自豪等会促使学生更加专注于学习，增强他们的语言输入和输出意识，从而更好地吸收和内化英语。此处的学习环境不仅指课内的外语课堂环境，还包括课外的校园环境，甚至更宏观的社会大环境。

其次，教师要注重培养学习者的积极情绪，尤其是培养学生在压力下依然保持甚至产生幸福感和兴趣感的能力。教师可以同时关注学习者的消极情绪和积极情绪，但要把重点放在发展愉悦情感的活动上，而不仅仅是减少学习者的焦虑。除了愉悦的情感体验，还要重视其他积极的语言学习和教学体验，如勇气、自豪、感激等。另外，考虑到环境的作用以及情绪发展的动态性和复杂性，我们有必要在不同层次（课堂、学校甚至社会中）制定系统的、基于积极心理学原则的培训措施。特别需要指出的是，由于英语教学的"双聚焦"目标，我们在评估培训效果时要同时考察语言结果（学生成绩的提升）和非语言结果（包括更好的人际关系、积极的情绪、消减的压力、更强的幸福感等）。

最后，教师情绪对其教学实践、职业认同以及学生学业成绩等都能产生重要影响，因此教师教育或者师范教育都要重视培养教师的积极情绪。富有积极情感的教师能创造出具有群体活力和亲和力、彼此信任的积极氛围。这些对有效教学和学习幸福感都起着关键作用。

1.2　英语教学的目标

我国不少学者呼吁：英语教学需从人本主义出发，融合"工具性"和"人文性"，从而发展和培养"全人"（胡开宝、谢丽欣，2014；文秋芳，2015）。《大学英语教学指南》（2020 版）（教育部高等学校大学外语教学指导委员会，2020）指出，大学英语教学是高等院校通识教育的重要组成部分，兼具"工具性"和"人文性"。大学英语教学的"工具性"体现了语言的本质特征，强调培养学生的听、说、读、写、译等语言综合应用能力以及通过专门用途英语（English for specific purpose, ESP）和学术英语（English for academic purpose, EAP）等课程发展学生的国际学术交流能力；而大学英语教学的"人文性"则主要体现在语言的文化负载性及其文化传递功能。具体来说，语言的文化负载性要求大学英语教学培养学生的跨文化交际能力，增进他们对国外社会与文化的了解，加强他们对中外文化异同的认识；而语言的文化传递功能则要求大学英语教师培养学习者对中国本土文化的理解和阐释能力，进而为中国文化对外传播提供坚实基础。不仅如此，我国 2011 年出台的《义务教育英语课程标准》（中华人民共和国教育部，2012）和 2017 年出台的《普通高中英语课程标准》（中华人民共和国教育部，2018）也都倡导英语教学兼顾"工具性"和"人文性"，以发展"全人"为教育目标，强调英语教学在发展学习者语言技能与知识、学习策略、情感态度、文化意识、全球视野、思维技能、学习能力等方面的重要性（徐锦芬，2019；Wang & Luo，2019）。

2018 年教育部发布的《普通高等学校本科专业类教学质量国家标准（上）》（教育部高等学校教学指导委员会，2018）以及在此基础上研制的《普通高等学校本科外国语言文学类专业教学指南（上）——英语类专业教学指南》（教育部高等学校外国语言文学类专业教学指导委员会英语专业教学指导分委员会，2020）同样倡导语言教学的"工具性"和"人文性"本质，主张兼顾英语教学的语言目标（如培养扎实的外语基本功、具备沟通能力等）和非语言目标（如具备国际视野、具备中国情怀等）。与国内有所不同的是，近年来，越来越多国外学者开始质疑英语教学一直沿用的"（英语）本族语者规范"（native-speaker model）（Saraceni，2019），强调英语的世界语地位，他们认为英语教学是为了扩大学习者的多语资源库（multilingual repertoire）（Gao，2019b），而非巩固英美等国家的语言文化霸权（Ishihara，2019）。

我们在此依据国内外相关文献，主要探讨英语教学的语言目标和非语言目标。具体来说，我们主要从本族语者规范和职业／专业英语教学探讨英语教学的语言目标，从跨文化能力、思辨能力、自主学习能力以及思政素养等方面探讨英语教学非语言目标。

1.2.1 语言目标

近年来，随着全球化和信息化不断加剧、人口迁移越来越频繁，超多样化成为当代世界的典型特征（徐锦芬、龙在波，2020a），英语已经成为构建人类命运共同体、开展全球治理的重要工具。也就是说，英语不再仅仅是非英语国家与英语国家交流的工具，还是非英语国家之间的交流互动工具，因此，一方面，不少学者指出英语教学一味遵循本族语者规范既不现实也无必要（何莲珍、林晓，2015；Saraceni，2019）；另一方面，随着当代英语学习者的语言水平越来越高，不少国家对英语学习者的语言能力提出了更高要求，即发展他们参与学术探究与就业所需要的英语语言技能（Gao，2019b），学术英语、专门用途英语、内容与语言融合学习（content and language integrated learning，CLIL）等课程随之备受推崇。

1. 英语教学中的英语本族语者规范

迄今为止，英语教学的目标通常是帮助学习者达到英语本族语者水平，即：学习者需要不断模仿英美等国人所使用的语言，以期达到"理想"水平。这一目标基于两个预设：第一，个体只有在母语上才能达到最熟练的水平；第二，本族语者才是理想的语言使用者。然而这种"本族语者至上"的教学取向近年来受到不少批评和挑战，这些质疑主要来自世界英语（World Englishes）和英语通用语（English as a lingual franca，ELF）范式研究者。

1）世界英语范式

世界英语范式的核心观点是世界各地区的所有英语变体都应该被纳入英语语言教学课程；本族语者规范无法体现世界上英语使用的多样性，也无法反映各种英语变体所代表的多样性区域文化（Saraceni，2019）。Kachru（1976）率先撰文指出，新英语（如印度英语、非洲英语等）理应成为一种有效的英语语言变体形式，我们应该认可并理解这些形式所存在的价值，从语言使用以及语言使用者的视角来看待英语的各种变体，并且意识到任何一种变体都产生于其独特的本土环境，能够满足情境化交际需求。21世纪以来，英语教学中世界英语视角的影响越来越显著（Matsuda，2019a），这体现在国际英语教学顶级期刊 *TESOL Quarterly* 开始定期发表关于世界英语视角与英语教学关联性的文章（如 Matsuda & Matsuda，2010；Nuske，2018），也体现在大量相关专著和论文集的问世（如 Baratta，2019；Rose & Galloway，2019）。

世界英语视角下英语教学关注点的改变体现在四个方面：①传统教学仅仅聚焦于某一种英语变体（如美式英语或英式英语），而世界英语视角倡导接触多种英语变体；②传统教学主张模仿英语本族语者的语言使用，而世界英语视角则强调交际策略的使用（包括转述、总结、澄清请求、非言语交际等），也就是说，教师需要向学习者强调当交际双方不共享母语时，实现双方的共同理解和顺利交流并非英语学习者或英语能力较低者的责任，而是会话双方的责任（Matsuda，2013）；③传统教学重点关注英国或美国的文化知识，而世界英语视角则强调批判性地使用多元文化材料；④传统上，英语背后的意识形态意义较少受到关注，而世界英语视角则重视英语变体与权力之间的关联（Matsuda，2019b）。

2）英语通用语范式

英语通用语范式兴起于 21 世纪初（Chen et al., 2020），以 Jenkins（2000）和 Seidlhofer（2001）文章的发行为标志。与世界英语范式类似，英语通用语视角强调英语的多样性，挑战"英语本族语者规范"，认为偏离"英语本族语者规范"的英语也是一种合理的语言使用，这一类英语使用通常表现出"新颖的语言和语用形式"（Cogo & Dewey，2012：19）。不同的是，世界英语范式研究者侧重于辨识并标记不同国家的英语变体（如印度英语、中国英语等），英语通用语视角下的研究者则倾向于探究不以英语为母语的人对英语的使用（Galloway & Rose，2014）。Jenkins（2000）指出，从发音上来说，影响双语或多语者交际的因素并非是说话者的语言是否接近英语本族语者水平，而是他们的语言是否具有可理解性。Seidlhofer（2001）强调要通过语料库的方法加强对英语使用的语言学描述，从而使英语教师侧重于教实际使用的英语（而非英语本族语者的英语），进而确立英语学习者的合法语言使用者地位。

基于英语通用语视角来说，英语教学的目标是要帮助学生掌握那些影响理解的语言使用特征，因此，教师需专门关注学生在接收和产出语言过程中容易引起不解的英语语言点，而无需将过多精力耗费在不会引起误解的语言点上；这样做可以释放更多宝贵的教学时间发展学生的语言意识（language awareness）和交际策略。而且更为重要的是，有的（不会引起误解的）语言特征知识本身就不是通过超前的"教"而学会的，而只能通过不断积累语言使用经历才能习得（Seidlhofer，2005）。由于英语通用语视角强调交际的可理解性，为了达到良好交际效果而使用母语这一现象受到研究者的支持。因此，近年来的英语通用语研究越来越强调英语使用中的多语融合现象（Jenkins，2020）。总体来说，基于英语通用语视角的英语教学包含以下四个特征：①强调让学习者接触各类英语变体；②重视多语资源的使用；③使学习者多接触各种英语作为通用语的交流；④强调交际策略的培养，以帮助学习者学会如何使用语言或如何开展交际活动才能促进会话双方相互之间的理解（Galloway & Rose，2014）。

2. 英语教学与职业 / 专业知识

《大学英语教学指南》（2020 版）（教育部高等学校大学外语教学指导委员会，2020）明确指出，英语课程的"工具性"要求高校通过专门用途英语教学帮助学习者学习与专业相关的学术英语或职业英语，从而使他们获得在学术或职业领域开展国际交流的相关能力。因此，不少学者提出在高校阶段（尤其是学习者英语基础较高的高校）开设学术英语、专门用途英语、内容与语言融合学习等课程（如蔡基刚，2015；常俊跃、刘兆浩，2020）。在大学生英语水平普遍提高以及高等教育国际化背景之下，英语作为大多数学科和专业领域的主要国际交流工具，关系着培养国际化高层次人才事业的成败。英语能力是高层次人才通晓国际规则、把握前沿知识动态、熟悉国际学术规范、参与国际知识传播、开展国际对话的重要技能之一（沈骑，2014）。因此，传统以掌握常规语言交际技能的通用英语课程已经无法满足时代需求；学术英语、专门用途英语、内容与语言融合学习等课程随之被提高到相当重要的地位。

不论是学术英语、专门用途英语、内容与语言融合学习都不同于通用英语教学，三种课程教学中，教师教学和学生练习都是围绕学习者专业学习的实际使用需求而展开。需要指出的是，通过英语语言来学习职业 / 专业知识并非说明此类课程不具语言目标。恰恰相反，由于这些课程力图培养"一专多能"的高素质、国际化复合型专门人才，这就意味着学习者需要既懂专业，又懂语言；而不论是学科专业知识还是学术上严谨的逻辑思维表达，都是常规通用英语教学无法专门进行训练的。只懂英语不懂学科专业知识的学习者无法具备严谨的学科知识思维能力，而只懂学科专业知识而不懂英语的学习者无法向国际传播知识，也无法从国际相关领域吸收最新前沿知识。职业 / 专业英语教学不是简单的通用英语教学加学科知识教学组合，而是由教师教授学科相关英语（如学科知识词汇等）及思维，同时要求学习者在开展职业 / 专业知识学习活动的过程中发掘性、探索性地掌握职业 / 专业相关英语。这种基于实际需求的意义交流（meaningful communication）能够提升学习者在语言及学科知识方面的学习动机，激发他们的学习兴趣，发展他们的学习策略（蔡基刚，2013；常俊跃、刘兆浩，2020；Bellés-Fortuño，2021；

Waller，2018）。而且研究者指出，具有一定难度的学科知识和一定挑战的认知互动对提高英语水平具有至关重要的作用（蔡基刚，2014）。因此，通过学术英语、专门用途英语、内容与语言融合学习等课程同时提升学生的学科知识与学科专业性语言知识是当代国内外情境对英语教学提出的新要求。

1.2.2　非语言目标

英语教学不仅具有语言目标，还有非语言目标。首先，语言与文化紧密关联，英语作为学习者的非本族语，其涉及的文化及思维习惯也可能有异于学习者本族语文化，因此，学习英语必然涉及学习英语文化；此外，语言是一种思维工具，学习一门语言意味着学习者获取一门新的意识调节工具，因此，语言教学的目标不应仅仅局限于发展学习者语言能力，还应着力于发展他们的高阶思维，即思辨能力（critical thinking）（Richards & Rogers，2014）；第三，英语学习在很多国家和地区是一种外语学习，缺乏自然的语言使用环境，这就要求学习者具备学习自主能力，才能最终达到较高英语水平（Wang & Luo，2019）；最后，学校教育是发展学习者思想品德素养、培养家国情怀、提升社会责任意识的主要渠道，英语课程作为学校教育的重要组成部分，也应当承担起发展学习者思政素养的责任。

1. 跨文化能力

跨文化能力这一术语诞生于 20 世纪 80 年代，随着交际能力（communicative competence）的提出而产生，被认为是外语（英语）教学的重要目标（Byram，1997）。英语教学环境下，英语通常作为一种世界通用语或国际性语言被学习，其原因在于英语学习者使用英语的目的可能是与英语国家之外的其他国家开展交流与互动（Wang，2020）。在此情况下，学习者了解交际实践所处的文化语境以及英语语言使用的文化规约对他们成功开展文化间的交际活动至关重要（Baker，2012）。Byram（1997）指出，在语言教育情境下，跨文化交际能力包含五个方面的内容，即关于自我和他人的知识（knowledge of self and other）、理解与关联的能力（skills of interpreting and relating）、好奇与开放的心态（attitudes of curiosity and openness）、发现与互动的技能（skills of discovery and interaction）和批判性文化意识（critical cultural awareness）。Byram（2009）提出"跨文化语言使用者"（intercultural speaker）这一概念来解释外语教学中的跨文化能力目标。跨文化语言使用者是指具备以上五项内容中几项或全部技能/能力的外语使用者；这些使用者并非只认同某一种语言或群体（目标语本族语者及其使用的母语）并且仅仅模仿这些目标语本族语者，但是同时也并非是那些将各种语言分离开来的双语者或多语者；跨文化语言使用者能够洞悉学习者及目标语本族语者的语言及文化，并且能感知和应对二者间的差异，灵活自如地在语言和文化间开展交际活动。

Liddicoat et al.（1999）也指出跨文化二语学习要求学习者在其母语文化及二语目标语文化之间，以及自我与他者之间开辟第三空间。也就是说，英语学习的理想情况并非是英语同化母语或者母语同化英语的过程，而是一个探索过程。中国环境下，英语教学的目标是培养能够在英语语言文化与中国文化之间构建桥梁的人才，这些人才需要具有国际视野、中国情怀。尤其重要的是，英语教学的跨文化能力培养还需要超越英语和学习者母语，培养学习者对其他语言文化的感知、理解和批判能力。这样的跨文化批判能力使得英语学习者能够摈弃偏见，理性地看待他国文化与本国文化的优点与缺陷，进而顺利地开展跨文化交际（孙有中，2017）。基于此，Zheng & Gao（2019）提出了产出型双语（productive bilingualism）这一概念来论述如何发展学习者的跨文化交际能力。产出型双语强调母语文化与二语文化的学习并非是 1+1= $\frac{1}{2} + \frac{1}{2}$ 的过程，而是 1+1>2 的过程。在此过程中，学习者母语知识与目标语知识相互支持和补充，这意味着学习者对目标语言文化的理解越为深刻，对母语文化的理解就越强化；学习者在学习其他语言及文化的同时，他们的个性就越为开放，越能接受和融入外界文化。为了推进英语学习者向产出型双语者转化，Zheng & Gao（2019）认为可从四个步骤展开英语教学，包括：①学习文化差异性；②解构文化差异性（包括帮助学习者发现其文化偏见、审视参照物、发掘偏见的来源等）；③重构知识与态度；④创造性地解决交际问题等。

　　张红玲、姚春雨（2020）提出的中国学生跨文化能力发展一体化模型与产出型双语概念的观点有诸多类似之处。该模型从四个方面探讨了中国环境下英语学习者跨文化能力的培养：①跨文化能力培养需要以培养全球公民为导向，即帮助学习者增长语言及文化知识，提升他们的技能水平，树立其多元文化价值观，使学习者能够为建设包容、和平、公正的世界做贡献；②跨文化能力的培养首先要扎根于自己的民族文化，发展学习者较强的中国文化身份，使学习者能在多元文化中传播中国声音、贡献中国智慧；③从认知上发展学习者对本族文化和世界文化的理解，从情感上发展学习者的自我认知、国家认同、全球视野、国际理解等，并且从行为上发展学习者的聆听、比较等基本技能和交流沟通、冲突管理和反思评价等；④跨文化能力的培养需要融入小学、初中、高中和大学教育的全过程。由此可见，跨文化能力的培养不仅是个人发展的需要，还是国家建设和世界发展的需要，这一复杂过程需要教师依据具体现实环境，因地制宜地将跨文化能力培养融入英语教学中。

2. 思辨能力

　　思辨能力是教育（包括语言教育）的必备组成部分（Wilson，2016），需要在具体的科目学习中得到培养（Jones，2009）。语言不仅是人际交往的工具，还是人类认识世界、探究新知识并改造世界的工具。因此，英语教学需要发展学习者使用英语获取新知、分析并解决问题、提升自我的能力，即提升个体的思辨能力（孙有中，2019）。思辨能力是逻辑性、批判性和创造性思考的能力，不仅有助于学习者推理、分析和解决问题，还能使学习者从跨文化的视角观察和理解世界，并据此做出合理的价值判断（Wang & Luo，2019）。

　　思维与语言发展紧密关联，语言是调节思维的主要工具，有利于人类认知的发展（Swain，2000；Xu & Long，2020），而语言能力则既包含语言要素，也包含认知要素。例如，认知/学术语言能力（cognitive/academic language proficiency）（可理解为包含思辨能力在内的高阶语言能力）作为学习者语言综合水平（global language proficiency）的重要指标（Cummins，1979），指学习者能够使用特定语言来理解内容知识，而在理解和讨论内容知识的时候，学习者又需要具备分析、推理和反思的能力。正是因为语言与思维能力关系密切，培养学习者的思辨能力成为许多教育环境下语言课堂的重要目标。在我国，《普通高中英语课程标准（2017年版）》（中华人民共和国教育部，2018）将思辨能力规定为高中英语学习者应该具备的学科核心素养；《大学英语教学指南》（2020版）（教育部高等学校大学外语教学指导委员会，2020）以及《普通高等学校本科英语类专业教学指南》（曾艳钰，2019）也将思辨能力作为高校英语教学的一大主要目标。

我国学者孙有中（2017）具体探讨了英语课堂上教师应该遵循的基本原则，包括：①尽可能多地为学习者提供语言使用机会；②增加师生互动和生生互动机会；③提供"信息差""观点差""推理差"等活动任务以培养学习者的高阶思维；④组织学生开展跨文化比较与反思；⑤引导学习者探究并解决真实问题；⑥引导学习者自主开展语言学习等。后来，孙有中（2019）进一步发展了思辨英语教学的原则，并将其称为TERRIFIC，其中T代表"对标"（target），也就是要将思辨能力纳入英语教学目标；E代表"评价"（evaluation），倡导将思辨标准纳入评价体系；第一个R代表"操练"（routinize），强调思辨能力与语言能力一样，需要进行常规化操练；第二个R代表"反思"（reflect），突出通过经常性反思发展元认知能力和自我调节能力；第一个I代表"探究"（inquire），建议教师通过对话教学（徐锦芬、龙在波，2020a）鼓励学生自由探究知识；F代表"实现"（fulfill），主张在英语教学中教师重视培养学习者的良好思维品质以及他们的积极心理倾向，帮助他们实现全人发展；第二个I代表"融合"（integrate），融合思辨能力与语言教学，号召英语教师帮助学生自主分析并发现语言的使用规则，进而提高英语使用的流利度和准确度；C代表"内容"（content），强调教师选择富有认知挑战性的语言材料，用以培养思辨能力。

总体来说，语言教学与思辨能力培养并不矛盾。在此过程中，教师实际上起着至关重要的作用。以上思辨英语教学原则需要教师培训项目通过示范课、解释性讲授等方法帮助教师将其内化（Yuan & Stapleton，2020），从而更好地促进学习者思辨能力发展与语言学习的融合。

3. 自主学习能力

随着自主学习中心的迅猛增加以及计算机辅助教（与）学的发展，世界上许多国家都将发展学习者自主学习能力作为一项重要的教育目标。在国内，随着高等教育规模的不断扩大，学生人数急剧增长，使得师生比例严重失衡；教师与学生的接触时间相对减少；此外，我国英语教育环境下，学习者缺乏英语使用环境，因而课后的英语学习更多依靠学习者自主开展。在此背景下，学习者英语自主学习能力的培养成为语言教学的一个重要目标。我国不论是《义务教育英语课程标准》（2011版）（中华人民共和国教育部，2012）、《普通高中英语课程标准》（2017年版）（中华人民共和国教育部，2017）、《大学英语教学指南》（2020年版）（教育部高等学校大学外语教学指导委员会，2020），还是《普通高等学校本科专业类教学质量国家标准（上）》（教育部高等学校教学指导委员会，2018）以及在此基础上研制的《普通高等学校本科外国语言文学类专业教学指南（上）——英语类专业教学指南》（教育部高等学校外国语言文学类专业教学指导委员会英语专业教学指导分委员会，2020）都明确地将自主学习能力作为英语教学的目标之一。鉴于人类的自主性本质，英语学习者也需要具备自我发展的能力，对学习进行自我调节，适时调整自己的学习目标、策略、计划、情感等，自主顺应不同的学习情境并且积极健康地开展终身学习，从而获取学业成功（徐锦芬、黄子碧，2020；Wang & Luo，2019）。

如何培养学习者的自主学习能力往往取决于教学实践者对学习者自主性的认识。例如，如果认为学习者自主就是践行学习策略并获得自我发展的教师可能更关注为学习者提供学习策略培训，而强调学习者意识及反思重要性的教师可能花更多精力提升学习者对时间管理、自我情绪管理、自我规划能力等方面的意识；此外，如果教师强调学习者的自由或动机，那么他们可能会依据学习者的需求而为他们提供支架，以帮助学习者发挥能动性掌控自己的学习决策和学习表现（Palfreyman & Benson，2019）。实际上，对学习者自主性的培养不一定仅仅局限在课内，还可能拓展到课堂之外，例如，教师在课堂上设法提高学习者的学习兴趣，帮助他们批判性地发掘并利用学习资源、提醒他们留意课外的学习机会、倡导课外同伴合作学习等都有助于提高学习者的自主学习能力（徐锦芬，2014）。总体来说，密切关注学生学习、提供有效选择及资源、鼓励学习者反思、促进学习者互动和协作、激励学习者自主评价学习过程和结果等都是有效的自主学习能力培养策略（Benson，2011；Little，2020）。

4. 思政素养

语言教学与社会文化、政治意识形态紧密关联（Widodo et al.，2018），这就意味着英语教学本质上具有一定的思政属性，也就是说大学英语教学的目标不仅仅局限于帮助学生掌握语言基本技能，还需强调语言的使用要合乎道德规范以及国家形象构建（徐锦芬，2021）。此外，英语教学还需在品格塑造和价值引领中凸显特色，形成独特的英语思政德育目标。英语教师需要以语言为载体，培养学习者的家国情怀，发展学习者对自身、本国人、其他文化群体、自己民族的价值观、其他民族价值观的批判视角（Widodo et al.，2018），并在此基础上引导学习者形成民族平等的价值观，进而为培养世界公民、发展国民全球化意识、构建人类命运共同体奠定坚实的基础。我国《大学英语教学指南》（2020年版）（教育部高等学校大学外语教学指导委员会，2020）以及《普通高等学校本科外国语言文学类专业教学指南（上）——英语类专业教学指南》（教育部高等学校外国语言文学类专业教学指导委员会英语专业教学指导分委员会，2020）均明确强调：英语教学需要融入课程思政教学体系，在高等学校落实立德树人根本任务中发挥应有的作用，以帮助学生树立正确的人生观、世界观和价值观。

在英语课堂上提升学习者思政素养就是要将价值观引领、英语知识传授和英语应用能力培养有机结合起来；教师需要有意识地在英语知识传授和英语应用能力培养过程中渗透思想道德引领并将此置于重要位置（肖琼、黄国文，2020）。在学习英语的过程中，学习者接触的是国外意识形态和西方话语，教师需要引导学习者过滤掉西方负面意识形态和文化价值取向（杨金才，2020），使学习者自觉抵制西方不良文化的侵蚀，自觉维护中华文化、捍卫祖国尊严。英语教学可以帮助学习者通过英语了解世界，进而拓宽他们的国际视野，使他们更为深刻地理解人类命运共同体的含义；此外，英语教师还要帮助学习者树立中国文化自信，引导他们用英语讲述中国故事，进而推动中国文化走出去，让世界了解中国（肖琼、黄国文，2020）。中国已经作为一个世界大国参与国际事务，这就意味着英语教育需要培养具有家国情怀、民族使命、宪法法制意识和道德修养的世界公民，同时，英语教学需要充分发挥语言的优势，让学习者在对语言和文化进行比较的过程中体会中华文化魅力，使中国英语学习者能够放眼全球、传播中国文化，并且能够为危及人类的全球性问题贡献中国智慧、提供中国方案（刘正光等，2020；肖琼、黄国文，2020）。

为了实现高校英语教学的思政培养目标，一个重要问题是如何将思政要素融入英语课程。解决这一问题需要至少从两方面着手：第一，教师要重构教学内容；第二，教师要提升自己的自主发展能力。从教学内容上看，英语教师需依据现有教材内容提炼思政主题并设置相应的思政目标，在此过程中，教师需充分发挥能动性，对现有教材任务进行改编（徐锦芬、范玉梅，2017；Xu & Fan，2021），使之契合思政目标；此外，教师还需依据教材主题，适当增加中国文化元素，其目的一来是通过对比中外文化提高学习者跨文化意识和思辨能力，二来是提升学习者用英语讲中国故事、向国际世界传播中国文化的能力。为了顺利重构教学内容、开展课程思政教学，教师还需要提升自己的自主性专业发展能力（徐锦芬，2020a）。一方面，教师自身对中国文化知识及其英语表述应当有深入研究；另一方面，教师还需组建专业共同体，合作研究教材与学生，依据情境共同探究英语教学中思政素养培养的最优途径。

英语教学目标可能依据英语在世界上的地位、国际国内形势的变化而改变。我们具体从语言和非语言两方面探讨了英语教学的目标。从语言目标层面看，英语的世界语、通用语地位均挑战了以往英语本族语者规范，认为学习者是胜任的英语使用者，而非有缺陷的英语学习者。由于当今学习者英语能力的不断提高，培养他们使用英语获取职业／专业知识是当代社会英语教学的另一语言目标。此外，英语教学也具有非语言目标，包括培养学习者的跨文化能力、思辨能力、自主学习能力和思政素养等，这些非语言目标是基于国际国内形势及需求，以及英语本身的性质所提出的。

第2章
新时代英语教学研究发展概况

　　21世纪以来，英语教学研究不断面临全球化、科技化以及随之而来的多语化的挑战，越来越多学者为了更全面地了解这种时代背景下复杂的二语习得现象，开始从不同学科汲取理论及研究方法养分，以求利用新的视角探讨历史上二语习得研究未曾深入探索过的话题。不同于以往研究过多关注学习者二语学习的内部过程，近年来学者越来越多结合社会学、人类学、符号学、认知心理学等多个学科探究语言学习中的内部过程、外部过程以及二者之间的复杂交互。因此，语言学习不仅仅是一种"习得式隐喻"（acquisition metaphor），还是一种"参与式隐喻"（participation metaphor）（Lantolf，2000；van Lier，2007）。也就是说，学习产生于参与过程中，而并非完全是参与的结果。参与式隐喻引发了不少研究者对学习者语言使用过程的关注，一些影响该过程的因素受到越来越多人的关注，包括学习者的语言资源库、学习投入、社会身份认知、语言学习的内化过程、二语社会化过程、语言习得意识形态等。

　　从这些话题中，我们可以总结出四条线索，即二语习得及教学研究：①由认知语言学及心理语言学聚焦的认知维度拓展到囊括对英语学习社会维度的考察；②开始逐渐反思单语视角下的语言习得观以及教学观，并主张从多语视角出发，综合看待并发展外语学习者多语资源系统；③开始更全面地探查外语学习的情感维度，以弥补传统认知视角对于该维度的忽视；④广泛从各个学科汲取养分，逐渐呈现出超学科研究趋势。本章将从以上四条线索出发，对当今国内外二语习得研究的社会转向（social turn）、多语转向（multilingual turn）、积极转向以及超学科趋势，从理论观点、实证依据以及研究教学启发三个方面进行总结。

2.1 社会转向

自二语习得成为一门独立的学科以来，认知视角长期主导着其研究的理论建构与研究范式。Ellis（1997：87）称这种认知视角的二语习得研究为"对语言习得过程的机械性、抽象性探索"。这一视角将语言本身视作一种存在于人心理中的抽象实体，并主张将语言习得过程视作一种心理认知现象，从社会、个人层面抽离出来进行独立分析。

但近30年来，越来越多学者开始了解到认知视角理论的不足，他们尝试从社会视角出发来探究语言习得的情境性及社会性。除此之外，采用社会视角的英语教学研究在近20年也呈不断上升趋势。Lei & Liu（2019）利用文献计量法对近15年的应用语言学研究进行总结发现，聚焦于形式的语言教学研究话题，例如，音系意识（phonological awareness）、音系过程（phonological process）、词位（word order）等，呈逐年下降趋势，而一些聚焦于社会层面的语言教学研究话题，例如，社会阶级、语言政策（language policy）、语言意识、多语现象/主义（multilingualism）等逐年上升。另外，二语习得认知视角的开创者Chomsky的文献被引量逐年下降，而社会视角下的专著，例如，Vygotsky（1978）的社会文化理论专著、Norton（2000）关于语言学习身份认知的专著正逐渐受到更多学者的关注。这些变化都反映出二语习得以及教学研究领域社会转向不断凸显。对该视角下的二语习得理论以及英语教学研究进行深入了解，不仅有利于我们更全面地把握二语习得的社会情境维度，还有利于我们优化英语学习的社会环境，为学习者深入参与语言使用活动提供参考。

2.1.1 主要观点

Firth & Wagner（1997）是早期呼吁二语习得研究社会转向的研究者。他们认为，认知视角下的二语习得研究将情境与社会从语言能力的发展过程中剥离了出去，导致传统认知视角下的术语，例如，"目标语"（target language）以及"最终能力"（ultimate attainment），仅仅将语言理解为一种存在于人大脑中的抽象实体，缺乏对语言使用的情境化理解。我们在实际的二语学习中，语言知识持续地存在于一种流动性的动态之中，因此我们的语言学习永远不可能达到一种理想化的终点。同样，Frawley & Lantolf（1984，1985）也对认知视角下的理论以及研究传统进行了批判，呼吁二语习得研究要重视语言的交际目的，并将其放在具体的社会交际场景中进行探讨。

　　社会视角下的二语习得理论来源广泛，包括社会文化理论（Vygotsky，1978）、复杂理论（Larsen-Freeman，2015）、身份认知理论（identity theory）（Norton，1995）、情境学习理论（situated learning theory）（Lave & Wenger，1991）、语言社会化理论（language socialization theory）（Duff & Talmy，2011）以及社会认知理论（sociocognitive theory）（Atkinson，2011）等。本节着重从社会文化理论、身份认知理论以及语言社会化理论探讨二语习得以及英语教学的社会转向。

1. 社会文化理论

　　社会文化理论认为一切高级思维都受中介（mediation）调节（Vygotsky，1978），而语言是思维发展最主要的中介工具。人类通常借助受历史文化影响的辅助手段去作用于心理和实体对象。通过这种对辅助手段的利用并最终学会自己生成辅助手段，人类能够充分发挥其能动性（徐锦芬、龙在波，2020c）实现对心理机能的自我调节和控制。具体来说，人类所使用的中介手段产生于他们参与历史文化活动的过程中；在此过程中，各种文化制品和文化概念之间产生复杂交互。因此，可以说文化活动、文化制品和文化概念这三种文化因素是人类心理过程的基本组构要素。

　　教育语境下，专家为新手提供的最为有效的中介是基于学习者最近发展区而提供的辅助（张姗姗、徐锦芬，2019；Xu & Long，2020）。最近发展区（zone of proximal development）即学习者独立解决问题的水平与他人提供支架帮助时所能达到的潜在水平之间的距离（徐锦芬、雷鹏飞，2018；Vygotsky，1978）。换句话说，专家应当基于学习者的潜在能力而为他们提供"量身定制"的辅助性支持，进而发展学习者的认知能力。在此情境下，学习发生的证据在于学习者之前需要支架辅助才能产出的语言形式后来可以由学习者独立用于语言产出中（龙在波、徐锦芬，2020）；此外，学习是否发生还可以从学习者所需要的辅助看出来，如果中介（反馈）提供者为学习者提供的辅助越来越隐性化，而学习者又能在此情况下逐渐脱离对显性辅助的依赖，那么他们就处于知识学习的过程中（Aljaafreh & Lantolf，1994）。

社会文化理论坚持理论/研究与实践的辩证统一，认为理论为实践提供基础，但同时又需回应实践的需要（Lantolf & Poehner，2014）。这一取向被称为实践论。受实践论影响，两种基于社会文化理论观的语言教学方法近年来越来越受到关注，其一是动态评估（dynamic assessment，DA）；另一种是概念型语言教学（concept-based language instruction，C-BLI）（简称概念型教学）。动态评估主要基于最近发展区思想，强调教师/同伴/计算机如何通过社会互动与学习者共建（学习者的）最近发展区，这种通过互动而为学习者（由隐性向显性）提供中介辅助的过程有别于传统测评。传统测评的主要目的是测试学习者的已有水平，是一种回溯性检测方案；而动态评估是一种前瞻性的、融教学与测试于一体的双效方案，能够帮助教师洞悉学习者正在发展而又未完全发展的语言能力并同时制定有效干预手段帮助学习者达到新的发展水平。概念型教学主要基于中介思想，强调有效的二语教学需要教师向学习者系统呈现学习对象所涉及的概念性知识，并将概念知识物化，使之作为学习者的中介，用以达到学习目标（掌握语言知识）。

基于社会文化理论中介概念发展而来的活动理论是社会文化理论对英语教学的另一理论贡献。在 Engeström（1987）提出的活动系统模型（图 2-1）中，主体为了实现目标（客体），在工具、规则和分工等构成的社会文化环境中，通过具体的中介作用于客体，最终将客体转变为结果。李琳（2016）运用活动理论于英语课堂教学，构建了概念型教学系统模型，并在活动理论视角下对概念型教学课堂中的英语教师与学生进行了案例分析，系统、全面地揭示了影响概念型教学中介应用的因素。

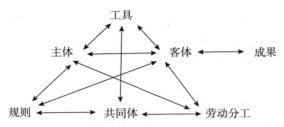

图 2-1　活动系统结构图（Engeström，1987：45）

2. 身份认知理论

　　身份认知理论源于社会心理学，Norton（1995，1997）将其运用于二语习得领域。她认为语言学习者的动机研究需要考虑学习者自身的身份认知维度，并且这种维度不能孤立地在个体身上探讨，还应该在更广的社会情境维度中进行具体分析。Norton（2000）将身份认知定义为：个体对于自身与外在世界之间关系的理解，对于这种关系是如何受时间以及空间影响的理解，以及对于这种关系未来发展可能性的理解。作为二语习得研究社会转向的重要体现之一，Norton（2013）的身份认知视角主张语言的学习过程必然会与学习者自身复杂多样且不断发展变化的身份认知相关。在语言学习者进行语言交际的过程中，不仅存在着信息的交换，还存在着语言学习者自身与其他社会角色之间关系的重新配置，这种关系的调整会受学习者自身各种身份影响，例如，种族、阶级、性别等。学习者的"假想身份"（imagined identity）与"假想社群"（imagined community）同样也会为学习者的语言学习和使用带来深刻影响（Kanno & Norton，2003）。假想身份是个体通过想象建立起来的身份认知，归属于个体理想中想要加入的假想社群。二语学习过程中，学习者常通过假想自我未来的外语身份来调整并设定二语学习目标，从而影响其语言学习。此外，Norton（1995）还受 Bourdieu & Passeron（1977）的"文化资本"（cultural capital）概念启发，提出了"投资"（investment）这一概念来理解语言学习者与目标语之间复杂的社会文化历史关系。她认为，二语学习者对一门语言进行的投资建立在这样的意识之上，即自己的学习是为了获取更广的语言资源，并且这种学习能够提升自己的文化资本。因此，语言学习的投资不仅是对目标语知识的投资，还是对于自身身份认知的投资。在这一基础上，她认为语言学习动机问题需要进一步探讨具体情境下的学习投资情况，而不是单纯地聚焦于学生是否有动机，因为学习者可能本身具有强烈的语言学习动机，却因为二语课堂的某些特定情境，例如，教师过于专制、课堂内存在性别歧视等，而表现出了较小的学习投资（Norton，2013）。国际上，许多学者在身份认知视角下探讨外语学习者如何在课堂上协商、建立身份，以及这种身份的协商和建立过程又如何影响语言学习（Ahn，2021；Toohey，2001 等）。

3. 语言社会化理论

语言社会化理论同样也是一个跨学科理论，广泛受到母语习得、语言人类学、社会文化理论、系统功能语言学等学科领域及理论的影响。语言社会化理论与社会文化理论一样都聚焦于语言能力发展的社会情境，但两者的区别在于，前者的落脚点在于学习者如何在语言学习过程中实现个体的社会化，后者落脚于学习者如何在交互活动中实现语言知识的内化学习。语言社会化理论主张不仅从认知层面分析语言能力的发展，还要着眼于语言互动过程产生的其他知识习得（Duff & Talmy，2011），这类知识囊括社会习俗、规则以及文化道德观念等。简而言之，语言习得的过程不仅是语言能力发展的过程，还是一种社会文化认知的过程。语言社会化理论与英语教学研究联系最为紧密的主题在于基于民族志方法探究二语学习者（尤其是移民学生）如何在目标语文化社区实现社会化。在这一主题下，具体的课堂学习条件、教材、当地的课堂文化、语言学习以及使用观念，以及社会文化中被认可且能被语言学习者采用的假想身份，都是能对该社会化过程产生影响的因素（Duff & Talmy，2011）。

2.1.2 实证依据

作为社会转向的一大热点，社会文化理论视角下的二语习得以及教学研究成果丰硕，且发展大体分为三个阶段。20 世纪 80 年代开始，社会文化理论首次应用于二语习得领域，是发展的第一阶段。这一时期的研究聚焦于外语学习者的私语行为，关注学习者如何独立通过语言调节思维并内化知识。例如，Frawley & Lantolf（1985）利用中介与调节概念，通过分析学习者话语揭示了学习者在完成挑战性图片叙述性任务时如何通过各种形式的私语来实现自我调节。20 世纪 90 年代开始，更多学者在二语习得和教学研究中拓展了社会文化理论的概念应用，是二语习得研究社会文化视角发展的第二阶段。这些进一步被迁移到二语习得研究的概念包括最近发展区（Aljaafreh & Lantolf，1994）、活动理论（Coughlan & Duff，1994）等，后来也出现了许多应用社会文化理论的课堂二语教学研究（Donato，1994；Donato & McCormick，1994；Ohta，2000，2001）。随后，Lantolf & Throne（2006）对从 20 世纪 80 年代开始的一系列社会文化视角下的二语习得及教学研究进行了批判性总结，从中介、内化、活动理论以及最近发展区等方面介绍了社会文化理论在二语习得研究中的应用。最重要的是，他们根据中介、最近发展区等概念，主张在课堂教学中开展"系统—理论教学"（systemic-theoretical instruction，STI）[1] 和"动态评估"（Lantolf & Poehner，2014）。大致从这一时期开始，社会文化视角下的二语习得研究不再单纯采用社会文化理论作为分析框架来观察二语习得过程，而是开始在教学中依据社会文化理论原则设计语言教学法。

"系统—理论教学"在二语习得研究领域内更多地被称为"概念型教学"。这一教学法表明在语言教学中，促进知识发展最优的方式是有策略地组织并传授高质量知识，最重要的是，这种知识必然服务于实践，其构建过程必然要通过听说读写一系列的课堂交际实践来达成。在概念教学法中，教学包括解释、物化、交际活动、言语化以及内化五个阶段（Lantolf，2011）。近几年，针对概念教学法的外语教学研究众多，涉及外语学习的多个方面，例如，时态教学（Harun et al.，2014；Yáñez-Prieto，2014）、词序教学（Zhang & Lantolf，2015）、词汇搭配教学（Lantolf & Tsai，2018；Tsai，2020）、整体语法能力（Harun et al.，

1　Negueruela（2003）根据社会文化理论首次在二语教学领域提出 STI，其核心在于知识概念的内化，即在二语教学中，语言知识的内化必须通过包括口头或书面的各种交际活动才得以达成。

2019）、英语言语行为教学（Nicholas，2015）等。这些研究在不同的语言知识层面证实着社会文化理论视角应用于语言教学的具体效果与价值。在国内的外语教学研究中，李琳（2016）立足于活动理论构建了概念型教学多元系统模型，并在教学实证数据的支撑之下主张概念型教学研究要关注相关活动系统中的教师信念、学生语言水平和理解能力、教学时间和任务量等各种因素，这些因素相互交织，共同作用于主体使用中介达成目标的全过程。

聚焦动态评估的研究同样也在近几年不断积累成果。立足于最近发展区概念，动态评估教学理念主张语言课堂要根据最近发展区设计任务，以便学生能够参与这种稍微超出了自我调控范围的学习任务之中（Poehner & Infante，2016）。教师根据任务的进行情况，在任务中渐进地为学习者提供显性或隐性的提示，学习者也可以主动向教师寻求帮助，从而形成一种师生互动关系。在这种任务中，教师作为专家，不断评估任务中学生的完成情况与困难，与作为新手的学习者合作完成任务，最终实现学习者对目标知识的内化，即实现知识的自我调控。因此，在动态评估教学中，学习结果和过程同等重要（Stenberg & Grigorenko，2002）。在二语教学环境下，国际上许多学者开始采用动态评估来探究教学过程中教师作为中介与语言学习者之间的互动对于提升语言学习者语言知识内化的作用。例如，一些学者探讨动态评估在词汇教学（Bahramlou & Esmaeili，2019；Ebadi et al.，2018）和语法学习（Sadeghi & Khanahmadi，2011）中的作用，还有一些学者探讨了动态评估在外语写作任务中的作用（Farrokh & Rahman，2017；Shrestha & Coffin，2012）。在中国英语教学语境下，Lu & Hu（2019）调查了动态评估在促进学生音系意识方面的作用，其对 50 名四年级英语学生进行了动态评估教学以及静态评估教学对比实验，结果显示动态评估教学情境下的学生在语系意识任务中表现得更好，且对目标语系知识的学习效果更好。此外，张艳红（2008）探讨了动态评估模式在大学英语网络写作教学中的作用，发现动态评估给学生提供了策略、资源以及激励等多方面的帮助，不仅有效地促进了学生英语写作水平的发展，还让师生、生生之间形成了良好互动关系；还有一些研究考察了动态评估在写作（何佳佳，2018；孔文等，2013；李奕华，2015）、听力（韩艳丽，

2015）等模块教学中的作用。但国内针对动态评估的实证研究总量较少，且多聚焦于写作，对语法、词汇以及口语层面的探讨较少，未来仍需要更多学者在这些话题上进行实证分析。

最后，社会转向中其他理论视角下的研究同样在近几年产生了大量文献。例如，在 Norton（2000）身份认同理论影响下，一些学者调查了课堂上二语学习者如何协商并构建身份，以及该过程如何影响语言学习（Norton & Toohey，2011；Pavlenko & Norton，2007）。近几年，这一视角下的研究还延伸到电子交际层面，例如，Thorne & Black（2011）研究了一位英语学习者在一个英文粉丝文学网站中的身份认知转变过程，他们发现该学习者的身份转变为其带来了更多二语学习机会。此外，语言社会化理论视角下的二语习得研究也在不断开展（Morita，2000；Talmy，2008）。例如，Talmy（2008）对夏威夷一所中学二语课堂的研究发现，许多移民学生虽然已在当地生活了几年，但仍被视为英语能力较差的新移民；Morita（2000）调查了加拿大一所大学日本女性的英语学习，并发现同样的情况：如果在当地情境中，学生作为移民或留学生的劣势被过分重视，并因此在交际中被同伴、教师有意或无意地忽视，那么他们参与课堂学习活动的积极性会被极大削弱，而且他们也更难以对自己的语言能力形成合理的认知。这些聚焦于移民或留学语境下的二语社会化研究以一种更全面的视角探讨了二语习得的社会文化维度，丰富了社会转向下的二语习得研究。

2.1.3　对教学与研究的启示

社会转向拓宽了外语习得及教学研究的理论视野，同时也诞生了诸多新颖的研究话题与教学理念。Zuengler & Miller（2006）表示，社会视角下的二语习得研究虽受到一些认知视角学者的抨击，但仍成为一股不可忽视的研究学派。也有学者提出将认知视角与社会视角进行结合，更为全面地看待外语习得的认知与社会过程（Hult，2019；Larsen-Freeman，2002）。但不论如何，社会转向范式下的语言教学研究取得了瞩目的成果。同时，这一转向也给中国语境下的英语教学与研究带来了诸多启发。本节将从教师、学习者以及课堂环境三个维度阐释社会转向视角给外语教学研究带来的重要启发。

首先，外语教师是重要的语言学习的中介，不仅要扮演重要的目标语和目标语文化输入输出的监督者、课堂社会关系的构建者和维护者，还要扮演课堂活动的设计者和课堂效果的评价者（徐锦芬、雷鹏飞，2018）。教师作为英语知识的专家，应该在英语课堂内为学习者提供情境化的学习支架。然而，教师同样也应当注意其调节作用的限度，避免剥夺学生学习的自主性，要着眼于发展学生实现自我调节的目标（徐锦芬、黄子碧，2020）。此外，教师还应该着眼于学生的实际生活，评估其能力发展水平以及外语交际需求，有针对地设计有意义、有目标且具有实际生活迁移力的语言学习任务，这些任务不能脱离学生的生活实践。在课堂社会关系上，教师同样要注重交际的重要性，与学习者平等地展开对话式互动（徐锦芬、龙在波，2020a），进而发挥语言学习的中介作用，尊重学生在英语学习活动系统中的主体地位，并帮助他们充分利用活动系统中的资源以实现语言学习的客体目标。此外，为更好地发挥其中介作用，教师还需要深刻了解社会文化理论视角下的外语教学理念，不断评估学生的最近发展区，并根据学生的最近发展区设计具有针对性的课堂学习活动。教师还需要充分认识到课堂中可利用的多模态语言学习资源，通过这些资源来帮助学生建立有利于英语学习的身份，从而激发其语言学习动机和自主性。

其次，对于英语教学研究而言，针对学习者的研究需要进一步探讨个体差异在课堂英语学习中的作用。这些个体差异包括动机、假想身份、假想社群以及能动性等方面。近年来，针对这些个体差异的研究开始从更深层次挖掘其独特的个人经历以及所处的社会文化环境因素，这些研究同样也展现了极强的社会文化取向（Al-Hoorie, 2017; Sampson, 2015; Ushioda & Dörnyei, 2009）。其次，根据 Norton（2013）的语言学习"投资"概念，外语教学研究应该深入探查学习者语言学习动机背后复杂社会历史、个人目标以及学习经历的影响，并将学习者的语言学习投资看作动机乃至以上这些因素共同作用下的结果。这些研究都表明，语言学习者的个体差异并非是一成不变的，他们在某一学习情境下展现的动机、投资乃至能动性在其他环境下可能完全不同，随着时间变化，这些情况可能变得更加复杂多样。因此，未来社会视角下的外语教学研究有必要进一步调查学习者复杂的个体差异背后的社会文化维度。

在教学中，教师同样应当重视这些个体差异因素：对于动机，教师更应该思考如何唤醒学生对于理想外语身份的认知，从而促进其动机发展，而不是单纯地利用奖励和惩罚措施；对于投资，教师应该思考自己的语言教学活动是否能与学生的假想外语自我相契合，并以此来推动其语言学习投入；此外，教师还应该与学生一起不断探索各种可能的假想自我，利用各种文化资源以及语言学习机遇来为这种假想自我铺陈道路；对于学习能动性，教师要尊重学生在外语学习过程中的创造性，保持其积极能动的学习状态。语言社会化研究同样也要求教师注意学习者在语言学习过程中对待目标语文化的态度，对其进行适当引导，并在发展其语言能力的同时，提升其跨文化意识，帮助学习者更辩证地了解目标文化价值观及其交际模式。

最后，在课堂环境方面，英语教师和研究者需要形成一种生态意识，将英语课堂视为一个由各种物质资源以及人际资源组成的学习生态。课堂生态中可用的资源被称作"给养"（affordance），学习者与这些给养之间的交互将会受到各种因素的影响（Palfreyman，2014），教师和研究者应当对这些给养，以及可能会阻碍给养的限制性因素有充分的认识并加以应对。这种在社会文化视角下衍生的生态观语言教学研究同样是近几年国内外学者的研究新领域（秦丽莉、戴炜栋，2013；徐启豪、王雪梅，2018；Palfreyman，2014）。生态视角不仅强调对课堂内语言学习情况的调查，还强调探查学生如何将课堂上经历的语言资源使用能力迁移到课堂之外。秦丽莉、戴炜栋（2013）将这种生态化的语言教学解读为一种课内与课外学习、任务与任务、教师与学生、"学习—任务—社会文化环境"之间多维的、互动的、动态且相互依存的生态系统。生态视角有利于英语教学研究以更全面的视角探索各个维度可能发生的变量，以及变量之间的互动关系，同时从微观、宏观层面把握语言学习规律，最终提高英语教学效果。

2.2　多语转向

多语主义指"个体、组织、机构以及社会对多于一种语言的使用与学习"（European Commission，2007：6）。虽然目前二语习得研究领域内也广泛存在"双语现象"（bilingualism）这一术语的使用，但该术语也被众多学者用来指称多语现象，因此普遍上来讲，我们难以通过语言数量来界定"多语"这一术语。

随着全球化的不断深入发展，语言以及文化的壁垒逐渐被解构，越来越多学者开始在这种背景下反思传统的语言研究范式与相应的语言学理论。

2.2.1 主要观点

在二语习得研究领域，多语主义反对"单语偏见"（monolingual bias）的研究范式。长期以来，外语教学的一大目标就是培养出具有与母语者同等语言交际能力的学习者，围绕这一目标的单语研究范式在外语研究与教学领域中占据着重要地位。许多学者（如 Grosjean，2010；Seidlhofer，2007）挑战了这种观念。例如，Grosjenan（2010）认为追求这种完美的语言知识是一种误导，且精准地掌握两种语言过于理想。Valdés（2005）也指出，学习者几乎很难在同样的情境下对两门语言的各个交际过程达到一致的掌握水平。此外，在语言使用上，这种"单语偏见"还导致传统的语言教学过分重视语言的纯洁性，在语言教学中秉持着语言分离的理念，将跨语言因素视作绝对的教学障碍，忽视了交际过程中意义构建的本质（García，2009）。

在此基础上，Cenoz & Gorter（2011）总结到，二语习得研究需要重新审视二语学习者，不能把他们简单地看为目标语的模仿者，而应该把他们视作正在用自己的各类语言资源来塑造语言交际能力的语言使用者。另外，Fallas（2016）也认为，传统的研究范式有失偏颇地将二语学习者的语言能力与流利的母语者进行对比，忽视了二语学习者与母语者的区别：母语者的语言能力是在单语背景下发展起来的，而二语学习者的语言能力是在两种语言接触中，也就是多语背景中发展起来的。García（2009）对欧洲、中东以及亚洲国家的语言教学发展进行了总结，并指出传统的语言教学过于绝对地将母语与二语分离开来，忽视了语言的流动性本质，她进一步主张语言教学应当转换视角，将语言使用更生动地理解为"言说"（languaging）（Swain，2000），将双语及多语者的语言混合使用称之为超语言，即将学生的语言实践看作其语言资源的灵活运用。García & Li（2014）更进一步探讨了超语言作为教学手段在英语教学中的运用价值，强调了语言课堂中多语取向的重要性。简言之，这些学者主张从传统的单语视角转向用一种双语或多语视角来看待二语习得，这一视角转变被称为"多语转向"（Douglas Fir Group，2016；May，2019）。这一转向强调我们要正视语言学习者作为双语资源使用者的身份，用一种复杂系统观的视角来观察、干预和探究二语学习者的语言使用与认知机制。

近几年，多语研究也逐渐发展出一系列的语言习得理论以及教学理论，这些理论都在不同程度上反映着其拒绝单语偏见、反对分离式语言教学和研究的价值取向。Herdina & Jessner（2002）根据复杂理论，提出了著名的"动态多语系统模型"（Dynamic Model of Multilingualism）来解释多语学习者语言认知机制的发展模式。该模型认为，学习者在两门或两门以上的语言学习过程中，自身的各个语言系统之间存在着复杂的交互，在这种交互中形成了个体自身的多语系统。随着语言知识水平的提高，学习者的多语系统会涌现出"多语催化因素"（multilingualism factor），进而提升学习者自身的元认知能力与元语言意识。在外语阅读研究中，Koda（2012）基于语言阈限假说（Language Threshold Hypothesis）和语言相互依存假说（Linguistic Interdependence Hypothesis）指出，二语学习者的外语阅读能力是在一种"双语参与"（dual-language involvement）的机制下发展起来的，不仅外语与母语的语际差别会对这种能力产生正面或负面的影响，母语的阅读能力与经历也会对外语阅读能力产生作用。此外，Kroll & Dussias（2013）对近年来双语现象的研究进行总结发现，不仅在英语二语阅读中存在着母语对英语阅读产生的语际影响，二语学习者在母语阅读过程中也体现出英语二语的影响，这说明了二语学习者的整体读写能力是在一种双语系统下发展的。Cook（1992）提出"多元能力"（multi-competence）概念来形容双语学习者的语言能力系统，认为他们的各门语言能力是其语言系统"整合连续体"（integration continuum）模式的体现。这些理论都表明，多语研究拒绝二元地看待二语学习者的语言能力发展，相反，他们自身的多语系统和语言资源应该被看作一个复杂的整体。

2.2.2 实证依据

英语教学研究体现多语转向的主题与领域众多，其中三个主题尤其受到学者的关注：语言意识、语际影响和超语言现象。围绕这三个主题的实证研究文献不断累积，且不断吸收复杂理论的精华，这不仅给多语转向的主张带来了有效的实证依据，也进一步凸显了多语视角在英语教学研究中的价值。

首先，植根于认知心理学的语言意识研究为多语转向提供了切实的实证基础。Ianco-Worrall（1972）作为最早探讨双语儿童语言意识的学者，对 30 名南非荷兰语—英语双语者与 30 名同等年龄、经济背景的单语者进行了对比实验，结果发现双语儿童更能对语音与意义之间的任意性产生强烈的意识。另外，也有一批学者发现双语儿童对语素的意识更为敏感（Bialystok et al.，2003；Bruck & Genesee，1995）。近几年，语言意识的研究开始更多聚焦于元认知（或元语言意识）方面。元语言意识（metalinguistic awareness）指人有意识地、反思以及分析语音、语素、语法以及语篇等语言知识的能力（Nagy，2007）。Bialystok 与他的研究伙伴近十几年对各个年龄层的双语者的元语言意识进行了一系列研究发现，虽然相对于单语者，双语者在语言意识方面的优势并不绝对显著，但这种优势会随着其两门语言的水平提升而不断凸显，这有利于他们的语言知识分析和认知能力的成长（Bialystok，2011）。此外，Jessner et al.（2016）也在其动态多语系统模型的基础上，调查了聚焦于训练学生多语意识、元语言意识以及跨语言意识的课堂活动在提升学生语言以及元语言技能方面的作用。这一系列针对多语者语言意识的研究着重探讨双语者语言能力发展的独特性，从认知心理学视角为英语课堂的多语转向（即着重提升学生多语意识、元语言意识），提供了有价值的实证基础。

其次，二语习得领域的跨语言影响（crosslinguistic influence）研究也立足于二语学习者语言系统的特殊性，为多语转向提供了具有拓展性的研究成果。跨语言影响指二语或多语学习者在某一门语言的理解、产出以及其他语言活动中体现了另一门语言影响的现象。学者们更为熟知的跨语言影响现象为语言迁移（language transfer），但在多语现象的研究视域下，跨语言影响这一术语愈发受到学者青睐。Jarvis（2013）认为，跨语言影响的覆盖面更广，不仅仅囊括对语言使用方面的探讨，也包括对受跨语言作用影响的认知机制的研究。此外，跨语言影响与语言迁移的不同还在于，前者认可了跨语言影响的非单向性，而后者更多是在单向地探讨母语对目标语学习的作用。Jarvis & Pavlenko（2008）对跨语言影响研究进行总结，发现其作用发生机制具有动态复杂性。跨语言影响的方向复杂多变，且它的作用还随着个体目标语水平的提高而产生波动。最近，Woll（2019）对正在学习英语（二语）和德语（三语）的 66 名加拿大学生的跨语言影响做了一项实验，结果发现元语言意识以及英语二语水平对语言正迁移的预测力最大，随后她使用有声思维法对学生元语言认知策略方面的个体差异进行了探讨，研究结果进一步证实了其多语系统的动态性与复杂性。

最后，不断丰富的超语言研究在课堂实践上为多语转向下的二语习得研究提供了启发。超语言由 García（2009）提出，她在 2014 年与 Li 合作出版了《超语言：语言、双语现象与教育》（*Translanguaging: Language, Bilingualism and Education*）（García & Li, 2014），并详尽介绍了超语言的理论基础、教育实践以及教学启示。超语言指双语者及多语者在语言使用中混合使用不同语言资源的现象，也指接收某一语言的输入而用另一门语言进行输出的现象（García, 2009）。不同于语码转换（code-switching），超语言的出发点在于正视双语及多语者的多语资源并认同他们的语言混合使用现象，而语码转换更多是建立在语言隔离和单语偏见的视角下，对二语课堂中非目标语的使用与转换进行的研究。在实证研究文献中，课堂情境下的超语言研究多聚焦于双语沉浸式教学（Palmer et al., 2014）、文化多样性课堂（de Los Rios & Seltzer, 2017）、英语二语课堂（Fallas, 2019；Lee & García, 2020）。这些研究在不同层面证实了超语作为一种教学手段在语言教学中的价值与作用：它能促进学生正视自己的语言资源，从而更加主动、更加具有创造性地使用语言，让学生们更投入课堂学习。此外，在少数民族语言以及教育平等方面，超语教学手段也能起到巨大的社会作用（Flores & García，2017）。

除了以上立足于认知以及教学领域出发的研究，许多学者也开始在多语视角下研究双语以及多语学习者的社会情感因素。例如，Pavlenko（2006）最先探讨了多语学习经历给学生自我认知和语言学习态度方面带来的转变；Henry（2017）也在学习多语的中学生身上发现了他们对待自我多语身份的积极态度，还发现他们对待语言使用以及学习抱有非常宽容且优秀的共情能力；Busse（2013，2017）调查了正在学习德语的英国大学生，发现他们多语身份的发展极大地促进了他们的外语学习动机，并且其自我二语理想并非是想成为一名优秀的德语者，而是成为一名多语者。Henry（2017）对这些多语动机研究进行总结，在 Dörnyei（2009a）的二语动机自我系统（L2 motivational self system）上提出了多语动机自我系统（multilingual motivational self system）的概念，认为我们需要用一种动态复杂视角来看待语言学习动机的发展，即要认识到双语以及多语学习者所拥有的不同语言动机系统之间的交互会对其总体语言学习动机带来的影响。这些研究从社会情感层面反映了多语转向的主张：二语动机研究应该从多语视角出发，将语言学习者的语言动机发展放在一个"多语动机系统"之下进行考察（Henry，2017），而不是片面、孤立地采用单语视角分析语言动机的发展。

2.2.3　对教学与研究的启示

对于英语教学及研究而言，多语转向的启示主要体现在两个方面。

在意识上，研究者和教师都应该努力跳脱出传统的单语偏见，将英语学习者看作新兴双语能力者，并以一种整体、动态复杂的视角来探究其语言资源系统的发展。长期以来，单语偏见深刻影响着英语教学研究的理论与研究范式。根据 Blommaert（2010）的研究，这种单语偏见常以母语者的语言能力水平为根据来衡量双语者的语言能力发展，并采用一种"平衡双语"（balanced bilingualism）来看待学习者的双语系统，也就是"双重单语"（double monolingualism）。这种意识在研究中体现为，将双语者的双语系统分离地看为两个系统，忽视其之间重要的交互以及在该系统下涌现出来的独特认知机制。在教学中体现为追求语言使用的纯洁性，将语码转换、超语言行为等双语者自然的语言使用视作语言教学的威胁。这种认识导致二语习得以及语言教学研究忽略了语言资源系统复杂交互发展的现实，在理论和实践中长期将二语者自然的混合语言行为视为语言学习的障碍。多语视角能让外语教师转换思路，正视双语者独特的语言资源以及语言使用，从而促进学习者参与意义构建并获得更多学习机会。

在实践上，研究者和教师需要广泛汲取国际先进多语教学手段，灵活运用超语言进行教学，聚焦学生多语意识的发展。Hornberger（2005）认为，课堂环境若能允许双语者创造性地使用自己的语言技能以及资源进行交际，其多语学习潜能则会得到最大优化。超语言行为，作为一种双语者独特的语言混用现象，在教学中能够有效引导学生关注交际行为的意义建构过程本身，还能在内容与语言融合式教学中促进学生对内容的理解，让学生更积极地参与课堂教学活动。在国际上，针对超语言英语课堂的研究在欧洲以及北美广泛开展，而在国内，仅在香港地区有较多采用超语言作为外语教学手段的研究（Sanders-Smith & Dávila, 2019；Wu & Lin, 2019）。未来，教师及研究者可以进一步探讨超语言在国内英语课堂语境中的应用价值。此外，学生的元语言意识或者多语意识发展同样也值得教师重视（徐锦芬、潘晨茜, 2019）。Jessner et al.（2016）提出，双语以及多语学习的过程虽然能够给学生的语言意识带来隐性的提升，但是课堂中仍有必要开展一些聚焦语言形式与功能的教学活动，来显性地促进学生对不同语言之间差别的认知，并让他们意识并反思跨语言影响的可能性，从而在塑造他们元语言意识的同时，培养"跨语言意识"（crosslinguistic awareness）。

2.3 积极转向

长期以来,外语教学中的语言学习情感研究相比于其他学习因素而言并没有得到足够的学术关注。Swain(2013)就曾将语言学习过程中的情感话题称为"房间里的大象",学者都知道大象的存在,也都了解这一因素在语言习得中的重要性,却鲜有人对这一现象给予足够的关注。造成这种现象的重要原因是过去几十年里认知视角对应用语言学研究的统治。而随着二语习得研究社会转向的不断发展,越来越多学者开始对各种学习情境下的情感因素产生了兴趣。

自 2000 年以来,积极心理学作为心理学研究的一个分支逐渐成为这一领域的新视角,不仅挑战了以往对于心理现象的病理化研究导向,还拓展了心理学的研究话题。而随着积极心理学在各个学科内的研究应用不断扩展,许多应用语言学研究专家开始将积极心理学引入二语习得的情感研究中来。近十年间,这种研究趋势不断壮大,在二语习得的诸多层面贡献了不少新的研究话题和干预措施,Dewaele et al.(2019)也将当下称为积极心理学视角下二语习得研究的"鼎盛期"。同样,White(2018)也将这种趋势描述为应用语言学的情感转向。作为一项重要的研究转向,积极情感视角有利于我们重新审视认知视角霸权以及负面情感研究偏向,从而以一种更全面的视角出发重新构建二语习得理论。

2.3.1 主要观点

根据 Seligman & Csikszentmihalyi(2000)的研究,积极心理学的研究范畴包括:积极情感体验(positive experience)、积极人格(positive character trait)以及积极机构(positive institution)。积极情感体验主要聚焦于个体或集体对希望、兴趣、乐观等积极情感方面的体验。积极人格则聚焦于研究在特定情境下哪些具体的积极人格特质能够促进个体的正向发展。而积极机构则聚焦于如班级、学校、教育组织、公司等组织的积极心理状况,是三类范畴中较少被研究的话题。积极心理学研究的一大中心原则是通过各种有效的积极心理干预措施对上述层面进行实验，从而达到利用积极情感、积极人格以及积极机构对抗消极情绪的作用，从而提升个体幸福感的目的。

积极心理学视角下的二语习得研究多立足于 Fredrickson（2001，2004）的"扩展建设理论"（broaden and build theory）与 Seligman（2011）的"幸福理论"（well-being theory）。扩展建设理论认为，消极情绪，如恐惧、愤怒和憎恶，会导致个体避免直面威胁的狭窄效应，而积极情感有利于拓展我们的思维，因此能提高个体广泛利用各种资源来解决困难的能力（Fredrickson，2001）。虽然积极情感的体验并不一定长久，但是其对个体的影响却是长时的。最早在二语教学研究中采用该理论的是 MacIntyre & Gregersen（2012），他们基于该理论认为，积极情感有利于拓展学生看待事物的视角，因此能让学生更积极地吸收语言资源，从而建立解决语言学习问题的资源库。他们还认为，教师可以通过观察并围绕学生的理想二语自我在教学中做出适应性变化，从而激发学生对于理想二语自我的积极情感。同样，教师也应该在语言教学中减少会消解这种积极效果的消极情感，例如，教师可以鼓励学生对未来的自己进行想象，从而达到与消极情感制衡的效果。Seligman（2011）的"幸福理论"用"PERMA"一词来涵盖其下的五个要素，分别为：积极情感（positive emotion）、投入（engagement）、关系（relationships）、意义（meaning）以及成就（accomplishments），认为这五个要素是促进个体积极发展的关键。在二语习得领域，Oxford（2016）广泛涉猎相关研究进一步拓展了"PERMA"框架，并提出了二语习得过程中的九要素框架"EMPATHICS"，分别代表着情感以及共情（emotion and empathy）、意义与动机（meaning and motivation）、韧性与乐观（perseverance）、能动性与自主（agency and autonomy）、时间观念（time）、忍耐力（hardiness and habits of mind）、智商与情商（intelligences）、性格优势（character strengths）以及自我因素（self-efficacy, self-concept, self-esteem and self-verification）。Oxford（2016）认为，这一理论框架将更有利于二语习得领域从更全面的角度分析语言学习者幸福感的构成，并为未来积极心理学视角下的二语习得研究带来本土化理论模型。

虽然积极心理学主张聚焦于个体生活中的积极情感因素，但这并不意味着是对消极因素的否认，而是主张拓宽学界对于心理情感因素的认知，并主张通过利用积极因素来协助个体处理负面情绪带来的影响，因此包括心流（flow）、希望、勇气、幸福、乐观等因素在内的积极情感同样值得我们关注（Lopez & Snyder，2009）。Lazarus（2003）曾经对积极心理学的研究视角提出了质疑，认为对情感进行积极与消极的命名具有误导性，因为所有的情绪，即使是不愉快的情绪，都有助于个体对具体情境作出积极反应。例如，压力和焦虑等消极情感能促使人行动，而自信等积极情感会导致人对待任务过于轻浮草率，等等。实际上，积极心理视角并非主张标签化地认定积极情感一定会产生积极效应。Lomas & Ivtzan（2015）对近几年积极心理学的发展进行总结，并用"积极心理学 2.0"来形容一股将积极情感与消极情感联合起来探讨的研究潮流。这一潮流认识到了积极情感与消极情感作用的复杂性，并提倡更为细致地研究消极与积极情感带来的截然相反的效果，这一类效果被统称为"矛盾心理"（ambivalence）。同样，积极心理学视角下的二语习得研究也认识到了这种矛盾情感的存在（MacIntyre，2007），并且这类认识也伴随着社会文化理论以及复杂理论在二语习得领域内的逐渐深入而不断受到重视（Boudreau et al.，2018；Dewaele & Alfawzan，2018；Li et al.，2020）。

2.3.2 实证依据

应用语言学领域内以积极心理学视角开展的研究主要围绕三条线索展开，分别是：外语学习的积极情感因素、外语学习者的性格优势以及针对外语教师的积极情感研究。这三条线索中，诸如共情、自我因素、心流、动机、投入等变量受到越来越多学者关注，且都在围绕这样一个问题进行探索：教师应该如何通过优化英语课堂的情感环境促进语言学习及其自我幸福的目标？

围绕二语学习者的积极情感因素研究是目前三条线索中发展最快、成果最丰富的领域。针对外语学习愉悦（foreign language enjoyment）以及外语学习焦虑（foreign language anxiety）的探索是这类研究最为突出的话题。例如，Dewaele & MacIntyre（2014）运用线上量表对一千多位英语外语学习者的外语学习愉悦以及焦虑进行了调查，同时也收集了他们对于这类情感的质性数据。结果发现，外语学习愉悦与焦虑是两个较为独立的变量。结果中，不仅语言能力较好的学生通常显现更高的愉悦水平与更低的焦虑水平，而且在北美地区的英语外语学习者往往比亚洲地区的学习者有着更高的愉悦水平与更低的焦虑水平，且学习者年龄越小焦虑水平越高。这意味着影响外语学习愉悦与焦虑的因素不仅包括语言水平，还包括年龄与文化背景因素。其次，研究的质性数据也表明，二语课堂中能给予学生更多自主性的活动往往是愉悦情感的重要来源，这说明教师在课堂中的积极情感引导力可以通过给予学生自主性的方式来得以提升。受这一研究的量表启发，Li et al.（2018）根据中国英语教学的语境，设计出了中国版的外语学习愉悦量表，并收集了两千多位中国高中生的外语学习愉悦水平问卷。研究结果进一步证实了教师在影响学生外语学习愉悦上的重要性。Dewaele & MacIntyre（2016）进一步对他们2014年的数据进行了主成分分析，并发现学生的外语学习愉悦存在两个子维度，即社会维度的愉悦和个人维度的愉悦，还发现在学生报告的质性语料中，即使是愉悦的片段也潜伏着焦虑的可能性，这表明外语学习愉悦与焦虑并非两个此消彼长的变量，二者之间存在着某种复杂的动态关系。在这一基础之上，许多学者开始采用复杂理论视角来看待学习者积极与消极情感之间的关系（Dewaele & Alfawzan，2018；Dewaele & Dewaele，2017，2020；Li et al.，2020）。

　　二语学习者的性格优势是近几年较为新兴的研究话题。在积极心理学研究中，Peterson & Seligman（2004）对积极性格特质进行了理论构建，提出了一个囊括智慧与知识（wisdom and knowledge）、勇气（courage）、人性（humanity）、正义（justice）、克制（temperance）、超然（transcendence）六个方面的24个性格优势的"优势行为价值表"（The Value in Action Classification of Strengths）。针对这些性格优势的干预性心理研究也都纷纷证实了其在提升幸福感，以及抵御抑郁心理方面的作用（Park & Peterson，2006）。Piasecka（2016）运用个案研究探讨了二语文学阅读课程中，二语文学教学如何能激发学生的积极性格优势。Kossakowska-Pisarek（2016）也对一批学生进行了词汇学习策略教学干预研究，并聚焦于学生的"克制"性格特质如何在策略教学中得以提升。作者在后测中发现，学生词汇学习策略的提高显现出其在自我调控能力方面的提升，作者总结到，未来相关研究有必要在词汇学习策略教学中加入情感调控策略维度，以更好地培养学生性格优势中的自我调控能力。在中国英语教学情境下，Li & Xu（2019）同样运用了干预实验调查了二语学习者的"特质情绪智力"（trait emotional intelligence）与二语课堂情感之间的关系，结果发现，针对提升学生特质情绪智力的干预措施有利于提升学生在课堂内的积极情绪，并缓解其消极情绪。

近几年，针对英语教师的情感研究也产出了大量的文献。这些研究文献大多聚焦于探索有哪些因素会影响教师的情绪状态，以及他们通常会如何采用具体策略来调控情绪以应对环境。例如，Morris & King（2018）调查了八位日本大学英语教师是如何运用情感调控策略来应对学生的负面行为以及工作环境带来的失望情绪。结果表明，教师通常根据具体情境来对失望情绪加以调控，且教师自身的性格特质，如自信，以及对特定情境的掌控力会深刻影响这种情绪的调节力。Dewaele & Mercer（2018）则着重调查了 513 名外语教师的"特质情绪智力"，结果发现教师的特质情绪智力越高，其对待教学的态度越积极，也更加享受与学生在一起的课堂时光。MacIntyre et al.（2019）根据 Seligman（2011）的"PERMA"理论模型和国际人格项目量表（international personality item pool）调查了 47 名外语教师的幸福感、压力感与个人资历之间的关系，发现外语教师身上包括情绪稳定性（emotional stability）、随和性（agreeableness）、责任心（conscientiousness）以及智力（intellect）四个方面的人格特质与"PERMA"积极相关。这些积极心理学视角的研究都进一步为探讨外语教师情感维度打开了新的话题，不断丰富着二语习得情感研究的知识版图。

2.3.3　对教学与研究的启示

积极心理学给外语教学与研究带来的话题与概念繁多，而从这些话题与概念之中，可以总结出两点极为重要的启示。

首先，对于研究而言，为了理解外语学习者情感维度上积极与消极情感之间的复杂关系，仍然有必要意识到积极心理学倡导的积极情感视角并非是对消极情感的抹杀。Seligman & Csikszentmihalyi（2000）就强调积极心理学并非是"一厢情愿"地用积极心理来避免对消极方面的讨论，而是通过增加对积极心理的关注来拓宽人们对于心理现象的认知，使他们不再将焦点局限于消极心理。在二语习得研究中，近几年来越来越多学者在积极心理学视角下，采用复杂理论来分析语言学习过程中的情感动态（Dewaele & Alfawzan，2018；Dewaele & Dewaele，2017，2020；Li et al.，2020），我们也有必要在这些研究的基础上，进一步探讨积极与消极情感之间的复杂关系。

其次，对于教学而言，外语教师有着大量已被验证的积极心理干预活动可供选择，当然这些干预活动同样也可以运用于教师教育。The Greater Good in Action 网站是积极心理学面向社会建立的一个干预活动资源库，包括大约 50 个已被实证检验的积极心理活动，且每一项活动都列出了详细的指导过程与相关文献。此外，Helgesen（2016，2018）在积极心理干预实验的基础上，总结出了英语教学领域内可使用的积极心理活动，这些活动同样在线上能够获取详细信息。利用这些活动，外语教师可以有效地促进学生在英语课堂中的积极情绪导向，从而优化英语课堂的情感生态，确保语言学习和教学对于学习者和教师而言是具有个人意义和愉悦的行为，帮助学习者和教师更加富有韧性地应对各种挑战。但在课堂中应用这些活动的时候，教师同样要意识到目标学生群体与该活动之间的兼容性。Lyubomirsky & Layous（2013）就强调了在运用以及分析某一积极心理干预活动时，要考虑 人与活动的拟合性（person-activity fit）。同样，Schueller（2014）也主张学者要进一步探讨定制化的积极心理干预活动，要从个体的性格特质、动机以及文化背景等变量出发。

国内相关研究仍处初步阶段，近两年才出现基于该视角的实证研究

（韩晔、许悦婷，2020；姜艳，2020；李成陈，2020；陶伟、古海波，2019）。因此，国内学者有必要将积极心理学作为一个新的研究视角应用于当今中国情境下的外语教学研究，从而拓宽、深化我们对于中国学生外语学习以及外语教师情感动态的理解，并最终通过优化情感维度来达到促进外语教学以及师生幸福感的双重目标。

2.4 超学科趋势

随着全球化、科技化以及多语化的不断发展，外语学习的形式正悄然发生着巨变。传统的外语学习主要采用课堂式的集中学习，学习者接触外语的途径也在很大程度上限定在课堂内，且语言呈现的形式和内容具有一定局限性。而在新时代背景下，外语学习的形式和地点更加多元分散，语言表现形式的多模态性不断增强，外语学习者的语用资源库不断扩充，其身份、情感以及社会文化经历的作用更加重要。外语学习过程中的多维度交织、动态变化的特质越发凸显。

与之相伴，二语习得及教学研究也逐渐呈现对认知、个体情感以及社会环境多个维度进行综合性调查的趋势。对待新时代这种不断复杂化、多元化的外语学习现象，外语习得及教学研究以解决问题为导向，从社会学、教育学、人类学以及心理学等学科汲取了相当多的理论养分与研究方法知识。这种超学科趋势不可避免地成了当今外语习得及教学研究的主流。

在这种背景之下，许多学者开始反思仍立足于学科划分的跨学科（interdisciplinary）现状，认为我们应当更进一步，真正打破学科之间的壁垒，整合不同学科的理论及研究方法，建立二语习得领域的"超学科"（transdisciplinary）范式（Douglas Fir Group，2016；高一虹，2009；Hornberger & Hult，2006）。这些学者认为，虽然跨学科范式为二语习得研究带来了不少新的研究视角和话题，但这些研究仍停留在借鉴理论、方法和实践的层面之上，且仍具有学科区分视角所带来的局限性（Douglas Fir Group，2016；Hall，2019）。对此，由一批二语习得顶尖专家组成的研究小组 Douglas Fir Group 在 2016 年提出了一套超学科研究框架。他们认为，虽然学科划分对于理论及方法溯源来说仍具有必要性，但二语习得领域的研究需要对各种学科来源的理论进行整合，从一种囊括宏微观的多维度视角探讨二语习得的复杂性与动态性。

2.4.1　主要观点

　　Douglas Fir Group（2016）提出的跨学科二语习得框架囊括近 15 位学者主导的十个理论，分别为：社会文化理论、语言社会化理论、身份认知理论、复杂理论、基于使用的理论（usage-based approach）、生物文化视角（biocultural perspective）、生态以及社会认知视角、变异社会语言学（variationist sociolinguistics）、系统功能语言学以及会话分析。这些学者组成的 Douglas Fir Group 旨在从两个方面为新时代的外语习得及教学研究提供启示。首先，从个体以及社会情境各个维度综合探查二语习得与教学，从而对二语习得的过程形成一个全面而深刻的理解；其次，利用从以上这些复杂的多维度调查中获得的认识，促进新时代不断多语化、科技化、全球化背景下的二语教学，培养具有跨文化、跨社会情境以及终身学习能力的双语及多语者。因此，这一超学科二语习得框架具有问题导向性，主张用任何有效的科学理论以及研究方法来解决二语习得研究新问题，尤其为了应对全球化、多语化以及科技化的不断发展为二语习得研究带来的挑战。

　　这一框架下的二语习得是多维度交织、不断发展变化的复杂现象，且其中个体层面各种变量的动态交互，以及个体在多语世界中的多元经历和复杂情感都发挥着不可忽视的作用（Douglas Fir Group，2016）。如图 2-2 所示，这一复杂多维的二语习得现象囊括三个层面的复杂因素。

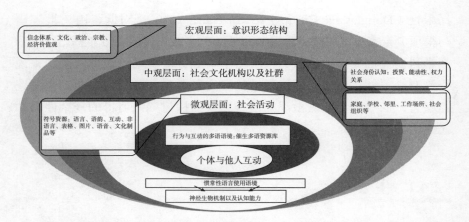

图 2-2　语言学习及教学的复杂维度（Douglas Fir Group，2016：25）

　　在微观层面，超学科框架将附加语的学习和使用当作一项社会活动进行分析。在这一活动中，个体从自己的语言资源库中灵活选择及使用语言、语音、图片等各类表意资源，来达到与他人进行交际的目的。这一层次注重探讨个体内部语言资源库的运行及发展机制，即认知层面的信息加工模式，但同时又注重将其放在具体的交际情境下进行分析。个体将不断在交际中反复经历注意、认知及选择各类语言资源的过程，并同时反复假设、验证、修正自己的语言资源使用情况，最终形成一种情境敏感性的语言交际能力。在教学中，该框架主张教师引导学习者形成对自我语言资源库的意识，并在反复的显性及隐形引导（例如，重复、语调变化、手势等）中，强化学习者对于某一语言资源在特定情境下的规律化使用。只有让学习者不断在交际活动中，反复、稳定且常态化地使用这类资源，才能让其对"形式—意义"之间的映射发展出更显性的意识，从而将语言经历深化为认知成长，最终将这类资源内化于学习者语言资源库中。而因为文化情境、经济状况等原因而产生的个体经历层面的变异，又会让附加语言学习者的语言资源库更加多样化（Bybee & Hopper，2001），因此形成一个复杂、多变的个体语言认知能力发展轨迹。

　　在中观层面，超学科框架探讨语言社会活动的社会文化情境，包括该语言社会活动发生的机构（家庭、邻里、学校、工作场所等），以及各种社群（俱乐部、政治党派、线上论坛等）。特定社会文化情境中的各种特征将会显著影响个体的社会身份认知、能动性、语言学习投入以及权力关系，并最终作用于其在该情境下的交际活动。例如，某一地区的社会意识形态将会显著影响其语言教学政策，从而影响当地学校的语言教学（Xu & Fan，2017），而不同学校又会采用不同的手段达到政策规定的教学目标，学校之间对不同教学法的重视又会导致其对不同语言使用行为的价值认知差异，因此，有的时候某所学校更注重学生主导性的语言学习课堂，而某所学校更主张教师主导，这就导致了个体在不同社会文化情境下语言交际活动的差异。其次，特定的社会文化因素还会影响学习者的社会身份认知。学习者社会身份认知将会深刻影响其语言学习动机和其对于目标语以及目标语文化的态度，而该身份认知又不可避免地受学习者所属或所理想的机构和社群所影响。因此，不同社会文化环境下的学习者呈现的社会身份认知多样且多变。超学科框架主张，在其他因素保持不变的情况下，二语学习者所处的社会文化环境中二语交际情境越多样，发生得越频繁，那么他们就能够获得更多机会发展其表意能力，从而发展出更丰富灵活的多语资源库。

在宏观层面，超学科框架将意识形态结构作为语言社会活动的最高维度。这一维度探讨个体及群体对语言学习及使用的价值观、态度及信念。这类意识形态结构往往以一种隐性的方式存在于特定的社会情境中，潜移默化地影响该社会情境中成员对于不同语言行为的态度以及解读方式。

基于对以上三个互相交织层面的讨论，Douglas Fir Group 的超学科框架主要囊括了十大研究主题，囿于篇幅，本书将在 Hall（2019）总结的基础上进行合并归纳，并简要介绍其中八项。第一，探讨外语学习者的语言能力，研究者需采用一种整体视角探讨语言能力发展的复杂性（Larsen-Freeman，1997）。第二，语言学习是语言符号资源库的扩充与深化，包括语音、语素、单词、小句以及语篇等在内的语言知识学习最终都会成为该语言符号资源库的成分，同样包括在内的也有副语言知识，例如，话论、语调、重音、节奏、停顿、手势以及面部表情等，而在文本写作中，一些多模态表意能力，例如，图画、有声表达和传统的文字表达同样也囊括在内。值得注意的是，虽然语言符号资源库是个体内部的系统，但其发展深受中观层面的社会文化环境经历以及宏观层面的社会意识形态所影响，因此其语言符号资源也同时是社会文化环境中模式化知识的载体（Wertsch，1994）。第三，语言学习是情境化的，同时也是受个体语言意识影响的。语言学习是个体在交际中反复注意、认知及选择各类语言资源的过程，同时也是个体频繁地在不同情境中假设、验证、修正自己的语言资源使用情况，最终形成一种情境敏感性的语言交际能力的过程。只有不断引导学习者对不同语言符号资源的显性意识，并深化其对该资源的使用，学生才能最终真正将其内化为自己语言符号系统内的可用资源。第四，二语学习是受教学以及多模态调节的，教师不仅应引导学习者形成对自我语言资源库的意识，并在反复的显性及隐形引导（例如重复、语调变化、手势等）中，深化学习者对于某一语言资源在特定情境下的规律化使用，还应当结合各种模态，例如，电子展示、文本、板书、图画等进行有利的调节。第五，语言学习受个体社会身份认知调节，教师应当充分探索并利用学习者的潜在社会身份认知，促进其对于所处情境中可利用的语言学习资源的认知与使用。第六，语言学习受动机、投入、能动性以及情感调节，这些个体因素同样也与社会文化环境以及社会身份认知相关联。第七，语言学习受读写（literacy）教学实践调节，尤其是读写教学实践类型的多样化程度、该实践中所运用到的语言资源以及学习者对这类实践的参与方式都会显著影响其二语资源库的发展。这方面的研究在母语情境下探讨得更多，然而二语教学情境下的研究仍处于起步阶段。第八，语言学习受语言意识形态调节，深入探究教师、学生、课堂环境、机构以及社会中的语言意识形态如何潜移默化地影响外语学习，有利于我们对二语教学研究形成一个更为全面且宏观的认识。

2.4.2 实证依据

近几年，直接或间接地在超学科框架下研究二语习得及教学的文献不断丰富，这些研究的话题也同样分散于微观、中观以及宏观三个层次之中，并且各自与 Douglas Fir Group（2016）所提出的十个主题紧密相关。

首先，在微观层次，近几年不断有研究聚焦探讨外语学习者语言资源系统的发展（Jessner et al.，2016；Kotilainen & Kurhila，2020），也有学者聚焦于促进外语学习者特定的语言资源使用，例如，超语言（Fallas，2019；Lee & García，2020）、多模态（郭红伟、杨雪燕，2020；张德禄，2009，2010；张德禄、王璐，2010；Jakobsen & Tønnessen，2018）等。这些研究都在不断丰富二语习得研究者对于外语学习者特定语言资源库的认知。

其次，在中观层面，大量研究调查了二语学习过程中的语言社会化过程，交际情境中不同中介对该社会化过程的调节作用是研究重点。例如，不少课堂教学情境下的研究证实了利用重复、语调变化、手势等手段有利于调节学生对特定语言知识的内化过程（Eskildsen & Wagner，2015；Matsumoto & Dobs，2017）。同时也有学者调查了二语学习者之间的学习调节活动（Olsher，2004；van Compernolle & Williams，2011）。这些研究主张外语课堂是重要的社会化场景，教师是促进学生外语社会化过程的重要主体，而课堂中各种资源则是重要的调节中介（Hall，2019）。此外，也有大量研究调查了外语学习者的社会身份认知（Norton & Toohey，2011；Pavlenko & Norton，2007；Toohey，2001）、动机（Henry & Davydenko，2020；Henry et al.，2015）、学习投资（Darvin & Norton，2015；Kanno & Norton，2003）以及能动性（Norton，2013；van Compernolle & McGregor，2016）在外语学习中的动态发展与作用。这些研究同样也具有超学科特性，例如，针对教学情境下的二语社会化研究主要立足于社会语言学的母语社会化理论，针对外语学习者的社会身份认知研究主要基于社会学领域的社会身份理论，针对学习动机的研究近几年表现出与积极情感相融合的研究趋势（Henry et al.，2015；Ibrahim，2016），而学习投资概念则来自于社会经济学领域的文化资本概念（Bourdieu & Passeron，1977）。

最后，在宏观层面，许多研究聚焦于教学情境下社会语言意识形态以及语言政策对于外语使用及教学的潜在影响与发展动态（如 Hopewell & Escamilla，2014；Martínez-Prieto & Lindahl，2020；Xu & Fan，

2017）。这类研究主要探讨三大类语言意识形态，分别是标准化语言意识形态、单语偏见的语言意识形态以及以英语本族语者语言水平为标准的语言习得意识形态。例如，Martínez-Prieto & Lindahl（2020）的研究调查了墨西哥的语言政策及以英语本族语者语言水平为标准的语言习得意识形态对于墨西哥裔英语教师自我身份认知以及教学的影响。这种以英语本族语者语言水平为标准的语言习得意识形态不仅特权化了英语本族语者教师，边缘化了非英语本族语教师，还不断深化了一种错误认知，即认为非英语本族语教师的能力都是同一的，并且永远无法达到本族语者的理想水平。非英语本族语教师更可能因为这种意识形态而贬低了自我真实的教育价值，从而忽视了自己多元语言资源库的优势（Higgins，2017）。同样，Xiong & Qian（2012）也对中国高中英语教材中的语言意识形态问题进行了探究，他们运用批判会话分析的方法发现了教材中以西方标准化语言以及西方文化为中心的意识形态偏向，并主张教材以及课程规划变更传统的西方中心主义视角，采用一种更为多元化、世界性的视角来进行语言教学。针对单语偏见的意识形态问题，Hopewell & Escamilla（2014）分别采用单语视角以及整体多语视角分析了美国科罗拉多州一所学校对其学生英语二语阅读能力的评估数据，结果发现采用单语视角的分析框架无法全面评估二语学习者的语言系统发展，并指出当地应当重视正不断发展壮大的"西班牙语—英语"二语者群体。

2.4.3　对教学与研究的启示

Douglas Fir Group（2016）的超学科框架希望通过综合当前二语习得研究的各类理论来源与研究视角，来对二语习得的复杂现象形成一个更加全面深刻的认识。他们认为，利用超学科框架的理念，有利于我们在新背景下反思我们已有的知识架构，并广泛汲取其他学科领域的理论以及方法来解决新时代背景下不断涌现出的新问题，最终达到Fairclough（2005）所提出的超学科目标：在不同学科理论以及知识的对话中促进目标学科的发展与繁荣。这种超学科趋势也给国内外二语教学研究者以及外语教师带来了重要启示。

对于研究者而言，超学科框架意味着当今二语习得及教学研究需要扩充自己的理论视野以及分析视角，并充分认识到外语学习是一项多个复杂维度互相交织的现象。此外，Douglas Fir Group（2016）还建议，由于研究者始终要对一个具体领域进行聚焦，无法一蹴而就地为超学科框架下的二语教学带来直接且巨大贡献，但学者们需要不断在各自研究视角下形成一种超学科理论视野，在各自的研究维度上脚踏实地积累成果，才能最终汇聚这些局部性成果，形成推动二语教学研究超学科理想实现的力量。

对于教学而言，教师不仅要认识到外语学习多种维度相交织的复杂本质，还应当主动深入洞悉各个维度对语言教学产生的影响。教师可利用"反思式教学理念"（reflexive approach to pedagogy and curriculum）（Hall，2019），来了解超学科框架不同维度的主题。这种教学理念立足于 New London Group（1996）提出的多模态读写能力教学法（pedagogy of multiliteracies），试图让个体不断体验各种知识构建过程，努力将其实际生活经历联结到学习中，并反过来让个体进一步将所学应用到实际生活当中。对于教师而言，为了充分学习外语习得各个维度的复杂关系，可采用的知识构建过程囊括反思自己过往的相关经历和进行新的体验，通过阅读文献或互联网将这种体验形成概念化以及理论化的知识，批判性地分析该知识的逻辑构成、功能与作用，并最终创造性且恰当地运用知识于教学实际中（徐锦芬、李霞，2019；Xu et al.，2015）。

第二部分
英语教学理论发展

第 3 章

国际英语教学理论研究新成果

随着全球化进程的深入推进，国际英语教学理论也会得到进一步发展。本章首先从全球化的时代背景出发，整合目前国际二语习得领域对全球化背景下英语教学范式以及理念的反思，并呈现中国语境下全球化对英语教学研究及实践的影响；然后以交际教学法（最有影响力的国际英语教学理论之一）为例阐释其相关研究的最新发展；最后，介绍源于 Vygotsky 社会文化理论的动态评估及其发展。

3.1 全球化背景下的英语教学

本节将基于全球化的发展趋势，聚焦探讨该趋势下英语研究不断显现的新问题与挑战、不断复杂化的外语学习者及教师身份以及全球化下的中国外语教学，旨在从新时代背景出发为研究者和教师勾勒一个较为完整的研究变化趋势。

3.1.1 全球化背景下英语教学的变革与挑战

当今英语教学视域下的研究，广泛存在着现代与后现代的交织，而伴随着的是实际课堂中新旧事物之间矛盾而带来的不适感。这种不适感主要源于英语教学面临的两个新挑战，即语言教学竞争对教学秩序的挑战，以及文化多元融合性对语言纯洁性的挑战。

首先，语言教学竞争对秩序的挑战存在于多个维度。传统的现代化英语教学范式强调语言使用的标准性与正确性，强调区分标准语言与非标准语言，以及语言形式对错之间的区别，以求在课堂内、社区内以及社会情境内部形成一个秩序性的语言使用"正统"。这种秩序化的追求导致英语教学以英语本族语者的语言能力以及语言用法为目标。除此之外，英语的标准形式也被严格地与其他英语变体区分开来。然而，随着全球化的发展，英语作为一门通用语言逐渐在全世界各地区形成了具有各地特色的新词汇以及新的语言用法，这些新的语言使用正成为日常交际所能接受并被广泛使用的新形式，不断挑战着以本族语者标准化的语言使用作为正统的英语教学形式。而且，电子信息技术同样也使英语语言表达与使用多元化，这些表达与使用成为逐渐被公众所理解并学会使用的新形式。例如，在当今的线上聊天、个人博客、社交媒体等电子信息沟通渠道上，个体的英语使用逐渐摆脱了传统的语法以及体裁的正统，呈现出越来越难以预测且多元化的语法、语用以及语义信息，这种现象被 Blommaert（2010）称为"超语符化"。这些语言现象，都远比传统英语教学所依附的词典、标准语法规则要更加复杂、多样且具有实际交流意义。此外，竞争还体现在全球各国政治经济独立之后，各个地区开始挑战以英语为主的通用语地位，以及以西方正统英语为对错标准的英语教学及使用标准之上。这种竞争体现在，英语教学到底要遵循西方英语国家的教学模式还是本地教学模式。因此，Kramsch（2014）总结到，全球化背景下英语教学不仅面临着标准化语言与各种新时代英语变体之间的矛盾，还面临着外语教学模式到底应该依附于国际新自由主义教学模式还是传统当地教学模式的矛盾。

其次，文化多元融合性对语言纯洁性也产生了巨大挑战。现代化的英语教学仍秉持的单语视角下的英语本族语者规范，这种理念使人们认为双语以及多语使用是英语语言学习的障碍。即使现在有相当多的外语教师意识到了不断发展变化的语言变体以及现实中非标准化的英语使用情况，但他们的教学仍以纯洁化的语言形式为标准，并严格在语言教学中保持着"双重单语"的意识（Heller，1999），隔离英语与母语的使用，以至于忽视了英语学习者正在不断发展的双语者身份。然而在全球化背景下，语言以及文化的融合趋势却难以避免地成为生活常态，外语教师对于这方面的回应仍不足以支撑学生在现实生活中的语言交际需求。此外，在电子信息技术的驱动下，语言使用不再严格遵循语言、文化之间的壁垒，语言的准确性和合适性逐渐被沟通的可理解性替代。

3.1.2　全球化背景下英语学习者 / 教师身份

随着全球化的发展，全球经济文化流动性的增强，越来越多英语学习者及教师开始远赴海外进行语言学习或专业学习，这种情况下，针对英语学习者以及教师身份的研究也不断扩充，揭示了全球化背景下该人群身份认知的复杂性。Norton & Toohey（2001）指出，二语学习处在特定的社会历史文化情境中，因此我们有必要探究语言学习者以及教师是如何在不同情境下协调自我的身份认知与信念的。尤其在全球化的背景下，赴国外移民以及留学的外语学习者和教师经常会呈现出独特的环境敏感性、适应性以及在不同社会关系网络中不断协调转换的身份认知（Heugh，2013）。

全球化背景下英语学习者以及教师身份认知的研究主要基于社会学家 Bourdieu & Passeron（1977）提出的"文化资本"和"生存心态"（habitus）（Bourdieu，1991）概念。二语习得情境下，二语学习是个体为了社会生存、竞争以及自我提升，而以掌握二语知识与技能的形式提升自我文化资本的过程。而生存心态则指个体在特定社会文化政治环境中形成的一套思考以及行为方式（Bourdieu，1991）。有必要指出的是，虽然生存心态会受社会文化环境的影响，但它也是个体自主创造过程的动态产物（Krais & Gebauer，2002）。因此二语学习对于学习者以及教师而言，是一种流动且既受社会文化环境又受个体认知影响的过程。这两个方面的因素被 de Costa（2016b）总结为意识形态以及身份认知。de Costa（2016b）将二语学习看作是一个争取个体语言资本以及社会认同的"奋斗过程"，并且这种奋斗过程会随着全球化的深入发展而不断演变出更加复杂、多样化的本质。尤其在跨国二语学习者以及教师身上，他们会不断将自己的语言资本与当地的价值系统进行对比，并试图在风格与语音上去接近当地被视为主流且具有较高地位的语言形式

（Johnstone，2009）。其他被二语学习者及教师身份认知研究广泛采用的概念还包括"定位论"（positioning）（McKay & Wong，1996）、"文化模型"（Zuengler，2003）以及"主体性"（subjectivity）（Norton，1995）等。例如，Norton（1995）采用 Weedon（1987）提出的主体性概念调查了加拿大两名移民女性的英语学习情况，并据此主张二语习得研究需要在不断流动性的社会环境下调查学习者的身份认知变化。McKay & Wong（1996）则运用 Davie & Harré（1990）的定位理论分析了跨国二语学习者如何从一系列跨文化主题相关的二语阅读材料中定位自我的身份，并探究这种自我身份认知如何影响其语言学习效果。

因此，全球化背景下的二语学习愈发被理解为一个身份建构的过程，在此过程中个体能够通过改变自己的二语语音以及风格等形式特征促使自我某种身份的实现。从这个角度出发，针对英语学习者及教师身份的研究广泛开展。

在英语学习者的身份认知方面，最早兴起的研究聚焦于利用 Bourdieu（1991，1977）的文化资本以及生存心态概念来探究跨国二语学习者如何协调自己的语言学习（de Costa，2010；McKay & Wong，1996；Menard-Warwick，2005）。例如，Menard-Warwick（2005）运用文化资本概念调查了危地马拉地区的英语学习者是如何因为社会资本的缺乏而无法获得足够的英语学习资源；de Costa（2010）则聚焦于利用文化资本、生存心态来跟踪并分析一名难民的英语二语学习轨迹。还有一批研究者开始探讨跨国二语学习者如何在课堂环境下风格化自己的语言并嘲讽其他个体（如 Chun，2009；Shankar，2008）。这类研究都注重探索跨国二语学习者如何使用"风格化"（stylization）来构建自我的身份认知。例如，Chun（2009）调查了一些有着流利英语能力的韩裔以及菲律宾裔移民学生是如何利用自己的语言资源与一批新移民学生进行身份区分的。同样，Shankar（2008）调查了美国硅谷地区一所高中双语学生的种族身份认知与其语言使用及学习之间的关系。再到近几年，有一批学者开始在定位论的视角下探究跨国二语学习者的身份认知（de Costa & Norton，2016；Kayi-Aydar，2014；Pavlenko & Blackedge，2004）。最近，聚焦于二语学习者身份认知的研究开始在 Norton（2001）提出的理想社会身份以及学习投资（Norton，1995）之上进行探索

（Norton & Toohey，2011；Pavlenko & Norton，2007；Thorne & Black，2011；Toohey，2001）。这类研究关注学习者的未来想象如何塑造自身二语学习者以及使用者的身份认知，并最终作用于外语学习投资。

　　伴随着不断繁荣发展的英语学习者身份认知研究，针对英语教师身份认知的研究也相继在教师培训领域兴起。这些研究关注于调查英语教师的个人生活以及职业能力如何在教师培训的社会文化情境中受到影响，因为成为一名教师就是一种身份构建的过程（Britzman，1994）。Barkhuizen（2016）将这种过程理解为：教师不断在个人生活及职业经历中协商、论证以及对话，最终构建自我的身份认知。尤其是在全球化的背景之下，跨国参加教师培训或语言学习的英语教师从业者也不断在各种文化情境下经历着复杂的身份构建过程。根据 Tsui（2007）的研究，针对英语教师身份的研究主要聚焦于三个领域，分别为：职业身份的多维及多面性、教师身份构建过程中个人与社会层面之间的交互以及个体能动性与社会文化意识形态在教师身份认知中的作用。因此，针对英语教师身份认知的研究同样也立足于对社会文化情境以及个体能动性，以及之间关系的探讨上（Johnson，1996；Menard-Warwick，2008；Park，2012；Yang，2018）。在这些研究中，较受关注的话题为非英语本族语教师（non-native English speaker teacher，NNESTs）的身份构建如何受特定社会政治情境影响（Park，2012；Phan，2008）。研究批判性地揭露了国际英语教学环境中广泛存在的对英语本族语教师以及非英语本族语教师、东西方、自我与他人的二元对立，并探讨了这种环境对非英语本族语教师身份认知的影响。例如，Phan（2008）对 16 名接受了西方英语职业培训的越南英语教师进行了一项历时研究，并调查了"英本主义"是否在这些教师的身份认知构建中起到作用。结果表明，虽然他们在不同的文化以及教学情境下有过经历，但是其身份认知仍然受"越南教师""越南学生""英语教师""英语学生"一些核心身份主导。同样，Park（2012）调查了跨国参加教师培训的英语教师从业者如何在身份认知构建中受到英语本族语环境带来的积极与消极影响。一方面，非英语本族语教师能够在英语本族语环境中获得极丰富的英语学术实践经历，从而对英语教师的自我身份认知带来积极影响，但同时，他们也经历着因为语音等问题与本族语者有着较大差异而产生的自信缺失。研究发现，作为研究对象的英语教师 Xia，在作为学生以及作为英语教师不同身份的情况下，展现了不同的英语使用情况，前者更多体现了日常交际用英语，而后者更多体现了专业的学术英语。Xia 在英语教师的身份认知下更想将自己视为一个专业且具有可信度的职业英语教师，而且其在接受 TESOL 职业教育的时候展现的作为非英语本族语者的不自信，也逐渐在导师强有力的鼓励性教学中得以改善，并最终接纳了自己非本族语者的身份认知。

在中国语境下，近几年有不少学者从理论以及实证研究角度针对全球化背景下中国英语学习者及教师身份认知问题进行了探讨（高一虹等，2008；秦一竹、李英迪，2019；张蕾，2019；Bianco et al.，2009；Huang，2019；Pan & Block，2011）。例如，最近，张蕾（2019）探讨了全球化背景下英语教师的双重文化身份，认为英语教师作为跨文化交际的传播者与参与者，其身份具有全球性与开放性，但同时作为汉语母语者的主体又给其身份带来了必然的民族性与本土性。Huang（2019）调查 25 名中国英语教师在英语教学界广泛存在的"英本主义"理念之下如何构建教师自我身份认知，并发现这些教师具有对抗"英本主义"的主观能动性，并不断在职业发展过程中发掘自身相比较母语教师而言的优势。此外，研究还表明儒家思想在中国英语教师的职业身份构建中也起到了重要作用。但总体而言，针对全球化背景下我国英语师生身份认同构建的实证研究仍比较薄弱，国内二语习得研究者有必要在这一维度展开更详尽的实证调查。

3.1.3 全球化背景下英语教学的中国视角

进入 21 世纪以来，随着全球化进程的加速，中国对外经济文化交流的迫切需求使英语教学在中国教育事业中一直居于重要地位。另外，中国作为世界第二大经济体，拥有着世界上最大的英语学习人口（Crystal，2008）。在这种发展现状之下，中国视角下的全球化英语教学出现了诸多与文化、身份、信念、语言教学政策相关的新问题。针对这些问题，研究者展开了不少探索。

首先，众多学者对全球化背景下英语教师或学习者的身份认知及文化信念（刘熠、商国印，2017；Chen & Day，2015；Pan & Block，2011；Zheng，2015）展开了详尽探索。研究表明，中国英语师生的身份认知在全球化背景下呈现出多元动态的构建过程。例如，在 Bianco 等人（2009）著作的《中国与英语——全球化和身份困境》（*China and English：Globalization and the Dilemmas of Identity*）一书中，李战子以及边永卫等学者对中国语境下的英语学习者自我认同的发展变化进行了探索，前者基于"理想社群"（imagined community）概念，对两名英语学习者的学习自传进行了对比研究，并揭示了这种充满感情的个人叙事视角是如何勾勒出中国个体语言学习者自我身份认知构建过程的；后者调查了中国一所涉外文科院校的英语本科生在两年基础英语学习中的自我认同变化，研究表明这些学生表现出对于本民族语言文化的疏远，即消减性认同逐渐呈上升趋势。边永卫表明这种"迷失自我"的现象恰恰是语言身份认知与能力发展的新平台，教师需要考虑如何对其进行正向引导，从而发展其双语者的身份认知与语言能力。而在文化信念维度，Pan & Block（2011）对全球化背景下中国英语师生对待英语世界语言的信念态度进行了调查。问卷以及采访结果显示，中国英语师生仍将英语视作一种国际化的全球语言，且将英语放在了一种"超中心化"（hypercentral）（de Swaan，2001）的语言地位之上。此外，英语还广泛地被中国师生视为未来职业发展的工具性技能，是一种语言资本（linguistic capital），甚至在某些中国师生眼里，英语在交际过程中的地位与汉语相当，甚至更加重要。然而，Pan & Block（2011）同样也揭露了这种重视英语交际能力的价值信念没有对实际英语教学产生重要变化，例如，中国英语教学中仍广泛存在着以通过考试为导向的教学规划，与交际教学法所主张的对外语交际能力的重视背道而驰。因此，中国师生的语言信念中广泛存在了两种截然不同却相互联系的认知：一方面，在中国，英语是被考试证书所定义的一种能力资格，是助于学习者在就业市场竞争中的文化资本，这种认知并不强调学会英语是否意味着能够用英语参与世界文化交流，而强调英语的商品性；另一方面，全球化趋势又让许多人意识到了英语作为一种国际语言的跨文化交际功能，其本质是一种交际手段。作者进一步总结，这种语言信念恰恰反映了当今中国社会文化情境中语言教学政策以及全球化趋势的影响，语言信念必然会在具体社会情境之中动态发展。

其次，在中国英语教学法方面，许多学者探讨了全球化背景下中国英语教学本土化与国际化的关系问题（陈昕媛，2017；文秋芳、俞希，2003；He & Zhang，2010）。这些研究着眼于世界英语视角下英语教学本土性与国际性的问题。传统英语教学立足于"英本主义"范式，将标准化的英国以及美国英语作为英语教学的正统语言加以推广。然而正如前文所述，在全球化背景下，英语作为一门通用语言，逐渐在全世界各地区形成了具有各地特色的新词汇以及新的语言用法，这些新的语言使用形式正逐渐为大众所接受，同时也不断挑战着以英语本族语者为规范的传统英语教学形式。针对这些各国特色化的英语变体，世界英语研究学者 Kachru（1993，2005）以及 Jenkins（2006）等人开始思考，到底何种变体英语应该被这些非英语本族语国家作为教学的标准化语言。在中国语境下，针对这一问题的讨论尤为重要，原因有二：第一，中国有着世界上最大的国家人口以及英语学习人群；第二，中国英语学习者及使用者不可避免地因为跨语言因素（crosslinguistic factor）而形成了不同于欧美标准英语的"中国式英语"（Chinese English）。He & Zhang（2010）对中国大学生以及英语教师进行了广泛的问卷调查及访谈，结果同样表明以英本范式的英语教学模式在中国更受欢迎。He & Zhang（2010）进一步总结，被广泛推广以及标准化的中国英语同样也可以成为辅助英本范式教学的有效语言。文秋芳、俞希（2003）更深层次地探讨了全球化背景下英语国际化与本土化能否共存的问题。她们在提出英语具有国际化通用语言以及地域本土化语言双层特性的假设之上，主张"只要跨文化交际双方能采取合作、宽容的态度，英语的国际化和本土化就能够相互补充、相得益彰"（文秋芳、俞希，2003：6）。他们还指出，只要克服了英语共核层的可理解性问题，中国语境下的英语教学完全可以融合国际化英语与本土化英语教学。

3.2　交际教学法

　　作为二语教学历史上最具有影响力的教学法之一，交际教学法在 20 世纪七八十年代的建立打破了结构主义对于二语教学的绝对掌控，为二语教师乃至整个二语习得研究带来了新的理论视角。

3.2.1　交际教学法理论基础

　　交际教学法最早盛行于 20 世纪 70 年代，有多种术语提法，例如"交际法"（communicative methodology）和"交际语言教学"（communicative approach）。而在众多术语命名的背后，交际教学法所根植的两大理论基础不容忽视：Halliday（1978）提出的系统功能语法（Systemic-Functional Grammar）以及 Hymes（1971）等人提出并发展的交际能力概念。这两大根基同时也是 20 世纪 70 年代二语习得研究以及语言学研究领域重要的理论贡献，其对语言交际功能的重视，与前人"听说教学法"以及"认知教学法"（cognitive approach）对语言结构以及语法的重视存在显著差别，为交际教学法提供了重要的启发与依据。

　　首先，Halliday（1978）的系统功能语法在社会文化和交际角度为交际教学法提供了重要的语言学理论依据，并激发了 20 世纪 70 年代欧洲一系列语言教学措施，其中包括"意念—功能大纲"（notional-functional syllabus）（Wilkins，1976）。Halliday（1978）从语言运用的角度提出，语言是一种社会符号，其本身就是一种"意义潜势"（meaning potential），且具有三大元功能：人际功能、概念功能以及文本功能。系统功能语言学主张，理解语言本身不能脱离其所处的交际语境，且话语分析不能忽视语言功能的作用。在这一理论的影响之下，欧洲一些语言学家开始在二语教学中重视语言的交际功能，Wilkins（1976）提出的"意念—功能大纲"就是这方面的教学尝试之一。与早期结构主义影响下的教学法不同，"意念—功能大纲"主张以语言功能及意义为核心进行教学设计，从语言的交际功能出发设计与编排教学内容。在 20 世纪 70 年代的欧洲，多数语言课程仍以结构大纲指导教学，而"意念—功能大纲"的出现，开始激发了更多语言教师转变语言教学的侧重，语言形式的绝对地位开始逐渐让位于语言意义。总而言之，在交际教学法早期的发展阶段，"意念—功能大纲"发挥了举足轻重的作用，让更多教师在对语言形式的绝对关注下思考语言意义的重要性，为众多学者后期提出的交际教学法（Johnson，1982；Littlewood，1981）提供了重要的实践依据。

其次，由社会语言学家 Hymes（1971）提出，并由 Savignon（1983）、Canale & Swain（1980）以及 Bachman（1990）等人发展的交际能力概念是交际教学法的核心教学目标。Chomsky 于 20 世纪 50 年代末在批判行为主义语言学理论的基础上提出了著名的普遍语法（Universal Grammar）理论，并进行了一系列主张进行脱离语义、专注于形式的语言学研究。在其提出的一系列理论之中，他尤其强调了语言能力与语言行为的区别，认为语言能力是人类已经具有的语言本能，语言学习的过程无非是学习各种"参数"来调整丰富自己的语言规则，并最终与内在固有的语言能力一同形成对目标语的习得。因此，在 Chomsky 的理论之下，语言能力与语言行为的区别在于，前者是语言形式的内在表现，而后者则是这些语言形式的表象。而 Hymes（1971）在 Chomsky 的语言能力一术语之上进一步提出了交际能力这一概念，在 Chomsky 的定义之上，补充了不同文化、语境下的语言使用能力含义。这一概念包含四个方面的内容，分别为：语法与词汇知识；话语原则（如寒暄）；语言功能（如赞同、建议、争论等），以及个体在具体语言交际情境下恰当运用语言知识的能力。

许多语言学家与二语习得研究者受 Hymes 思想的启发，开始关注语言的交际性。这其中，就不乏一些北美语言学者，他们在 Hymes 研究的基础上，进一步发展完善了交际能力的内涵。例如，Canale & Swain（1980）对交际能力进行了四个层次的划分，分别为：语法能力、语篇能力、社会语言能力以及策略能力。语法能力与 Chomsky 的语言能力概念以及 Hymes 的语法词汇知识相同，而语篇能力指个体将零散的语言片段形成一个意义连贯的整体的能力（如篇章），社会语言能力则指对产生交际行为社会环境的理解，包括对交际环境中的人际关系、信息状态以及场合等事物的理解，策略能力则强调个体如何运用其他能力来弥补运用目标语进行表达的能力缺陷。Canale & Swain（1980）将一个人语言知识与社会知识的整合视为交际能力的本质体现，进一步发展了 Hymes 的交际能力概念。Bachman（1990）则在 Canale 和 Swain（1980）的基础上进一步细化交际能力概念，提出了"交际语言能力"这一术语，囊括语言结构、策略能力、心理生理机制、交际语境以及语言能力。语言能力还进一步涵盖组织能力（语法以及语篇组织能力）和语用能力（以言行事能力与社会语言能力）。

　　交际能力理论的发展与完善启发着越来越多外语教学研究者建立起以交际能力为理论基础的交际教学法（Nunan，1991；Widdowson，1978）。Nunan（1991）指出，交际教学法具有五项原则：第一，利用目标语进行语言交互活动是语言学习的关键；第二，语言教学中的语言材料必须是真实、地道的目标语文本；第三，教师要引导学生关注语言本身，还要引导其关注语言学习过程；第四，将学习者自身的经历转化为促进课堂学习的重要因素；第五，将课堂语言学习活动与课外真实的语言场景联系起来。这五条原则表明，交际教学法非常注重学习者自身的语言交际需求，并以此来发展其交际语言能力。以交际教学法理念为指导的外语课堂常常会设计各类语言交际活动来促进学习者在同伴或者小组中进行协商交流，以锻炼语言交际能力，培育外语交际自信，同时促使学生更加熟练地掌握语法及发音。因此，与先前教学法不同，这种以交际教学法为指导的课堂是以学生为中心的，教师充当的是课堂交互活动的发起者、咨询者以及进程管理者，而非翻译教学法与听说教学法下对课堂教学的绝对掌控（Richards & Rodgers，2014）。

　　最后，有必要指出，Krashen（1982）的可理解性输入假说（comprehensible input hypothesis）以及 Long（1983b）的"互动假说"（interaction hypothesis）同样也在交际教学法的建立与发展中发挥了重要作用，二者同样强调语言交互，主张语言交互过程中产生的可理解性输入（Krashen，1982）与语言输出中对语言的调整和修正（Long，1983a）促使语言习得。针对一些学者质疑交际教学法过于关注听说，而忽略了阅读与写作能力的培养，Spada（2007）指出，虽然受早期听说教学法对于听说能力的重视影响，二语阅读与写作研究长期以来多与听说能力分离发展，但交际教学法对于语言交互、语言意义的重视体现在了泛读研究中，这一系列研究以 Krashen 的"可理解性输入假说"为理论根据，认为在以理解意义为目的进行广泛阅读的过程能够实现更好的语言习得效果。

3.2.2　交际教学法研究新进展

交际教学法的理念已深入影响全球各地英语教学的方方面面，任何注重语言交互与意义的教学似乎都体现着交际教学法潜移默化的影响。随着语言教学后方法时代（Kumaravadivelu，1994）的到来，二语习得学者们并不再追求简单化地为语言教学设立一套放之四海而皆准的教学方法，而是根据一系列宏微观的准则或规律，在特定教学情境下审视各种可用且合适的教学手段，并最终形成适合当前情境的有效教学方法。在这种背景下，交际教学法的理念无形中体现在了众多新的教学设计之中，例如，内容依托型教学、内容与语言融合学习、任务型教学（task-based instruction）等。

虽然内容依托型教学、内容与语言融合学习、任务型教学法以及参与式教学法在理论依据、教学目标以及教学内容上与交际教学法存在一定差别（Larsen-Freeman，2000），但它们的共性在于，都注重语言意义与功能，都以学习者为中心。内容依托型教学是交际教学法的进一步发展，通常以某门学科或某个主题的内容为依托来教授语言，因而是一种隐性的语言教学模式。内容依托型教学以提升目标语语言能力为教学目标，Krashen（1985）将这种教学称作最典型的交际教学法，因为其关注的是语言意义以及可理解性输入。而内容与语言融合学习与内容依托型教学法类似，都以某门学科为依托，但不同的是前者同时关注课程内容的学习与语言能力提升，且教师多为学科专业教师，并非一定是英语教师。内容与语言融合学习同样关注的是交际过程中语言知识的隐性习得，与内容依托型教学一样建立于 Krashen 的"可理解性输入假说"以及 Vygotsky（1978）的社会文化理论。任务型教学法则注重学生自身的语言需求、目标与兴趣，主张通过设立听说读写的交际任务来帮助学生协商意义并实现自己的需求与目标。这一教学法的假设是，学生在任务中能够实现更多的团队合作，从而获得更多语言互动的机会，以促进二语学习（Long & Crookes，1992）。虽然早期大多数任务型教学法以语言意义协商为重点，但也有学者在任务中加入对于语言形式的注意（Samuda，2001）。任务型教学法是近几年较为火热的语言教学方法，许多学者将其看作是交际教学法的最新形式（Thornbury，2011）。最后，参与式教学法同样也以意义协商为核心，但更多从心理学视角分析如何通过鼓励学生参与课堂语言学习互动激励其语言学习，因此它也是一种合作式的教学法，渗透着交际教学法的理念。

近十年来，有学者进一步拓展了交际教学法。Dörnyei（2009b）立足于心理语言学研究，提出了"规范化交际教学法"（principled communicative approach），并主张交际教学法在新时代背景下仍具有极大的价值。随着传统交际教学法对于语言形式的忽视不断受到学者质疑，交际教学法专家开始重新认识到语言形式在语言习得中的重要性，并在绝对以意义为主导的二语教学中引入更多对于语言形式的注意，这种教学即"形式聚焦"。在这种教学模式中，语言意义的交际仍为核心，但语言形式同时也受到一定的关注。因此，某种意义上说，它也是一种语法教学，只是以交际教学法为途径。Ellis（2008）认为这种教学有四种形式。第一种为基于输入的形式聚焦，这种方法下教师常采用输入流、强化输入以及结构化的输入来增强学生对于特定语言形式的注意与记忆。第二种为显性聚焦，即教师直接或间接地提供目标语言形式的分析或指导。第三种为基于输出的形式聚焦，指教师指导学生在语言输出时使用目标语言形式，从而达到习得的目的。最后即纠正性反馈，教师通过显性或隐性的语言回复来达到促进学生关注并理解语言错误的目的。Dörnyei（2009b）在"聚焦形式"的基础之上，进一步结合了心理语言学对于语言流利度、语言自动化以及程式化语言（formulaic language）的研究，提出了规范化交际教学法的框架。该框架包含七条准则。

第一，个人意义原则（personal significance principle）要求交际教学法应当以语言意义为核心，并且对于个体而言应当是有意义的。因此，交际教学法应当继续以学生为中心，围绕学生的需求与兴趣设计语言交际活动或任务。

第二，控制性练习原则（controlled practice principle）要求教师在

交际教学课堂内设计控制性练习促进学生对于二语技能的自动化程度（如词汇与语法的识别速度）。这一原则立足于心理学研究提出的技能习得理论，主张技能和知识的学习由显性认知发展到隐性自动化阶段。因此在显性认知阶段，有必要设计控制性或开放性练习来促进自动性的形成。

第三，陈述性输入原则（declarative input principle）要求交际教学法在课堂语言交际活动中利用显性或隐性的形式指导促进学生对于语言形式的关注。

第四，形式聚焦原则（focus-on-form principle）要求交际教学课堂在保持以语言意义为核心的同时关注语言的形式及结构，并将语言形式与结构方面的知识与交际的准确性、恰当性等结合起来进行教学，重点是如何在动态的课堂环境中找到形式与意义之间的平衡。

第五，程式化语言原则（formulaic language principle）要求交际教学法包含对于程式化语言的教学，并指出这些惯用表达在现实交际中的重要性。某些特定的程式化表达需要反复训练。

第六，语言接触原则（language exposure principle）要求交际教学课堂为学生提供广泛的二语输入视听资源，以辅助学生的隐性学习机制。为了达到语言习得的最佳效果，教师有必要设计任务预备活动，例如，在针对某一话题进行写作或展示时鼓励其广泛搜集、阅读相关资料。

第七，聚焦型互动原则（focused interaction principle）要求交际教学课堂为学生提供充足的互动机会，互动活动必须以学生的需求或兴趣为导向，是真实的互动活动。为了达到最佳效果，这种互动也必须立足于某一特定的语言形式或语言功能。

交际教学法的另一新发展来自于当今多语主义的发展。Ull & Agost（2020）提出的"多语化交际语言教学"（plurilingual approach in communicative language teaching），立足于当今多语转向（May，2019）下的二语习得研究趋势，提出交际教学法需要认识到学习者的母语在二语课堂交际中的作用。Ull & Agost（2020）审视了当今欧洲的几项多语教学项目，这些项目多为欧洲框架为促进多语主义而提出的语言教学模式，其中内容与语言融合式学习是最具影响力的多语主义教学，是交际教学法的进一步演变，然而其一样采用的是纯目标语交际，忽视了学习者母语在其中的作用。Ull & Agost（2020）指出这些多语教学项目仍持有"单语偏见"（Seidlhofer，2007），孤立分离地看待学生的语言系统，忽视了不同语言之间以及语言技能之间的交互。当前仍然有学者认为母语在交际教学课堂中具有极大的负面作用，但 Ull & Agost（2020）分析了当代交际教学法中针对学习者母语的研究，并指出，相当多研究也证实了学习者的母语能发挥的巨大价值。这些研究关注学习者母语身份如何演变为多语 / 双语身份，并促进后续语言学习的动机和态度（Henry，2017；Pavlenko，2006）。还有研究表明，二语课堂中母语使用以及超语言现象促进意义协商与课堂交际参与度（Escobar，2019；Lee & García，2020），有利于发展多语意识（multilingual awareness）并促进二语认知发展（Bialystok，2011；Jessner et al. 2016）。这些研究在不同层面证实母语对于二语习得有重要作用。基于这些分析，Ull & Agost（2020）进一步在多语动态系统（Herdina & Jessner，2002）的基础上，提出了多语化交际语言教学模型（图 3-1）。

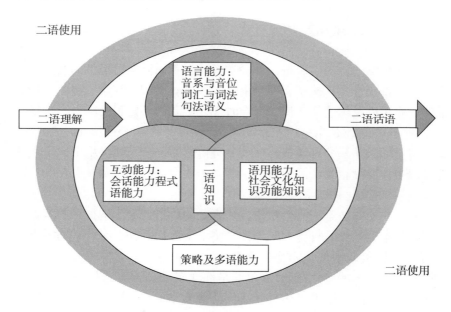

图 3-1　多语化交际语言教学模型（Ull & Agost，2020：65）

在这一模型中，Ull & Agost（2020）强调母语在二语语言习得之中的过滤作用。在能力维度，语言能力、交互能力以及语用能力构成了个体的策略及多语能力总体，目标语言的知识输入通过母语的过滤作用被学习者理解并记忆，成为其策略及多语能力的知识养分，并最终影响其目标语的语言输出，这种输出也不可避免地要经过母语的过滤作用。母语的过滤作用体现在，二语学习者可以通过母语中与二语类似的语义（Jiang，2002）、语音关系（Barrios et al.，2016）等来达到促进二语学习的目的，因此，二语教师应当根据学习者的母语来适当地调整二语教学，以实现交际教学课堂中多语能力的培养。

最后，正如上文所述，交际教学法逐渐演变为一种教学理念，成为二语教学的潜在共识。前沿二语教学研究也不断吸收新时代二语习得理论的发展成果，不断拓展交际教学法的形式，让该教学理念在不断得到继承的同时，焕发出了新的生命力。

3.2.3 未来研究发展方向

交际教学法自提出以来，许多学者针对不同教学情境下的交际教学进行了大量研究，这些研究不断丰富着我们对于这一教学法实际应用的条件、作用以及价值的认识。当今时代，学者们不再将交际教学法作为一套绝不可更改的教条（Kumaravadivelu，2016；Sugiharto，2019），而是将交际教学法的理念核心作为最有价值的部分不断继承下去。在这种过程中，交际教学法需要适应不断多语化、全球化以及社会化的二语教学场景，挑战与机遇并存。

首先，交际教学法需要摆脱方法教条的桎梏，灵活地探索与其他理念下的教学方法在各种特定二语教学情境下如何互补、融合并为当下情境的二语教学做出最大贡献。正如 Kumaravadivelu（2016）所述，交际教学法在全球各地的应用，尤其是在众多亚洲国家，似乎仅仅因为它的"交际"特性相比语法翻译法等传统教学更"先进"，而成为一种决策者眼中的理所当然。事与愿违的是，许多研究纷纷表明交际教学法在当地具有"不适性"，例如，中国（Hu，2005；Tsui，2007）、日

本（Nishino & Watanabe，2008）以及韩国（Li，1998）。然而问题不
在于交际教学法本身不适应这些地区，而在于决策者以及教师如何运用
交际教学法。Richards & Rodgers（2014）指出，目前的二语教学愈发
呈现出一种地区化趋势，国际上被大力推广的教学方法受制于地方教
学情境的需求以及条件。Sugiharto（2019）提出，我们应当把交际教
学法进一步发展为一种情境化的实践，这种情境化的探索，能丰富我
们对于交际教学法灵活应用的知识，为相似情境下的二语交际教学提
供借鉴，并最终丰富二语教学理论发展。作为近几年记录这种语言教
学法"地方化"的研究之一，Chan（2019）采用历时研究范式，系统
地记录并分析了中国香港地区中学英语教学方法的演变与发展。研究
发现，过去 40 年间，中国香港中学英语课程规划与教材经历了由听说
法、语法翻译法，向交际教学法再到任务型教学法的变革。在这种变
革过程中，各种英语教学理论不断经历着地方化应用，而采用的教学
理论也在随着时代不断更迭，以适应一系列的地方情境因素。Xing &
Turner（2020）捕捉到了另一项比较成功的交际教学法地方化尝试，她
们对中国一所大学的交际英语课程进行了调查，发现这所学校的英语教
师不仅充当了课堂交互的协助者与鼓励者，还通过不同的教学策略引导
学生在课堂英语交际任务中关注意义交互的过程，极大地调动了学生参
与课堂交互的积极性。在这些教师所采用的策略之中，Xing & Turner
（2020）发现的三项策略极为重要：首先是利用学生的背景知识与经历
调动学生的积极性从而促进课堂语言互动；其次是采用支架策略，在封
闭式问题或任务中加入重复指示、举例、改变询问方式、提供语言暗示
等辅助性方法促进学生对于问题的思考与回答；最后是在课堂中加入开
放式问题让学生在课堂分享之前充分地在同伴互动中获取更多语言信
息。这些研究说明，二语教学人员需要思考如何在其情境内综合考虑各
类教学方法，整合出最有效且合适的方法，并灵活根据教学动态进行
调整。

其次，正如 Ull & Agost（2020）提出的多语交际教学模型，我们有
必要站在全球化、多语化以及社会化的语言教学新时代重新审视交际教
学法。相当多的超语言研究已经表明，学习者的多语资源在其意义构建、
意义协商、二语知识学习等方面能发挥巨大价值（如 Lee & García，

2020；Turnbull，2019）。这些多语资源也被证实能有效促进学习者交际能力的发展（Canagarajah，2018；Creese & Blackledge，2010）。因此，二语教学研究者需要进一步探究在交际教学法理念下如何激发和发展学生多语资源，并创造促进其多语交际能力发展的条件。

此外，社会化学习者及教师自身的能动性、动机、学习投资乃至社会身份等社会文化因素也在以意义为核心的交际过程中发挥着重要作用，交际教学法研究同样需要从复杂理论视角探索这些因素如何促进或阻碍交际能力的发展。例如，一些学者立足于Norton（2000）的身份认同理论，调查了二语学习者的身份构建如何影响他们接触更多的语言学习资源，成为自主的二语学习者（如Morita，2000；Norton & Toohey，2011；Toohey，2001），其中Morita（2000）调查了二语学习者的身份构建与环境影响如何影响他们在课堂交互活动中的参与度与积极性，这种身份构建甚至也会影响学习者对自我语言能力形成合理的认知。对于交际教学法而言，为促进学习者更积极地参与课堂交互任务，学习者的交际需求与目的是重要的教学设计指标，而这种交际需求与目的又与学习者自身的社会身份构建有着重要关联，因此教师需要思考如何唤醒学生对于理想外语身份的认知，从而促进其动机发展，让课堂交际任务更直接地为学生需求服务。

3.3 动态评估

动态评估又被称为学习潜能评估（learning potential assessment），是指通过有经验的评估者与学生的互动，研究者探索和发现学生潜在发展能力的系列评估方式的统称（Lidz，2003）。动态评估重视动态和历时性观点，强调评估与教学的结合，并通过评估者与学生之间的互动来理解学生的认知过程和认知变化的特征（罗娟，2020）。由于动态评估重视评估和教学的结合，因此它能提供有关学习者潜在发展能力的相关信息，使评估者能够了解学习者表现较差的地方，并制定计划，在学习者的能力内解决这些方面。

3.3.1　理论基础

　　动态评估的起源可以追溯至一个世纪前的智力测验。1905 年，Binet 和他的同事出版了世界上第一个测试儿童智力的量表。但他很快意识到，智力测验不仅应着眼于结果，还应评估儿童的认知和学习过程。当时，尽管他产生了这个想法，但他从未找到可行的解决方案。智力测验从诞生起就存在突出的问题，因为它只能"静态地"反映出个人发展的结果。Buckingham 在 1921 年指出，从教育的角度来看，应将智力视为一种学习能力，而学习过程和学习结果应作为智力测验的一部分。Thorndike 在 1924 年提出了衡量个人学习能力的重要性。他将"智力"定义为"学习能力"。许多学者都提出了类似的观点，实际上体现了动态评估的基本思想（韩宝成，2009）。真正促进动态评估发展的是 Vygotsky 提出的社会文化理论。它为动态评估提供了理论基础，极大地促进了学习潜能评估的发展。从社会文化理论视角来看，进行评估不再是一个孤立的事件，而是一种社会文化活动。学生在评估中的表现是一种文化共建，这种合作共建行为构成了动态评估。社会文化理论中的中介理论和最近发展区构成了动态评估的核心思想。

　　Vygotsky 对实践的贡献贯穿于他工作的方方面面，但其最著名的观点是最近发展区，即学习者独立解决问题能力的实际发展水平与在成人或更有能力的同班的帮助下达到的潜在发展水平之间的差距（徐锦芬，2020b）。动态评估倡导依据学习者的现有发展水平和潜在发展水平提供有效中介，以最大限度地发展学习者能力。"在二语习得领域，最近发展区理论已经被用于研究师生改错和同伴小组合作学习等教学活动如何促进语言学习"（文卫霞、杨燕，2016：44）。最近发展区的意义在于，它为诊断学习者的能力提供了框架，并为支持他们的发展提供了干预基础。最近发展区概念提倡评估和教学之间存在辩证关系，二者同时并存。动态评估侧重于个人可以达到一定水平所需的最小帮助量，以发展他们独立开展任务的能力。通过在评估过程中嵌入教学指导，教师可以更准确地评估个人的未来发展潜力（Sternberg & Grigorenko，2002）。

　　动态评估的重要特征是关注学习者潜在能力发展（Lantolf & Poehner，2004），与其他评估方法的不同之处在于，教师（同伴或计算机）通过提示、暗示或引导性问题等对学生的任务表现提供中介协助，这对于理解学生的能力以及在评估过程中促进其发展至关重要（Ghahari & Nejadgholamali，2019）。动态评估更多侧重于学生的进步，而不是分配分数或等级。在动态评估中，教师和学习者之间建立了一种双向互动关系，双方都可以提出问题（Ebadi et al.，2018），这有利于体现学习者在学习中的能动性，也为教师为学习者提供他们最需要的辅助提供了基础。

3.3.2 动态评估实施程序

Lantolf & Poehner（2004）将动态评估模型大致分为两类：干预式动态评估和互动式动态评估。两者都遵循从隐性建议到明确指导的中介原则，但干预式动态评估对学习速度和效率非常感兴趣，而互动式动态评估更接近 Vygotsky 的思想，强调如何帮助学习者自己规划学习轨迹，从而达到计划中的学习目标。

1. 干预式动态评估

干预式动态评估可以进一步分为"三明治"和"蛋糕"两种模型（Sternberg & Grigorenko 2002）。前者采用传统的"前测—干预—后测"模式，计算最初测验和最后测验之间的增益，以评价动态评估对学习结果的影响。而后者则根据整个评估过程中受试者的反馈提供标准化教学，通过隐性提示显性地将中介纳入评估，并为每个学习者生成一个具有一组分数值的个人简介，指定中介和绩效信息。"三明治"模型动态评估与定量研究一致，而"蛋糕"模型的动态评估典型与定性研究相对应。

"三明治"更加接近于传统测试，遵循"前测—实验训练—后测"这样的模型。实验培训的内容完全取决于前测的结果。在后测阶段，评估人员研究学习者通过培训取得的进步。它强调了其在教学干预中对发展过程进行定性分析来跟踪学习者的发展。

而"蛋糕"模型是指在整个测试过程中对每个项目进行干预（包括

隐性教学和显性教学）。测试人员将测试项目一个个地呈现给被测者。如果被测者可以回答，将显示下一项；如果被测者不能回答或解决问题，将向他展示一系列提示，直到他可以正确回答或放弃为止，然后再测试下一项。在此过程中，应注意观察被测试人员的表现。帮助的数量或获得的帮助类型取决于具体情况，应保留详细的记录。

2. 互动式动态评估

与强调量化的干预式动态评估不同，互动式动态评估更侧重于对学生心理潜能发展的定性评估。核心是"中介学习经历"理论（Feuerstein et al., 1981），理论认为学习是一个互动的过程，在这个过程中，教育者、学习者和学习任务不断地相互作用。作为中介者，教育者有意识地选择、安排和重复那些对学习者的认知发展很重要的刺激，激发学生的好奇心。互动式动态评估更加关注个人的独特性，提供非标准化的中介，在评估过程中随时调整个人的反应，并提供开放和个性化的辅助。通过一系列有针对性的帮助，测试人员可以更加自由地与学习者互动并开发学习者的潜力。该模型还可以清楚地诊断学习者的行为和思维过程，这是传统测试无法做到的。通过中介和清晰意图的互动，学习者可以获取经验，理解其中所包含的规则，并且可以轻松地将学习到的经验、知识和技能内化为认知结构。教育者通过提供适应最近发展区的中介，可以确定学习者的新兴能力并支持学习者的发展。通过评估教学双方的合作与对话，中介者不仅可以有效地了解学习者的能力，而且可以预测学习者的发展潜力。

3. 基于课堂环境的动态评估

许多第二语言动态评估的研究集中在课堂上，关注中介者与学习者之间的互动如何在理解和促进学习者发展的同时发挥作用（Poehner, 2008b）。表 3-1（Poehner, 2018）总结了一些研究，报告了研究人员和教师如何在第二语言课堂中实施动态评估。

表 3-1　二语课堂中动态评估示例（Poehner，2018：254）

研究者	语言以及语法教学焦点	细节
Poehner（2009）	西班牙语（小学）； 连体修饰语一致	课堂练习中的老师口头提示，一次一名学生
Siekmann & Charles（2011）	阿拉斯加土著语言（成人）； 疑问句，从句	通过图表对学生进行提示
Davin & Donato（2013）	同伴小组中的西班牙语学习者（小学）	在同伴小组活动期间学习者充当中介
Davin & Donato（2015）	英语老师（哥伦比亚人）和西班牙语老师（美国人）	课堂话语实践的转变

在表 3-1 的这些研究中，实践练习位于课程之内，以促进更广泛的交流目标，并且在某些情况下确实伴随着更多开放性课堂互动的机会。就是说，基于规则的语言课程模式意味着要根据是否遵循相关规则来解释学习者的语言使用情况，即正确或不正确，而这些与交际意图或语境无关。在这些动态评估研究中，互动的目的是帮助学习者发现其语言错误并确定进行纠正所需的外部支持程度。在这种情况下，他们能够独立地控制规则以产生正确的语言形式。

如果互动的目标仅仅是确保学习者获得正确的答案，那么在学习者的错误初次出现时，可以通过显性纠正反馈来代替整个中介过程。Erlam et al.（2013）指出，这种方法是成功完成任务更有效的途径。但是，即时的显性纠正也让教师和学习者没有机会确定是否较少的隐性支持形式就足以使学习者获得对其语言使用的控制权，从而证明学习者能够控制语言的特定特征，且新语言正在成熟。此外，动态评估还需要教师坚持对正确形式的解释，而不是简单地指出它们是正确的。这突显了动态评估互动的目的不是帮助学习者成功完成给定的任务，而是定位将来成功的语言使用，也就是说学习者能够将互动中获得的知识独立应用于其他语言使用环境中。

4. 正式二语评估环境下的动态评估

尽管多数动态评估研究依赖于研究人员与教师的合作关系，但第二语言动态评估研究并不一定在常规课堂中进行，还可以通过课堂外的一对一互动，由具有应用语言学专业知识的教师或研究人员进行。根据学习者对中介的反应来诊断发展，当然可以与现有的评估工具和程序相结合，包括能力面试和标准化测试。当然，动态评估与传统评估的区别在于管理程序。在动态评估中，当学习者已经内化的中介（即他们的实际能力）不足以使他们成功完成评估任务时，评估者就会向学习者提供外部的中介形式。因此，在动态评估中，学习者的能力本身并不被视作个体固定的、离散的特征，而是被看作一个具有可延展性（或可修改）的动态过程。表 3–2（Poehner，2018）总结了在正式二语评估环境中进行的动态评估程序。

表 3–2　正式二语评估环境中的动态评估举例（Poehner，2018：257）

研究者	实施	语言以及教学焦点	细节
Ableeva & Lantolf（2011）	考官—考生；听两次；回忆（独立，然后提示）	法语；听力理解	回忆讲话中的思想单位
Poehner et al.（2015）	电脑化；多项选择；缩小搜索空间和提供的提示	汉语，法语，俄语；阅读和听力理解	针对子构式的项目（词汇、语音、话语级语法）
Leontjev（2016）	电脑化；填空，造句；自动化的元语言反馈	英语（外语）；疑问句形成及词缀词衍生	根据需要增加提示的明确性
Poehner & van Compernolle（2016）	考官—考生；引发模仿任务	法语；法文副词和否定位置，复合时态	回忆母语中的含义；重构语法

动态评估基于辩证，将教学和评估理解为一种必要关系的两个极点，这种关系的动态可能会随着活动的一个极点转移到背景中而发生变化，因此可能会更加关注另一个极点。就像前面讨论的在教学环境中使用动态评估倾向于强调中介对于激发学习者发展的重要性一样，表 3–2 中的研究通常更关注于探究学习者对二语的新理解和控制。可以肯定的是，中介过程可能会在互动中刺激发展。尽管如此，如果没有发生这种

情况，则该程序不会被认为是失败的，因为在这些研究中，动态评估的主要目的是根据学习者在活动中的反应能力来诊断学习者的能力和困难领域。尽管独立的表现可能揭示了过去发展的产物，但潜在的未来发展只能通过人际心理功能来理解，这种观点与 Vygotsky 对发展的描述相吻合，因为他没有遵循那种平滑、线性的轨迹，而这对于根据当前的表现预测未来的能力是有必要的。

值得考虑的另一点是，在正式评估情况下，动态评估不需要使用特定的仪器或任务。也就是说，动态评估可以实施各种任务，包括传统纸笔测试到集成了多种通信方式的开放式性能任务。普通动态评估程序在应用中的一个主要问题是——它们在学习者和结构方面，对于处理更大背景方面的能力有限。计算机动态评估被认为是与动态评估程序相关的实用性问题的解决方案（Kamrood et al., 2019）。计算机动态评估通过电子中介，将动态评估背后的评教整合的合理性带入了计算机语境（Bakhoda & Shabani, 2019）。计算机动态评估根据学习者对中介的反应性诊断二语发展。软件通过提示向学习者呈现基于最近发展区的中介，并生成一个实际分数报告他们的独立表现。一个中介分数报告他们的中介表现，以及一个学习潜能分数报告实际分数和中介分数之间的增益。分析每个学习者的得分概况和他们的学习潜能分数有助于诊断他们在测试中的不同语言结构的优缺点，并有助于教师为未来的学习制定细微的个性化学习计划和材料。但是，与人工中介在互动式动态评估中的作用相比，计算机动态评估通常属于干预式动态评估——通过计算机程序提供中介方面的灵活性有限（Yang & Qian, 2020）。

3.3.3 动态评估研究进展

1. 动态评估与学习者互惠

学习者互惠是指学习者对中介活动的贡献（Poehner, 2008a）。在外语教学领域中开展动态评估的最终目的是促进学生语言能力的发展，其方法是运用 Vygotsky 社会文化理论的微变化分析法（microgenesis analysis）对中介者和评估主体之间互动语言相关片段（language related episode，LRE）进行主题提取，并通过呈现互动片段来展现学生在动态评估过程中的变化和发展。Ableeva & Lantolf（2011）在学习者互惠性的微变化分析法中揭示了几种形式的往复行为，并将其解释为发展的重要指标。这种解释是建立在特定互动基础上的。这样的研究可能会积累有关二语动态评估中互惠性的知识，以探究不同水平的二语学习者在不同类型任务中的具体回应，以发掘他们的认知状况。例如，Miri et al.（2017）探究了如何透过观察肢体语言和自我话语来了解学生在群体动态评估间接互动中的受益情况。

在动态评估中，学习者行为的重要性早已得到认可。模仿是学习者互惠的另一种形式。与模仿动物或复制模型不同，Vygotsky 使用"模仿"一词指的是学习者对模型的重构，以适应未来的表现。Ableeva & Lantolf（2011）在对第二语言听力理解的动态评估的研究中，分析了学习者对中介的反应能力。她的研究聚焦了"模仿"对语言发展的影响。她还发现了一些学习者模仿中介人的例子。学习者尝试模仿的做法打开了一个合作空间，通过该空间，学习者和中介人讨论了单词的含义。在随后的互动中，学习者能够独立使用该词。

人工中介以及对话互动中介可能是教育活动中指导学习者发展的最优方法——了解为什么特定学习者对于中介机会做出选择反应，需要考虑学习者的背景和学习情况。Vakili & Ebadi（2019）考察了面对面和计算机动态评估对伊朗英语学习者处理主要发展性错误的作用，研究结果揭示了动态评估在指导学习者努力克服学术写作发展错误方面的潜力。Ebadi & Rahimi（2019）研究了动态评估中介对新的和更具挑战性的语境中写作表现的短期和长期影响。此外，他们还探讨了学习者对于在线同步动态评估对学术写作技能影响的看法。研究利用 Google Docs 对英语学习者在线同步动态评估中的学术写作技能进行了中介，揭示了学习者学术写作技能发展过程中存在的中介动作（即隐性和显性中介的顺序）和互惠模式（即学习者对中介的反应）。

2. 动态评估与学习者能动性

动态评估是作为现有的二语课程的一部分以及对学习者能力的一次

性评估。研究人员已经设计了基于概念的教学程序，通常将其归类为系统理论教学，以便为学习者提供一种连贯的，基于含义的语言表达方式。系统理论教学的倡导者主张语言概念是一种更准确的语言表达方式，它使学习者能够解释和传达超出特定使用语境之外的含义。通过这种方式，学习者可以将抽象概念当作一种符号工具，通过它们中介目标语言的功能。

鉴于此类研究的重点是学习者对语言概念知识的内化，因此动态评估的作用在于阐明学习者对二语的理解以及对新兴概念理解和使用的程度。Infante（2016）探索了中介以下内容的重要性：学习者的能力感受（即他们具有相关知识以及他们有能力取得成功）；学习者中介和对行为的控制，这意味着避免冲动猜测，而倾向于使用可用的中介来通过问题进行推理；以及分享行为。这些中介目标不仅对参与动态评估和中介发展至关重要，而且还可能扩展到自我中介的功能。Bahramlou & Esmaeili（2019）通过词汇推理探讨小组动态评估对词汇学习的影响，并与词汇增强练习进行比较。研究结果表明，小组动态评估在词汇推理学习中与词汇练习一样有效，小组动态评估和词汇练习相结合更有利于通过词汇推理学习词汇。Ebadi & Asakereh（2017）调查了初学者和高级英语学习者在口语技能方面的差异。参与者叙述一组图片故事，在叙述的同时，他们接受基于他们的最近发展区的中介。研究人员利用微观遗传学、主题分析和私人演讲来确定参与者认知发展和自我中介能力的任何可能变化。研究结果显示，参与者的认知能力和自我中介能力都有了显著的提高。此外，非结构化访谈的主题分析结果显示了他们对动态评估的满意度。

Infante（2016）聚焦于英语时态系统的二语教育程序，在其研究中，二语英语中学学习者的课程遵循 Vygotskian 基于概念的方法，而不是语言教科书中常见的传统语法规则表示法。其研究的一个重要特征是，中介人有意探索学习者的能力感受和对冲动的控制，以便采取计划更周密的行动，并进行反思。Poehner & Infante（2017）的报告指出，中介人在共同审查学习者写作的同时，提出的主要问题和建议经常引导学习者摆脱猜测，而转向制定计划以描绘过去的情况，然后评估他们的语言选择是否适合他们的预期含义。他进一步记录了中介人如何始终如一地努力引导学习者扮演领导互动的角色，从而增强了学习者的自信心和对自己作为英语合法使用者的认知。这种中介方式不仅帮助学习者获得重要的语言知识，而且还获得了有意义的语言使用经验，提高了他们语言学习的能动性。

3. 动态评估和儿童二语学习

动态评估与其他评估方法不同，因为它包括评估过程中的一系列中介，这对于了解儿童的能力和促进早期基础教育的发展至关重要。它可以采用以游戏为基础的方法。研究已经发现动态评估比标准评估方法更准确地反映儿童的学习潜力（Hussain & Woods，2019）。Peña & Greene（2018）认为，动态评估记录儿童在学习过程中使用的策略，可以帮助确定儿童的语言差异和语言障碍。重要的是为英语语言儿童学习者建立最佳评估实践，尤其是用来识别儿童是否具有基于语言的残疾。例如，教育工作者经常使用静态标准参考词汇评估的结果来帮助诊断学龄儿童的语言障碍。然而，研究表明，这些词汇评估可能会产生不准确、有偏见的结果，特别是评估对象是面对文化和语言多样化的儿童。Petersen et al.（2020）探讨了与静态词汇测量相比，动态评估推理词汇学习可能是准确识别不同语言障碍儿童的一种有效方法，能更准确地识别双语儿童的语言障碍。研究表明，英语语言学习者在展示出对新概念的正确理解之前，通常需要额外地接触内容信息（Herrell & Jordan，2015）。但是，如果孩子有残障，重要的是及早发现，能够采取适当措施进行有效干预。动态评估可以帮助识别因残疾而导致的表现差异，而非由于缺乏经验而产生的表现差异。总体研究结果表明，语言障碍儿童不及具有典型发展水平的同龄人，一致地证明了有语言障碍和无语言障碍的儿童具有良好的分类准确性。这些观察结果可以并且应该用于确定以英语为第二语言的孩子的特殊教育。这样的程序可以帮助减少评估偏见，并且可以帮助更及时地识别英语语言学习者的语言残疾障碍。

3.3.4　未来研究发展方向

　　二语课堂动态评估的未来研究可以加强语言技能、语言课程其他层面以及非语言因素（如情感因素、策略、认知因素）的探索和实证研究。例如，探究互动者的情绪，研究情绪反应如何影响教师和学习者的动态评估参与度，从而影响二语的发展。由 Poehner & Davin（2013）首先提出了一个未来研究领域：参与动态评估的可能性也许会对教师和学习者如何理解语言发展以及课堂互动的作用产生影响。研究采用了隐性到显性的中介量表来诊断学生在课堂口语活动中对目标语言语法特征的控制。其中包括对老师的一系列采访，了解老师对动态评估的理解以及与学习者一起实施动态评估的经验反思。然而，从老师的反思中得出的是，动态评估中的互动过程使学习者说出了他们在语言选择背后的原因，这迫使老师放弃使用简单的语法判断任务，转而使用更开放的任务。通过动态评估，教师意识到学习者可以通过互动获得更多成就，更重要的是，这种互动的质量帮助学习者实现了独立运作。实际上，老师在动态评估方面的经验影响了她在课堂上学习任务的选择以及她开始与学生一起追求的目标。未来的动态评估研究可能包括促使教师和学习者反思，以此作为中介的目标，以促进他们对语言的思考，语言学习的目标以及师生与学习者之间的互动价值。例如，比较教师和学习者对相同动态评估互动的看法，可以深入了解他们对中介的理解，以及他们在活动的特定时刻达到主体间性的程度。因此，教师和学习者可以共同参与基于视频的共享反思，从而对不断发展的互动贡献自己的观点。这样的研究还可以阐明教师和学习者对活动的取向，包括他们对语言学习、教学和评估的信念。

　　未来研究还可以更加关注不同教育水平的英语学习者，例如，小学生和特殊学生群体。二语学习者互惠性的基础研究大多是在第二语言为法语的中级大学学习者中进行的，并且是一对一的互动动态评估会话，侧重于听力理解的发展和口语叙述。关于互惠形式是否会根据学习者年龄（例如，儿童、青少年、成人）以及学习者水平（新手、中级、高级）而产生变化或如何发生变化也是一个悬而未决的问题。未来相关研究能为不同群体学习者的英语教学提供更富建设性的启发。

第 4 章

国内英语教学理论研究新成果

　　国际英语教学理论研究发展的同时，国内英语教学研究也在摸索中不断前进，涌现出一批影响力较大的学者，他们基于中国语境开展了不少研究，为国内英语教学理论的发展做出了重要贡献。本章主要从英语教学多模态研究、英语自主学习研究、续论以及产出导向法四个方面介绍近年来国内英语教学研究新成果。

4.1　英语教学多模态研究

　　多模态研究自 20 世纪 90 年代在西方兴起后，如今已成为国内外学术界研究的热门领域。近二十年来科学技术的迅速革新推动着语言教学在新的道路上不断求索，国内英语教学多模态化研究也在这样的时代背景下应运而生。多模态教学是以系统功能语言学的多模态话语分析为理论基础，在现代媒体技术的加持下，充分利用除语言以外的模态，通过多模态的设计和协同，培养学生多元识读能力，提高教学效率的新型教学模式。顾曰国（2007）、胡壮麟（2007）、朱永生（2007，2008）、张德禄（2009a，2009b，2010）等国内学者是早期将多模态研究引入英语教学中的代表人物，之后我国涌现出一批学者从多方面多角度继续拓展并纵深英语教学多模态研究。

4.1.1　课堂教学多模态设计与模态协同

　　模态是"人类通过感官（如视觉、听觉等）跟外部环境（如人、机器、物件、动物等）之间的互动方式。用单个感官进行互动的叫单模态，用两个的叫双模态，三个或以上的叫多模态"（顾曰国，2007：3）。多模态话语指"运用听觉、视觉、触觉等多种感觉，通过语言、图像、声音、动作等多种手段和符号资源进行交际的现象"（张德禄，2009a：24）。Halliday 创立的系统功能语言学是多模态话语研究的理论基础，系统功能语言学认为语言是一种符号，多模态话语研究在此基础上认为除语言外的其他符号系统也是意义的源泉，具有意义潜势和多功能性，即概念功能、人际功能和语篇功能（朱永生，2007）。张德禄（2009a）在系统功能语言学现有框架的基础上构建了一个包含文化层面、语境层面、内容层面、表达层面的多模态话语分析综合框架。国外学界不乏把多模态应用到外语教学的先驱代表。如 Stein（2000）提出多模态教学法，认为学生在房间里默默读一部戏剧和作为表演者参与到这个戏剧中所产生的效果是截然不同的。教师应意识到语言的局限性，充分利用学习环境的各类模态特征开展教学和评估。Royce（2002）探究多模态课文中图像与言语的协同作用，并提出将多模态应用到听说读写和词汇教学中的实操性建议。

1. 课堂教学多模态设计

多模态教学主张利用多种模态、渠道、手段调动学习者的多种感官协同运作参与到语言学习的意义建构中（张芸，2012）。为了实现这一目标，需要对课堂教学进行多模态设计。在多模态话语领域，设计指"有意识选择模态和模式来表现现实的过程，是制造语和识读语篇的过程，是利用可资利用的资源进行社会交际的过程"（张德禄，2010：48）。从外语课堂教学的角度讲，设计的最终宏观目标是发展学生的意义潜势，即提高学生的语言能力。在宏观目标的基础上，再确定局部目标和具体目标，最后选择合适的教学用的模态或模态组合。例如，课堂教学中可使用的模态资源有口语、黑板板书、面部表情、身势动作、座椅安排、PPT 演示、投影仪、网络等。教师根据实际教学需求，对重点模态精心设计，如口头表达内容、板书内容和布局、PPT 呈现等，而对非重点模态，如手势动作做到心中有数（张德禄，2012b）。有效的教学设计受制于语境因素，也就是外语教学中的教学内容、师生特点和教学条件。其中教学内容是制约模态设计的主要因素，也是教学设计要实现的主要目标。师生的情况和彼此的关系也决定了模态的选择和调用。这包括教师的性格、经验、教学理念、能力水平，学生的个性特点、学习态度、知识和能力结构，以及两者之间的互动关系。教学条件的考量涉及教室内的空间布局摆设，可供利用的仪器设备和整个大环境下的教育政策和教学理念（张德禄，2010）。张德禄（2010）提出了五个外语教学设计依赖的教学理念：①教材权威性，把教材看作知识的权威来源进行教学；②知识获取性，把教学看作帮助学生理解知识的一个过程；③技能训练型，把教学看作帮助学生掌握技能的一种程序；④经历体验型，把教学看作让学生参与实践的一个体验；⑤资源发展型，把教学看作帮助学生发展表意资源的一种手段。教师依据各自的教学理念进一步确定每个阶段的教学目标，并选择合适的教学方法，根据教学方法再选择合适的模态。在选择模态时，可以从三个角度进行：①使其作为工具，为外语教学提供教学情景和便利条件，提高教学效率；②使其作为助手，为外语教学提供辅助条件，提高教学效率；③使其作为补充，为多模态话语交际提供多通道话语意义表达方式（张德禄，2009b）。与此同时还应遵循三个原则：有效原则、适配原则和经济原则。所谓有效原则是指模态的选择应以最佳教学效果的呈现为前提。适配原则强调多种模态配合使用时，选择标准是能获得最佳搭配。经济原则表示模态的选择越简单越好，不要为模态而模态（张德禄，2010）。这些原则的指导为教师在选择模态时提供了理性的参考标准，使教师免于凭直觉随意使用模态。

2. 课堂教学模态协同

张德禄（2009a）认为当一种模态无法充分表达意义，需要借助另一种模态来补充时，这种关系称为互补关系。在互补关系中，还涉及强化关系和非强化关系。强化关系指一种模态是主要的或默认的交际形式，另一种进行辅助而起强化作用的模态。具体包括突出、主次和扩充三种形式。非强化关系则是两种模态缺一不可，互为补充。主要有协调、联合和交叉三种形式。非互补关系表示其中一个模态对另一个模态的意义表达没有起很大作用，但依然存在。这种关系一般有交叠、内包和语境交互三种形式。基于以上分析，当我们把研究置于外语课堂教学这一语境中，可知外语课堂教学具有很强的多模态性，除了语言这一重要模态外，还包括空间布局、身势、PPT 多媒体课件、网络远程教学等模态的综合运用（刘秀丽等，2013）。尽管在绝大多数的实际教学过程中，语言的主导地位不可撼动，其他模态亦在不同程度上起互补、强化等作用，形成多模态良性协同互动，共同构建意义（张德禄、李玉香，2012）。

张德禄、王璐（2010）通过对选取两个参加教学比赛的课堂教学案例进行描述和比较，探讨了我国大学英语课堂实际教学中的各种模态间的协同关系。具体描述见表 4-1。作者对两个案例中体现的模态协同进行研究后，对教师的课堂教学提出了一些建议：从听觉模态来讲，教师的话语占了主导地位，这意味教师一定要保障高质量的口头话语；教师要充分利用教学环境、教学工具和各模态之间的协同、强化、互补，提高教学效率；教师要注重营造轻松愉快的课堂氛围，加强与学生的亲切互动，利用人际意义提高学生概念意义的获取；教师要转变角色，把以教师为中心的课堂转变为以学生为中心，创造更多让学生实践的机会。

表 4-1 大学英语课堂教学中模态的协同及其体现的意义（张德禄、王璐，2010：102）

模态作用	语音					非语言							
	口语		书面语	伴随语言		表情	身体	动作			情景	工具	
	教师	学生		声响/发音	口气/声调	表情/视线	着装/朝向	移动	手势	学生活动	布局	PPT	黑板粉笔
协同	主模态：控制课程	辅助主模态：实现课程进程	强化与辅助：提高新模态刺激	强化、优化：优化传播媒介，提高效果	补充、优化：表达情感、强调重点信息	补缺：吸引学生的注意力、激发其兴趣	强化：吸引学生注意力、确立角色	强化：吸引学生的注意力，提高亲和力	强化、辅助和组织表示节奏和模拟现实	强化和优化：提高效果和能力	补充：确定场所、角色和职责	补充：补充口头模态无法实现的选义和效果	补充：补充口头模态无法实现的意义和效果
体现意义	概念、人际和语篇	概念人际和语篇	概念和人际	概念和人际	人际和语篇	人际和语篇	人际	人际	功能和人际	人际和语篇	人际和语篇	语篇人际和概念	概念和语篇

张德禄和丁肇芬（2013）认为在选择模态时，还要充分考虑该模态的供用特征，是否选择这个模态比其他模态更合适。而在搭配模态时，要使各模态的供用特征互相补充、强化、协同，实现最佳组合。课堂教学多模态设计要求教师使用多种模态（如语言、动作、图像、视频等）辅助教学。一般来说，模态越多，人获得的信息和感受就越丰富。如文字和图片结合可以促进理解、加强记忆。但值得注意的是，多模态学习也是一把双刃剑，模态选的好，搭配得当，则可以事半功倍，而如果处理不好，不经思考堆叠模态，反而会分散学习者注意力，干扰学习逻辑或形成认知的负荷，导致瞬间"热闹"而事后"空空"之感（顾曰国，2007）。这需要教师在课堂实践中，不断积累经验，反思总结，创建有利于学生语言学习的多模态协同环境。同时，研究者们还需就多种模态如何在形式和意义层面相互协同和配合上做更多理论和实践上的探索，进一步理清其关系，找到评价标准和发展路径（程瑞兰、张德禄，2017）。

4.1.2　多元识读能力培养

1. 多元识读能力由来及定义

多元识读（multiliteracies）概念最早由十位专业学者组成的新伦敦小组（New London Group，1996）提出。新伦敦小组认为当今世界交流渠道的多样性和语言文化的日益多样化要求我们不能只是沿用传统的以语言为主的读写能力教学，而应将包含更多符号语言的多元识读能力的培养提上议程。所谓多元识读能力教学，关注的是比语言更广泛的表现形式。传统意义上的识读能力关注的是语言读写能力的培养，其他模态处于边缘地位甚至鲜有出现，课堂上以教师为中心，实行灌输式教学，学生为知识的被动接受者（朱永生，2008）。而随着大众传媒、多媒体、电子超媒体的发展，意义建构的重要模态已经日趋多元化及整合化，除了传统的语言外，还有视觉、听觉、姿态、行为等模态，这使得单一的语言识读能力无法满足需求。胡壮麟（2007）认为多元识读能力应包含两个方面：一是指多元（文化）识读能力，即针对日趋全球化的社会，学生对语言文化多元性应有的包容和理解；二是强调多元（技术）识读能力，或者称为多模态识读能力，即信息科技多媒体的迅速发展使得意义表达多模态化成为一种常态，具备阅读各类媒体和模态信息，并能产生相应材料的能力。葛俊丽、罗晓燕（2010：14）将多元识读能力概括为"学习者基于自己以往的知识和经历，创造性地运用信息通信技术，通过语言、视觉、听觉等多模态形式批判性地识读和理解多媒介提供的信息的能力"。

国内学界对 multiliteracies 未形成统一的的翻译，主要出现过三类译法，"多模态识读能力"（胡壮麟，2007）、"多元识读能力"（韦琴红，2009）和"多元读写能力"（朱永生，2008）。本书采用"多元识读能力"这一译法。胡壮麟（2007）在整合国外学者研究的基础上，提出多元识读能力涵盖以下九大层次：①参与者能够在信息环境中适当地工作，解决网络环境下出现的常见问题；②参与者能够通过使用信息技术检索所寻找的材料，完成与信息技术有关的各项任务，利用技术工具进行阅读和写作各种信息的共生形式（如打印物、图片、照片、录像、音响效果、音乐等），因为这些模态都是在计算机屏幕上用数字方法表达的，而不是传统的纸张；③参与者能够批判性地和战略性地管理和汇总来自各种数字网络材料库的知识；④参与者有责任心、受人尊敬、思想开放，能在电子世界中发挥作用，因而能很快并智慧地适应新环境下产生的各种社会问题；⑤为特定问题而成立的灵活的在线队伍能利用他们的专业技术互相协作；⑥对一个话题能表达综合的知识，采用技术工具，信息性的和劝诱的方法；⑦参与者能够对所处社会中信息技术环境（硬件、软件、教育等）如何起重要作用发表自己的意见；⑧多模态识读能力包括"非语篇写作"，如新的学习方法，学习者能掌握生产技术不同的技术形式可成为学习过程的工具；⑨参与者不仅能识读语篇信息，也有能力解释符号和图像，利用多媒体和其他技术工具如互联网，所有这些使我们能构建意义、学习和与他人互动。胡壮麟通过归纳多元识读能力的九大层次，进一步细化了该能力所包含的要求：传统读写能力、信息技术能力、批判性思维能力、综合素质、个性品质、团队协作能力等。张德禄、刘睿（2014）则从素质、专业、技术和操作四个方面构建了新时期中国大学生多元识读能力模型，见表4-2。

表4-2　新时期中国大学生多元识读能力模型（张德禄、刘睿，2014：46）

能力类型	素质			专业		技术		操作	
多元能力	道德读写能力	社会交往读写能力	创新改革读写能力	语言和非语言读写能力	跨语言、跨文化读写能力	媒体技术读写能力	模态模式读写能力	选择和搜索能力	组织和领导能力

2. 多元识读能力教学理论框架

New London Group（1996）在探讨多元识读能力的培养时，强调"设计"这一核心概念，他们认为设计由六大类意义模态构成：语言、视觉、听觉、手势、空间和多模态。其中多模态最重要，因其将前五者统合起来。从教学的角度，设计学习把设计理论分成了三要素：已有设计（available designs）、设计过程（designing）和再设计（the redesigned）。已有设计除了包括诸如语言、电影、照片、姿态等符号系统的"语法"外，还包括话语秩序（orders of discourse）和篇际语境（intertextual context）。设计过程不是对已有资源的简单复制，它是对已有设计的改造，带有个人构建意义的独特性，是对旧材料的新使用。如果我们把一个阅读者阅读的一段话看作是已有资源设计的话，那么该阅读者通过自己的兴趣和个人经历去解读这段话，进行意义构建，即设计过程。这样获得的对这段话的理解又转变为再设计。因此再设计是设计过程产生的新意义，意义建构者再创的产物。它体现了人类的主观能动性。至此，再设计又循环成为一个新的已有设计。通过这三个元素，新伦敦小组试图强调设计构建意义是一个积极动态的过程，而非静态规则所支配。葛俊丽和罗晓燕（2010）用图4-1对以上的描述进行了图像式的呈现。

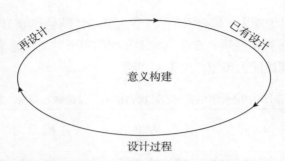

图 4-1　多元识读教学中的意义构建（葛俊丽、罗晓燕，2010：17）

张德禄、张时倩（2014）在新伦敦小组的基础上，综合其他学者的探讨，提出了一个更为细致、操作更为具象、对设计过程即学习过程重点关注的设计学习综合框架（见图 4-2）。

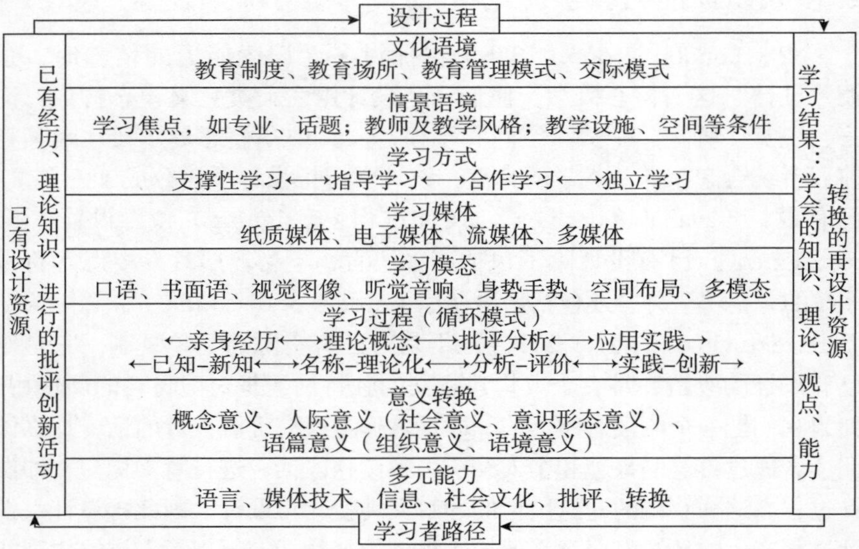

	设计过程	
已有经历、理论知识、进行的批评创新活动、已有设计资源	**文化语境** 教育制度、教育场所、教育管理模式、交际模式 **情景语境** 学习焦点，如专业、话题；教师及教学风格；教学设施、空间等条件 **学习方式** 支撑性学习←→指导学习←→合作学习←→独立学习 **学习媒体** 纸质媒体、电子媒体、流媒体、多媒体 **学习模态** 口语、书面语、视觉图像、听觉音响、身势手势、空间布局、多模态 **学习过程（循环模式）** ←亲身经历←→理论概念←→批评分析←→应用实践← ←已知–新知←→名称–理论化←→分析–评价←→实践–创新← **意义转换** 概念意义、人际意义（社会意义、意识形态意义）、 语篇意义（组织意义、语境意义） **多元能力** 语言、媒体技术、信息、社会文化、批评、转换	学习结果：学会的知识、理论、观点、能力、转换的再设计资源
	学习者路径	

图 4-2　设计学习综合框架（张德禄、张时倩，2014：6）

3. 多元识读能力教学模式

New London Group（1996）提出的多元识读能力教学模式包括四个主要成分：实景实践（situated practice）、明确指导（overt instruction）、批评框定（critical framing）和转化实践（transformed practice）。

1）实景实践

假设我们把场景设置在一堂英语课上，那么实景实践就是把学习者分成几个小组来展开真实性的具有沉浸式体验的实践活动，老师在分组时应尽量确保每个小组成员中都有能力较强的同学可以提供指导。教师在设计此类活动时应考虑所有学习者的身份、情感和社会文化需求，也就是说这类教学活动要能激发学生的学习兴趣，让他们觉得和自己的真实生活有关。同时创建一个让学习者敢于"冒险"的安全的学习环境，学生不会觉得怕丢脸而不敢尝试。教师在此过程中的评价不是去给每个学习者打分，而是提供切实的帮助和指导。

2）明确指导

明确指导并非我们传统观念里的教师进行满堂灌，学生进行机械的操练和记忆。事实上，它指的是教师针对学习者的具体特征和学习情况提供积极干预，为学生习得新知识搭上脚手架，提供明确的指导。这样一来，学生就可以利用已有的知识和经验，再借助于老师的指导，达成他们自己无法独立完成的学习目标。在此过程中，学生应该有意识地关注教师在指导他们的过程中所使用的各类模态表征和阐述方式，并对自己所学之物之于整个系统内的关系有清醒的认识和把控。同时，教师要引导学生发展元语言，即描述实践话语形式、内容和功能的反思性概括话语。

3）批评框定

批评框定的目标是帮助学习者将他们在实景实践中不断提高的能力和从明确指导中获得的有意识的控制和理解能力与特定的知识体系和社会实践的历史、社会、文化、政治、意识形态和价值观联系起来。教师此时所起的关键作用是让学习者对他们已经掌握的知识再次感到"陌生化"，引导他们有意识地抽离出对熟悉知识的惯性思维，批判性地用新的眼光或放置在更广泛的语境里审视这些知识，创造性地加以扩展和应用，并最终进行自主创新。这为接下来的转化实践奠定了基础。

4）转化实践

转化实践是教师创造机会让学习者把他们在前面三个过程中所学的知识运用到新的语境下进行意义建构，并进行反思和修正。

New London Group（1996）认为这四个要素并非线性的层级结构或是依次的顺序关系，他们以复杂的关系相互作用，这些要素可能同时出现，也可能其中一个在某一阶段占主导地位。张德禄（2012a）认为在开展实际教学时，必然要遵循一定的教学步骤。他用图 4-3 表示四个教学程序，其中实景实践和明确指导可以依据具体授课内容变换顺序。如活动的难度在学习者可控范围内、不需要教师指导就能直接开展时，可以先进行实景实践，然后教师再进行点评、补充和指导。如果难度过大、不经指导学生无法开展活动时，则必须从明确指导开始。

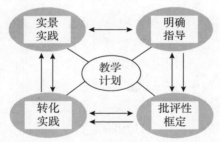

图 4-3　多元识读能力教学的教学步骤（张德禄，2012a：14）

4. 多元识读能力研究

多元识读能力的研究主要围绕在概念引介和实践应用上，具体可以分为两类。第一类侧重在宏观理论对多元识读能力培养模式的探索。如胡壮麟（2007）和朱永生（2008）是早期引介多元识读能力的代表学者。葛俊丽、罗晓燕（2010）回顾了多元读写能力的发展史，重点分析了多元识读教学法的理论框架和教与学的模型，并对此做出评价，同时对我国外语教学提出建议。王惠萍（2010）聚焦于英语阅读教学中多元识读能力的培养。张德禄（2012a）探讨了多模态学习能力培养模式，建立了多元识读理论框架和多元识读能力的教学培养框架。张征（2013b）论述了基于"设计"理念的多元识读能力培养模式，提出了具体的培养路径和方法。张德禄、张时倩（2014）构建了设计学习的理论框架，进一步拓展了多元识读能力培养模式的探索。曹韵（2015）探讨了多模态教育环境下多元识读能力培养的方法和手段。第二类研究是在多元识读能力理论基础上开展的教学实践和应用。如韦琴红（2009）通过分析学生 PPT 演示作品，发现学生多元识读能力较弱的现实，提出教师和学生未来都要加强对多元识读能力的认识。张义君（2011）对英语专业学生进行了多元识读能力运用情况的实证研究。王梅（2012）进行了大学综合英语教学改革，在教学中凸显课文的文化内涵，教师通过多媒体教学、学生通过多媒体完成小组作业，开展戏剧、辩论、目的语国家文化背景知识专题讨论等丰富的课内外教学活动，引导学生课外阅读各种模态报刊来培养学生多元识读能力的实证研究。宋庆伟（2013）通过实证研究对大学英语教学进行了传统教学法和多元识读教学法的比对，发现多元识读教学法效果更好，适合推广。李燕飞、冯德正（2017）研究发现尽管英语教学已高度多媒体化，PPT 在知识建构中未能发挥最佳效用，提出了以多元识读能力教学法四大要素为框架的 PPT 设计改进意见。冯德正（2017）以多元识读理论教学法的四要素为理论基础，改革了英语语言学课堂中的教学设计，发现该理论的应用能激发学生的学习兴趣，改善语言学课程枯燥无趣、脱离现实的问题，培养学生用语言学知识解决现实问题和进行学术写作的能力。雷茜、张德禄（2018）进行了英语多模态写作中学习者身份认同的研究，研究发现学生认同自己不仅是学习者、写作者，还是设计、批评者、研究者、合作者。这一身份认同有助于多元识读能力的培养。丁韬、杨永林（2019）提出随着线上课程的发展，"线上线下，深度融合"将成为大学英语教学改革的必然之路，并阐述了将多模态理论应用到在线课程研发的诸多益处及其对多元识读能力培养的深远意义。

4.1.3 多模态英语教学实践研究

基于现有文献，多模态英语教学实践研究主要集中于以下几个方面：①多模态听力教学；②多模态写作教学；③多模态翻译、词汇、语音、口语以及专门用途英语教学；④多模态话语课堂研究；⑤多模态教学模式设计和课程改革；⑥多模态特殊课型和群体研究；⑦多模态 PPT 演示教学；⑧多模态教材等。

1. 多模态听力教学

通过文献整理发现，学者们较多关注多模态在听力教学方面的应用。研究内容大致可以分为三类：多模态听力自主学习模式设计对听力能力影响的研究、多模态和元认知策略交互模式效度研究和听力输入的多模态对听力效果影响的教学设计研究。

多模态听力自主学习模式设计针对不同的研究群体进行考察。王玉雯（2009）聚焦非英语专业研究生群体，探究多模态听力自主学习模式之于听力自主学习能力和口语能力的影响。研究者对使用了一学期硕士公共英语学习平台（简称研究生 E_Learning 系统）的学习者进行问卷调查和访谈后，得出结论：多模态听力自主学习模式有利于提高学习者的英语学习兴趣和听力学习效果，加强了听力自主学习能力和口语表达能力。曾庆敏（2011）针对传统的大学英语视听说课程内容单一、教学方式单模态、效果不佳等问题，通过实施教学实验改革和问卷调查探索多模态视听说教学模式的可行性，具体考察该模式对学习者学习态度、自主学习能力和学习效果等方面的影响。实验选取两个控制班和两个实验班，其中控制班沿用传统的纸质教材，开展每周 2 学时的视听说常规教学和每周 1 学时的课外自主学习。实验班课程安排为教师指导下的多模态大班自主听力课（1 学时／周），小班口语面授课（1 学时／周）和多模态课外自主学习（1~2 学时／周）。教学内容为教材的纸质版、网络版和其他多模态网络资源。多模态化体现在教学模块、内容和手段三个方面。实验结果表明多模态视听说教学模式对提高学生的听说能力、英语综合运用能力和自主学习能力都有明显的作用，同时对学生的英语学习兴趣和学习态度产生积极的影响。李欣等人（2012）聚焦于针对英语专业本科生多模态自主听力教学模式的实证研究，通过对比单纯用音频（控制组）和用多模态手段进行听力教学（实验组），探讨学生对两种教学模式的接受度和教学效果，以及多模态自主听力教学模式对提高学生听力水平、多元识读能力、自主学习能力的影响。多模态自主听力教学模式体现在教师分配每节课的 20 分钟给实验组的各个小组进行视频听力材料的自行选择、设计练习、展示和互动。多模态教学活动融入听前、听中、听后的三个环节里。通过问卷调查和听力测试对为期一年的实验进行调查，结果表明多模态自主听力教学模式不仅受到学生的欢迎，且学生听力水平、多元识读能力和自主学习能力都得到有效的提高。李宝宏、尹丕安（2012）的研究也验证了听说自主学习的有效性，发现此种多模态大学英语教学模式有助于提高学生听说实际应用能力、跨文化交流能力和综合文化素养。

多模态和元认知策略之间的交互及其效度也吸引了学者们的注意。龙宇飞、赵璞（2009）在大学英语听力教学中采用多模态学习模式和元认知策略，并试图探究两者之间的关系。实验中的四个班级分别采用不同的教学方法：实验组 1 使用元认知策略、实验组 2 使用多模态教学、实验组 3 把元认知策略和多模态相结合、对照组使用常规教学法。经过一年多的教学实验，元认知策略调查问卷显示，实验组 3 在使用元认知策略上比实验组 1 有更明显的提高，这说明多模态教学在一定程度上对元认知策略有正面的影响。而听力前测和后测的结果则表明三个实验组的听力成绩均有显著的提高，其中实验组 3 表现最优，这说明将元认知策略和多模态教学相结合的方式比单独使用其一更能提高学生的听力理解水平，同时实验组 1 和实验组 2 的相关性研究表明，元认知策略和多模态教学存在很强的相关性，两者互为影响、相互促进。盛仁泽（2011）按照类似的设计思路，用实证研究验证了元认知策略和多模态交互比其单独使用更能促进大学英语听力理解和词汇附带习得。

就听力输入不同模态对听力影响的研究有如下代表，如胡永近、张德禄（2013）选取四组英语专业的学生进行听力实验。每一组学生采用不同的听力模态组合对一段 VOA 新闻进行听后重现内容梗概，其中控制组为音频组，另外三个实验小组分别是"视频＋音频＋无字幕"组、

"视频＋音频＋英语字幕"组、"视频＋音频＋汉语字幕"组。实验结果显示"视频＋音频＋英语字幕"组的表现最优，依次递减的是"视频＋音频＋汉语字幕"组，"视频＋音频＋无字幕"组和音频组。这表明综合运用多种模态进行听力理解的效果要好过单一使用听觉模态。但是值得注意的是，如果视觉模态与听觉模态的信息一致时，起到的是正向的促进作用，而如果不一致，则会在一定程度上形成认知负荷，影响听力的理解。这说明教师在进行英语听力教学时，要明确各模态间的关系，以增加正效应为原则，避免选择会产生矛盾、相互抵消、无关、互不衔接的模态组合，使所选模态互相协同，切实提高教学效果（张德禄，2009b）。惠兆阳等人（2013）开展了听觉模态和视觉模态在不同听力任务和听力阶段中的协同关系实证研究，是多模态协同研究文献的一大补充，为听力多模态教学设计提供了参考。谢竞贤、董剑桥（2010）探讨了在多媒体、多模态教学条件下如何进行听力文本的选择和设计，强调听力教学按照"可理解性输入"原则设计听力活动，从而有效指导大学英语的听力实践。还有学者把多模态教学模式与翻转课堂结合，应用于大学英语听力课程的研究，发现该模式可以改善学生听力学习态度，提高学生听力水平（田苗等，2019）。

2. 多模态写作教学

多模态应用于写作教学中主要分为教学模式探索和实证研究两方面。就教学模式探索而言，王炤（2010）探讨了多媒体英语写作教学中，通过教学主体间、客体间、主客体间的多模态互动，实现"以教为主"到"以学为主"写作教学模式的转变，提高写作教学的效率。梁晓晖（2015）针对写作教学内容的内在逻辑进行多模态设计，提出了贯穿写作过程中宏观、次宏观、微观三个层次的多模态培养模式。实证研究方面，徐珺和夏蓉（2013）发现以多模态信息、多模态语境和多模态互动为原则的多模态设计有利于提高商务英语写作能力。许幸、刘玉梅（2018）聚焦英语写作写前阶段，通过多模态理论建构的写前项目刺激写作动机，促进英语整体写作水平的提高。

3. 多模态翻译、词汇、语音、口语、专门用途英语教学

其他有关多模态理论作用于教学方面的领域还包括翻译、词汇、语音、口语、专门用途英语。比如，康志峰（2012）提出了不同于传统口译教学模式的立体式多模态口译教学，为口译教学提供了新思路。韦健（2014）将多模态辅助支架式教学法应用到大学英语翻译教学中。词汇方面，李思萦、高原（2016）通过实证研究探讨了移动技术辅助外语教学与多模态结合有助于词汇习得。吴春明（2014）则探讨了多模态叙事教学法之于词汇学习的意义。语音方面，陈文凯（2013）尝试构建多模态二语语音习得研究框架，有效促进二语语音习得。刘晓斌等人（2013）通过教学实验探究了用语音可视化的方法辅助进行模仿朗读训练。口语方面，芮燕萍、冀慧君（2017）的研究表明多模态教学有助于缓解大学英语听说课上口语焦虑的问题，改善课堂沉默的现象。多模态应用于专门用途英语教学主要有对教学模式的探索（贾琳，2014）和用实证研究证明多模态教学促进学生在商务场景下语言综合能力的提升（刘欣等，2015）。

4. 多模态话语课堂研究

多模态话语课堂研究涉及教师的课堂话语以及课堂话语多模态协同。张德禄、李玉香（2012）针对一堂大学英语教学示范课，以定性的研究方法开展课堂话语中以口头模态和 PPT 模态为主的多模态协同研究，探讨了课堂话语中多种模态如何协同构建课堂话语意义。刘秀丽等人（2013）探讨了教师在课堂上的多模态话语对学生学习积极的影响。实证研究表明教师的人格魅力、教学理念和策略经由课堂上合适的多模态话语体现，能激发学生的学习热情，将外部动机转化为内部动机，从而提高教学效果。

5. 多模态教学模式设计和课程改革

多模态教学模式的设计和课程改革的研究也受到一些学者的关注。如袁传有（2010）针对法律英语这一门复合型课程，采用多模态信息认

知教—学模式（model of multimodal information and cognition，MIC）进行教学改革，提出从教师多模态教学、学生多模态学习、多模态综合评估三个方面展开课程设计。初步证明了 MIC 不仅能综合提高学生的听说读写能力、批判性思维能力和跨文化交际意识、跨法系意识，而且能充分调动学生运用多模态参与信息认知和处理的能力。郭万群（2013：24）提出了大学英语课堂教学设计原则模型 MAP（Multimodal APPLE PIE），指"在多媒体、多模态教学中，以 APPLE（Activation、Presentation、Peer collaboration、Learning interaction 和 Evaluation）为主要教学环节，贯彻 PIE（Productive、Interactive、Engaging，即有效性、互动性、参与度）的教学原则"。该模型对加强课堂教学设计、实施有效多模态教学贡献了适应本地土壤的操作指南。陈朗等人（2013）以"英语公众演讲"课程网站设计为案例探讨了基于多模态理论建构网络课程的教学模式及创新。王慧君、王海丽（2015）把多模态教学理论与翻转课堂相结合，构建了多模态视域下的翻转课堂教学模式，以期提高翻转课堂的教学效果。

6. 多模态特殊课型和群体研究

针对一些较独特的课型和群体，研究者也进行了多模态教学的探索。如张芸（2012）研究了多模态教学理论应用于英美文学课程的可行性、教学建构和教学实践，肯定了其教学效果。李春光（2013）针对大学英语教学中音体美专业学生群体一直以来存在的问题和特征，开展多模态英语教学实证研究，结果表明基于多媒体网络的多模态学习环境不仅能够提高音体美专业学生的英语学习效果、增强自信、激发学习兴趣，还能对学生自主学习和合作学习起到促进作用。

7. 多模态 PPT 演示教学

作为多模态话语范畴的多模态 PPT 演示教学也是研究关注的一个热点。最早将 PPT 与多模态建构联系在一起的是胡壮麟、董佳（2006）对中国人民大学开展的一次 PPT 演示大赛的分析。他把 PPT 作为工具、作为语篇、作为语类的三个概念进行了区分，同时肯定了在 PPT 演示时，其图像、音响等模态与自然语言配合传达意义的功效。张征（2010）以实证研究的方式对非英语专业一年级研究生进行了多模态 PPT 演示教学与学生学习效果和记忆的相关性的研究。实验结果表明学习效果与教学模式有一定的关系，PPT 演示对提高学生课堂参与度、学习自主性、短时记忆均有较大的促进作用，但是对长效学习效果的影响不明显。作者进一步论述多模态 PPT 演示教学的优缺点，结合多模态教学模式的设计原则，提出教师在设计 PPT 课件时应把握的要点，并对教师提出了具体的要求。除了关注多模态 PPT 演示教学与学习效果的相关性外，张征（2013a）进一步探究了多模态 PPT 演示教学对学生学习态度的影响。该研究为历时性研究，没有试验对照组，研究对象仍是非英语专业一年级研究生，研究工具是问卷调查和半结构访谈等。研究发现多模态 PPT 演示正向改变学生的学习态度，大多数学生认可该模式。统计还显示，在认知方面，男生的学习态度比女性更积极。该研究拓宽了多模态环境下外语教学的新思路，使教师意识到多模态环境下转变教学理念的必要性和加强多元读写能力的大势所趋。

8. 多模态教材

教学的开展离不开教材的依托。多模态教学的实现也有赖于多模态教材的支持。多模态教材相关的研究主要关注的是多模态教材语篇分析和教材编写原则。陈瑜敏及其同事（陈瑜敏，2010；陈瑜敏、秦小怡，2007）是国内最早关注多模态外语教材研究的学者。她们首先考察了教育语境下介入意义在多模式语篇中的图文体现形式，并结合外语教材语篇中的多模态特征，探讨了情态分析在教育语篇研究中的应用。张德禄、张淑杰（2010：29）将多模态性教材定义为"由多种模态共同组成的教材，包括文字、图画、表格、录音、录像共时或者按一定顺序出现。其中，文字显然还是起主导作用，但不再是一种模态独尊的局面，而是多种模态竞相争艳的局面"。张德禄、张淑杰（2010）初探了多模态性外语教材编写的原则。他们首先提出了制约多模态性教材编写的因素：培养目标、教学环境、教学条件和教材的体裁结构。随后列举出了该类教材的六大基本特点（协同性、多维性、共时性、动态性、链接性、网络性）和三个基本类型（纸质教材、电子教材、演示教材）。在此基础上，进一步分别阐述了三个基本类型的纲领性总原则和具体编写的基本原则。刘明、胡加圣（2011）聚焦于大学英语视听教材的多模态化设计构想。面对传统听力教材已无法满足当下多模态多媒体化的教学趋势，他们认为编写视听教材应遵循五大原则（立体化、信息化、自主化、开放化、生态化）和四大要求（多样性、生动性、趣味性、互动性）。在选取部分视听教材进行采样分析后发现，尽管一些教材采用了多媒体信息技术，但教学本质仍是沿用传统的教学模式。具体存在问题有：①听力教材缺乏真实性；②练习形式单调，学生缺乏兴趣；③自主学习缺乏控制力度；④学生学习缺乏策略使用意识。

4.1.4　学术贡献

国内最早将多模态与外语教学相联系的学者是李战子、胡壮麟和顾曰国。李战子（2003）指出多模式话语的社会符号学分析对英语教学的积极意义。胡壮麟（2007）探讨了多模态符号学和多媒体符号学的区别，介绍了计算机符号学，解读了多元识读概念及其多层次内涵。顾曰国（2007）区分了多模态学习和多媒体学习这两个概念，把认知心理学引入多模态学习研究，建构了用于剖析两种学习的模型。朱永生（2007，2008）阐述了多模态话语分析的理论基础与研究方法，为我国话语分析的发展进一步指明了方向。同时，他也是国内首位对多元识读能力进行详尽引介的学者，使国内学界意识到发展多元识读能力的紧迫性和重要性，提出了针对我国外语教学改革的启示。

张德禄教授在多模态外语教学领域的学术成果较为丰硕，其研究既有理论高度，又扎根于教学实践，具有较好的自主创新性。他为多模态话语分析建立了一个综合理论框架（张德禄，2009a），深入研究了多模态外语教学的设计和模态调用（张德禄，2010）、多模态课堂话语的模态配合（张德禄，2012a），从理论层面上构建了一个用于语言教学和学习的多元读写能力的培养模式（张德禄，2012a），构建了多元读写能力培养模式的教学模态系统选择框架（张德禄、丁肇芬，2013），在国外学者研究的基础上提出多元读写能力培养设计学习综合框架（张德禄、张时倩，2014）、多层次多模态互动分析综合框架（张德禄、王正，2016），并在多模态话语分析框架的基础上进一步优化完善，建立了新的多模态话语分析的系统功能综合框架（张德禄，2018）。可以说张德禄对多模态框架进行的系统研究为外语教学的实践奠定了坚实的理论基础。

4.1.5　对教学与研究的启示

毫无疑问，今天的社会已经越来越多模态化，外语教学在这股洪流下亦不能成为例外。多模态英语教学不再只是一个遥不可及的趋势，它已切切实实发生在当下的众多课堂内。比如，PPT 的普遍使用、在线课程的建设和使用、网络平台的应用等。学生不再是过去只有课本为依托的"贫民"，摇身一变成为更多资源的所有者。当然，资源的拥有本身还不是终点，还需要不断地在"已有设计—设计过程—再设计"这样的循环往复中实现"语言学习的意义建构"。再好的硬件条件（技术支持），如果没有科学方针的指引（多模态理论等），也无法达成目标（多元识读能力培养）。因此，教师作为学生的引路人，应首先提高自身的多模态教学意识和多元识读意识、积极学习多媒体技术、提高课件制作能力、掌握相关设备的操作，授课方式力求多元化、立体化、生动化，尽可能调动和促进学生的多模态学习，让学生不仅是视觉、听觉、触觉的模态接收者，也是通过口头、书面、电子和身体动作等交流方式的输出者，强化反馈、互动，进行有效的语言学习（郭万群，2013）。同时教师要转变角色，从过去教室里的绝对主角之位退下，转而成为学生这一真正主角的教学设计者、资源提供者、指导者、辅助者、示范者、激励者、管理者、评估者。目前我国英语教学多模态研究尚处在探索阶段，教师作为教学者和科研者，应及时关注并反思多模态课堂教学实践中发现的问题，并用科研的手段拓展对该教学模式的认识和发展，教研结合、以研促教。

4.2　英语自主学习研究

　　长期以来，我国高等教育一直比较偏重知识传授，而相对忽视了能力尤其是自主学习能力的培养。有限的能力培养也仅局限于语言基本功训练，这不仅限制了学生进一步发展的空间，而且削弱了他们适应社会变化和终身发展的能力。可喜的是，近年来国家越来越重视学生能力尤其是自主学习能力的培养。《大学英语教学指南》（2020 版）（教育部高等学校大学外语教学指导委员会，2020）明确提出，大学英语的教学目标是培养学生的英语应用能力，增强跨文化交际意识和交际能力，同时发展自主学习能力。2018 年教育部颁布的《普通高等学校本科专业类教学质量国家标准》（教育部高等学校教学指导委员会，2018）对外语类专业学生提出的能力要求中，自主学习能力也是其中之一。

　　当今时代自主学习能力的重要性还体现在以下三个方面。第一，在信息化时代，面对难以穷尽的知识与信息源，学生需要自主去判断和选择；第二，当今互联网的普及和移动通信技术的飞速发展加快了知识更新的速度，学生时代获取的知识根本无法应对未来社会对新知识的要求，学生只有具备了自主学习能力才能在完成正规的学校教育之后继续自主高效地学习，以不断拓展和更新自己的知识，适应复杂多变的高科技社会的需求；第三，自主学习能力对其他能力的发展有促进作用。

4.2.1　自主学习概念及其发展

　　Holec 是正式将自主学习概念引入语言教学领域的学者，他最先提出"学习者自主"（learner autonomy）并将其定义为"对自己的学习负责的能力"（Holec，1981：3），这种能力包括确定学习目标和内容、选择学习方法、自我监控和自我评价学习结果等。

　　早期的自主学习主要是指在自主学习中心的自我指导性学习，针对那些没有时间或机会参加学校课堂学习的成年人，即通过给学习者提供自主学习环境，训练及培养他们的学习自主性。这就是早期自主学习概念产生的背景，语言学习者对自己的学习负责，没有老师的指导或不参与其他正式的课程（Dickinson，1987）。这一阶段的自主学习概念大多与"独立学习""个性化"和"个人主义"等概念密切关联。自主性被定义为个体学习者的能力，是学习者的个体属性。但这一阶段的自主学习定义逐渐显露出其局限性（Benson，2001；Little，1991），而且自主学习中心的设备因不能完全被利用而面临很多问题（Mozzon-McPherson & Vismans，2001）。正如 Benson（2001：9）指出的那样，"虽然自主学习中心的学习得到越来越多的推广，但自我指导性学习和自主性发展之间没有必然联系，在某些条件下，自我指导学习方式甚至可能抑制学习者自主性发展"。

到了 20 世纪 90 年代，在继续以自主学习中心语言学习为研究焦点的同时，语言自主学习开始越来越多地被应用于课堂，掀起了自主学习研究的新一波热潮，同时也推进了相关理论尤其是自主学习概念的深入发展。例如，Little（1991：4）在 Holec（1981）定义基础上，把心理因素置于自主学习的核心地位，他认为"语言学习中的自主性取决于培养和锻炼一种超越、批判性的思考、决策以及独立行动的能力"。Holec 的定义只解释了自主学习者能怎样学习，而 Little 的定义进一步解释了他们为什么能够这样做。20 世纪 90 年代中晚期，自主学习概念得到了进一步拓展。学者们开始意识到，自主是一个有程度区别的概念（Littlewood，1996），不是一个"完全自主或完全不自主"（Nunan，1997：192）的概念。后来 Littlewood（1999）又进一步把自主学习分为前摄性自主（proactive autonomy）和后摄性自主（reactive autonomy）。前者意味着学习者自己确定学习方向并进行自主学习，后者指学习者在由教师确立学习方向的前提下从事相应的自主学习活动。

强调自主学习的社会性特征是自主学习概念进一步深化的另一体现。自主学习不仅仅依赖于个体，而且更依赖于群体，学习者只有通过与他人合作才能更好地获得自主学习能力（Dam，1995；Little，1994），"批判性地充分参与社会互动的能力"是自主学习的核心（Little，1996：210）。随着研究的深入，人们逐渐认识到自主学习不代表独立学习，相互依赖与合作是培养自主学习能力的重要因素。

近年来，随着互联网和移动通信技术的快速发展，自主学习能力的内涵又有所拓展，被赋予了新的维度，即网络或信息素养（digital literacy），具体包含网络信息的获取能力、网络信息的辨识能力和分析能力、网络信息的批判性解读能力、网络信息的产出能力、网络学习能力、网络交际和合作能力、自我管理能力等。

综上所述，自主学习的内涵随着时代的发展而不断变化、不断拓展。从强调自主学习的外部环境到注重学习者的内在心理，从强调个体的独立学习到注重与他人的合作学习，从关注课堂环境下的自主学习能力拓展到网络环境下的信息素养能力。

4.2.2　国内英语自主学习研究概述

国内对自主语言学习的正式研究始于 20 世纪 90 年代初，范烨（1999）、郭丽（2000）和王宇（2000）的三篇文章可以说是我国早期语言自主学习研究的代表，主要以引进和介绍国外自主学习理论为主。进入 21 世纪，自主学习研究在国内引起越来越多学者的关注，庞维国（2003）的专著《自主学习：学与教的原理和策略》首次较为系统地介绍了自主学习相关理论，并较为全面地论述了与自主学习相关的教育问题。除了理论探讨，实证研究开始受到重视。教育部 2004 年 1 月颁布的《大学英语课程教学要求（试行）》（教育部高等教育司，2004）明确指出，自主学习能力是大学英语的教学目标之一，教学模式改革成功的一个重要标志就是学生个性化学习方法的形成和学生自主学习能力的发展。这促发了国内更多学者对大学生英语自主学习研究的兴趣（江庆心，2006；刘芹，何蕾，2017；闫莉，2010；张殿玉，2005）。徐锦芬等人（2004）在研读并参考大量国外相关文献的基础上，结合我国大学英语教学特点，提出我国非英语专业大学生自主英语学习能力应该涵盖五方面内容：①了解教师的教学目的与要求；②确立学习目标与制定学习计划；③有效使用学习策略；④监控学习策略的使用情况；⑤监控与评估英语学习过程。他们对来自全国不同地区 14 所高校的 1179 名非英语专业大学生的英语自主学习能力调查与分析是国内首次针对自主学习能力的大型实证调查，研究对象涉及的高校既有部属院校，也有地方性大学，文、理、工、师范各科均有，具有较好的代表性。研究发现，当时我国非英语专业大学生的英语自主学习能力普遍较低，由此他们提出，教师应该把培养学生的自主性英语学习能力作为教学目标之一。

徐锦芬（2007）的《大学外语自主学习的理论与实践》是国内第一部系统研究大学外语自主学习理论与实践的专著，该书从自主学习概念形成与发展的历史背景、自主学习的理论基础、英语自主学习能力的培养，一直到后来的英语自主学习研究展望，无不反映出 2006 年之前外语自主学习理论和实践研究的成果。后来又相继出现了《大学英语自主学习能力培养模式研究》（严明，2009）、《大学英语自主学习理论研究与实践》（刘向红，2010）等。徐锦芬（2014）的专著《大学生英语自主学习能力发展规律及影响因素研究》进一步从学生的自主学习信念和自主学习行为双重视角研究非英语专业大学生英语自主学习能力在学习目标的制定与规划、学习策略的使用以及学习过程的监控与评估三个维度上的发展规律，并结合发展规律进一步从学习者因素和外在因素两方面探讨了对非英语专业大学生英语自主学习能力产生积极作用的影响因素及其作用机制。

近年来随着现代技术的迅速发展，研究者围绕新技术背景下的自主学习展开了大量研究。例如，骆蓉（2017）基于中美知名 MOOC 平台的 6 门外语类课程调查了网络环境下的外语自主学习模式。研究发现网络环境下外语自主学习存在自主学习意识淡薄、交流互动较少、有效输出不够、自主学习能力不均衡等问题。研究者由此提出在新型网络环境下构建包含自主学习综合能力素养、交互式在线学习环境、输出驱动型自主学习过程三大模块的外语自主学习模式。孙志农（2017）基于科技接受模型等已有信息系统评价模型，结合大学英语网络自主学习特点，构建了大学生网络自主学习满意度分析模型，并通过问卷调查探讨了大学生自主学习平台使用满意度和持续使用意向的影响因素。另外，先进的数字技术和互联网突破了过去英语学习资源匮乏的瓶颈和学习地域的限制，自主学习模式也随之发生了很大变化，鉴于此，华维芬（2020）探讨了英语专业本科生的数字素养和自主学习现状，以及数字素养与自主学习两者之间的关系。

4.2.3　外语类专业学生自主学习能力界定及其培养

　　前教育部长陈宝生在 2018 年—2022 年教育部高等学校教学指导委员会成立大会上强调指出，"要清醒地认识到，实现高等教育内涵式发展，建设高等教育强国，必须牢牢抓住全面提升人才培养能力这个核心点，加快建设高水平本科教育，引领带动形成更高水平人才培养体系"。2018 年教育部颁布的《普通高等学校本科专业类教学质量国家标准》（教育部高等学校教学指导委员会，2018）正是顺应国家需求，站在建设高等教育强国的战略高度，首次对外语类专业学生应该具备的能力提出了具体要求，其中就包括自主学习能力。而国内已有的英语自主学习研究大多聚焦非英语专业大学生的自主学习能力界定及其培养，对自主学习能力的界定基本上都是针对一般意义上的语言学习者，而忽略了外语类专业学生特有的本质属性。因此，如何界定新时代背景下外语类专业学生的自主学习能力以及探讨这一能力的培养途径显得尤为重要。

1. 外语类专业学生自主学习能力的界定

　　我们在对外语类专业学生的自主学习能力进行界定时，既要吸纳已有定义的共识成分，又要充分考虑他们的特有属性，尤其要考虑新时代外语学科的新特点赋予他们的新使命和新要求，如当今"一带一路"倡议、中国文化"走出去"、人类命运共同体构建等的实施对外语人才提出的新要求。基于这样的指导思想，我们提出外语类专业学生自主学习能力涵盖四个方面内容：自我规划能力、自我情绪管理能力、自我探索有效学习策略能力和多元互动学习能力。其中自我规划和学习策略是以往自主学习研究者都强调的核心内容（即共识），自我情绪管理能力和多元互动学习能力是新时代赋予自主学习能力的新特点。需要说明的是，这四个方面的能力并非彼此孤立，而是相互关联的。

1）自我规划能力

　　自我规划能力主要体现在学习目标、学习计划和学习内容三个方面。首先要明确学习目标，学习目标是学生学习的努力方向，正确的学习目标能催人奋进，从而产生为实现这一目标去奋斗的力量。学习目标又可分为大目标和小目标，学生要具备如何将大目标转化为一个个可执行的小目标的能力。否则目标过大，根本无法实现，会让学生失去自信，对学习产生消极影响。凡事预则立，不预则废。因此明确目标之后，要制定相应的学习计划，长远计划（对应大目标）和阶段性计划（对应小目标）。按计划来学习就能做到合理安排时间，恰当分配精力，最终实现自己的目标。由于学习过程的动态性和复杂性特点，学生在实施计划过程中能根据实际情况随时调整学习计划（徐锦芬，2014）。

学习内容也是自我规划很重要的组成部分。科学规划学习内容需要学生处理好几对关系。第一，要处理好学校规定的课程内容与自主选择的内容、线上内容与线下内容之间的关系。一方面，学习不能仅局限于老师课堂讲授的知识，学生要充分发挥主观能动性，选择有利于自己目标实现或自己感兴趣的内容，向广博而又纵深方向发展；另一方面，如何做到线上内容与线下内容有机衔接、互为补充也是学生需要具备的重要能力。第二，要处理好语言知识、学科内容知识以及交叉学科知识之间的关系。受传统教育体制影响，当前外语类专业学生普遍存在知识面偏窄、思辨能力较弱、综合素质水平不高等问题。根据《普通高等学校本科专业类教学质量国家标准》（教育部高等学校教学指导委员会，2018）对外语类专业学生的知识要求，学生应掌握外国语言知识、外国文学知识、区域与国别知识，熟悉中国语言文化知识，了解相关专业知识以及人文社会科学与自然科学基础知识，形成跨学科知识结构，体现专业特色。如何自我规划好这些学习内容显得尤为重要。

2）自我情绪管理能力

情绪是影响外语学习至关重要的因素，但长期以来外语教育研究倾向于关注学习的认知层面，很大程度上忽略了情绪层面（徐锦芬，2020d）。情绪是人对外界客观事物是否符合自己的需要而产生的态度体验及外在表现形式，它具有两面性，既有积极的一面，也有消极的一面。早期有关情绪的研究主要注重焦虑等消极情绪，而愉悦、兴趣、满足等积极情绪未受到重视。近年来，随着积极心理学在二语习得领域的蓬勃发展，外语学习中的情绪研究出现了"积极转向"。学者们普遍认同，积极情绪有助于提高学习者关注新事物的能力，促使其吸收更多的语言输入信息，有利于扩展思维、开阔视野、激发行动，使外语学习过程更轻松更有效（MacIntyre & Gregersen，2012）。

外语学习是一个长期的、充满很多未知的过程，也是一个充满困难与挑战的过程，伴随着这一过程学习者会产生各种情绪，包括积极情绪和消极情绪。情绪管理是一种对自我情绪的认知、监控和驱动的能力，具有自我情绪管理能力的学生能够正确管理自己的不良情绪。具体来讲，学习者在学习过程中能主动克服不利于外语学习的情感因素（如自卑、压抑、害羞等），面对压力时能依然保持或产生幸福感和兴趣感的能力或快速释放压力的能力，以及在遇到挫折或失败时能及时调整和自我激励的能力。例如，当产生消极情绪时，具备自我情绪管理能力的学生会尽可能利用积极情绪的力量来降低消极情绪带来的负面影响，避免对外语学习造成干扰。自我情绪管理能力会增强学习者的愉悦感，而愉悦不仅能为外语学习者营造舒心的学习空间，而且能促使学习者更加专注于学习，从而更好地吸收和内化所学知识，达到事半功倍的效果。

另外，新时代的外语教育要服务于国家中长期发展的战略需求，因此学生在学习和掌握外语知识和技能的同时，还要培养自己构建人类命运共同体所需要的情感、态度和价值观，与来自不同文化背景的人进行开放、恰当、有效的人文交流与合作。

3）自我探索有效学习策略能力

学习策略是学习者将第二语言或外语的规则进行内化的主要手段，外语学习策略的目的之一就是促进学生的自主性（Wenden，1991）。因此，一方面，学习策略本身就是自主学习概念的重要组成部分；另一方面，学习策略的使用通常被认为是学生自主学习能力强弱的重要标志，掌握并有效使用学习策略是自主学习能力形成的关键。但学习策略使用的有效性会受到学习者个体差异的影响，适合这一类型学习者的策略也许并不适用于另一类学习者。因此学习者需要通过不断探索，寻找适合自己的学习策略。

自我探索有效学习策略的能力具体包括自主选择学习策略、自我监控和评估策略使用等方面的能力。自主选择学习策略必须基于两个前提，首先要了解具体有哪些学习策略，例如，记忆策略就有联想、利用图像和声音、有计划的复习等，交际策略涵盖主动与他人合作学习、把自己感兴趣的话题拿到班上或寝室与同学一起讨论并发表自己对话题的看法等；其次，要了解成功外语学习者或高水平外语学习者通常使用的策略。基于这些了解，学生就可以根据自身情况从中选择适合自己的学习策略。但由于学习过程的复杂性和动态性，学习策略的使用效果会受到很多因素的影响，这就需要学生加强对自己策略使用的动态监控和评估。通过自我评估策略使用情况，保留有效学习策略，针对那些不适合自己或者没有产生预期效果的学习策略，则需要及时换用其他可能更适合的策略。

学习策略的使用实际上是一个不断自我探索自我实践的过程。这一探索与实践的过程需要学生能及时分析任务完成、策略实施及效果评价的情况，不仅能总结出是哪些策略的使用促进了自己的学习，还能总结出是什么促使自己采取了恰当有效的策略，从而多方面地不断进行自我调节，直至寻找到一套相对稳定的、适合自己的有效学习策略。而且学习策略能力强的学生在面对复杂任务或复杂学习情境时能自主融合不同策略，以实现学习效果的最大化。这种策略使用的灵活性和语境化正是自主外语学习者必须具备的核心能力和素质。

4）多元互动学习能力

在外语环境下，互动为学习者提供了重要的语言使用渠道、增加了学习者尝试使用语言和修正语言的机会。互动不仅对外语能力的发展起促进作用，而且对发展自主学习能力也至关重要（Little，1996）。随着网络技术的不断发展，外语学习者的互动渠道逐渐多样化，他们的学习生态环境也发生了改变（陈坚林，2006），出现了师生（教师与学生）、生生（学生与学生）以及人机（学生与计算机或网络）多元互动共存的新生态，这三种互动方式相互关联、相互作用，而非彼此孤立。身处这样的多元互动生态环境下，学习者必须具备多元互动学习能力。具体来讲，学习者能积极主动地参与师生互动、生生互动及人机互动，并通过发挥自己的主观能动性，实现师生、生生以及人机互动之间的优势互补，即学生能从多元互动情境中最大限度地获取各种给养以发展外语能力以及用外语进行交际和互动沟通的能力。

学习者的互动策略能力和信息素养是多元互动学习能力的关键。无论是师生互动还是生生互动，学习者都要学会使用各种互动策略。例如，当互动出现交际障碍时，通过理解核查（说话人询问对方是否理解自己的话语）、澄清请求（听话人请求说话人澄清或重新表述刚说过的话语）、确认核查（听话人查证自己是否正确理解对方的话语）等方式进行意义协商。而在人机互动中，学习者也要基于评估和判断决定采取何种策略加工计算机或网络反馈更有效。

多元互动学习能力实际上是一种自主创造外语使用和外语学习机会的能力，尤其是在信息化时代背景下，网络学习已成为外语学习的重要组成部分，能否充分发挥网络互动对外语学习的促进作用取决于学生是否具备了自主通过论坛、博客、维基、社交网站、网上学习管理系统等各类信息技术平台开展互动的能力。

2. 外语类专业学生自主学习能力的培养

学生的自主学习能力不是天生的，也并非自行形成，而是需要经过系统培养。而我国学生从小学到高中接受的教学基本上都是以应试为导向的。一切以教师为中心，学生习惯于听从老师的安排、完成老师布置的任务，自己却没有自主学习的意识和习惯。因此，学生进入大学以后，对他们自主学习能力的培养是一个从学习观念的改变、自主学习习惯的训练到自主学习习惯养成的过程（徐锦芬等，2010）。另外，根据我国学生的特点，自主学习能力的发展也应该是从后摄性自主逐渐过渡到前摄性自主的过程。具体来讲，外语类专业学生自主学习能力的培养可以遵循"意识（awareness）→行动（action）→能力（ability）"的培养路径。意识层面，高校可开设专门的课程提升学习者对自主学习重要性的意识、使学习者了解并学会使用自主学习策略；行动层面，教师可以设置专门的任务或场景提升自我效能感和学习动机，引导学习者开展自我情绪管理、通过多元互动获取学习机会等；能力层面，教师可为学生提供平台展示他们的自主任务成果、鼓励他们分享成功的喜悦和满足感，进而使这些活动为学习者及其同伴提高自主学习能力提供借鉴。

1）培养自主学习意识

学生自主学习意识的培养是发展自主学习能力的前提。一方面，不管是通识教育课程、专业核心课程，还是培养方向课程，甚至在实践教学环节，都应该把自主学习能力作为其核心培养目标，并且在每门课程的介绍中明确列出。例如，将自主学习能力培养融入英语专业核心课程"跨文化交际"，课程目标的规定就应该类似于：①语言能力；②跨文化能力；③自主学习能力。而且课程所用教材涵盖的内容也要从这几个方面制定目标。当自主学习能力的培养被融入每一门课程、每一堂课时，伴随着课程学习的进展，学生就会渐渐形成自主学习意识且自主学习意识得到进一步强化。另一方面，学校也可以通过开设专门的"自主学习策略"课程来培养学生自主学习意识，帮助他们树立自主学习信念。这门课程可以作为短期强化课程安排在学生刚进大学的前几个星期，采用"展示、示范、训练、评估、拓展"的模式系统介绍自主学习能力的内涵及相应的自主学习策略（徐锦芬、占小海，2004）。课程的内容安排一定要以了解学生自主学习意识现状为前提，以便有针对性地加强对学生意识薄弱方面的训练，提高教学效率。例如，针对学生没有真正了解自主学习内涵这一现状（庄玉莹，2013），我们就应该向学生详细介绍自主学习能力涵盖自我规划能力、自我情绪管理能力、自我探索有效学习策略能力、多元互动学习能力等。不管采取哪种课程设置方式，自主学习意识的培养应该是全方位多视角的。

2）创造行动和实践的机会

学生有了自主学习意识，教师就应该及时提供机会让学生自己行动起来，去探索、去实践。鉴于动机是诱发、推动和维持个人学习活动的内在力量和决定性因素（Zimmerman，2000），教师可以从学生的喜好入手，通过观察了解学生的喜好并有意识地将其纳入课堂活动。例如，如果学生对一款新的网络游戏特别感兴趣，老师可以鼓励学生对游戏和游戏开发者进行研究，然后编写一个维基百科词条。这样具有真实性和相关性的任务有利于激发学生的内在动机。在学习动机驱动下，学生不仅会利用好老师给他们创造的自主学习机会，还会自我创造机会去实践各种学习策略，通过"实践—反思—再实践—再反思"逐渐找到并形成适合自己的学习策略（徐锦芬，2014）。教师还可以鼓励学生养成撰写学习日志的习惯，重点总结和反思成功使用的学习策略情况，由此提高学生的自我效能感和满意度，增强学习动机。

自主学习能力还意味着学生能够适应不同的学习环境（Reinders & White，2011），适应环境的能力也是在学生的行动和实践过程中形成的。例如，自主学习中心和在线或网络学习环境与课堂学习环境有很大的不同，课堂面对面的师生互动和生生互动也有别于网络互动或人机互动。学生只有积极主动地投入各种环境下的学习或互动，才能培养出根据语境灵活转换学习或互动方式的能力，即多元互动学习能力。

自我情绪管理能力的培养同样离不开学生的亲自体验与实践。教师可以给学生布置具有挑战性的任务，在学生感受压力的情绪体验下引导他们如何避免焦虑，变压力为动力，以产生更好的学习效果；还可以设置一些真实的困难情景让学生亲自去体验去经历，从而培养学生应对困难的勇气等积极品质，最终形成良好的心理或行为模式，产生积极的效果。总之，自主学习能力的形成需要学生在老师引导下进行不懈努力。

3）提供能力展示的平台

自主学习能力的形成并非一蹴而就，它具有渐进性、长期性和动态性等特点。因此，除了强化学生的自主学习意识和鼓励他们的自主学习行为之外，还需要保持他们的自主学习动力。给学生提供能力展示的平台就有利于增强学生自主学习的信心和动机，同时给大家提供相互学习的机会，取长补短。能力展示可以体现在两个层面。第一，自主完成任务的成果展示。需要说明的是，根据 Gardner & Hatch（1989）的"多元智能"（multiple intelligences）理论，每个学生拥有不同的智力，各有所长。因此老师在给学生布置任务时，要给他们选择不同类型任务的自由，对学习成果的评价也要体现个性化差异，以便每个学生都能最大限度地发挥自己的潜力。第二，自主学习能力动态发展的展示。教师一方面要善于发现学生的阶段性进步或成功，另一方面要鼓励学生自我反思在自主学习能力不同维度上的发展变化过程，并及时创造机会让学生显性地展示他们能力发展的过程。例如，当之前严重依赖老师为自己设定学习目标的学生能够独立规划自己的学习目标时，教师要及时加以肯定和鼓励，并以小组或全班的形式让学生分享取得进步或成功的经验，使学生从分享中体验成功带来的喜悦和成就感，从而产生持久的自主学习动力。而且这些能力展示活动不仅为学生创造了真实的交际语境，还为他们提供了用目标语交流的机会。更重要的是，这些成功的经验都来自学生的同伴，身边的榜样，更易于他们学习，真可谓一举多得。

4.2.4　学术贡献

范烨（1999）是第一位将国外自主学习理论引入国内外语教育界的学者，她的文章首次在国内介绍了"自主学习"的内涵，叙述了培养我国大学生英语自主学习能力的必要性，最后从五个方面探讨了培养我国英语学习者自主学习能力的内容与方法。之后很多学者从不同视角、不同层面、针对不同学习者展开了各类自主学习相关研究（顾世明，2018；何莲珍2003；何莲珍等，2011；华维芬，2001，2002，2009，2020；刘延秀、孔宪辉，2008；徐锦芬，2007，2014；徐锦芬等，2004）。这些学者为我国英语自主学习研究做出了很重要的学术贡献。其中，华维芬教授从事英语自主学习20多年，从早年探讨自主语言学习的理论基础，分析自主学习中心的构建要素、功能、种类及相关问题，以及讨论我国建立自主学习中心的必要性和应关注的问题（华维芬，2001）到结合现代新技术背景探讨数字素养与自主学习两者之间的关系（华维芬，2001），这些无不体现了她在现代科技与英语自主学习方面的学术贡献；她还围绕外语学习动机与自主学习进行了系列研究（华维芬，2001，2017）。

徐锦芬教授及其团队在自主学习研究领域取得了较丰富的学术成果。徐锦芬等（2004）构建的《英语自主学习能力量》表被国内学者广泛应用于各类自主学习实证研究。她的《大学外语自主学习理论与实践》（徐锦芬，2007）是国内第一部系统研究外语自主学习的专著，在全国产生了较大影响。她主持的国家社科项目"中国大学生英语自主学习能力发展规律及影响因素研究"（2008年获批）是国内外语界第一个聚焦自主学习能力的国家级研究项目，基于该项目完成的专著《大学生英语自主学习能力发展规律及影响因素研究》（徐锦芬，2014）是国内第一部跟踪三年的实证研究，其研究结果对大学英语教师如何更有效地培养学生的自主学习能力提供了很好的借鉴，受到国内专家学者的广泛好评。徐锦芬多年来一直致力于英语自主学习研究，发表相关研究论文20多篇，她主持完成的教学成果"新时代背景下大学生外语自主学习能力培养探索与实践"因在大学生外语自主学习理论发展、自主学习能力培养探索与实践方面取得的突出成绩于2018年获湖北省高等学校教学成果奖一等奖。徐锦芬凭借她在自主学习研究领域取得的成绩争取到了在我国首次举办自主学习国际会议的承办权，该会议于2016年在华中科技大学成功召开，彰显了我国学者在国际外语自主学习研究领域的重要地位。

4.2.5 对教学与研究的启示

在信息化社会，自主学习能力已成为大学生适应现代信息技术迅猛发展的关键能力。然而，自主学习能力至今没有统一的定义，因为研究者的定义不仅受到时代发展的影响，还会因其研究目的、研究环境以及研究对象的不同而各有侧重。因此未来研究可以根据不同类别学生的特点，并结合学生所处的语境等因素继续探讨自主学习能力的内涵。具体来讲，未来自主学习及相关研究可以围绕以下几个方面展开。

第一，通过合作学习提升大学生英语自主学习能力。自主学习并不等同于独自学习或孤立的学习，它兼具个体性与社会性特征。一方面，自主学习能力与学习者的自控、自律、自省、主动性、积极性、创造性等个性化特征紧密相关，个体的内在认知心理机制在促进自主学习能力的发展中发挥着举足轻重的作用；另一方面，自主学习就是在自我独立发展和相互依靠之间达到平衡，这种平衡是一种动态的平衡。合作学习本身就能为内在动机提供合适的心理条件，因为合作学习将学习过程的开始和控制都显性地交到了学习者手中，从而最小化了对外界约束的感知，还对巩固同学间的团结意识和责任感有很大影响。而且未来不仅要注重课堂内的合作学习，还要注重课堂外的合作学习。课堂内的合作学习可以采取以下形式进行：各自独立完成作业；小组成员相互检查作业完成情况；对不能独立完成的部分，可在小组共同讨论，由完成较好的同学进行解答、辅导，直至共同全部完成作业；对于经过小组讨论仍不能完成的作业，可听老师讲评，然后小组对做答不出来的原因进行分析。课堂外的合作学习可以包括以下几个方面：确定合作学习的目标，即学习任务；人员搭配；任务分配，即合理分工，责任到人，实现小组角色的互赖，增进生生互动的有效性；任务监控，即在合作学习过程中，学习小组在小组长的带领下完成学习任务。合作学习过程中要求对每一成员任务完成情况进行监控，确保成员的行为不偏离目标；总结评价，即任务结束后要迅速组织总结评价。课堂外的合作学习还包括线上合作学习，或者线上线下混合式合作学习。

第二，设计各类有利于促进大学生自主学习能力发展的项目或行动计划。语言能力和自主学习能力的提高来自大量实践，在新时代网络背景下贯彻以学习者为中心的理念，充分结合大学生英语自主学习能力发展规律，积极建设外语学习的"软环境"，将自主学习行动计划和语言实践正式纳入教学管理范畴，使之制度化、体系化、规范化，实现语言实践课内课外相结合，线上线下相结合，同时促进学习者的英语交流自觉化、习惯化。由此，需要全面深化课外自主学习活动模式改革，注重开展项目式大作业、课外自主阅读行动计划、课外自主写作行动计划、课外网络自主学习、外语角等活动。课外自主学习项目或行动计划不仅有助于提升大学生的语言技能，还有助于培养大学生的自主学习能力和跨文化交际能力。

特别需要强调的是，自主学习能力并不是孤立发展的，它与其他能力，如外语运用能力、思辨能力、创新能力、信息技术应用能力、实践能力等相互关联协同发展。

第三，提升教师自身素质，充分发挥教师作用。教师在发展学生自主学习能力过程中起着至关重要的作用。在自主学习能力培养过程中，教师由原来的"教"变为"引"。那么在"引"的过程中如何把握好"度"，以及如何确保教师有能力来决定他们认为最好的教学内容和方式帮助其学生发展自主学习能力，这些都对教师素质提出了更高的要求。教师自身的自主性以及教师对学生、对自主学习环境以及自主学习资源等方面的了解都会影响教师作用的发挥。

最后，我国大学生的英语自主学习研究应该立足本土现实，既要培养学习者自主学习的意愿和能力，又要为学习者提供必要的语言自主学习环境，还要充分考虑我国特定的教育传统和社会文化背景，凝结共同的教育价值取向。在研究范式和研究方法上，要打破国外和传统的局囿，进行多学科（甚至跨学科）、多视角、多维度、多方法的立体式研究，揭示中国语境中语言自主学习的样貌、本质和规律是构建具有中国特色的语言自主学习理论体系的关键所在（顾世明，2018）。

4.3　续论

"续论"是中国学者王初明教授提出的一种外语促学理论。基于互动协同模式，这一理论将理解与产出相结合、模仿与创造相结合、学习与运用相结合，为我们实现外语学习"动静融合"提供了新思路，切实有效地提升了外语学习效率（王初明，2012，2014，2016，2020）。从"写长法"到"读后续写"再到"续论"的提出，"续"研究至今已有十余年。近年来，源于"续论"发展起来的各种"续作"更是丰富了外语教学手段，为提高外语教学和学习效率打开了新局面（王初明，2019）。许多学者结合外语教学实践开展了大量实证研究，检验了"续论"在不同学习者群体、不同语境、不同层面中的促学作用。

4.3.1　续论的产生背景

提高外语教学和学习效率是外语教学研究和改革的永恒主题。但是，外语教学效率不高，应试教学严重，学外语很多年却难以用外语准确和流利地表达思想，这些都是国人学习外语普遍面临的难题。因此，针对中国外语教育"投入多，产出少"的状况，从中国学生学外语"听说机会较少，读写条件充分"的实际出发，王初明（2000，2005，2012，2016）以外语写作为突破口，深入发掘了以"写"促进外语学习的潜力。他先后开展了一系列"写长法"外语教学实验，提出了"读后续写"这一外语促学方法，并最终探索出语言习得"续论"。"续论"包含两个基本理念，即语言是通过"续"学会的，学习高效率是通过"续"实现的（王初明，2017）。以"续"促学的本质是将语言输出与语言输入紧密结合、理解与产出紧密结合、内容创造与语言模仿紧密结合，从而引发语言协同效应，进而将别人的语言高效转化为自己会用的语言。在理论的不断深化与实践的不断检验中，"续"的输出方式不再局限于读后续写，各类含"续"任务开始蓬勃发展，包括各种续说、续译、续改等"续作"，教师在任务开头提供输入，各种"续"活动接着随之开展。"续论"的提出，不仅为语言习得理论研究提供了一个新视角，也为外语教学改革找到了一个新切入点，更为外语教学提质增效提供了切实可行的方法。

4.3.2　续论的理论基础

"续论"的主要理论依据为"协同"效应。近年来，语言使用中的互动协同现象受到众多研究者关注（王初明，2012，2013，2014；Atkinson et al.，2007；Dings，2014；Pickering & Garrod，2004）。Pickering 和 Garrod（Pickering & Garrod，2004）从心理语言学的角度出发，提出了互动协同模式（interactive alignment model）来解释对话背后的机理。他们认为在互动对话中，发生在一个层次的协同会引发其他层次的协同，在交流互动过程中双方相互协调情境模式，引发语言层面（语音、词汇、句法等）的协同，进而理解并交流各自的信息，保持对话的顺利进行，反之亦然。对话中语言理解和产出紧密结合，保证了信息交流顺畅。他们还指出，语言层面协同的发生机理是结构启动。结构启动指人们在交谈产出过程中倾向于重复自己或他人使用或接触过的语言结构（Bock，1986）。而后，Atkinson et al.（2007）从社会认知角度，把"协同"概念引入了二语习得领域，将发生在人际间的"协同"拓展到了人与情境之间。他们强调，学习就是学习者与社会认知环境不断协同的过程，他们将这种学习体验融入自己的学习模式、策略等当中。因此，认知、社会情境、物理环境等因素的共同作用对二语发展产生协同作用。这一观点不仅考虑了认知因素，还考虑了环境和社会因素，有助于我们更好地在二语习得领域内研究"协同"概念。

受互动协同模式的启发，王初明（2010，2012）将"协同"这一概念从人际互动扩展到人与阅读材料的互动。他认为，协同效应不仅发生在人与人的互动对话中，阅读时学习者与所接触的阅读材料互动也能产生协同效应（王初明，2012）。由于学习者的理解能力总是优于其产出能力，这种语言能力不对称会催生语言协同效应，即语言学习拉平效应。在拉平过程中，学习者较弱的产出能力在与理解能力的协同中不断得到提高（王敏、王初明，2014）。换言之，外语学习效率的高低取决于语言理解和产出结合的紧密程度，两者结合强化协同，引发拉平效应，结合得越紧密，协同效应越强，外语学习效果也就越佳（王初明，2012）。在具体教学实践中，当给学习者提供前半部分阅读材料要求其进行合理续写时，理解与产出便结合在一起。学习者先与阅读文本进行互动，在阅读时构建与文本相适应的情境模式，熟悉其体裁和语境；接着在续写过程中，学习者需要一边反复回读原文，保持所写内容和语言与原文连贯，一边对其进行创造性的补全和拓展，有策略地模仿先前语段中的语言形式，灵活创新表达方式。因此，当输入与产出紧密结合，学习者与二语阅读文本的互动会引发协同，并影响后续写作中的语言使用（王敏、王初明，2014）。此外，续论也特别强调"语境"的重要性，认为互动协同总是在一定情境中进行的，其体现的语言习得观也契合当今基于使用的语言学基本理念，是互动研究的深化与发展，互动由"续"保持，无"续"则无互动，互动促学实则是以"续"促学（王初明，2016，2017）。

4.3.3 续论的发展历程

"续论"诞生于20世纪90年代末的外语"写长法"（the length approach）。王初明等人（2000）针对中国英语教学长期面临的"投入大，产出小，学习英语的时间长，会用英语者少"的困境，以写作为突破口开展了一项写作教学改革试验，提出了以"写"促学的"写长法"。写长法以语言输出为先导去促学外语，通过调节作文长度，逐步加大学生写作量，以冲破外语学习极限。虽然"写长法"被证实能有效增强学习者的学习成就感和自信心，但在之后的教学实践中，也暴露了一些缺陷，如强调内容自主创造却未提供足够样板供模仿，强调语言大量输出却未系统地将之与输入紧密结合，强调语言流利使用而未着力打造精确表达能力，强调大胆放开写而未重点打磨语篇连贯衔接能力（王初明，2017）。因此，"写作促学"仍有较大的提升空间。但是，"写长法"的提出无疑为后来的"读后续写"与"续论"奠定了良好的基础。

几年后，王初明提出了语境"补缺"假说（王初明，2003）和"学伴用随"原则（王初明，2009），凸显了语境对学用外语的关键作用。他指出，语言与语境知识的有机结合是语言正确流利使用的前提。在外语学习过程中，影响学习的变量是通达联动的，他们交互作用，由此产生丰富的语境。语境主要体现在语篇层次，无论是"写长法"还是"续论"，都提倡在语篇层次学用语言。"学伴用随"原则认为，语言只有在语境相伴之下学习才能用得出来，用得地道。这一原则是语境补缺假说的补充和延伸，也是指导外语学习和教学的普适原则。随后王初明（2010）探讨了互动协同与外语教学的关系，认为无互动便无协同，互动强则协同强，互动弱则协同弱，互动促使语言结构与语境黏合，强化协同效应，可以显著提高学习效率。该文章从理论角度分析了互动协同对外语教学的影响，认为外语教学应该充分创造协同条件，在互动中紧密结合听说读写，强化协同效应来提高学习效率。这些观点为深入认识外语学习、改进外语教学提供了新视角。

基于先前研究，王初明（2012）正式提出了"读后续写"这一提升外语学习效率的有效方法。该方法通常是从读物中截留一篇结尾缺失的材料，让学习者读后补全内容。这一方法完好体现了"学伴用随"原则，即前文语篇学习促进"学相伴"，后文创造模仿实现"用相随"。随后，他和学生以"续写"为典型案例，进行了一系列实证研究来探讨"读后续写"的促学机理，深入分析并揭示了其促学功能，并且归纳出一个有效外语教学和学习的基本思路：内容要创造，语言要模仿（王初明，2014）。

通过剖析读后续写促学特点，分析"续"的高效促学规律，王初明

（2016）正式提出语言习得"续论"，强调要"以续促学"，认为语言是通过"续"学会的，语言学习的高效率也是通过"续"来实现的（2017，2018）。"续"促使语言理解与产出发生交集，是"拉平效应"产生的引擎。由此，"以写促学"演变成"以续促学"，"续"的原理随后被运用于各类含"续"的任务中，包括各种续说、续译、续改等"续作"，相关研究也快速增长。

随着"续论"教学应用日益普及，针对一些随之而来的困惑和操作问题，王初明（2019）解答了续作应用的 16 个具体问题，进一步明确了"续论"的内涵、独到之处、核心理念、种类、促学优势等，为"续论"的发展和完善指明了方向。针对外语学习的根本性问题——静态语言知识如何适配到动态内容，王初明（2020）进一步阐释了续论的独特促学优势。他指出续论能够力促两者深度契合，有助于拆除"静态学"与"动态用"之间的藩篱，实现学用结合，促进语言学习根本性问题的解决。

4.3.4 续论的实证研究

1. "读后续写"是否促学

在"读后续写"这一方法被提出之后，许多学者进行了大量实证研究来检验这一方法是否促学。研究结果表明，"读后续写"任务中的确存在协同效应，学生倾向于使用前文出现的语言结构并且显著减少了语言错误（王敏、王初明，2014）；读后续写因其符合语言学习规律，所以能够有效促学（王初明，2015）；读后续写中存在结构启动效应，有利于学习者对特定语言结构如英语被动结构的习得（王启、曹琴，2020）。"协同效应"和"结构启动"是研究者开展"读后续写"促学机理研究的两个关键概念。

2. "读后续写"在哪些具体层面产生促学效果

研究者就"读后续写"在哪些层面产生促学效果也进行了大量研究，主要围绕语言层面和学习者心理层面展开。

1）语言层面的促学效果

　　大量研究探讨了"读后续写"对语言习得的复杂性、准确性和流利性方面的影响（姜琳、陈锦，2015；辛声、李丽霞，2020；Mao & Jiang，2017）。例如，姜琳和陈锦（2015）的研究结果显示，"读后续写"较命题写作而言对提高学习者语言的准确性和复杂性有着明显的促进作用。Mao & Jiang（2017）的研究发现"读后续写"对提高二语学习者的写作句法复杂性有明显促进作用。此外，辛声、李丽霞（2020）发现"读后续写"在文本复杂度方面的确存在协同，且位于学习者最近发展区的句法结构更容易发生协同。

　　研究者还围绕词汇、语法结构、语篇层面开展了大量研究。词汇习得方面的研究发现，"读后续写"能促进学习者的二语词汇学习，显著提高学习者英语冠词、汉语词语、词块等的正确使用以及专门用途汉语词汇教学（洪炜、石薇，2016；姜琳、涂孟玮，2016；王启、王凤兰，2016；徐富平、王初明，2020）；在二语语法结构习得层面，读后续写被证实对英语虚拟语气、关系从句、过去时态以及汉语空间短语结构、动结式结构、"把"字句等的正确习得有明显的促进作用（刘丽、王初明，2018；王启、王初明，2019；辛声，2017）；在语篇层面，读后续写对提高二语写作语篇连贯性、丰富写作结构内容、提升写作修辞等方面也有积极影响（缪海燕，2017；彭红英，2017；杨华，2018；张晓鹏，2016）。张晓鹏（2016）、彭红英（2017）等研究者发现"读后续写"有助于提高学习者写作的语言连贯和内容连贯。杨华（2018）表明"读后续写"可使学习者创造性地模仿前读材料中的修辞，从而与原作语言风格协同，实现"以续促学"。

2）学习者心理层面的有益效果

　　研究者聚焦学习者层面的研究发现，"读后续写"对提升大学、高中、初中各阶段学习者的整体写作水平、语言能力、批判性思维能力、写作动机、能动性以及降低写作焦虑和对母语思维的依赖有积极作用（姜琳等，2019；张琳、秦婷，2020；张晓鹏，2016）。针对大学生群体，张晓鹏（2016）发现读后续写能激发学生的想象力和创造力，前文续写模板有利于学生减轻写作压力和培养写作成就感；张琳等人（2020）通过英语专业学生的测试、问卷和反思性日志发现，"读后续写"可以显著降低学习者的写作焦虑，有利于培养学习者对英语写作的积极情感，促进学习者写作能力的提高；姜琳等人（2019）采用有声思维、回溯性访谈等方法，发现读后续写有助于降低学习者对母语思维的依赖，抑制母语语境知识的补缺。立足高中生群体，孙钦美和王钰（2018）通过访谈发现"读后续写"有助于高中生增强语感、英语学习兴趣以及写作兴趣。针对初中生群体，虽已有一些研究通过对照试验等方式发现，"读后续写"能有效降低初中生的英语写作焦虑，提高学生的英语写作成绩，但发表于高质量期刊的文献相对较少，对这一群体有待继续开展深入探究。

总体来看，"读后续写"研究的促学效应在不同年龄段的学生群体中都得到了有效验证。但已有研究大多聚焦大学阶段，中学及以下阶段的研究相对不足。

3. 制约"读后续写"协同效应的影响因素

制约协同效应的影响因素也是续写研究的一个热点。主要有以下几个方面。

第一，阅读输入条件，如阅读材料的语种、篇章难度、篇幅长短、话题趣味性、写作体裁、文本排版方式、是否凸显目标语言形式等。研究发现读英文续英文更有利于语言协同与内容协同，同时也有助于写作语言准确性的提升（Zhang，2016）；基于简易版阅读材料进行续写时，学习者的语言更准确、更流利（Peng et al.，2018）；议论文续写比记叙文续写的协同效应更强（张秀芹，张倩，2017），语言偏误更少，且议论文对比续写（即给学生阅读一篇完整的议论文，然后要求他们续写与之观点相对比的议论文）能产生更强的词汇和短语的协同（熊淑慧，2018）；强化语言结构更有助于复杂语法结构习得（辛声，2017）。另外，王启（2019）针对汉语二语学习的实证研究显示，前读材料的选择（包括文本的排版）所产生的协同效应也会影响续写。

第二，课程操作形式。除阅读输入条件，课程操作形式，如是否要求内容创造、互动形式（顾菁、周玉梅，2018）、提示类型（Shi et al.，

2020）等也会制约"读后续写"的协同效应。辛声、李丽霞（2020）发现学生在被鼓励进行内容创造后更容易产生语言协同效应，提高句法复杂度。此外，增加互动引导任务也能显著提升学习者词汇层面的协同强度（顾菁、周玉梅，2018）。Shi et al.（2020）等研究者发现，提示类型显著影响学习者的整体续写得分、句法复杂度、连贯性和源语言使用特征等，他们还讨论了续写任务条件，建议提供开篇句子或关键词供应试者使用以提升写作质量。

第三，学习者层面，如母语思维、学习者语言水平等。姜琳等人（2019）发现母语思维参与学习者续写的各个过程，但参与量不同，且学习者使用母语思维越多，续写文本越短。张素敏和张继东（2019）通过对比高、低水平英语学习者九次"多轮续写"情况后得出结论，"多轮续写"促学效果因学习者水平不同而存在差异。

总之，对"读后续写"促学效果影响因素的探讨为我们改进"续论"实施情境、操作形式、输入条件等提供了有效建议，进一步推动了续论的理论深化和实践拓展。

4. "读后续写"在教学中的应用研究

"读后续写"作为一种新方法已经陆续应用于外语教学，相关应用性研究也颇为丰富。研究内容主要涵盖三个方面。第一，题型研究。王初明、亓鲁霞（2013）首先进行了一项"读后续写"题型研究，目的在于开发考试新题型。研究表明，这种方法在信度和效度方面均符合测试要求。"读后续写"作为高考英语写作新题型之一，也引起了众多一线教育工作者的关注。第二，读后续写课程研究。如 Wei & Wei（2019）发现读后续写作为一种独特的综合读写方法，适合评估考生在语言测试中的综合读写能力。刘鹏（2019）发现读后续写任务同样适用于三语教学，三语习得视角下的"读后续写"可以借助语际迁移引发的自我协同实现理解和产出的紧密结合，从而改善学习效果。第三，读后续写在基础教育阶段的相关教学方法、策略、教学材料和考试分析研究。

整体看来，各个阶段的英语教师通过教学实践都肯定了读后续写的功效，并且不断改进这一方法的操作原则、教学策略和具体实施步骤，使这一方法越来越行之有效。

5. 基于续论的其他"续作"研究

对于王初明（2016）提出的其他"续作"，也有学者进行了探究。在"续译"研究方面，许琪（2016）首先考察了读后续译方法的有效性。研究结果显示，读后续译具有协同效应，它对提高翻译质量具有重要作用，验证了读后续译这一方法的有效性。之后，张素敏（2019a）研究了续译在语篇情绪信息加工中的外语效应。结果发现，"读后续译"能显著促进学习者的情绪信息加工。张素敏（2019b）通过分析形容词、名词和动词等不同词类加工中的译者主体性还发现，"读后续译"对译者主体性有显著协同效应，但是对不同的词类作用有所差异。黄洁、肖娴（2021）通过汉英"续译"对比实验，再次证实"续译"中存在协同效应。同时，她们还探讨了协同在译文词汇、句子、译文整体语言风格、翻译技巧中的具体表现方式，并总结了直接协同、间接协同和混合协同三种协同表现形式。

在"续说"方面，许琪、董秀清（2018）利用微信社交平台，将"视听续说"练习由课堂延伸至课外，通过调查问卷、访谈和案例分析证明，基于微信平台的"视听续说"教学方法能够有效提升学生的口语表达能力。刘艳、倪传斌（2018）通过 21 周的实证研究，发现了"视听续说"模式下不同语言层面对协同的敏感度和保持度不同，为我们开展续说教学提供了启发。缪海燕（2019）则报告了一项个案质性研究。研究者借助听后续说任务，考察"续"中两个促学变量（协同和注意聚焦）对英语过去时词缀"-ed"习得的影响。结果发现协同和注意聚焦的激活程度受到学习者语言使用主观能动性的影响。张秀芹、王迎丽（2020）探讨了"读后续说"任务中语言水平对学习者输出及协同效果的影响，得出了教师应按照学生的语言水平进行混合分组以促使协同最大化的结论。

此外，张秀芹等人（2019）以大学英语专业二年级学生为受试对象，通过实验对比发现，"听后续写"不仅可以促进词汇习得，而且在促进词汇习得方面能够产生与读后续写相当甚至略好的效果。

4.3.5　**学术贡献**

　　王初明教授及其团队创建的"续论"体现了当今基于使用语言学的语言习得观，凸显了语境对学用外语的关键作用。无论是"补缺假设（王初明，2003）"还是"学伴用随（王初明，2009）"原则，都强调了在语境中学用语言的重要性。两者从正反两个角度阐释了同一概念：语境补缺假说指出语言的使用离不开语境，语言与语境知识的有机结合是正确流利使用语言的前提。母语语境知识若缺失，就会对外语学习造成母语干扰，产生诸如中式英语这类不地道的外语用法；而"学伴用随"原则告诉我们外语若要学得准确、地道、流利，外语结构就必须在恰当的语境中学习，语境具有启动语言使用的功能，只有黏附了语境标识的词句才能被激活使用。

　　"续论"是对语言习得理论研究的一个新贡献，为阐释语言习得机理提供了新视角。"续论"阐释促学机理的认知基础正是促进语言理解与产出的有机结合。王初明（2016）指出，在简单的"续"操作中我们发现，"续"使影响语言学习的各个变量聚合关联，是互动的源头，并且几乎所有促学语言的主要因素都能被"续"激活，只要有互动，"续"就在其中。从"续"出发，打通了理解与产出的壁垒，使理解与产出紧密结合、模仿与创造紧密结合，协同效应越强，语言习得也就越高效。"续"通过其产生的协同效应，促使学习者将前文出现过的地道表达转化为自己会用的语言，也有助于抑制母语干扰，减少偏误。

　　"续论"是互动研究的深化和延续，揭示了互动促学语言的机理。互动由"续"保持，无"续"则无互动，"续"是产生学习效应的源头。互动促学实则是以"续"促学，续的密度决定互动强度，"互动"强度决定"协同效应"强弱，进而决定学习效应大小。此外，续论也挑战了二语习得领域的互动理论。与 Long（1991）提出的"形式聚焦"相比较，"续"发生在自然的人际对话中，具有原生态特征；"续"通过上文激发学习者的内生表达动力，运用上文的正确输入促学语言；"续"鼓励学生自发模仿上文的语言用法表达自己的意思，学习自主性强；"续"帮助学生在丰富语境的配合下理解上文语言，然后在续作里运用（王初明，

2016）。这些都显示了"续"的独特促学功效，学习效应由"协同"驱动，而"续"是协同效应产生的源头，这一视角进一步推动了互动促学机理研究。

最后，"续论"与复杂适应系统语言观也有共通之处。语言和语言习得也可视为复杂适应系统，其构成相当复杂，相关变量之间交互连接，相互适应，动态演变。"续"之所以促学语言，因其能够促进语言学习过程中多变量之间的交互关联和互动协同，产生学习效应，具体包括学习者内部因素之间及其与外部语境互动的效应、语言输入与语言输出不对称性所带来的拉平效应、内容创造与语言模仿关联引发的语言学习效应等。"续论"的这些观点与复杂适应系统理论的语言观不谋而合。

国内已经举办两届专门的"续论"研讨会，而且在其他国际国内很多重要会议上也都有关于"续论"的主题报告。这些都为促进"续论"的进一步发展及其更广泛的应用做出了重要贡献。

4.3.6 对教学与研究的启示

1. 对教学的启示

王初明教授立足教学实际，从"以写促学"到"以续促学"，再到"续论"的提出，不断创新"续"的形式。从"续写"到"多轮续写、续说、续译、续改、续演"等，这些"续作"研究给各阶段英语教学提供了有益的启发。

第一，各阶段教师可以将各类"续作"形式作为有效的促学手段融入日常教学计划。针对不同阶段的语言学习者、不同的课程主题和目标、不同的时间地点等，教师可以对"续作"进行灵活选择，变通应用。例如，可以借鉴"续论"实证研究所得结论，为学生挑选难度适当、篇幅适中的语言输入材料，即合理的"续"的素材；还可以给学生提供恰当的指导以加强语言输入的功效，如适当讲解阅读输入材料的重难点，包括语言风格、衔接手段、语法现象、词语搭配、精彩表达方式等（王初明，2018）。此外，教师可以通过对目标语法形式进行特殊标记的方法，吸引学生对该语法形式进行关注，从而暗示学生对该语言形式进行模仿（辛声，2017）。同时，随着现代教育技术的成熟和普及，教师可以将"续作"与各类多媒体手段、网络资源整合，从而达到更显著的促学效果。

第二，有效利用协作式对话、合作学习等形式，加强"续"任务中的互动强度。目前已有研究表明，合作续写对"读后续写"中的协同和文本准确性等方面有积极的影响。因此，教师在进行"续作"相关教学时，可以按照学生的语言水平进行混合分组，使语言能力较强的学生通过与原材料进行互动，提升其语言水平；同时，使语言能力较弱的学生通过与原材料及小组成员进行互动，拉高其语言水平，从而促使协同的最大化。

第三，合理运用多维度评价模式对学习效果进行评价，包括教师评价、学生自我评价、学生互评等。由于课堂时间限制，也可以采取课内小组共评与课后同伴互评相结合的模式，对学生学习成果进行评价。评价内容可以包括：与输入材料的语言风格、语言形式、语言内容等是否协同；"续"作作品的可取和改进之处；对目标语言形式是否能合理运用；在合作学习过程中所做出的贡献等。

2. 对研究的启示

自"续论"提出以来，相关研究快速增长，研究对象也日益广泛，不仅包括我国各阶段的英语学习者，也包括来自不同国家的汉语留学生。大量实证研究已经表明，无论是中国人学外语还是外国人学汉语，无论是在外语环境还是在二语环境，语言学习任务只要含"续"，促学效应均十分显著，这为"续论"提供了有力支持，也为"续论"的应用打开了广阔空间。基于"续论"的未来研究可以围绕以下主题展开。

第一，多样化"续作"形式的有效性研究。王初明（2019）指出"续"将输出与内容不完整的输入整合，形成不下 20 种组合，如视后续说 / 写 / 译、听后续说 / 写 / 译、读后续说 / 写 / 译、视听后续说 / 写 / 译、视听读后续说 / 写 / 译等。针对不同阶段的语言学习者、不同的课程主题和目标、不同的时间地点等，教师可以对"续作"进行灵活选择，变通应用。此外，随着现代教育技术的成熟和普及，在实际应用中，"续作"可以与各类多媒体手段、网络资源整合，从而达到更显著的促学效果。可以预见，这些"续作"种类将极大地开拓课堂教学思路、丰富课堂教学形式，甚至启发新一轮外语教学改革。这些不断涌现的新型续作形式的促学效果以及相关改革的有效性都有待进一步探究。

第二，"续作"的前读材料及其任务设计研究。王初明（2019）指出，内容驱动导向是续作的基本出发点，是所有续作设计的首要考量。基于先前研究，材料内容最好具有趣味性并且长短适中、难易度要适合学生语言水平，任务指令也要体现促学的基本要求，这些因素很可能会影响"续"的促学效果。这就需要我们开展大量相关实证研究，探究什么样的材料在什么语境下针对什么样的学习者会产生什么样的促学效果。另外，"续"的任务设计也是有效发挥"续"促学功效的关键。因此，未来我们可以结合教学实际，探讨在不同教学语境下任务设计的方方面面（如任务指令、个体单独还是同伴协作完成续作、完成续作任务过程中的学习者思维活动等），从而基于多层次、多视角收集到的大量实证依据归纳出促学效果理想的任务类型。

第三，各类"续作"的评估方式研究。尽管续论研究的有效性已经得到大量实证支持，但专门针对如何评价续的教学效果的研究还很少。无论是"读后续写"还是其他"续作"，作为新兴的外语教学形式，其评估方式也需要随着不同的续作输出方式灵活设计。那么，如何根据不同的评估方式（如过程性评价、学生自评、同伴互评、师生互评等）制定相应的评价标准，以确保评估的可靠性和客观性，什么样的评估方式有利于产生积极反拨效应等都是未来值得深入探讨的问题。作为具有中国特色，体现中国方法、中国思维和中国经验的一种理论方法，"续论"不仅为英语外语教学实践研究提供了新的切入点，也为汉语二语学习提供了新的学习途径。未来研究还可以针对不同学习者群体就"读后续写"及其他续作探讨不同的语言测试题型。"续作"研究在汉语二语学习领域的不断拓展将大大推动汉语国际化进程，同时也有利于构建中国对外汉语教学的理论模式。

第四，"续论"应用对象的拓展性研究。目前大多数续论研究主要关注英语与汉语学习者，对于其他外语语种的关注甚少，续论在其他外语语种的学习中是否同样具有促学效应还需更多实证研究进行检验。

4.4　产出导向法

产出导向法（production-oriented approach，POA）是由文秋芳教授及其团队创建的、具有中国特色的外语教学理论，以解决我国英语教学中"学用分离"问题为目标，提升我国大学英语教学效果，提高学生在真实的交际活动中综合运用英语的能力（文秋芳，2018a）。在后方法时代（postmethod era）（Kumaravadivelu，2006），中国学者在借鉴国外二语习得理论及外语教学理论的基础上，依靠中国智慧，立足我国外语教学实际和实践，历经十余年的理论探索和一线教师的行动研究，形成较为完备和成熟的 POA 理论体系（文秋芳，2008，2013，2014，2015，2016，2017a，2018a；Wen，2017，2018），是构建我国本土化应用语言学理论的一次有益尝试和探索。

4.4.1　产出导向法理论及其发展

POA 是基于中国独特的二语学情而建立起来的一种语言教学方法，然而它又并非无视国外经典语言教学与习得理论，其创建者文秋芳教授多年来一直倡导在 POA 理论体系的建设上需要"融通中外"（文秋芳，2019），在继承国内优秀教育理论精髓的同时借鉴国外理论的长处，使之服务于国内外语教学。我们在此重点介绍 POA 产生的时代背景、发展历程及其理论构成，为教师与研究者基于 POA 开展教学与研究提供启示。

1. 产出导向法的时代背景

POA 理论体系的构建既是新时期社会发展的要求，也具有鲜明的时代特征。中华人民共和国成立 70 年以来，我国外语教育为我国人才培养作出了重大贡献，然而高校外语教育的质量与社会需求和学习者期望还有很大的差距，社会对大学外语教学的满意度较低。"费时低效""高投入、低产出""哑巴英语"等词语已成为大学英语的标签（蔡基刚，2012；戴炜栋，2001；井升华，1999）。文秋芳教授团队认为我国大学外语教学存在的根本问题是"学用分离"，即输入和输出脱节的问题，而构建 POA 理论正是为了解决我国外语教学中"以课文为中心""学时不足，成效不佳"等问题（文秋芳，2018b）。

其次，我国外语教学，尤其是大学外语教学多以引进国外外语教学理论为主，从听说法到交际法，再到目前流行的任务型教学法和内容依托法，这些西方外语教学理论促进了我国外语教学与研究的蓬勃发展。然而，单纯依靠"舶来品"解决本国外语教学问题常常会引起事倍功半的效果，尤其是人文社科理论具有很强的文化情境性（文秋芳，2019），必须在借鉴西方理论的基础上，进行本土化改造，着眼于解决中国外语教学中的实际问题。同时，作为外语教育大国，本土化的中国外语教育理论和教学方法也必须确保其国际可理解度（文秋芳，2017d），以便和国际应用语言学界对话交流，让中国特色的外语教育理论走向世界，提高我国在国际应用语言学的话语权。

POA 理论体系正是在这样的背景下应运而生，在"融通中外"（文秋芳，2019）的道路上促进中国外语教学理论与世界对话，服务于国家战略发展需求，为建设外语教育强国而做出重要学术贡献。

2. 产出导向法的发展历程

POA 理论构建大致经历了五个阶段。第一个阶段为 POA 的初创阶段，POA 团队基于 Swain（1995）的输出假说，针对英语专业技能课程改革提出"输出驱动假设"（文秋芳，2008）。在第二个阶段，文秋芳（2013）将"输出驱动"扩展到大学英语教学，将这一假设改为为"输出驱动—输入促成假设"（文秋芳，2014b）。2014 年 10 月，在"第七届中国英语教学国际研讨会"上，将"输出驱动—输入促成假设"正式命名为 POA，初步形成 POA 理论体系（文秋芳，2015）。之后 POA 又经历了两次修订（文秋芳，2017a，2017b，2018a），最终形成了具有中国特色、较为成熟的外语教学理论。

　　需要注意的是，POA 理论早期借鉴了输出假说，但 production 和 output 含义不同（文秋芳，2015）。POA 中的 production 同时包含产出结果和产出过程，主要是指说和写，还包括翻译（口译和笔译），而输出假说中的 output 一般指语言结果，以说和写为主。另外，POA 由于对语言产出有较高要求，适用于中高级学习者（文秋芳，2015），而输出假说并没有特定的语言学习对象，同样适合初级学习者。不论是输入假说还是输出假说，都肯定了输入和输出在语言习得中的重要作用，但割裂了两者之间的关系。

　　POA 理论则将输入和输出统一起来，辩证地看待两者在二语习得中的作用，即首先，输出是语言学习的目标，同时也是语言学习的驱动；其次，输出驱动能有效提高输入吸收率；最后，输入促成为输出提供高质量的内容、语言和结构方面的支持。

3. 产出导向法的构成

　　POA 理论体系由三个部分组成，包括教学理念、教学假设和教学流程（文秋芳，2017a）。这三部分由抽象哲学理念到二语习得理论假设，再到具体教学技巧，构成了一个从宏观至中观，再到微观的完备理论体系（见图 4-4）。

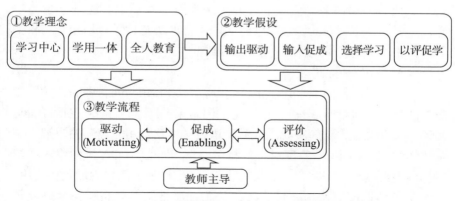

图 4-4　产出导向法的理论体系（文秋芳，2017a：30）

其中，教学理念包括"学习中心""学用一体"和"全人教育"，为"教学假设"和"教学流程"提供指导思想和总体方向；"教学假设"为"教学流程"提供理论支持，包括"输出驱动""输入促成""选择学习"和"以评为学"四个方面，是二语习得理论在课堂教学中的应用和检验学习效果的标准；"教学流程"包括以教师主导的"驱动""促成"和"评价"三个阶段，是实现教学理念和检验教学假设的实际载体，是 POA 具体实施的步骤和手段（文秋芳，2015）。POA 强调以学习为中心，而不是片面地以学生为中心，肯定教师在外语教学中的引导作用，教师的主导作用因而体现在教学流程的各个方面。

1）教学理念

（1）"学习中心说"

POA 提倡"学习中心说"（learning-centered principle），主张课堂教学的最高标准是有效教学，对目前国内外流行的"以学生为中心"的教学理念提出了挑战。"以学生为中心"理念的引入打破了我国外语教学长期占统治地位的"以教师为中心"的教学理念，正视学生需求，批评填鸭式教学方式，对我国外语教学发展起到了推动作用。但 POA 理念认为，在中国外语教育背景下，"学生中心说"容易将老师的作用边缘化，不能发挥教师在教学中的引导作用，教学效率低下。POA 理念中的"学习中心说"主张教学必须要实现教学目标并促成有效学习的发生（文秋芳，2015）。"学习中心说"认为无论教师中心还是学生为中心，重要的是在有限的课堂教学时间中，合理实施教学计划和开展教学活动，关注学生能学到什么，而不是谁起主导作用。

（2）"学用一体说"

"学用一体说"（learning-using integrated principle）中的"学"指输入性学习，包括听和读，"用"是输出结果，即"产出"，包括说、写和译。该理念致力于解决我国大学英语教学中"学用分离"的弊端，主张"学中用，用中心"，反对"教材中心"，也就是 POA 鼓励输入性学习和输出性结果紧密结合，互为所用。POA 理论强调教材的最大化使用，而不是单纯地反对使用教材。POA 认为，严格遵循教材和完全抛弃教材都是不可取的，而应该依托教材内容，以教材内容为中介达到输入与产出的无边界融合，做到学与用的真正统一。

（3）"全人教育说"

"全人教育说"认为语言教育面对的是有感情和有思想的人，外语教育不是要提高学生英语综合运用能力这一工具性目标，更是要培养大学生的人文素质，如提高学生的思辨能力和综合文化素养。POA 坚持的"全人教育说"通过课堂教学实现外语教育的人文性目标：选择有利于人文性目标实现的产出性话题，如围绕大学生身心健康成长和促进中外文化交流的社会责任，精心选择输入材料。教师应发挥主导作用，选择弘扬正能量，体现正确价值观的国内外热点话题，培养学生的中国情怀，拓宽国际视野。巧妙组织课堂教学活动，通过师生互动和生生合作提高学生的思辨能力和综合文化素养。

2）教学假设

教学假设中的"输出驱动"认为语言产出比输入性学习更能激发学生的求知欲和学习热情，获得更好的学习效果。课堂教学以语言产出为起点，学生在意识到产出困难后会增强学习的饥饿感和紧迫感，增强后续语言输入的学习动机和目的性。"输入促成假设"认为在输出驱动的前提下，适时、渐进和精准的语言输入能取得更好的学习效果，通过课堂互动，这些材料能起到引领作用，拓展学生现有的语言知识和认知视角，推动产出活动更上一个台阶。"选择性学习假设"是指学习者根据产出任务的需要，从输入材料中选择有用的部分进行深度加工、联系和记忆（文秋芳，2015）。随着信息技术的普及，外语学习时机无处不在，选择性学习成为一种必然趋势，因而教师如何在选择输入材料上发挥主导作用显得尤其重要。文秋芳（2017a）增加了"以评促学"假设，主张在教师专业引导下，学习和评价互为补充，将学生评价作为深入学习的手段，通过师生合作评价（文秋芳，2016），既能减轻教师评价的负担和单一评价方式的不足，又能促进师生互动和同伴互动。

3）教学流程

POA 教学流程分为三个阶段，输出驱动、输入促成和师生合作评价，在这三个过程中，教师都发挥主导作用，具体表现为引导学生产生输出动力、合理设计课堂和课外输入活动、适时提供支架等（见表 4-3）。

表4-3　POA教学流程及步骤（改编自文秋芳，2015：553，554，556）

	教学步骤	教学要求
驱动	1. 教师呈现交际场景	场景具有交际性，话题具有认知挑战性
	2. 学生尝试完成交际活动	使学生意识到自我语言的不足，产生学习欲望
	3. 教师说明教学目标和产出任务	使学生明确交际与语言两类目标，使学生清楚产出任务的类型和内容
促成	1. 教师描述产出任务	使学生清楚了解完成任务的步骤和每一步的具体要求
	2. 学生进行选择性学习，教师给予指导并检查	使学生能够从输入中选择产出任务所需要的内容、语言形式或话语结构
	3. 学生练习产出，教师给予指导并检查	使学生能够将选择性学习结果立即运用到产出任务中去
评价	1. 师生共同学习评价标准	标准清晰、易懂、易对照检查
	2. 学生提交产出成果	提交期限清楚，提交形式明确
	3. 师生课上评价产出成果	有效使用时间，对听众提出明确要求，教师评价有针对性
	4. 师生课下评价产出成果	师生共同参与评价，学生陆续提交的产出成果作为形成性评价的依据

（1）驱动

"输出驱动"为每个单元教学的开头，包括三个环节：教师呈现交际场景、学生尝试产出任务、教师说明教学目标并分解产出任务。其中，教师呈现交际场景被认为是POA中最具有创意的部分（文秋芳，2015），交际场景是指学生在未来的工作和学习中可能碰到的交际场景或是讨论的话题，而不是任务型教学中日常生活中的某一个场景（文秋芳，2020），这些场景同时对学生当前的认知或语言水平构成一定的挑战和难度。学生通过尝试产出任务认识到自己在语言，话题熟悉度以及内容体裁等方面还存在一定的差距，从而产生饥饿感（文秋芳，2015），产生进一步学习的压力和动力。教师必须同时明确产出目标，并将产出任务分解为不同的层级任务从而满足不同层次学生的学习需求。需要指出的是，教学目标分为交际目标和语言目标，而这些语言目标必须为交际目标服务，与交际目标无关的语言应尽量排除在教学计划之外，从而满足"选择性学习"假设。鉴于移动技术的普及，输出驱动可以通过微课，视频的方式在课前展示，这样可以有效利用课堂教学时间。

文秋芳（2015）认为，输出驱动环节对教师最具有挑战性，因为这需要老师衡量产出目标语言和产出任务之间的匹配度，并围绕产出目标设计适宜的产出场景，并对产出任务进行区别性划分，满足不同水平学生的产出需求，激发学生的产出潜能和产出动力。

（2）促成

"促成"也包含三个环节，教师描述产出任务并提供输入材料，需要注意的是，教师必须将输入材料根据内容、语言形式和话语结构进行划分，以帮助学生完成产出任务。学生可以根据输入促成材料自主选择为完成任务所需的输入材料类型，无论学生选择哪种输入材料，教师必须及时检查学习成效。产出检查环节必须在教师的指导下循序渐进，并对学习效果及时评估，从而检测学生的任务完成情况。

促成环节最能体现教师的支架作用。根据社会文化理论（Vygostky，1978）教师的支架作用首先必须建立在对学生现有水平了解的情况上，并且提供的帮助必须适可而止，过多或过少都不利于学生语言水平发展。同样，提供帮助的不一定必须是教师，也可以是同伴，这样既能减轻教师负担，也可以促进学生自主学习；对于高水平学生来说，还可以自己寻找输入学习的材料，提高学生责任感和能动性。

（3）评价

"评价"可以分为即时评价和延时评价两种。即时评价是指促成环节中的练习检查，旨在对选择性学习和产出任务练习中的学习效果给予及时的反馈，从而帮助教师掌握教学进度和节奏。延时评价是教师在课外评价学生的产出成果。产出成果可以是口语也可以是书面语，但教师必须在课堂评价之前对产出结果有一个预先评估，做到针对性和区别性，对书面语采用师生合作评价提高学生学习参与度。"师生合作评价"是 POA 根据我国大学英语教学负担过重提出的教学评价新设想，以平衡教师评价和同伴评价等其他评价方式，以达到"以评促学"的效果，提高我国大学英语教学有效性。

POA 理论体系将教学理念、教学假设和教学流程构成了一个有机整体，各部分互为依托，从哲学世界观、外语教学理论到具体教学实施形成了一套完备的理论体系，以我国外语教学中的实际问题为出发点，是我国外语教育的一次本土化理论创新。同时 POA 教学操作流程清晰明了，为我国高校外语教师进行课堂教学提供实际操作范本。

4.4.2 产出导向法的实证研究

文秋芳教授团队围绕 POA 理论的具体教学实施和教学有效性开展了一系列教学行动研究和实证研究，POA 相关教学实践和教学实证研究大量涌现，从多维度证实了 POA 理论应用于大学英语课堂教学、研究生学术英语和 ESP 教学的可操作性、可行性和有效性（杨莉芳，2015；张伶俐，2017；张文娟，2016）。此外，POA 理论也同样适用于对外汉语教学（桂靖、季薇，2018；文秋芳，2018b；朱勇、白雪，2019）和其他非通用语教学。还有一些研究关注 POA 和词汇、写作及思辨能力等微观层面的关系。2015 年以 POA 理论指导的《新一代大学英语》出版，现已被多所高校采用，依托教材开发，POA 理念用于反哺教材开发和促进教师发展。与此同时，POA 在国际学界也产生了一定影响，POA 建设团队应邀在多个国际会议上作主旨发言（Wen，2018）。

1. 产出导向法课堂教学实践研究

产出导向法现已广泛应用于大学英语课堂、ESP 课堂、对外汉语教学课堂以及非通用语课堂，产生了大量研究成果。总体来看，这些研究表明，产出导向法能够提高学习者的语言产出能力、提升他们的语言学习积极性。

1）大学英语课堂教学实践研究

目前围绕 POA 理论的研究多以教学实践为主，用以解释 POA 课堂教学流程和各个教学环节。这些教学实践多以问卷调查、学生访谈和学生日志作为数据收集手段来证明 POA 教学的有效性，并对 POA 理论进一步完善提供实践依据。张文娟（2016）以"法庭中的文化冲突"为主题在法学专业学生中开展了为期三周的 POA 教学实验，包含全部三个流程，并邀请同行课堂观察，通过问卷、访谈和反思日志的方式收集教师和学生对 POA 教学理论的反馈和评价。教学实践肯定了 POA 给课堂带来了活力，激发积极情感体验，调动了学习积极性，获得了更多语言学习机会，学生语言产出质量明显提高。但同行教师评价对教学任务的难易度和教学方法持相左的意见。这次 POA 教学流程实践指出了 POA 实施的难点，即任务设计、输入材料的选择和产出结果即时评价最富挑战性，教师需要更新教学理念和教学习惯。

2）ESP 课堂教学实践研究

除大学英语课堂外，还有一些研究将 POA 理念用于工科 ESP 教学实践（杜宛宜等，2019；王宇等，2019），并构建基于 POA 的工科 ESP 课程教学设计框架，以期优化教学效果，提高学生学习动机和产出效果。POA 也同样用于职业院校英语课堂中的人文素质培养（顾琪璋，2016）和研究生英语教学，如 POA 用于 MTI 口译教学能提升传译逻辑思维能力，促进师生互动和知识技能的内化（赖祎华、祝伟国，2018）；POA 用于构建研究生"学术英语"课程泛在学习教学模式，该模式有助于提高学生学术阅读和写作能力（张艳，2019）。

3）对外汉语课堂教学实践研究

POA 理论也用于对外汉语教学实践。朱勇和白雪（2019）基于 POA 教材使用评价理论框架，考察 POA 教学在马来西亚留学生汉语课堂上产出性目标的达成性，实验研究初步表明，虽然 POA 汉语教学产出目标达成性效果较好，学生在汉语写作的篇章组织能力、句子平均长度上均明显高于非 POA 教学班，但留学生对 POA 教学存在不适感。

4）非通用语课堂教学实践研究

除了对外汉语教学外，有一些非通用语课堂教学也实施了 POA 教学理念。刘琛琛、冯亚静（2019）根据 POA 的三个教学环节在"日语口语"课程开展一学期的 POA 教学实践；王丹丹（2019）将 POA 用于印度尼西亚语初级视听说课程教学中；董希骁（2019）将 POA 理念用于罗马尼亚语综合课程并加以改造，就"餐桌礼仪"主题开展教学实践；

汪波（2019）探索 POA 在朝鲜语专业低年级教学中的可行性，设计了朝鲜语屈折词缀的综合课教学实践，教师直接参与产出活动，通过与外教合作即时促进教学与评价的结合。

这些研究都表明 POA 不仅可以用于大学英语教学、ESP 教学、研究生英语教学，也可以用于其他非通用语种包括汉语教学，且从教学效果上来说，POA 提高了大学生的语言产出能力，调动了课堂学习积极性和自主性。

2. 产出导向法各教学环节创新性实践研究

随着 POA 理论体系的不断完善，相关研究开始关注 POA 三个具体教学环节如何分别应用于课堂教学，并展开了一系列针对 POA 具体教学流程的创新性实践研究，为进一步细化 POA 各具体教学环节提供理论依据和实践支持。

1）驱动环节创新性实践研究

关于 POA 驱动环节设计的文献相对较少。杨莉芳（2015）以微课设计为例，介绍了驱动环节制作的优化过程，呈现了中外学生交流中西绘画差异时中国大学生知识储备不足带来的产出困难，但并未就比较中西绘画可能发生在哪些场景中进一步加以细化。邵颖（2019）以文秋芳（2018a）"交际真实性""认知挑战性"和"产出目标达成性"为理论依据，从马来语教材改编的角度设计驱动场景：学习马来语的中国学生到马来西亚朋友家过开斋节。该研究中驱动任务设计更加具体明确，其中三个子任务分别为：以情景对话展现受邀参加开斋节活动、以贺卡或邮件的形式为马来西亚朋友送节日祝福以及以"中国穆斯林的开斋节"为题模拟向马来亚大学校刊投稿。作者在原课文的基础上以图片、视频展示和情景模拟等方式使学生真实并直观地感受到交际的真实性。文秋芳和孙曙光（2020）在这两项研究的基础上进一步厘清"产出场景"的概念，阐明其内部要素以及各要素之间的关系，增强任务驱动力。她们将产出场景的四要素归纳为话题、目的、身份和场合，并以案例说明如何在驱动环节设计具有交际真实性的产出场景，并指出身份问题是场景设计中的重要问题，建议外语教学应用显性方式培养学生的身份意识，从而提高教学效率。

2）促成环节创新性实践研究

语言促成环节是 POA 教学实践中的难点，对教师教学能力挑战大（邱琳，2017），教学实践研究相对较多，这些研究为 POA 语言促成环节应用研究和设计贡献了智慧。邱琳（2017，2019，2020a）就 POA 促成环节设计标准进行了实践辩证研究并总结了促成环节有效性的三大设计标准：精准性、渐进性和多样性。张佩秋（2020）以学生多模态口头报告设计为例进行促成环节的课堂教学实践，将多元识读教学的核心概念设计应用于输入促成环节并进行教学尝试，学生的 PPT 演示作品中思辨识读比例、意义表达深度和广度都得到一定的提高。

3）评价环节创新性实践研究

POA 理论创造性地开创了"师生合作评价"新形式，相关研究以课堂实例操作为主。文秋芳（2016）具体解释了师生合作评价的操作步骤和流程，具体见图 4-5。孙曙光（2017）通过课堂反思性实践研究，提

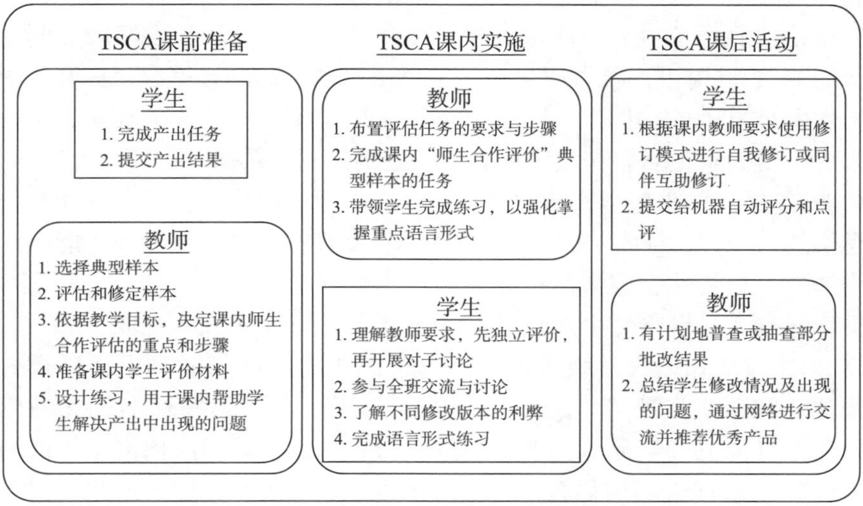

图 4-5　师生合作评价的实施步骤和要求（文秋芳，2016：40）

出确定评价焦点的原则和"以评促学"的具体做法，在报告学生对教学效果反馈和教师对"师生合作评价"教学反思的基础上，孙曙光（2020a）进一步通过教学案例展示的方式，提出了"师生合作评价"的实施原则：课前目标导向、重点突出、课中问题驱动、支架渐进、课后过程监控、推优示范。

3. 产出导向法有效性研究

还有一些 POA 相关研究采用实证研究的范式，证明 POA 教学的有效性。张伶俐（2017）通过一学期的教学实验检验 POA 的有效性，研究结果表明同对照组相比，实验组学生英语总体水平无显著差异，但写作和听力水平显著提高，翻译水平无变化，阅读水平显著下降，而高水平学生提高显著，证明 POA 比较适合高水平学习者。还有一部分研究关注 POA 教学和具体语言技能提高之间的关系。张文娟（2017）通过一个教学单元两周的课堂实验研究 POA 对大学英语写作的影响，结果发现两组学生作文总分不存在明显差异，但实验组使用更多的目标语言项目，在语篇结构和内容上两组无显著差异。因此 POA 教学是否能提高学习效果还值得商榷。张伶俐（2020）将 POA 的教学流程用于英语通用语的教学，重点关注语音和口语产出。一学期的教学实践表明基于 POA 的口语语言教学增强了学生英语口语表达的自信心，提升了中国学生在国际交流中口语表达的可理解性，但该研究没有对照班，数据来源主要为学生问卷和教学日志，缺乏实验测试数据。王博佳（2019）将 POA 用于思辨教学，通过教学实验，运用思辨能力问卷调查和写作思辨能力测评，证实 POA 教学模式不仅提高整体思辨能力，还能够从清晰性、相关性、逻辑性和深刻性这四个维度提高学生议论文写作水平。还有一些研究关注 POA 理论驱动的词汇教学模式（孙亚，2017），将 POA 与认知语言学教学观结合起来，尝试 POA 课堂词汇教学模式构建。陈浩、文秋芳（2020）将 POA 用于学术英语写作名词化教学研究，以促成教学环节为例，通过学习日志、访谈和产出文本，证明 POA 能有效促进名词化教学，提高学生学术英语写作中名词化产出的数量。

4. 产出导向法教材研究

除了教学实践和教学有效性研究外，POA 团队还关注 POA 理论在教材开发、编写和使用中的作用。文秋芳（2017e）以 POA 理论为依托，对教材使用提出了较为系统的理论指导，即教师主导说、产出目标决定说和输入材料服务说，批判"过分依赖教材"和"完全抛弃教材"两种极端做法，提出选、调、改、增四种教材使用策略。

常小玲（2017）以 POA 指导下的《新一代大学英语》编写过程为例，提出"教学理论—行动研究双驱动"教材编写模式，强调教材编写中教学理论和行动研究过程中的互动关系，为教材编写理论指导提供依据。更多的研究以 POA 为理论指导，深入发掘已有教材的潜力，提高课堂教学效果。例如，范祖承（2019）结合 POA 中的选、调、改、增的教材策略和思辨内涵，重新设计教材中"区分事实与观点"这一阅读思辨技能，并对教学效果进行了评估。贾蕃、沈一新（2020）基于 POA 教材使用和评价理论框架，从教师视角出发评价《国际人才英语教程》，从产出目标恰当性和促成活动有效性两个方面提出该教材的改进空间，并强调教师在教材使用上的主导作用。非通用语教学也结合 POA 理论，对原有教材进行改编，通常关注 POA 教学流程中的某一环节。例如，邵颖（2019）以输出驱动环节设计为重点，对马来语专业原教材中的课文进行改编和课堂教学实践，弥补了原教材中产出目标不明确和驱动设计不足的缺陷；詹霞（2019）通过改编德语综合课教材，展示如何有效设计促成活动，并对教学设计进行反思；江潇潇（2019）对僧伽罗语本科一年级综合课教材进行改编，重点对产出任务设计思路与原则进行了说明和设计，采用渐进性原则开展课堂教学实践。这些研究以改编原教材为主，运用 POA 理念聚焦某一具体教学环节，充分发挥教师的主导作用以提高学生产出动力和教学有效性；同时通过教材改编，教师反思了教学实践，也实现了自我学习和专业发展。

5. 产出导向法教师发展研究

POA 理论构建和教学实践的过程中也促进了教师发展，近年来 POA 教师发展研究受到愈来愈多关注。文秋芳（2020）通过质性研究分析了三位熟手型教师在运用 POA 理论过程中专业发展和教师学习的过程，并构建了熟手型外语教师发展的理论框架，该理论框架为一个底座为五边形的四层尖塔（见图 4-6）。五边形分别指教师发展的五个起决定性作用的个体因素和一个位于底部的环境因素，其中个体因素是指自我意识、自我决心、自我目标、自我行动和自我反思，环境因素是指教师专业学习共同体。四层则分别代表教师发展从低到高的四个发展阶段：尝试性、解释性、创新性和解放性。随着教师发展阶段性提升，个体因素和环境因素以及两者之间的互动都发生相应变化。

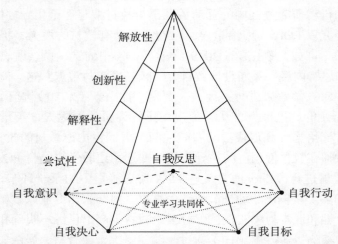

图 4-6　熟手型教师的发展阶段及不同维度（文秋芳，2020：53）

张文娟（2020）采用自我叙事研究方法，自我剖析在运用 POA 新教学理论和方法过程中的挑战和收获，揭示外语教师与外语教学理论互动以实现教师专业成长的轨迹，为教师同行利用新理论进行教学实践、寻求自我发展提供借鉴。邱琳（2020b）探讨教师在应用 POA 理论过程中出现的教师发展矛盾，并通过教学反思日志解决教师发展矛盾的策略和路径，研究发现，教师在践行新教学理论时，经历"试水期""内化期"和"自觉期"三个阶段，面对不同教师发展时期的不同矛盾，教师发展呈现"否定—发展—再否定"的螺旋上升发展路径。孙曙光（2020b）从 POA 教师合作评价实践中进行教师自我发展研究，并借助拓展学习视角（Engeström，2001），发现教师在师生合作评价过程中的自我发展是一个矛盾驱动、集体合作和横向动态发展的拓展学习过程，而不是传统的静态纵向发展路径，从而为教师专业发展提供借鉴。

6. 产出导向法与任务型教学法对比研究

POA 理论经常和任务型教学（task-based language teaching，TBLT）进行比较，文秋芳教授及团队也对两者进行了仔细区分和课堂教学实例对比分析。

邓海龙（2018）比较了 POA 和 TBLT 的教学理念、教学假设和教学流程，研究认为两种方法的教学理念上都突出"全人教育"和"在做中学"，但 TBLT 采用了"学生中心"，而 POA 采用"学习中心"两个不同主张，肯定教师的引导作用。在教学假设上，两者都关注语言输出和语言输入，但 TBLT 表现出"重用轻学"，从而割裂两者的关系，而 POA 体现"学用一体"，辩证地将两者结合起来；在教学流程上，两者都将语言运用作为教学活动的基础，但有"评学分离"（TBLT）或"以评为学"（POA）的分别。毕争（2019）从实际教学活动出发，从教学设计与实施、教学材料和使用场景、对语言和内容的关注点、教材使用的有效性及教师作用等方面比较两种教学方法，对比发现，POA 教学材料更符合中国大学生的特点和需求，同时兼顾交际目标和语言目标，密切联系输入和输出，更加适用于中国大学英语教学。唐美华（2020）则在英语专业精读课单元教学设计中以案例形式比较 POA 和 TBLT 在教学流程上的差异，对比发现 POA 相比 TBLT 更能激发学生产出内生动力，增强学生学习成就感，适合我国外语教学实际情况。文秋芳、毕争（2020）则从 POA 和 TBLT 的教学对象和教学目标对两者本质差异进行论述，并从教学单位、教学大纲和材料，以及教学实施步骤等方面系统阐述 POA 和 TBLT 的异同。文秋芳和毕争（2020）认为，虽然目前缺乏两者教学效果比较的实证研究，但教师可以选取两种方法中自认为合理的部分，结合课堂教学实际综合运用。

4.4.3 产出导向法的辩证研究范式

POA 以辩证唯物主义思想为指导，吸收国外优秀理论精髓，发展了一套自身独特的辩证研究范式。文秋芳教授率领的研究团队力图通过开展课堂教学研究构建本土化的 POA 理论体系，并且同时解决我国外语教学实践中的"学用分离"弊端，实现理论、研究与实践的辩证统一。

1. 辩证研究范式产出的背景

文秋芳（2017b）明确指出尽管 POA 理论体系构建日臻成熟，但研究团队在选择研究方法检验其效度时，遇到了巨大挑战。为应对这些挑战，文秋芳团队以辩证唯物主义思想为指导，依靠中国智慧，汲取西方研究方法精华，逐步发展了辩证研究范式（dialectical research paradigm，DRP）。文秋芳（2017b，2018a）认为，传统实验法虽然是检验教学法有效性的重要手段，但 POA 教学实践很难满足实验条件，即实验前的自然班难以在语言水平、学习动机和学习时间等方面确保高度相似性；同理，自然班的授课教师也很难保持同质性，即使同一教师也难以确保因教学熟悉度或班级偏爱等因素而导致不同的教学效果，教学效果检测很难真正做到客观公正。

此外，文秋芳（2017b）认为，POA 研究要实现理论创建和教学实践同步优化，而实验研究的目的不是改进教学而是创建理论，行动研究虽然以改进教学为目的，但对理论构建不关注。而 POA 理论体系不仅仅是构建本土化教学理论，更是解决我国外语教育中的"学用分离"弊端，提高外语教学效果，因此文秋芳教授团队探求新的研究方法来解决理论构建和实际应用中矛盾的对立和统一，即辩证研究范式（见图 4–7）。

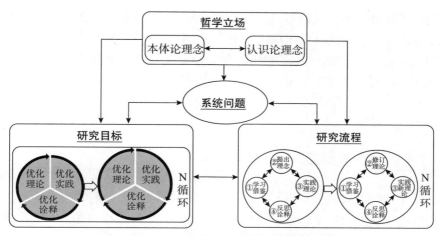

图 4-7　辩证研究范式的理论框架（文秋芳，2018：4）

2. 辩证研究范式的具体内容

文秋芳（2018a）对 DRP 的理论框架进行了详细论述。

DRP 的指导思想是哲学立场。哲学立场制约系统问题的选择，同时影响研究目标和研究流程的确定。系统问题与研究目标、研究流程之间存在互动关系：一方面，研究问题决定目标和流程的走向，另一方面目标和流程又影响系统问题的解决。目标和流程之间也存在相互依存的关系：一方面，流程的运行需要目标的指引，另一方面目标的实现又依赖于流程的顺畅运行。

DRP 在哲学观上主张理论与实践之间的辩证统一。选择的系统问题一般以问题为导向，都是现实生活中亟须解决的问题，而不是文献中的学术问题或是个人兴趣。同时 DRP 强调问题的复杂性和关键性，且 DRP 的起点和终点不是细小的微观问题，研究过程中也不着力解决零散、碎片化问题（文秋芳，2018a）。POA 理论构建过程体现了理论与实践的统一，POA 旨在解决中国外语教学中"学用分离"的问题，提升外语教学效果。而解决该问题涉及各种因素：教师和学生的学习观念和态度、课堂教学方法、教材使用和评价体系，这些因素交互相错。同西方实证主义方法不同的是，DRP 研究路径不是将高层次的问题分解为若干次级问题，最后形成某个（些）变量或实际问题，而是从高层次问题入手，在构建高层次理论框架指引的同时开展实践，为下一层次的理论问题提供依据。POA 的研究起点即为全局性系统问题，局部或微观问题在实践过程中生成，并通过实践构造次级理论，通过理论与实践互动，逐步完善整个理论系统。

4.4.4 学术贡献

文秋芳教授及其团队创建的 POA 理论以问题为导向，致力于解决中国本土的外语教学问题，历经十余年发展，已形成较为完备的理论体系，并在我国部分高校进行了教学实践和推广。作为具有中国特色的外语教学理论，POA 为我国高校外语教学提供了理论指导和教学范本，为国际应用语言学理论创新与发展贡献了中国智慧。

首先，POA 理论丰富了二语习得理论。POA 强调"学用一体"理念，即语言输入和语言输出不可分割，两者是辩证统一的关系。在二语习得理论中，"输入假说"（Krashen，1985）和"输出假说"（Swain，1995）都片面强调了输入和输出的作用，没有将两者结合起来。输入假说将输入作为二语习得的决定性条件，忽视语言输出的作用；输出假说认可输入的作用，肯定了输出的四大功能：提高语言流利度、检验语言假设、提高语言问题意识和培养元语言能力。但输出假说并未说明如何通过语言输入来完成这四项功能，Long（1983b，1996）在输入假说和输出假说的基础上强调互动包括纠正性反馈可以提供可理解性输入，从而促进语言输出时关注语言形式。POA 的输出驱动假设借鉴了西方二语习得理论对输入和输出作用的阐述，但颠覆了"先输入，后输出"的常规教学顺序（文秋芳，2015：552），结合中国外语学习特点，形成输出—输入—输出的新顺序，即以输出驱动带动输入促成，通过输入促成提高输出结果，从而将输入和输出辩证结合起来。

其次，POA 理论融合语言教育和语言习得。西方应用语言学通常割裂二语习得研究和语言教育的关系（Ellis & Shintani，2014），二语习得研究成果很少直接服务于外语教学。Ellis & Shintani（2014）提出两条路径来联通语言教学和二语习得：外语教师熟悉二语习得理论后自觉将理论运用到外语教学或二语习得专家考察教学手册后再与二语习得理论吻合。但 POA 理论同时关注二语习得和外语教学，有机融合课程论（外部视角）和二语习得（内部视角），通过课程论帮助制定课程教学的总体框架，借助二语习得理论为微观教学环节提供理论基础（文秋芳，2017a），将两个视角融合于 POA 课堂教学的三个有机环节中（见图 4–8），克服语言教育和二语习得之间的鸿沟。

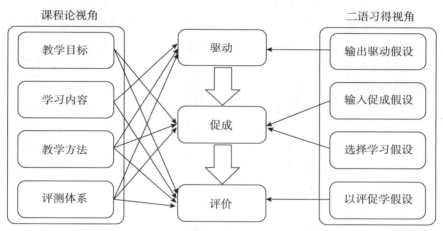

图 4–8　课程论与二语习得理论融于 POA 教学三个阶段（文秋芳，2017a：353）

再次，POA 创造性地构建辩证研究范式来检验 POA 效度。应对 POA 理论效度检验时遇到挑战，即难以满足传统实验法效度要求和难以实现理论与实践双优化目标，POA 团队提出辩证研究法，并在此基础上发展为辩证研究范式（毕争，2019；文秋芳，2017b，2017c，2018a），并将其概念化和系统化后用于外语教学研究，区别于传统西方二语习得研究方法。DRP 具有全局性思维、理论实践一体化和循环上升三大特点，是为外语教育研究"量身定做"的研究方法（文秋芳，2018a），将哲学立场、研究目标和研究流程有机融合，强调理论构建的问题导向和多次循环。外语教育类研究课题经常被纳入教改类研究，权重低于其他类型研究（文秋芳，2018a），DRP 的构建将有力促进我国外语教育研究上一个新的台阶。

最后，POA 理论依靠中国传统教育理论，贡献中国学术智慧。POA理论创建虽然借鉴了西方应用语言学理论，但更多是运用中国智慧解决中国问题。POA 运用毛泽东《矛盾论》和《实践论》中的哲学思想，并借鉴我国古代论著《学记》中的教育思想，提出了我国外语教学中"学用分离"的系统问题（文秋芳，2017a）。在检验理论效用时，始终坚持"实践是检验真理的唯一标准"这一马克思主义基本原则，通过大量行动研究和教学实践，不断修订和完善 POA 理论体系。POA 团队运用《矛盾论》中"具体问题具体分析"的原则，针对中国外语教育问题，提出符合中国国情的问题解决方案，不受西方教育理论中教师作用逐渐边缘化的影响，从《学记》的四条成功教学原则（豫时孙摩）出发，提出教师主导的原则，强调以"学习为中心"，而不是盲目相信"以学生为中心"，旨在解决我国高校外语教学中的实际问题，体现了中国智慧。

特别需要强调的是，由北京外国语大学中国外语与教育研究中心和外语教学与研究出版社举办的"创新外语教育在中国"学术论坛自2017 年起，每年在国内和国外各举办一次，为不断完善"产出导向法"理论体系，更广泛地推动"产出导向法"在高校外语教学中的有效应用发挥了很大作用。

4.4.5 对教学与研究的启示

POA 理论凝结了我国外语教学研究者的学术智慧，对我国广大外语教师和外语教学研究者也带来了一些启示。

首先，外语教学研究不同于二语习得研究，必须坚持以问题为导向，旨在解决教学中存在的实际问题，提供问题解决方案，而不是仅以学术文献和个人兴趣为出发点。POA 旨在解决我国多年来外语教育中的"学用分离"弊端，提高外语教学效果，面向高校大学英语教学，为中国外语教学实际问题提供解决方案。因此，外语教师应关注教学中出现的实际问题，以解决问题为出发点寻找外语教学与研究的话题。

其次，在解决外语教学中的实际问题时，不盲目崇拜西方外语教学理论和研究方法，不妄自菲薄，充分依靠中国传统教育理论和哲学智慧解决中国问题。因为不同的教学条件和教学目标，很多外来理论（如任务型教学法）嫁接到国内后容易产生水土不服，不能解决中国外语教学问题，POA 的创建正是为了弥补西方教学法的不足（文秋芳，2015，2017a；Wen，2018）。外语教师应着眼于中国传统教学理论和哲学观，指导外语教学和科研。

再次，明确外语教学问题的系统性和复杂性，做到持之以恒。外语教学不同于二语习得研究，除了涉及语言学习等内部因素外，还有外部因素，如课堂教学环境、教师作用、外语教育政策等，这些内外因素相互作用，因此任何外语教学理论用于外语课堂教学实践都不可能起到立竿见影的作用，解决外语教学问题是一个全局性系统问题。

最后，外语教学与科研并非完全割裂。POA 理论构建的过程体现了课程论外部视角和二语习得内部视角的融合（文秋芳，2017a），即外语教学和二语习得研究成果的有机融合。外语教师，尤其是高校外语教师，应充分利用自己的科研学术优势，善于从真实课堂教学中发现研究问题，以解决教学实际问题带动科研发展，以科研成果促进教学相长，做到理论与实践的辩证统一。

第三部分
英语教学研究方法

第 5 章
描述性研究

5.1　什么是描述性研究

　　关于应用语言学和教育学的研究方法有着不同的分类，最为普遍的分类方式是按研究设计是数据居多还是文本居多区分为质性研究、定量研究和混合研究三种（Creswell & Creswell，2018），也可以按照数据收集手段和数据分析手段进行更为细致的分类，在语言课堂研究中或许更常见的是描述性研究和实证性研究（Ellis，2012）。其中描述性研究既可采用质性研究方法，也可采用定量研究方法，它的整体性和全面性被广泛认可。

5.1.1　描述性研究的定义及特征

　　当我们需要对一个问题或者现象进行全面了解的时候，通常是先从记录和描述现状开始。由于描述性研究囊括了最适合探索和分析实际情况或事件特征的各种方法（Leedy et al.，2019），因此被广泛应用于语言学、教育学、心理学等多个学科领域。

　　描述性研究是从现象到理论的研究。在应用语言学领域，很多研究方法之间存在重叠和交叉。桂诗春、宁春岩（1997：105）将描述性研究定义为"介于质性研究与实验研究之间的一种研究类型"。研究设计旨在表征观察到的现象特点，收集被描述事件的相关数据，然后系统性表述其特征或揭示几种现象之间的关系。在英语教学研究中，研究者记录课堂上教师、学生的行为，语言以及互动，或者用来了解教育者或学生的态度、观点、信念和课堂数据资料，然后对收集到的资料数据进行转写和分析。

描述性研究主要有以下五个特征。

第一，研究环境的自然性。描述性研究首先是不涉及修改或干预自然情境下的研究对象的，也不是为了确定相关性或因果性（Leedy et al.，2019），主张依据已有的数据或现象预先提出假设，并以此作为进一步研究的基础。这一点与实验研究需要控制与操纵变量的研究手法有着非常显著的差异。

第二，内容和数据的全面性和深刻性。描述性研究力求呈现问题的全貌和深层次要素，在描述性研究中往往采用多渠道的数据收集方式，如观察、访谈、问卷或录音录像资料等。在这一层面上，描述性研究与质性研究有很大相似之处，都是主张全面地观察问题，但描述性研究不排除会聚焦于一些特殊问题，观察一些特殊现象（桂诗春、宁春岩，1997）。

第三，主客位视角的融合性。描述性研究的研究过程和多渠道数据收集方式要求研究员不仅要从自身视角描述研究现象和主题，也会把注意力放在研究对象的看法和观点上。

第四，作为基础研究的可拓展性。描述性研究获得的结果为统计性数据和结论。除此之外，描述性研究不拘泥于定性和定量，可以将不同的研究技术和分析手段应用于数据，通过整合全部数据提取出主题和深层涵义，因此，它也可以用作其他相关或类似研究问题的辅助数据和前期研究参考。

第五，跨学科性。由于描述性研究所呈现的这些特征，描述性研究成为人文社会科学跨学科研究的首选研究方法。

关于描述性研究，很多研究人员会把它和质性研究混为一谈。桂诗春、宁春岩（1997：106）以示意图（图5-1）的方式区分了外语教学中常见的三种研究方法。

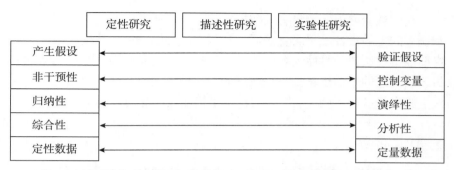

图 5-1　外语教学中三种常见的研究方法（桂诗春、宁春岩，1997：106）

质性研究同样是从综合的视角入手，不会预设研究重点和数据类型，但是描述性研究虽然采用同样的数据收集方式，如观察、问卷、访谈等，但研究设计的聚焦性更强，问题更集中，并且也可以做定量分析，拟定研究假设后可以开展非实验研究，是一种独立的研究类型。很多外语教学研究其实多数采用的是描述性研究，只有少数是纯质性研究（刘润清，2015）。

5.1.2　描述性研究的分类

描述性研究种类繁多：可归纳、可演绎，可用来提出假设、也可用来检验假设，可以使用质性数据、也可以使用定量数据。按照数据收集来源进行分类（Mckinley & Rose，2020），常见的有调查研究法（survey method）、观察研究法（observational method）和个案研究法（case study method）。

1. 调查研究

调查研究是获取信息或收集数据最普遍和最容易的研究方式之一。通过对研究现象进行实地考察、对研究对象或参与者进行访谈、问卷调查等方式深度探索和描述研究问题。对收集的资料和数据进行精简提炼或编码，然后进行详细分析和有深度的讨论。

在调查研究中，收集有效数据非常重要。研究中所使用的访谈问题和调查问卷的设计质量会直接影响到调查研究的信度和效度。因此，要提前准备好访谈的具体内容，写好访谈提纲，问卷应该是开放式问题和封闭式问题的平衡组合。收集数据的方式可以是面对面进行，也可以在线上或离线进行。调查研究是大样本量描述性研究的首选。

2. 观察研究

观察研究是最早在人类学和社会学领域建立的一种研究方法（Jorgensen，2015），被定义为"对特定社会环境中事件、行为和人类活动的系统描述"（Marshall & Rossman，1989：79）。在应用语言学领域，观察研究往往是在给定的情境中系统地观察与语言相关的事件、互动、行为、关系和产出（Curdt-Christiansen，2020）。观察研究需要抽样来选择将要观察的对象，观察范围和研究背景要有明确的限定和说明，观察的结果也限于一定数量或条件，从观察中收集的数据可以做质性或定量分析。

但观察研究也存在自身的缺点：观察研究非常耗时耗力，而且如果被观察者发现自己正在被观察，有可能会对自己的表现进行调整，从而导致观察结果产生偏差，而研究者作为研究工具，在数据收集和分析过程中同样需要避免主观态度或偏见对研究的影响。

3. 个案研究

个案研究（又称案例研究）主要强调研究的主题是个体或个别案例。采用个案研究的出发点可以是多种多样的，如研究语言学习者写作流利性、准确性和复杂性的发展过程（Larsen-Freeman，2006），或者为了研究某个特定的类型，如语言学习者的身份建构、能动性等（Duff，2020）。

个案研究不适合确定因果关系，因为它不能提供准确的普及性结论。Duff（2020）认为个案研究适合用于个体或不同维度要素的复杂性研究，可以选择有特点的、不寻常的个体或特定群体进行纵向或横向研究。个案研究通常可以得出可检验的假设，为后续的研究提供方向和借鉴。

5.2　描述性研究的数据收集

外语教学研究中，研究者可依据研究问题及研究目的，选取多种不同的数据收集方式，包括录音／录像、民族志式数据收集、课堂观察、访谈和问卷调查等，下文对这些方法一一进行介绍。

5.2.1　录音／录像

在社会语言学，社会学和人类学研究方法中（Heller，1999），对谈话进行录音和对观察现象或人类活动进行录像一直是数据收集的重要方法，语法分析和互动分析都依赖于录音和录像的记录（Moyer，2000）。

录音或录像的优点非常明显。首先，给研究者提供了独立观察数据的机会；其次，录音／录像使创建音频和视频数据库成为可能；第三，录音／录像的记录可以进行重复播放和延时观看，记录和数据可用于支撑分析性说明中的观点。这在质性分析中是非常有必要的，分析的复杂性和有效性会依赖于研究者对言语和非言语行为的详细转录；最后，与实验室或实验研究不同，录音／录像记录往往是无法人为复制的具有一定独特性的实例，对于之后的同类研究来说也是最直接的原始数据（Clemente，2008）。

1. 录音／录像的应用

录音还是录像的具体应用是由研究目的和研究问题决定的。在决定使用何种方式进行记录之前，必须对要研究的现象以及支持研究结果所需的数据类型有清晰的认识。假如所要研究的现象是多模式的，存在语言和非语言交流的协调，或交流存在同步性，或者有对工具的使用，则视频是非常必要的；如果研究不需要非语言数据，那么仅音频录音就足够了。比如，在聚焦语言学习者口语能力的描述性研究中，仅需要对研究对象的言语行为进行分析，录音设备就足够了，如果为了呈现研究的整体视觉感，也可以使用分段的视觉信息，比如，使用照片、示意图等代替视频（Clemente，2008）。

Nakatsukasa & Loewen（2015）通过视频记录 12 个小时的课堂互动来收集数据，以了解语言教师在二语课堂使用第一语言的情况，根据所使用的语言类型集中进行编码，并计算其使用频率。

2. 录音／录像的准备工作和设备

录音／录像所涉及的大部分工作就是录制本身的准备，这包括购买设备、确定设备兼容性和决定如何处理数据等。比如，特定的麦克风是否可以与摄像机配合使用，或者记录的数据是否可以传输至计算机，录音录像的数据是要编码还是转录，这些问题最好要提前思考并做好准备。

由于设备的质量决定了将要使用的音频和图像的质量，而且之后进行改进的空间是很小的，所以选择设备时一定要对设备的基本参数进行了解。当然，对于大多数研究而言，非专业的数码摄录机是可以满足基本要求的。录音设备可以单独使用，也可以与摄像机结合使用。

3. 录音／录像的记录管理

关于音频和视频的记录管理首先要强调的是尽量不要使用原始记录进行数据分析。原始记录应播放后创建有效的备份副本，然后重复播放副本进行研究。

其次，建议为每个记录创建一个内容日志（Duranti，1997）。通过内容索引，方便查找数据库中的特定活动或片段。

最后，可以对记录进行编辑以方便后期的数据分析。例如，分段回放对视频进行注释，添加字幕以及转换和压缩数据以存储在硬盘上。

5.2.2　民族志

民族志研究本身是一种独立的研究类型，最早发源于西方学者对原始文化和原始部落的研究。民族志（ethnography）一词中词根 "ethno" 来自希腊文，意思是民族、文化群体，后半部分 "graph" 的意思是画、记录，组合起来就是民族志最简单的定义——描写人的研究，顾名思义，就是一门观察和描述人类社群、发展、行为模式、文化习俗及信仰的学科。

民族志研究出现后推广到了社会学、心理学与教育学领域。研究群体的概念也随着时间发生了改变。语言学研究中，研究者往往需要深入特定人群、活动或事件进行与研究问题相关的描写（张姗姗、徐锦芬，2019），由此借鉴了民族志研究作为数据收集方法。在外语教学研究中，民族志与多种数据分析方法相结合，可以整体地展现教学过程中的不同微观层面。

1. 民族志的特征

首先，民族志不是单一的数据收集方法。通常涉及许多不同类型的数据，这些数据是通过各种方式收集的，例如，参与者视角的观察数据、田野笔记、互动的音频和视频记录、访谈、档案、地图和绘图、人工制品图片、标志和符号等。同样民族志的数据呈现方式也不是单一的，可以以书面、照片或音频／视频方式呈现。

其次，民族志观察不是一个被动的观察和记录过程。民族志学家有时甚至会在特定族群中扮演某个社会角色，并参与其活动。

第三，民族志研究只关注特殊群体，或极少数情况，通过长期对某一特定群体描述性细节的积累，建立解释性理论。因此研究的可复制性不是民族志研究的目标。Hornberger（1988）的民族志研究长达两年，研究了在秘鲁说盖丘亚语（Quechua）的乡村学校里学生的语言意识和语言态度，并详细记录了他们的语言使用情况和实践。研究发现，他们对口头和书面西班牙语和盖丘亚语的态度有明显区别，并且整体上有向盖丘亚语风格方向发展的趋势。

总之，民族志数据收集方式强调全面，对数据的标准以充分性、丰富性和深层次性来衡量，而不是准确性。研究者也可以通过民族志的叙述来表达自己的观点。

2. 民族志的应用

应用语言学家渐渐发现民族志是了解教学环境下语言学习和语言使用的有效工具。从 20 世纪 60 年代开始，人们就意识到语言课堂具有自己的生态性，教师和学生的背景和过往经验与政策、教材等相互作用，共同创建出特定的环境或生态系统来进行知识的传授。这个系统中任何元素的任何变化都可能对教学实践产生重大影响。在这一观点推动下，外语教学领域出现了大量关于课堂互动的文献（Erickson，1996；Flewitt，2011；Jewitt，2008）。

民族志研究常被应用于探索多语和多元文化的课堂生态，主要聚焦于语言教学中信息的获取问题（Creese & Martin，2008；Hélot & Laoire，2011）。民族志也可用于语言教学中特定的学习任务和过程。Starfield et al.（2016）使用民族志来研究学习者在学术写作过程中的感受和体验。Duff（2002）在一所多种族多文化混合的中学研究了语言使用和社会化现象中的宏观和微观环境，揭示了课堂话语中的矛盾和紧张关系，教师面对文化差异做出的调整和尊重方面的尝试，以及学生对自我身份的建构和表达对此微观环境产生的影响。

除了课堂和语言学习者，民族志研究同样可以用来探索教师身份和职业发展（Starfield，2020）。Canagarajah（2012）结合批判民族志和扎根理论的研究分析方法，详细叙述了自己从一名斯里兰卡的 TESOL 教师成为美国一所著名大学教授的发展轨迹以及自己在成长过程中的体验，批判了 TESOL 教育的现状，呼吁 TESOL 教师发挥自身能动性，以脱离在西方主流社会中的边缘化地位。Chun（2016）在一所加拿大大学的英语强化课程中，对学术英语课程班进行了为期 11 个月的民族志研究。发现教材中编入的移民励志故事无法影响学生社群中的不平等现象或解决身份认同问题。在研究推进的同时，研究者进一步与学术英语教师进行对话，讨论了他们在教育环境下和其他社会语境中种族身份带给他们的影响。

民族志研究的兴起为后现代的人文研究写作提供了新的探索方法和认知方式，给研究者更多的自由去表达个人观点和展现个人风格。

5.2.3　课堂观察

许多描述性研究依赖个人观察作为基础数据来源。观察也是英语教学研究最基本的数据收集手段。课堂观察不仅仅记录感官上感知到的现象，更是研究者思维的体现。观察起源于民族志研究，研究者描述与语言相关的事件和人的语言行为，如语言教学和学习经历、活动、互动以及在不同环境（例如家庭、学校）下的语言交流方式。通过观察收集数据至关重要的是确定要观察和记录的内容、如何记录以及从丰富的田野笔记（field note）中提取什么数据，最后将观察与其他方法得到的数据进行三角验证（Curdt-Christiansen，2020）。

1. 观察的内容要素

课堂观察可以为研究者提供直接研究自然环境中真实情况的机会，通过非参与式的观察记录人的行为模式和现场数据。在调查和问卷中产生的数据有一部分属于自陈式数据，而人的态度和行为不一定总是一致的，所以观察性数据在这一方面弥补了调查性数据的潜在缺陷。基于教学的观察数据一般要包括以下几个要素。

- 场所：介绍观察的实际环境，如教室、社区中心或研究所等。记录观察地点的环境要素，如教室的大小、桌椅布置等。
- 行为者：涉及的人群包括学生、教师、传统语言学习者及家人、教育政策制定者、母语人士及多语言学习者等。研究者倾向于指出研究参与者之间的状态和权力关系。
- 互动：教师和学生在教学互动中的语言使用和反馈。比如，互动中涉及的主题、教学语言、师生互动、生生互动、非语言行为、面部表情、语音语调、正式或非正式语言等。
- 事件顺序：事件或活动的例行程序、仪式和情节，例如，课堂教学活动的流程、在家每天允许观看远程教学视频的小时数或与语言文化有关的庆祝活动的仪式（如圣诞节、农历新年）等。
- 时间：观察需要长期进行，通常研究者会策略性地选择一些观察期，往往聚焦于具体的教学活动或实践。也可以选择跨较长时间段的定期观察，例如，一个学期固定时间每周一次或者一年中每月两次。

2. 观察的类型

记录到的观察性数据可以从高度结构化到非结构化的连续体中识别观测值（Patton，2015），观察法可以分为三个类型：结构化观察、半结构化观察和非结构化观察。其中聚焦性较强的结构化观察在语言教学领域相对更加常用。

同时对研究者在观察时的身份进行分类也很重要，因为他们的存在和参与会影响数据的类型，有时甚至会影响数据的质量。通常，研究者的角色可分为以下几种（Cohen et al.，2011）：完全参与者、部分参与者和非参与者（完全观察者）。研究者可能会选择在其研究课题中扮演不同的角色，根据研究目的和研究手段的不同使用不同的结构来收集所需数据。

3. 观察的应用

结构化观察通常使用预设的观察方案收集用来验证或者反驳研究假设的数据，它已被广泛用于外语课堂研究。研究者使用该方法收集"二语课堂和外语课堂中发生的教学活动、互动、教学指导和语言类型等信息"（Mackey & Gass，2005：186）。观察量表通常包含许多类别或元素，可以记录或计算其中某些语言的出现频率、形式等。课堂观察可以使用现有的量表或者根据研究需要自行设计量表。

一项新加坡课程改革研究（Curdt-Christiansen & Silver，2013）采用了结构化观察和非参与者视角研究了特定的英语素养课程政策在低年级学生中的实施情况。研究者在学校使用了在线观察手段，探索政策改革在哪些方面已取得成效。研究者在 10 所学校的 20 个课堂中提取课堂监控视频，记录了有关课堂观察多方面的具体数据：教学材料的采用、教室的布置和课堂活动的参与方式等，并设计了一份观察量表来绘制数据结构，表 5–1 显示了该研究的在线观察量表和部分编码。

表 5-1　课堂在线观察量表（Curdt-Christiansen，2020：340）

框架	小时	分钟	活动		时长	%
开始时间	0	0	类型	8		
结束时间	0	0	时间	21		
课程号			活动设计		止于24分37秒	
教室环境						
主题			**技能聚焦**			
		其他	语言技能	6		
参与模式	6		数学技能			
						其他
学生参与情况			**产出 / 工具**			
完成任务	3		教师工具	1		
愉悦感	3		学生工具	6		
			学生产出	4		
课堂管理			学生产出，小组 / 个人	3		
鼓励学生	3					
非惩罚性手段	4		**记录**			
鼓励学生	1		过程 / 产出			
			参与人			
环境温度	4		类别			
物理层面			特性			
社会层面						
心理层面			**知识分类**			
情感层面			知识的权威来源			
			教师对活动的评价			
促进学习						
鼓励独立完成			**知识的深度**			

（续表）

框架	小时	分钟		活动		时长	%
鼓励合作				事实知识/死记硬背知识/ 基础知识			
容忍错误				程序性知识			
促进批判性思维				高阶概念			
促进创新性思维				条件性知识			
促进问题解决							
				对知识的处理			
持续评估				模仿			
				诠释			
				应用			
				生成新知识			
				语言表述			

　　量表分为两部分。第一部分包括七个类别，包括框架、模式、学生参与情况、课堂管理、环境温度（warmth）、教师促进学习的行为和持续性评估。第二部分是活动观察量表，同样包括七个类别：活动类型、技能重点、产出/工具、记录、知识分类、知识深度和教师对学生知识掌握情况的评估。这些观察记录结果使研究者可以确认并完成最终编码。每次观看课堂视频后完成的编码表都保存在该项目的数据库中，清晰地说明数据收集的来源和时间。

5.2.4　访谈

　　访谈就是以问答的形式收集信息和知识，这一传统可以追溯到古希腊。访谈作为研究数据收集方式尤其适合于收集事实信息（年龄、学历和过往经验等），个人的信念或特定现象的形成路径（Braun & Clarke，2013）。

1. 访谈的类型

　　一对一的访谈通常分为三种类型：结构化访谈、半结构访谈和非结构访谈。结构化访谈由预先确定的问题和答案组成，有点像面对面进行的问卷调查；半结构访谈最为常见（Braun & Clarke，2013），研究者按照准备好的访谈提纲进行访谈，可以预设一些答案，但会留一些话题与被访者进行开放式探讨；非结构访谈是由被访者对主题的回应来引导进行的，研究者对于访谈的内容和走向干预较少，留给受访者较大的发挥空间。

　　除了一对一的访谈形式，还有焦点小组（focus group）访谈。焦点小组通常可以定义为针对特定主题或现象的小组讨论（Stewart et al.，2007）。对于研究小组互动的应用语言学研究者来说，在焦点小组访谈中，重点是小组，而不是个人（Galloway，2020）。讨论通常持续 1~2 个小时左右，不会预估所需的确切时间，允许研究者能够进行深入的讨论。

2. 访谈的设计

　　进行内容丰富的、有效的访谈并不像看起来那样容易，研究者在进行访谈前要对访谈的形式、细节、内容提前做好准备，有经验的研究者在访谈过程中也会做灵活的调整。关于访谈的设计有以下几点注意事项。

　　第一，研究人员在计划阶段要做的第一件事就是考虑收集访谈数据的目的和可行性。根据访谈所需得到的信息设计访谈大纲并预先确定一般访谈问题和可能的后续子问题。

　　第二，选择访谈的类型，起草访谈提纲。不同的访谈类型适合不同的研究主题。一些经验丰富的研究者非常擅长进行开放式、非结构化访谈。如在民族志研究中，非结构访谈形式是首选，被访者越多地参与，所提供的细节就越多样化，有助于研究者定义访谈的内容并确定访谈的进度。但即使是非结构访谈也同样需要列出要涵盖的主题列表，当发现对话在朝着无意义的方向进行时，研究者要尽力将访谈引导回正题。

　　第三，确定合适的访谈时间、地点和方式。理论上讲，访谈可以在方便交谈的任何地方进行，但是访谈的地点环境和时间都会对受访者产生影响，可能还会进而影响访谈的信度；或者有些受访者有偏爱的会谈方式，如通过线上会议软件或者社交软件进行访谈等，所以访谈的时间地点和方式最好由受访者决定。

第四，可以通过闲聊打破僵局，让人们以他们想说的方式说出他们想说的话。做好情绪和表情管理，不要总保持严肃，但尽量不要表现出惊讶、同意或不赞成。将访谈聚焦于具体和实际话题，而不是抽象或假设的话题。例如，如果正在做教师访谈，要询问有关特定教学策略而非教育理念的问题。否则可能只会得到校方提供的"官方声明"。

第五，对访谈要逐条记录和回应。无论使用手写笔记、速记、录音设备还是手机软件，当受访者话语前后出现矛盾，或者说的可能不是他原本打算传达的内容，请复述或播放他的话语，并询问其是否准确反映了他的想法。

第六，进行焦点小组讨论时，需要考虑小组群体动态。邀请两个或两个以上的人参加访谈时，这些人很少会平等地扮演受访者角色。一些参与者可能会主导对话，其他人可能不愿表达自己的观点，如果没有特殊情况，研究者要尽量确保小组中的每个人都有机会回答每个问题，这样才能获得更多具有代表性的数据，因此针对焦点小组访谈的问题清单要保持简短。如果需要录制焦点小组访谈会议，最好在会议开始时让参与者标示出自己的姓名，这样做将有助于以后转录访谈会议内容时确定信息或者数据的来源。

5.2.5　问卷调查

Brown（2001：6）定义问卷调查为"向参与者提供一系列问题或陈述的书面工具，参与者应通过确定现有的选项或写出答案来回应这些问题或陈述"。大多数关于问卷的介绍都集中在所谓的纸质问卷上（Brown，2001；Dörnyei，2007），这些问卷通常是由作者从草稿开始设计，打印并分发给潜在的受访者。如今，使用在线软件设计和管理问卷调查表的效率更高，这给设计问卷带来了一系列新的亮点和挑战。

1. 问卷的应用

研究者使用问卷的原因有很多。Dörnyei & Taguchi（2010）指出，问卷可以提高研究人员的工作效率，缩短工作时间的同时保证一定的工作量。只要研究人员熟悉统计信息，对问卷数据的定量分析也可以做到高效处理。如果使用在线问卷，则可以节省更多时间，因为不需要一一输入数据。取而代之的是，数据可以轻松地下载为 Excel 文件，然后转换为研究所需的任何格式。

越来越多的经过试验和测试的线上问卷软件正在被推广和普及。比如，二语研究工具及材料（instruments and materials for research into second languages，IRIS）数据库包含了二语研究所需的数据收集工具、材料、数据编码和分析工具，研究应用包括第二语言和外语学习、多语种、语言教育、语言使用和处理。线上的资料包可以免费访问（Marsden et al.，2016）。随着时间的推移，这类线上研究工具的可用性会越来越高。

Rose & McKinley（2018）对 2017 年出版的部分语言教育和应用语言学期刊中使用了问卷调查方法的研究主题进行了分类，结果显示使用问卷调查法收集数据的研究主题具有多样性：语言意识、教师的自我效能、反馈、对英语和其他语言的态度、TESOL 实习教师的观点、学习者的信念、动机以及语言学习环境对学生认知的影响等，此外，问卷还通常被用作辅助工具收集人口统计信息、与语言背景有关的数据以及对研究过程的反馈。

2. 问卷的内容和编写原则

一份专业的有效问卷应具有：简短的标题、问卷的简介、有关如何回答问题的说明，题目以及结尾的感谢（Dörnyei & Taguchi，2010）。

问卷的题目是最关键的部分。没有适当的题项，研究人员将无法收集高质量的数据。在编制问卷时需要注意一些编写原则（Iwaniec，2020）。

第一条原则：题项要清晰简短，问题应使用无术语的自然语言编写，尽量使用研究参与者熟悉易懂的语言。

第二条原则：尽量避免题和项目中出现双重否定。例如，

你同意 / 不同意下列表述？
不应该要求老师在课下时间辅导学生课后作业。

但这不意味着放弃使用任何带有否定措辞的项目。相反，负面和正面项目的混合将有助于保持读者的认知参与度。与其使用否定结构，不如使用形容词、名词和动词为语句添加否定含义。例如，"我不喜欢"可以替换为"我讨厌"。如果必须要在问卷中使用否定式的题项，应该做出标注引起参与者的注意。

第三条原则：封闭式问题的选项要相互排斥且穷尽所有可能。比如，以下关于学习英语年限的答案选项就不是互斥的，也不是穷尽的：

- 1 年或以内
- 1 年至 3 年
- 3 年至 5 年
- 5 年至 7 年

第四条原则：使用多个题项测量抽象的概念。单一题项具有特殊性，多题项类型的问卷适合测量诸如信念、态度或兴趣之类的抽象概念，这样产生的数据结果就是许多答案的综合。

3. 问卷的题项设计

编写题项是一项复杂的技能，问卷编写者必须做出的关键决定之一是如何设计具体题项。从广义上讲，调查表题项可以分为封闭式和开放式。封闭式题目是参与者通过选择研究者提供的答案之一来进行答复，比如，李克特量表（Likert scale）、语义差异量表（semantic differential）、数值型等级量表（numerical rating scale），以及对错项、多项选择和排序等题目。封闭式问题占多数问卷的大部分内容。这些回答通常易于编码然后进行分析。由于其明确的结构性，受访者可以相对轻松地做出回答。相反，开放式问题要求参与者以自己的语言回答，包括简答、澄清问题、句子完成等。这类题目可用于收集相对较难进行预

构建的数据，从而使问卷能够为探索性问题提供答案。无论选择哪种题项类型，都需要清晰地示例说明。

1）李克特量表

问卷中最常使用的封闭式题目之一就是李克特量表，也称作总加量表（summated rating scale）。选项设计通常从"强烈同意"到"强烈不同意"以表明对某项陈述的同意程度，一般是五级或七级量表。

在五级和七级量表中，被访者可以选择中立的"中间"选项。这可能是一个非常真实的答案，Chen et al.（1995）发现相比北美同学，东亚学生更有可能选择中立选项。如果参与者的动机或能力较低，则中立性回应也可能是由于缺乏对项目的认知造成的。

2）语义差异量表

当使用语义差异量表时，受访者会在两个相反的形容词/陈述的连续体上标记他们的回答。这种双极式的量表让被访者辨别某个概念体的多重特征，同时避免同时写下重复或模糊的回答。使用语义差异量表的一个很好的例子是 Hessel（2015）对理想二语自我的测量，在每个陈述之后都跟着五个 11 级的量表，用来反映学习者的理想二语自我性质，见表 5–2。

表 5–2　语义差量表范例

我会和英语母语者建立起亲密的关系。		
我非常渴望可以这样。	——	我完全不渴望这样的事情。
我经常想象自己可以这样。	——	我从没想过。
在我身上非常有可能发生。	——	在我身上不太可能发生。
非常符合我。	——	完全不符合我。
我非常努力达成这样。	——	我没有为之付出过努力。

数值型等级量表与语义差异量表相似，在量表上选择一个数字来对应项目。例如，受访者是要求以 1 到 10 的等级来评估了解外语的重要性，其中 1 表示完全不重要，10 表示非常重要。

3）多项选择题

多项选择题允许问卷参与者选择研究者提供的一个或多个选项。它们通常是简要回答问题的一个很好的选择，例如，研究人员可以提供一个可供选择的选项列表，而不是要求学习者自己列出他们在哪里学习英语，通常最后一个选项会设置成"其他"。问题呈现半开放式，参与者在出力最小的情况下提供了他们的答案价值，因此增加了完成问卷的机会。

4）开放式问题

即使在问卷中开放式问题的使用率远低于封闭式问题，大多数问卷还是会设置此类问题。这是因为开放式问题通过允许受访者发表意见而传达了一个信息：他们的反馈会被重视。尤其当被访者对封闭式题项不完全满意时，他们可以通过开放式问题提供更详细的说明，而不是选择放弃问卷。因此，每个调查问卷在结尾处设置开放式问题或评论是很有必要的。

设计问卷时，有必要考虑其布局和长度，因为这两个因素都会影响潜在的答复率（Dörnyei &Taguchi，2010）。在线调查的布局相对简单，因为应用程序通常为用户提供非常吸引人的模板和易于阅读的默认设置选项。这些包括字体、大小、选项的间距以及标题的格式。但我们依然建议研究者在启动调查之前，在各种设备（电脑、手机等）上对在线问卷进行试用，以评估填写问卷所需的时间。Dörnyei & Taguchi（2010）建议该时间不应超过 30 分钟，以免参与者因疲倦而影响问卷质量。此外，问卷页面不宜过长，以免过度滚动屏幕而带来不便。

5.3 描述性研究的数据分析

英语教学中描述性研究的数据分析方法主要衍生于二语习得、语言学和社会学的理论框架。描述性研究中对于语料的分析主要是基于内容、模式和语境，最常见的三种分析法是输入互动分析（input interaction analysis）、会话分析（conversation analysis）和话语分析（discourse analysis）。扎根理论（grounded theory）的数据分析和理论建构方法也逐渐被用于英语教学研究中。

5.3.1　输入互动分析

互动分析可以理解为许多方法的总称，这些方法追求"对人与人之间的互动进行实证研究"（Jordan & Henderson，1995：39）。互动分析的理论前提是，当人们在特定的情况和空间以及特定的时刻与他人互动时，互动双方或多方会同时创建、维护或改变所处的状态，这一过程体现了对社会规约的理解、对自我身份的认识，以及不同的意识形态（Miller，2018）。

互动是 SLA 中一个非常重要的概念，早期的互动研究大都不是在二语课堂环境中进行的。从 20 世纪 90 年代以来，互动研究成为课堂二语言习得（instructed second language acquisition，ISLA）中最为广泛的研究领域之一（徐锦芬，2020b）。Markee（2008）认为，语言学习者互动能力的发展是可观察的，可以把互动的建构过程用一些概念描述出来，比如，话轮、修正、手势等。

1. 输入互动分析系统

早期的互动分析系统是基于 Flanders（1970）的课堂互动分析系统（Flanders interaction analysis system：FIAS）改编的一种分类工具，Moskowitz（1971）将 Flanders 的 FIAS 引入外语课堂研究，形成 Flint（foreign language interaction）互动分析工具。相比 FIAS，Flint 的编码系统更加全面，增加了对互动中多媒体技术的观察项目，把原先 Flanders 10 项师生互动分类继续细分到 22 项行为类别项目子集。

后来 Fanselow（1977）编制了 FOCUS 观察表（foci for observing communications used in settings），这套观察体系由构成话语单元的五个类别组成，每个类别用来回答一个问题，同时包含了若干子类别。

- 数据来源：即交际者是谁？是老师、学生、小组还是全班？
- 教学重点：老师是如何组织教学、诱导学生发言的？老师是如何进行反馈和评价的？
- 互动媒介：互动媒介是语言、非语言或是副语言？
- 语言使用：教学中使用了何种语言交流内容？比如，提醒注意、描述特征、呈现、关联还是再呈现？

- 互动内容：就何主题或者内容进行互动？

显然，FOCUS 系统提供了比早期系统更为完整的语言教学描述。根据特定的互动项目编码表操作标准进行编码之后，就可以从数据中提取出规律或者概念，也可以选择对数字进行统计分析，然后得出结论。

2. 输入互动分析在教学研究中的应用

Hellermann & Harris（2015）在一项历时 9 个月的个案研究中，追踪了一名美国移民的语言学习轨迹。这名语言学习者 Li 参加了针对成人的英语作为二语学习的课程，并且她的语言课程属于一项课堂研究项目的一部分，因此，她所有的英语课都在一个配备有六台摄像机的房间内进行，研究者观看了她所有的课堂视频（156 个小时），并且在观看视频时，详细记录了她参与课堂互动的一举一动。作者随后进行了多次反复观看，进一步完善了转写部分的编码。研究者发现，这名从中国台湾来的移民学生有能力将老师的问题进行翻译，因此老师似乎对她回答的内容抱有期待，但是在几次提问后，Li 均没有作答，教师对该问题重复了五次，这表明 Li 确实不明白为什么老师在问这个问题。教师模仿了睡觉的动作并模仿了闹钟的声音之后，Li 终于对问题做出了正确的回应。将近 22 周后，Li 再次与同学一起参加日常英语的练习任务，虽然这次教师没有参与互动，但 Li 已经知道如何完成练习任务了。

Dahlberg & Bagga-Gupta（2014）探索了在线意大利语课程中的学习和互动，这项研究聚焦于线上学习实现互动的具体途径，以及由此产生的特定的学习者身份。他们自己创建了一套转录方法，以适应在线学习环境的特殊性，研究者转录了他们的书面语和语音对话，以及多个对话者视频通话的情况，包括一些他们捕获到的在互动中发生的动作变化，比如，对话者的面部表情和手势等。他们认为，这种在线学习也会形成一种生态系统，在这个生态系统中，互动产生的作用是指向学习过程，而不是学习结果；超语言实践不仅能够解决目标语言知识不足的问题，而且还能体现互动参与者对"使用的语言种类和方式的取向"（Dahlberg & Bagga-Cupta，2014：475）。研究发现，聊天对话框中的教师元语言话语可以帮助互动参与者确立自己的身份定位。所以参与者的身份或立场得到了构建，在某种程度上是通过一些独特的沟通方式来实现的。

5.3.2 会话分析

会话分析这一研究方法最早出现在社会学领域，是随着录音技术的发展而繁荣起来的，最初是由 Sacks 和 Schegloff 于 20 世纪 60 年代末提出并发展的，Garfinkel（1967）又在他们的基础上突出了会话分析中对日常活动的秩序性研究，最终确立了会话分析的三个研究目的：揭示会话序列的系统特征、阐明交际者创造有序的言谈应对的具体方式、解释互动中言谈应对背后的社会规约。

1. 会话分析的特征

首先，会话分析是从"绝对的主位"视角（Kasper，2006：84）来分析言语应对。也就是说，谈话对参与者的意义比对研究者的意义更重要，会话分析只处理自然话语数据，不像互动分析和话语分析既处理自然话语数据，又处理人为诱导的话语数据（Nunan & Bailey，2009）。研究者不会提前预设数据类别，而是结合语境因素的影响和作用，分析交际者是如何构建话轮和理解他人话轮的。

其次，会话分析认为所有交际者的言谈应对是有组织结构的可重复的模式，表现出了社会行为的特征。这些模式特征与其他社会规约一样具有稳定性，所以研究者是可以通过研究交际者的言谈应对来分析其背后涵盖的社会层面和认知层面的知识。

最后，也是会话分析最有特色的一个特征，就是对语料转写绝不放过每一个细节。会话分析认为社会行为的每个细节都包含着社会结构的重要信息，每一个眼花缭乱的转写符号在研究者眼里都是有秩序、有价值的。

会话分析的这三个特征促成了这一分析手法的不断推广，也促成了它语料驱动的研究风格（Schegloff & Sacks，1973）。

2. 会话分析的设计

会话分析中的重要概念都是围绕会话中的话题、交际者和话轮展开的，如话题的组织、话轮的组织、交际者的优先结构、会话修正、话语开始和结束的具体时间点、会话中的叙事风格、双关语、笑话等。

会话分析的语料转写体系主要是由 Jefferson（1984）发明的，所以转写使用的符号具有那个时代传统打字机的印记，当然在现在的电脑键盘上也是可以找到的。会话分析要求做到非常详细的数据抄录和转写，除了要转写话轮转换的特征、同步话语的开始和话轮间的停顿等，还包括话语产生的方式，比如，重音、音量、语速等（Jefferson，1984）。举例说明如下（Atkinson & Heritage，1984）。

- 同时开始说话用 "[" 或者 "[[" 标记。

  A：[我年轻的时候总是喝碳酸饮料。

  B：[我以前总是喝可乐。

  这里 A 和 B 的话语同步开始了，前面加 "[" 标记。

- 重叠话语与同步话语有点相似，是指 A 的话语在进行时，B 的话语在中间加入，加入处用 "[" 标记，结束处用 "]" 标记。

  A：我年轻的时候 [总是] 喝碳酸饮料。

  B：　　　　　　　[是啊]

- 紧随话语指前后两个话语之间没有空隙，B 的话语紧跟着 A 的话语转换，用 "=" 标记：

  A：我年轻时候总是喝碳酸 =

  B：= 他从没说过

  也可能出现多个交际者接话的情况，例如：

  A：我年轻时候总是喝碳酸 =

  B：=[他从没说过

  C；=[我也是

- 话语内或者话语间的停顿表达单位是 "秒"，而且要放在 "（ ）" 内标记。

  A：我那会大概（0.6）7 岁吧

  B：我比你大点（1.5）

- 没有准确计时的话语内停顿用"-"表示，话语间停顿用"（（停顿 pause ））"标记。

  A：我那会大概 - 7 岁吧

  B：我比你大点（（停顿））

- 话语的特点在转写体系中有一系列的标点来标记。

  .　　　标记降调，但不是一定在句尾

  ,　　　标记继续的语调，不是一定在句子中间

  ?　　　标记升调，不是一定表示问句

  !　　　标记活跃的语调，不是一定表示感叹句

  ↑　　　标记语调突然升高

  ↓　　　标记语调突然降低

  <u>是的</u>　下划线标记强调

  AABB　英文转写中大写的部分标记这部分比其他部分音量高

  °　　　标记这部分话语音量低

  hhh　　呼气

  ˙hhh　　吸气

  Gh　　　喉音

  （（ ））双括号内部是转写者对于话语发生时现象的描述

  ＞＜　　标记这两个符号中间的话语比其他部分语速要快

- 如果在转写中遇到不确定的内容可以用单括号把自己不确定的内容括起来，如果没听清楚是什么，就直接单括号，比如：

  A：我是说我↓（不是想）

  B：他没（ ）下楼

- 转写中也要标记目光所向（gaze direction）。目光看向他人的一刹那用大写的 X 标示，说话者的目光标在话语的上面，听话者的目光标在话语的下面，实线标记目光主动投向对方，虚线标记目光是从不看对方转为看对方的过程，例如：

  A：X_____

  我刚才是说我还有部分作业

  B：…………X_____

  其他转写符号

→　箭头标记转写者希望读者注意的部分

…　标记话语内部省略的部分，如果纵向的"…"标示话轮的省略。

通过这样详细具体的转写后，大到话轮结构，小到交际者的话语特点就能被全方位地展现出来。接下来研究者要将转写材料进行归纳和审视，建立研究主题或者研究对象的规律或者模式，并对发现的规律和模式进行描写。

3. 会话分析在教学研究中的应用

会话分析除了可以用来研究教学过程中的言语行为，还被用来研究语篇意识和教学过程中的语用含义。Barraja-Rohan（2011）对澳大利亚一所学校的学生进行会话分析训练，让学习者学习了会话分析中回应标记（response token）、评价性回应和问候语中的相邻对（adjacency pair）等概念，通过这样的方式来提高二语学习者对会话互动特征的语言意识，以表明特定话语功能在互动过程中的普遍程度。

Jakonen & Morton（2015）运用会话分析研究了 CLIL 课堂上学习者如何利用语言、肢体语言和学科知识完成学习任务，研究主要聚焦于知识搜寻序列（epistemic search sequences, ESSs），相比语言相关片段，知识搜寻序列更加关注学科内容。Kunitz（2018）也运用话语分析调查了 CLIL 课堂口语展示前的合作写作准备中学习者如何聚焦意大利语中名词的性数问题。这一研究证明学习者在以意义为主的交际活动中同样也会关注语言准确度，验证了社会文化派对于认知起源的观点。

5.3.3　话语分析

描述性数据分析的第三种常见方法是话语分析。话语分析是一种分析言语或写作的方法，分析重点聚焦在语言的内容和结构特征上，而不是具体的语义（Harris，1952）。

话语分析的研究者会收集书面或口头数据。对于书面数据的分析，部分研究者也会把这种分析方法叫作文本分析（text analysis），研究文本内或文本之间的语篇模式，为语篇研究提供一种与语义分析互补的和更深层的语言使用视角。对于口头数据的转录有点类似会话分析中的转录手法，最后从数据中提取话语模式或其他结构特征（Loewen & Plonsky，2016）。

1. 话语分析的相关概念

结合语言教学环境，课堂话语是一种特殊类型的言语互动，在话语分析文献中有很重要的位置。1975 年，Sinclair 和 Coulthard 发表了极具影响力的著作《话语分析》（*Towards an Analysis of Discourse*）（Sinclair & Coulthard，1975）。他们发现了课堂讨论中师生之间特有的 IRF（initiation-response-feedback）交流模式：即发起、回应和反馈。该模式也被称为 IRE（initiation-response-evaluation）（发起—回应—评价）模式（Johnson，1995）或 QAC（question-answer-comment）（提问—回答—评论）模式（Markee，2005）。

一个包含完整教师发起、学生回应、教师反馈的过程叫作一次交流（exchange）。一系列的交流又可以构成一个讨论（transaction）。而若干个讨论就构成了一节课（lesson）。IRF 模式中课堂话语系统是分层组织起来的，一个较小的单元组合成较大的单元。这种等级建构的框架为每个话语单元提供了一个分析结构：按照较小单元的组合情况来描述较大单元的结构。

McCarthy & Walsh（2003）把课堂话语分成了以下四种类别。

- 管理话语：教师开始课堂和进入新的教学环节的话语；
- 教材话语：与教材相关的话语；
- 技能和系统话语：与某种语言技能（听说读写）或者语言系统（语法词汇语音）相关的话语；
- 情境话语：教学中发生的会话性、交流性话语。

2. 话语分析的设计

分析互动数据有几个基本步骤（Richards，2003）：
①查看录音和转写记录。在开始分析之前查看记录有时可以帮助发

现转录过程中遗漏或渲染不正确的细节，并使研究者再次梳理原始数据。Ellis（1984）编制了课堂话语转写的参考模板：页面左侧记录教师或研究者的语言，右侧记录学习者的语言，T 代表老师，R 代表研究者，学习者用姓名首字母代表，每句话都要设立一个编号，通常每句话都要包含一个重音，用加粗字体标示，"×××"标示难以辨别的话语，语境信息放在括号中描述，等等。

②建立总体框架。厘清框架内的分析细节。例如，环境设置、参与者及其与研究者的关系、参与者的活动和行为。

③关注结构特征。分析话语是如何构建的。比如，是由某一方主导话语的吗？参与者如何获得发言权？话轮如何相互发生关联？人称代词或非语言特征对话语构建有什么影响？

④通过识别互动模式、重复特征或互动的其他显著方面来开始进行分析。

3. 话语分析在教学研究中的应用

话语分析的应用范围非常广。可以用于分析访谈数据、问卷数据或者民族志数据。比如，在访谈中会用来解答以下问题：采访者和受访者如何共同构建访谈、受访者如何表现自己的特质以及采访者的身份如何影响访谈（Talmy，2010；Talmy & Richards，2011）。

在 Cekaite（2007）对瑞典沉浸式课堂中移民儿童的个案研究中记录了一名 7 岁的移民小女孩在瑞典的移民接待中心进行学习的过程，共收集了一学年中的三个时间点（总计 90 个小时）孩子在课堂上和在操场上的互动。通过话语分析中话轮特征的具体分析，阐明了随着互动能力的发展，这个孩子对课堂活动的参与方式是如何变化的。研究发现，她的互动能力发展经历了三个阶段：沉默期（瑞典语语言表达非常有限）、吵闹期（语言能力有所增强，但恰当的互动知识有限）、熟练期（明显具有了以适当的方式获得交谈机会的能力）。该研究追踪和呈现了儿童学习者的互动能力是如何随着时间的推移发展起来的。

5.3.4　扎根理论

扎根理论是 1967 年由社会学家 Glaser 和 Strauss 提出的一套建构理论的途径。它既是理论也是方法，他们在 1967 年合著了《扎根理论的发现：质性研究策略》(*The Discovery of Grounded Theory：Strategies for Qualitative Research*)(Glaser & Strauss，1967)，后续又发表了一系列推动扎根理论进一步发展和完善的著作和文章(Glaser，1978；Strauss，1987；Strauss & Corbin，1998)。扎根理论通常关注与研究主题相关的过程，包括人们的行为和互动、课堂活动等，其最终目的是构建或发展有关该过程的理论。它已被广泛应用于各种研究主题，例如，研究孩子的饮食习惯、课堂讨论中大学生的思想和感受以及压力水平(Do & Schallert，2004)。

1. 扎根理论的特征

扎根理论并不是一个从特定理论框架发展来的研究方法。"扎根"一词是指研究中产生的理论是扎根于研究的现象和数据中，是从收集的数据中衍生而来，而不是从研究文献中获取的(Leedy et al.，2019)。扎根理论有以下几个特征。

首先，扎根理论所适用的资料数据要有一定的焦点和方向。由于扎根理论不预设理论，也不站在具体理论视角下进行分析，所以研究直接从数据开始，数据要有一定的焦点和方向才能够推动研究继续。

其次，扎根理论中的数据收集是基于现场的、灵活的，可以使用观察、档案、历史记录、录像以及与研究问题潜在相关的任何事物。所收集的数据必须体现出被研究者的观点和声音。

最后，也是与其他分析方法差异最大的特征，扎根理论中的数据分析几乎是和数据收集同时开始的。研究者选择可以代表某些属性或经验的参与者或项目作为设计分类和编码的依据，随后的数据收集旨在使类别内或码数内达到理论饱和(theoretical saturation)。换句话说，扎根理论追求的是概念密度(Schram，2006)，最终发展出一套宏大的包含众多概念以及这些概念之间的相互关系的理论。

2. 扎根理论的设计

Hadley（2020）将扎根理论的研究划分成三个阶段：开放式探索阶段、聚焦式研究阶段和理论建构阶段。如图 5–2 所示，扎根理论是一种自下而上的理论建构途径。

图 5–2　扎根理论研究的研究阶段（Hadley，2020: 266）

扎根理论具体的数据分析操作主要分五步，包括对数据资料进行分析和概念提取；对数据和概念进行比较，建立概念间的联系，发展理论性的概念；理论性抽样；将数据逐级编码；以及系统地整合数据和概念，最终建构理论。

其中对概念进行三级编码是扎根理论最核心的一环，每一级呈现递进推导的关系。

第一级编码是开放式编码（open coding）。就是梳理和记录数据，是一整套将数据摊开，赋予概念之后再重新整合起来的过程。从数据中发现概念类属，对该类属进行命名，界定类属的属性和维度，然后再对研究的现象命名和类属化。第一级编码可以理解成一个将数据用筛子筛选过滤的过程，对资料数据逐字逐句进行分类，确定码号，给每个码号以初步的命名，命名可以使用当事人的原话，也可以是研究者自己的语言，当新的资料收集已经无法为建构理论提供新的概念了，就说明已经达到了理论饱和（Mackey & Gass，2012）。

第二级编码是关联式编码（axial coding），有学者也将其称为主轴编码（杨延宁，2014）或轴心编码。这一级编码就是将开放式编码中生成的编码概念再一次进行分类，并建立概念之间的关系。可以建立概念类别图表，或者使用软件生成关系图或者分类图。

第三级编码是选择式编码（selective coding），将所有的概念类别分析之后确定核心类属（core category）。找到核心类属的方法就是一个梳理资料数据主线的过程，与多数概念联系强的并且反复出现的类属往往就是核心类属。如果出现多个核心类属，就要考虑再一次分类和编码，甚至继续收集数据资料，直到核心类属凸显出来。

经过三级编码的梳理和导向之后，理论形成的基本框架就已经非常清晰了，包括：理论的概念类别、相互的逻辑关系和对具体现象的解释。需要注意的是，扎根理论建构的理论框架描述要清晰，对理论的表述手法也要尽量抽象。

3. 扎根理论在教学研究中的应用

Gan et al.（2004）对中国大学生学习动机、英语自主学习策略和学习成果进行了研究。参加者为 18 名中国大学英语学习者，通过访谈（每个学生两次）、日记（参与者在日记中反映他们的语言学习情况）以及后续电子邮件收集数据，数据的分析与收集几乎是同时进行的，根据第一次访谈和日记的分析结果确定第二次访谈的问题。采用扎根理论的分析方法，梳理概括了不同语言学习者是如何概念化语言学习的，他们对教学的态度，以及动机方面存在的差异。最终作者得出结论，这些因素之间的相互作用导致了不同的学习结果，并建议应采用更全面的方法研究学习者差异。Chvala（2020）探讨了挪威英语教师的语言意识是如何发展的。语言意识形态构建了某些社会现实，这些现实影响了教师对英语和英语语言教学的理解。通过与挪威 12 名基础教育的老师进行访谈，使用扎根理论对数据进行归纳分析，得出教师语言意识的概念框架。研究结果表明，英语在现代挪威社会中属于公认的跨民族语言，具有鲜明的本土特征。而在学校里使用或者学习的英语是带有母语国家特征的；包含了历史、文化、人文和其他跨学科的内容，并且是不断变化的。研究探讨了英语教师在多样性和数字化时代对自我教师身份的定位和思考。

5.4　描述性研究的信度和效度

信度和效度是衡量研究质量的两项标准。这两项标准分别用来回答"研究数据可靠吗？"和"研究的描述或者观点准确吗？"两个问题。

5.4.1　描述性研究的信度

描述性研究的信度是指研究过程的可靠性，也可以理解为一致性，比如，在一项测试中，如果不同的评分者对测试的评分标准不一致，最后的测试成绩就不一样，那么这种"评分者间信度"就不高。或者，对同样的课堂进行研究，观察者在数据转录过程中计算话轮次数时，计算的操作定义如果没有明确的规定，统计的数据就会产生差异，那么这个研究的信度也是不高的（Nunan & Bailey，2009）。

信度一般分为内部信度和外部信度，如果同一个研究者对同一批研究对象收集了多次数据，且得到相同的结果，那就表明该研究具有良好的内部信度；如果其他研究者复制了这项研究并且也能得到相似的结果，那么这项研究具有良好的外部信度。

信度的建立是通过统一明确的操作定义和重复观察建立起来的。所有过程必须是可以重复的。因此，必须准备周详的研究报告，让后续研究者可以复刻研究计划；收集数据要建构研究资料库，以便后续研究者重复分析。

5.4.2　描述性研究的效度

描述性研究的效度是指研究报告中所描述事实或者观点的准确性（Johnson & Christenen，2004）。

效度同样分为内部效度和外部效度，内部效度是为了确保研究结果的差异是在研究者可解释的范畴内，即研究者对所观察到的事实描述的准确度以及推断和观点的合理性。

研究的外部效度也叫可推广效度，Lecompte & Goetz（1982）用可复制性来定义外部效度，虽然推广结论并不是描述性研究的目的，但不能否认描述性研究的外部效度还是可以定义的。如果研究环境、对象、时间以及条件与描述性研究中各对应要素存在相似性，那么在一定程度上也是有推广价值和效度的。Stake（1995）使用自然推广（naturalistic generalization）一词指代这种基于相似性的结论推广过程。当结果与理论的类推范围越广、所能解释的组织现象越多时，结果与理论就越有力量，外部效度也就越高。

描述性研究中的有些数据收集方法和分析方法对研究者的依赖性很强，所以需要注意避免研究过程中一些可能威胁信度和效度的因素，比如，研究者偏见问题，因为描述性研究更倾向于探究，是有一定开放性的，这种问题往往是由于研究者选择性观察和选择性描述产生的，也有可能是研究者的个人观点和看法影响了对于数据的解释和分析。

效度的建立主要有两个策略：一是花足够多的时间或者足够完整的工序去进行数据的收集工作，不仅能收到更充分的数据，而且可以让被研究的对象或者现象的状态趋于真实和稳定；二是三角互证。作为研究质量的一种控制手段，三角互证是指不同研究手段、不同类型或不同来源的数据相互印证，得出同样的结论。Denzin（1978）提供了四类三角互证模式：①数据互证，同一个研究中使用多来源的数据，形成证据链；②理论互证，将不同的理论观点应用在同一研究；③研究者互证，多个研究者参与同一项研究；④方法互证，使用多个分析方法进行分析。

第 6 章
相关性研究

6.1 什么是相关性研究

相关性研究是教育和二语习得研究中应用最广泛的推理统计之一。相关性研究有助于探索变量之间的假设关系，通常用于非实验性研究，如调查研究或相关研究，其目的是研究感兴趣的变量之间是否存在关联，如果存在这种关联，变量之间的关联程度如何。相关性也是其他高级统计技术的基础，包括因子分析、多元回归分析和结构方程模型（Chen & Popovich，2002）。

6.1.1 相关性研究的定义及特征

相关性研究考察一个变量的差异与一个或多个其他变量的差异的关联程度（Ellis，2012；Leedy et al.，2019）。如果当一个变量增加时，另一个变量以某种可预测的方式增加或减少，则存在相关性。那么，知道一个变量的值，我们就能在一定程度上准确地预测另一个变量的值。

在相关性研究中，研究者为一个特定的人群或其他适当的研究单位收集有关两个或多个特征的定量数据。当人类是调查的重点时，数据可能是测试分数、一个或多个专家观察者给出的评分，或某些行为的频率。在动物研究中，数据也可能是特定行为的频率，但也可能是生育率、代谢过程或健康和寿命的测量。对植物、无生命物体或动态物理现象的研究中的数据，可能是对生长、化学反应、密度、温度的测量，或者几乎是研究人员的评估工具能够客观测量的任何其他特征。无论数据的性质如何，至少要评估两个不同的变量，以确定这些变量是否以及以何种方式相互关联。

相关性研究旨在从统计学角度调查这些变量之间的关系程度，具有下列典型特征。

1. 非实验性

非实验性是相关性研究的最典型特征，两个变量都不被操纵。在这种研究中没有处理组，也没有预先将参与者分成几组。因为它不涉及使用科学方法操纵变量以同意或不同意某个假设。在相关性研究中，研究者只是简单地观察和测量两个变量之间的自然关系，而不对其中任何一个变量施加外部条件。变量的测量方式或地点并不重要。许多相关性研究不是以课堂为基础的。他们通过收集课堂外的学习者数据来研究学习者或教师的变量。

2. 回溯性

相关性研究不考虑未来，只观察和测量两个变量之间最近存在的历史关系。从这个意义上说，相关性研究具有回溯性，观察和测量两个变量之间的历史模式。相关性研究可能揭示了上述变量之间的正向关系，但这种关系可能在未来的任何时候发生变化。

3. 动态性

相关性研究中的两个变量之间的统计模式是不断变化的，因此不能作为一个固定的数据进行进一步的研究。例如，这两个变量在一段时间内可能是负相关关系，可能是五年。在这段时间之后，它们之间的相关关系可能会变成正数，就像债券和股票之间的关系一样。

然而，需要注意相关关系不等于因果关系，变量之间存在相关并不意味着一个变量引起另外一个变量的变化，因为这两个变量变化有可能

是由于未纳入研究的其他变量引起。虽然不利用相关性研究的结果解释变量之间的因果关系，但可以利用它们来进行预测。如果我们知道一个变量上的值，我们就能预测另一个变量上的值，其基础是我们利用了两者之间存在的关系的定量测量。然而，在二语习得研究中，获得两个变量之间完全相关的机会是微乎其微的。预测的准确度是由相关系数的大小决定的；系数的绝对值越大（即 |r| 越接近 1.00），一个变量的值就能从另一个变量中更准确地预测出来。

6.1.2　相关性研究的分类

相关性研究目的是发现和测量两个或多个变量之间的关系，通常分为解释性和预测性两种。了解两个或更多变量之间关系的性质和强度可以帮助研究者理解和描述某些相关的事件、条件和行为，这类相关性研究通常被称为解释性相关研究；根据目前对另一个变量的了解来预测一个变量的未来条件或行为，这些研究一般被称为预测性相关研究。相关性研究通常通过计算相关系数考察两个或多个变量之间是否存在统计相关性，相关系数可以反映变量之间相关性的两个方面：相关强度和相关方向（正相关、负相关和零相关）。

相关性研究还可以根据变量之间相关关系方向分为三种类型，即正相关研究、负相关研究和无相关研究。正相关研究指其中一个变量的增加或减少会使另一个变量产生类似的变化。例如，工人薪酬的增加会导致商品和服务价格的上升，反之亦然。负相关研究指其中一个变量的增加会对另一个变量产生另一种影响或减少。负相关研究的一个例子是，如果商品和服务的增加会导致需求的减少，反之亦然。零相关研究指不一定有统计学联系的变量的相关研究。在这种情况下，其中一个变量的变化可能不会引发另一个变量的相应或替代变化。例如，财富和耐心可以成为零相关研究下的变量，因为它们在统计上是独立的。零相关变量中出现的零星变化模式通常是偶然的，而不是相应或交替的相互包容的结果。

此外，还可以根据数据收集方法对相关性研究进行分类，可将相关性研究分为自然观察研究、调查研究和档案研究三种类型。

6.2 相关性研究的数据收集

相关性研究的数据收集方法主要包括自然观察法、档案资料法和调查法。

6.2.1 自然观察法

自然观察法涉及在一段时间内观察人们在其存在的自然环境中所表现出来的行为。它是研究者密切关注被研究对象的自然行为模式的一种研究方法。这种方法要求极高，因为研究者必须格外小心，以确保被试者不会怀疑他们正在被观察，否则他们就会偏离其自然行为模式。所有被观察对象最好保持匿名，以避免侵犯隐私。

自然观察法的主要优点是可以让研究者完全观察到被试（变量）的自然状态。然而，这是一个非常昂贵和耗时的过程，加上被试者可能随时意识到这一行为，并可能做出相反的行为。

6.2.2 档案资料法

档案资料法是利用已经收集到的相关性研究中变量的信息。由于这种方法涉及利用已经收集和分析的数据，所以它通常是直奔主题的。这种研究方法利用其他研究者已经进行的早期研究或被分析变量的历史记录，可以帮助研究者追踪已经确定的变量或被试的统计模式。

这种方法的优势是成本较低、节省时间，并能为研究者提供更多的可支配数据。然而，它也存在数据准确性的问题，因为研究者无法控制数据收集的过程，所以可能会遗漏以前研究中的重要信息。

6.2.3　调查法

调查法是最常见的相关性研究方法，特别是在心理学等领域。它涉及对研究中的变量或研究对象进行随机抽样，参与者以感兴趣的主题为中心填写问卷。这种方法非常灵活，因为研究者可以在很短的时间内收集大量的数据。但是，它受到调查反应偏差的影响，也会受到调查问题偏差或调查对象或参与者代表性不足的影响。

6.3　相关性研究的数据分析

相关性研究中，我们可以依据研究问题和研究目的，借助统计分析工具对数据进行多种分析，包括相关分析、因子分析、多元回归分析、结构方程模型分析等。这些分析方法具有一定共性，但也具有较大差异性，我们在下文对这些分析方法进行一一介绍。

6.3.1　相关分析

相关性是衡量变量之间关系或关联的一种统计方法，通常结合散点图和相关系数进行数据分析。散点图能够直观地观察两组数据相互关系及其相关方向，但无法确切地表明两个变量之间相关的程度。相关系数是用以反映变量之间相关关系密切程度的统计指标。本小节主要介绍如何使用散点图和相关系数进行数据相关分析。

1. 散点图

散点图可以直观反映两个变量之间关系的强弱。一般来说，两个变量之间的关系越强，散点图上的点就越接近直线。如果两个变量的得分变化较大，那么散点图上的点就会比较分散，也就是比较散乱。如下方图 6-1 所示，完美的正相关（图 6-1. a）和完美的负相关（图 6-1. b）会产生落在直线上的点，而相关为零则会产生散点图（图 6-1. c），其中的点似乎是随机分布在图形表面的。与那些相对较弱的相关性（图 6-1. d 和图 6-1. e）相比，相对较强的相关性（图 6-1. f 和图 6-1. g）的点会更接近。一般来说，当任何相关性减弱时，散点图上的点会离对角线更远，而对角线会将完美相关性中的点连接起来。

通常所看到的散点图包含的点与完美相关的直线有一定程度的差异。然而，有些关系并不是线性的，应用假设线性的统计程序将无法识别关系的真实性质。

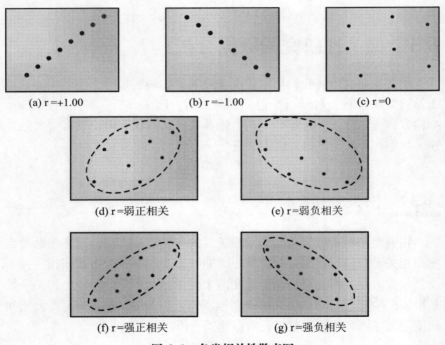

图 6-1　各类相关性散点图

需要注意的是，有些变量可能存在曲线关系（如焦虑与考试成绩的关系）。曲线关系是指在某种程度上，某件事情可以是正向的，但当它超过一定程度时，就会变成负向。例如，我们都知道，一定程度的焦虑对考试成绩是有好处的（因为我们会更加努力，努力克服焦虑），但过多的焦虑对考试成绩是不利的，因为它会控制我们的情绪。

2. 相关系数

如果两个变量不相关，则说明它们之间不存在系统的关系，因此不可能通过另一个变量来预测另一个变量。如果两个变量是正相关（＋），则说明两个变量之间有关联，并以系统的方式向同一方向发展。也就是说，当一个变量变大或变小时，另一个变量也会变大或变小。例如，随着学习者词汇知识的增加，他们的阅读理解能力也会提高。负（－）相关说明两个变量相互关联，但系统性地朝相反的方向发展。也就是说，当一个变大时，另一个变小，反之亦然。例如，学习者对语言学习的焦虑程度越高，其语言成绩越差。

相关性的强弱和方向由一个被称为相关系数的统计量的大小来表示。最常见的系数是皮尔森 r，以英国统计学家卡尔 - 皮尔森的名字命名（Chen & Popovich，2002）。其他类型的相关性也可以计算在其他尺度上测量的数据。例如，Spearman's rho 的相关系数主要应用变量数据类型为定序数据（ordinal data），而卡方检验（也是由 Pearson 发明的）或 phi 系数则适用于名义数据（nominal data）。

相关系数范围通常在 –1 和 +1 之间。–1 表示完全负相关，0 表示没有关系，+1 表示完全正相关。数字代表两个变量之间关系的强度：系数越接近 1 或 –1，关系越强。系数的符号代表关系的方向，可以是正的，也可以是负的。

另一种解释相关系数的方式是以效果大小的形式来解释两个变量之间的关系强度。心理学家经常使用 Cohen（1988）的惯例，0.10 及以下表示小效应，0.10 至 0.30 表示小到中等效应，0.30 到 0.50 表示中等到大效应，0.50 及以上表示大效应。因此，如果一个人得到的皮尔森 r 值为 0.23，我们可以将其解释为两个变量之间存在着小到中等规模的关系。

相关性方法已被广泛用于描述任何非实验方法，但是与实验设计相比，相关研究只是测量自然发生的相关变量，但由于各种原因，并不能实际控制它们。这就限制了研究者作出强有力的推论的能力，因为研究者"无法控制某些现象的假定前因，也无法随机分配参与者"（Aronson et al.，1990：347）。

相关性等统计学或其他高级统计学主要是为我们提供线索，说明合理的因果关系可能是什么（Chen & Popovich，2002）。如果要进一步探究是否存在因果关系，研究者可以利用实验设计，因为他们可以操纵独立变量，控制其他无关变量（如随机分配、标准化等），往往能更有力地推断出一种现象的原因。

6.3.2 因子分析

因子分析是指从研究指标相关矩阵内部的依赖关系出发，把一些信息重叠、具有错综复杂关系的变量归结为少数几个不相关的综合因子的一种多元统计分析方法。基本思想是：根据相关性大小把变量分组，使得同组内的变量之间相关性较高，但不同组的变量不相关或相关性较低，每组变量代表一个基本结构，即公共因子。

1. 公共因子模型

尽管 Spearman 被认为首次提出正式的因子模型，但 Thurstone 被普遍认为为当代因子分析提供了基础，发展了公共因子模型（common factor model，CFM）（Salkind & Rasmussen，2007）。CFM 的目标是通过估计公共因子和被测变量（一组被测分数）之间的关系模式来表示被测分数之间的相关结构。这种关系在分析中用因子载荷数值表示。在一组测量变量中，每个测量变量是两类潜在因子（latent factor）的线性函数。公共因子是指未被观察到的潜在变量或构念，影响着一个以上的测量变量，因而可以解释测量变量之间的相关性。唯一因子（unique factor）在一组测量变量中只影响一个测量变量，因此不解释测量变量之间的相关性。唯一因子由特殊因子（specific factor）和测量误差两个部分组成。图 6-2 直观展示了公共因子模型。

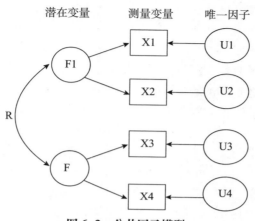

图 6-2　公共因子模型

在图 6-2 中，圆形或椭圆形代表潜在变量、公共因子和唯一因子，方形或矩形代表测量变量。图中的其他组成部分是方向性箭头，它意味着线性因果影响，双向箭头则代表不假设因果关系的关联。图 6-2 中的公共因子模型展示了两个公共因子（F1 和 F2）和四个唯一因子（U1-U4）用于解释四个测量变量（X1-X4）之间的相关关系。请注意，在本例中，假设两个公共因子分别影响两个测量变量，而每个唯一因子变量只影响一个测量变量。

2. 因子分析类别

因子分析可以分为探索性因子分析和验证性因子分析两种类型（Pett et al., 2003）。当研究者不知道需要多少个因子来解释一组特征、指标或项目之间的相互关系时，就会使用探索性因子分析（exploratory factor analysis，EFA）。因此，研究者使用因子分析的技术来探索感兴趣的构念的基本维度。

相比之下，验证性因子分析（confirmatory factor analysis，CFA）用于评估一组已确定的因子的假设组织与数据的吻合程度。当研究者对所调查的构念的基本结构有一定的了解时，就会使用该方法。CFA 也可以用来检验通过 EFA 确定的构念的基本维度的效用，比较不同研究的因子结构，以及检验与特定理论或模型相关的一组因子之间的线性结构关系的假设。

1）探索性因子分析

EFA 是在没有什么经验或理论基础来指定一个精确的先验模型时使用的。简而言之，EFA 是一系列程序的集合，用于确定适合数据的精确模型，并得出该模型的数值估计。为了实现这些目标，通常采取如下三个步骤。

首先，确定公共因子数量。执行这一步的程序包括碎石图、平行分析、模型拟合和 Kaiser 准则（即特征值大于 1）。重要的是，并不是所有这些程序都能很好地工作（例如，Kaiser 标准），而且没有一个是万无一失的，通常将几个表现最好的程序结合起来使用。在确定合适的因子数量时，除了考虑这些统计程序外，还要考虑可解释性和可复制性。

其次，建立一个具有特定因子数的模型，然后必须将该模型与数据进行拟合（这一过程也称为因子提取）。这个过程包括计算模型的实际数值。有许多模型拟合程序可供选择，例如，非迭代主轴因子、迭代主轴因子和最大似然。尽管这些程序使用了不同的数学方法，但它们都有一个共同的目标，即试图找到能使模型与数据达到最佳拟合的数值集。主轴因素法的一个优点是它们不做强烈的分布假设。相比之下，最大似然法确实做出了多变量正态性的假设，但提供了更多的信息（如模型拟合指数、参数估计的置信区间）。

最后，因子旋转。由于涉及两个或更多因素的 EFA 可能有一个以上的最佳拟合方案，所以通过"旋转"得出一个单一的方案。旋转过程的目的是选择最容易解释的方案。已经提出了各种旋转方法，当假定公共因子是不相关的时候通常采取正交旋转。当假定公共因子相关时，通常采取斜向旋转。鉴于在大多数情况下很难知道因子是否会相关，斜向旋转通常比正交旋转在概念上更合理。

2）验证性因子分析

在某些情况下，研究人员可能有强大的经验或理论基础来对公共因子的数量和性质进行预测。此时可以使用 CFA。CFA 可以分为四个阶段。

首先，明确模型。这个过程包括指定存在多少个公共因子，以及在哪些地方会出现零因子载荷，即哪些测量变量不会加载到每个公共因子上。模型的具体化还要求研究者明确哪些公共因子是相互关联的，哪些独特因子会相互关联。

在第二个阶段，拟合数据。模型一旦确定，就需要找到一组数值，使模型与数据达到最佳拟合。可以采取各种模型拟合方法，例如，广义最小二乘法和渐进式无分布估计。但是，最大似然性是迄今为止最常用的方法，这是因为在 CFA 中指定了零和非零因子载荷的具体模式，不需进行旋转。

第三阶段是评估模型。这一步包括检查分析的结果和评估所提出的模型的充分性。要考虑几种类型的信息。例如，大多数 CFA 模型拟合方法允许计算拟合度指数。已经提出了许多拟合指数，但这些指数通常被分为绝对拟合指数和参数估计两类。绝对拟合指数评估模型和数据之间差异程度，这类流行的指数包括均方根近似误差和标准化均方根残差。增量拟合指数评估模型与数据的拟合度，相对于一些比较模型（通常是空模型，假设数据中没有基本结构）。这类流行的拟合指数包括非正态拟合指数（或 Tucker-Lewis 拟合指数）和正态拟合指数。

模型评价中使用的第二类信息是模型的参数估计。与 EFA 不同的是，CFA 分析不仅要报告参数的估计值，而且还要例行报告所有估计值的置信区间和显著性检验。所有这些信息都会被检查，以评估估计值的理论合理性。此外，在 CFA 中，有时研究者对模型中的某些参数有特定的假设要检验。例如，研究者可能会假设某个因子与某个因子的相关性比另一个因子高。涉及参数比较的精确假设可以通过对模型设置平等约束（例如，约束被比较的两个相关性相等），然后将约束模型与原始模型进行比较来检验。然后可以进行正式的统计检验，比较两个模型之间的拟合度。如果显著，这样的检验表明约束不合适，因此约束参数之间存在显著差异。

CFA 的最后一步是模型修改。当发现所提出的模型表现不佳时（由于模型拟合度差或参数估计不合理），研究人员有时会考虑对模型进行修改。大多数用于进行 CFA 的结构方程建模程序都提供了数值指数，可以用来指导哪些原本固定在模型中的参数可以被释放出来以提高模型拟合度。遗憾的是，这些指数的使用被证明是有问题的，因为这种修改往往没有坚实的理论基础。此外，研究表明，这些修改指数在识别模型的不规范方面不是特别有效。因此，大多数方法学家建议，模型修改应以理论为指导，而不是使用这些指数。

根据研究者的主要目标，因子分析的用途主要是探索性或验证性。在这两种应用中，都隐含着三个基本步骤——准备相关的协方差矩阵、提取初始因子和旋转到最终解决方案。虽然这些步骤在获得最终解时不一定会被遵循，特别是在检验特定假设时，但参照这些步骤来讨论因子分析的主要变化是很方便的。下面以探索性因子分析为例，介绍 Pett 等研究者主张的探索性因子分析的八个基本步骤（图 6-3），这些步骤包括明确问题、生成项目、评估相关矩阵的充分性、提取初始因子、旋转这些因子、完善解决方案、解释研究结果，以及最后报告和开展重复性研究（Pett et al., 2003）。

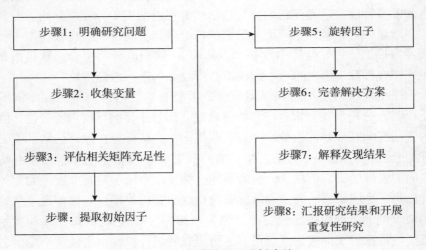

图 6-3　探索性因子分析步骤

探索性因子分析和验证性因子分析是在数据分析中相互补充的两种分析方法，而不是对立的方法。具体来说，在研究项目的早期阶段，当人们对一组测量变量之间的相关性的基本构念知之甚少时，探索性因子分析是首选的方法。一旦探索性因子分析有助于为更精确的预测建立坚实的理论和经验基础，以后的研究就可以利用验证性因子分析对研究者的理论进行更严格、更集中的检验。

6.3.3　多元回归分析

多元回归是一般线性模型统计家族的一部分（如方差分析、协方差分析、t检验、皮尔逊积矩相关），通过在一个方程中加入一个以上的独立变量来了解它们与因变量的关系，从而扩大线性回归的范围。简单线性回归允许研究者研究一个预测变量（即独立变量、操纵变量、解释变量或输入变量）和一个结果变量（即因变量、标准变量或输出变量）之间的关系，而多元回归则揭示了多个预测变量和单一结果变量之间的关联。

1. 多元回归的用途和优势

研究人员使用多元回归分析定量数据，目的是解释变量之间的关系。研究人员就某一现象的各个方面如何相互关联提出假设，并通过建立一个解释各种关系的模型来检验这些关系。通常情况下，用于多元回归的数据是由连续变量组成的。但是，也可以使用分类数据，需要首先采用虚拟编码（dummy coding）的方法把定类数据进行转换，然后再使用多元分析。与显示变量共存的相关性不同，回归可以用于预测、因果推理。在预测方面，研究者建立一个包含多个因素的多元回归模型，这些因素将共同预测一个结果，即使这个结果还没有被直接观察到。在因果关系方面，研究人员使用多元回归来提供证据，证明一个或多个变量的增加或减少会造成结果变量的变化。虽然研究人员可以使用简单的线性回归来预测和显示因果关系，但是如果研究者怀疑多个因素有助于解释某一现象时，就会青睐多元回归而不是简单线性回归。

综上所述，相比单个预测变量，多个预测变量更能提供解释所研究变量的预测能力。此外，多元回归允许研究者通过控制其他通常相关的变量来隔离某一特定变量的预测能力。最后，研究人员青睐多元回归，因为它允许他们看到预测变量如何相互作用来解释结果。当研究人员谈论中介和调节变量时，他们描述的是变量之间的相互作用，可以通过多元回归分析发现。总的来说，多元回归分析比简单的线性回归更稳健，因为它允许研究人员开发更复杂的模型，以研究几个预测变量与结果变量的组合或单独的关系。

2. 多元回归统计基础

多元回归建立在相关和线性回归的理论基础之上。研究人员利用相关性来评估两个变量之间的关联以及这种关联的强度。回归超越了单纯的相关，尝试从一个变量预测另一个变量和显示一个或多个变量对另一个变量的影响。这个过程涉及将模型拟合到数据上，根据一个或多个预测值来预测结果值。线性回归模型是一条最拟合数据的直线，因此即使没有数据点的存在，研究者也可以用这条直线从任何预测值预测结果值。使用回归模型，研究者不仅可以证明两个变量之间的关系，而且知道预测变量的一个值，可以让研究者准确地估计结果值。数据点的散点图可以直观展示变量之间的这种关系，可以在散点图中画一条最能代表数据趋势的线。一个简单的线性回归模型存在于二维空间中，例如，预测变量在 x 轴上，结果变量在 y 轴上。如果有两个预测变量，原来的二维模型就变成三维模型，趋势线就变成穿过各个数据点的一个平面。如果加入更多的预测变量，就变成代表了数据的最佳拟合的超平面多维模型。虽然很难直观展示具有多个预测变量的模型，但可以通过多元回归的线性回归方程来展示，即找到与结果变量产生最大关联的预测变量的线性组合。

多元回归方程与简单线性回归的方程很类似（$Y = \beta_0 + \beta_1 X_1 + \varepsilon$），只不过它通过多个预测变量组合预测结果编码，其线性回归方程如下所示：

$$Y = \beta_0 + \beta_1 X_1 + \beta_2 X_2 + \ldots + \beta_k X_k + \varepsilon.$$（其中 X_K 表示预测变量，β_k 表示回归系数，ε 表示残差或误差）

在多元线性回归方程中，β_0 是截距或常数，是所有其他独立变量为零时因变量的值。每个预测变量（X）都有一个相关的斜率或回归系数（β）。每个回归系数（β）表示当所有其他预测变量保持不变时，相应的预测变量（X）对改变结果（Y）的单独贡献或影响。回归系数代表了相关预测变量的强度，其取值由与结果变量的部分相关性所决定。考虑到该模型是对预测分值的估计，加入了残差或误差项（ε），ε 取值为 Y 的预测值与 Y 的观察值之间的差值。由于多元回归方程系数计算很复杂，求解也很繁琐，因此常常使用 IBM SPSS、SAS 或 Excel 等软件程序。

3. 多元回归解释

一旦确立回归方程，那么就可以评估模型的整体拟合度以及预测变量的整体和单独强度（即预测能力）。拟合度和强度指包括多元相关系数（多元 R 值）、多元判定系数（R^2）、F 值（F）、非标准化（原始）回归系数或权重（b）和标准化回归系数或权重（β）。

多元回归模型中的多元 R 值可以显示预测变量（X）和结果变量（Y）之间的关系。多元 r 值与简单线性回归中的 R 值类似，但它代表了模型中所有预测变量与结果变量的整体相关性。R 值的范围为 0 到 1 之间，0 表示预测因子与结果之间没有关系，1 表示当模型准确预测每个观察到的结果变量。R 值越接近 1，模型与观测数据的匹配度越高。虽然 R 是确定模型拟合度的一个重要指标，但需要结合判定系数（R^2）来确定模型与观测数据之间的方差状况。

了解 R^2 值的统计计算过程将有助于理解其在多元回归分析中的重要性。与线性回归一样，多元回归也是依靠最小二乘法来寻找最适合数据的模型。判断多元回归直线拟合度的方法是超平面上的值与实际数据值的平方差。具有最小平方差之和的回归模型将是观察数据的最佳拟合模型。为确定预测的模型是否真的最适合数据，需要与另一个模型进行比较。通常使用结果变量值的均值模型，因为它是一个不存在变量之间关系的模型。通过使用这个基本模型，可以计算结果均值与观测值之间的平方差之和（即总平方差之和：SST）。由于预测模型与观测数据之间存在差异，因此回归模型值与观测值之间的差异称为残差。模型的不准确程度用残差平方和（SSR）表示。预测模型与基本模型（均值）的差异通过取 SST 和 SSR 的差值来计算，称为模型的平方和（SSM），它是回归模型所解释的结果的方差量。因此，衡量预测模型比基本模型改进程度的一个常用且有用的指标是 R^2，它是指模型解释的方差（SSM）相对于数据中的总方差（SST）的值。。

评估多元回归模型的另一种方法是用模型的均值平方和（MSM）除

以残差均值平方（MSR）来计算 F 值（F）。F 值是可以反映模型能解释多少变异性与不能解释多少变异性的指标。它是对整个回归模型的统计意义的检验。如果 F 值具有统计显著性，就可以认为在设定的置信水平下（例如，$p < 0.05$ 是 95% 的置信水平），该模型预测具有统计显著性。由于多元回归中的 F 值与方差分析（ANOVA）程序中的 F 值相同，所以包含 F 的计算机输出将被标注为 ANOVA。

了解模型的拟合度和强度对于了解预测因子的组合如何共同解释结果是很重要的，但多元回归模型也会提供每个预测变量的信息，通常称为回归系数或权重。原始方程中与每个预测变量（X）相关的 β 值表示预测变量的斜率。换句话说，回归系数显示了每个预测变量对结果变量的影响权重。非标准化或原始系数（b）值是指当所有其他预测值保持不变时，结果的变化量。b 值为正，表示预测变量与结果之间存在正向关系；b 值为负，表示存在负向关系。当然，b 值越大，在整个模型中的贡献或解释变异的能力就越大。当变量的计量单位不一样时，研究者有时会在分析中报告标准化系数（β）。标准化 β 值是由 z 分数计算出来的，这使得它们之间可以直接比较。因此，β 值表示预测变量发生一个标准差变化时，结果变量会发生多少个标准差的变化。原始系数或标准化系数预测影响权重的置信度心可以通过 t 检验来衡量。b 或 β 的统计显著性是通过 t 检验来确定该值是否与零有显著差异。如果某一个回归系数的 t 检验结果不低于预定的置信水平（p 值），那么研究者就不能有把握地说某个特定的预测变量解释了该系数所指示的方差量或比例。

当研究者理解上述多元回归计算过程，那么在使用 SPSS 等统计软件进行多元回归分析时，将能够确定 R、R^2、F、b 和 β 每一个值的统计意义，从而对模型解释和预测观察数据中的方差的能力做出判断。

4. 多元回归分析的基本假设

多重回归分析能否成为研究人员有用的解释工具，取决于是否满足若干假设并考虑其他问题，以实现有效和可靠的分析。

　　首先，满足线性。鉴于多元回归使用基于线性的模型对数据进行预测，研究者必须假设数据具有线性。这意味着对于预测变量的每一次增量，结果变量的均值应该驻留在一条直线上。对于非线性数据，则需要其他类型的统计程序，如逻辑回归。

　　其次，满足同方差性。同方差性是指预测因子的每一级残差中应该有相等的方差。当残差项有很多方差时，就认为数据是异方差的。研究者可以通过观察因变量的标准化预测值与标准化残差（预测值与观测值之间的差异）之间的关系图来了解数据的线性和同方差性。如果整个图中的数据点看似随机且分散均匀，则表明数据具有线性和同相性。如果研究者注意到数据中的曲线趋势，那么它很可能是非线性的，如果出现漏斗形，则很可能是异方差性，因为它代表着方差的增加。涉及残差的另一个假设是，模型和结果之间的差异应接近零，这将导致正态分布的误差。观察标准化残差的直方图可以让研究者检查是否存在正态分布的误差。

　　然后，满足独立性。缺乏自相关或具有独立误差是研究者在使用多元回归时做出的另一个假设。具有独立误差意味着任何两个观测值的残差项应该是不相关的。Durbin-Watson 检验将检查模型中的残差是否具有独立性。

　　最后，不存在共线性。不应该存在共线性意味着预测变量之间不存在相关性。如果两个或两个以上的预测变量强相关，回归分析就难以确定每个变量的独特贡献，降低模型的预测能力。检查多线性的一个简单方法是检查相关表，寻找高度相关的预测变量，可以查看方差膨胀系数（VIF）和公差计算的输出。作为一般准则，如果预测变量的平均 VIF 超过 1，或者任何容差值低于 0.1，就应该谨慎对待。总的来说，检查这些假设将提高人们使用多元回归准确估计抽样人口中的条件的能力。

　　此外，在进行多元回归分析时，研究者应该考虑样本、效应量、预测变量顺序和虚拟编码等问题。

6.3.4 结构方程模型

结构方程模型有助于研究者洞悉多个变量之间的相互关系，从而充分揭示英语教与学过程的复杂性，进而帮助研究者更为深入地洞悉英语教学的本质，同时也有利于教师依据研究结果，从多方面采取措施干预学习者的英语学习过程。

1. SEM 基本概念

作为一种非常通用的模型，结构方程模型（structural equation modeling，SEM）融合相关分析、回归分析、路径分析和因素分析等统计方法，特别适用于建立测量模型来描述与潜在变量之间的关系，以及验证理论背后所隐含之理论建构是否成立的多变量统计学方法或技术，其原理涉及了结构化、假设方程式与模型分析等基本内涵。本小节将从 SEM 的变量类型、关系模型类别、关系路径和分析过程予以介绍。

SEM 包括外生变量（exogenous variable）和内生变量（endogenous variable）两类变量。外生变量是指不被任何其他变量所预测的变量。外生变量之间可能具有相关性，也可能相互独立不具有相关性，它们之间的关系并不影响路径模型内的因果关系。内生变量是指由一个或多个其他变量预测的变量。内生变量变异量完全由路径模型中的其他变量组合决定。总之，从因果关系来说，外生变量只能为因，内生变量可为因，也可以为果。

SEM 模型中的因果关系模型一般分为测量模型和结构模型。测量模型体现潜变量与观测变量之间的关系，而结构模型则体现潜变量与潜变量之间的关系。正确指定测量模型和结构模型是建立结构方程模型的关键环节。SEM 的目的是通过指定一个模型来检验一个理论，这个模型代表了该理论在用适当的观察变量测量的可信构念中的预测（Hayduk et al.，2007）。

SEM 的两条路径分别是潜变量与观测变量之间的路径、潜变量之间的路径。结构方程模型可以利用路径图的形式来表现各种变量之间的相互关系。路径图符号有下列要求：观察变量用矩形或长方形表示；潜变量用圆形或椭圆形表示；误差变量用字母 e 表示；变量之间因果关系用单向箭头直线表示，其中箭头起始的变量是外生变量，箭头终止的方向是内生变量；变量之间如果有相关性用双箭头曲线表示，内生变量之间不画相关的双箭头，但内生变量和残差之间如果存在相关性，则需要用双箭头表示，无双箭头则表示不相关。

2. SEM 分析过程

SEM 分析过程通常根据 Bollen & Long（1992）提出的模型设定（specification）、模型识别（identification）、模型估计（estimation）、模型评价（testing fit，有时也称为模型拟合）和模型修正（respecification）五个阶段进行分析，具体流程如图 6-4。

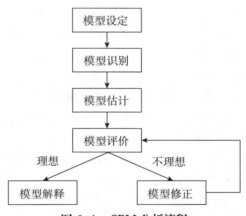

图 6-4　SEM 分析流程

首先依据已有的经验或者理论知识建立假设模型，依靠理论呈现结构方程模型间各显变量与潜变量之间关系，然后将理论所呈现的假设以结构方程模型的形式表达，通常采取路径图符号来勾画出有关变量之间的关系。

模型识别是实际数据必须满足模型估计的需要，对于每个未知参数皆可以导出一个唯一的估计值，若无法满足此要求，那么就无法对模型进行正确估计。如果方程中的自由参数不能由观测数据估计得到，则方程为不可识别，即所要估计的参数比样本中所得出的方程个数还多；反之，则为可以识别，包括正好识别和过度识别，正好识别指所要估计的参数恰好等于样本中所得出的方程个数，而过度识别是指方程数多于要估计参数的数目。检验模型识别的基本规则最常用的是 t 规则（方平等，2000）。

模型估计主要是指对模型参数的估计。SEM 目标是求参数使得模型隐含的协方差矩阵与样本协方差矩阵差距最小。因为有很多方法可以定义这差距，所以产生不同的拟合方法和相应的参数估计。

模型评价是指对理论假设模型和实际模型之间的吻合程度进行评价。首先要看 SEM 的解是否适当，参数与理论假设模型的关系是否合理，比如，出现负方差或者标准误太大等，这说明出现了不合理的估计结果，则无论所获得的适配度多么良好都是错误的。接下来，通过一些拟合指数进行模型适配度分析。在实际研究中，很难确定用哪个指数能全面地反映拟合优度的好坏，最好的方式是对估计所获得的拟合指数做综合的判断。

模型修正主要有两个目的：一是使模型变得更加简约，即删除或限制一些路径，以达到简洁模型的目的；二是拟合模型，即放松一些路径的限制以提高模型的拟合度。显然两者不可同时兼顾，但是无论怎样修正，都要依据实际的理论意义进行修正。对模型进行修正时，首先要使其具有某种程度的理论一致性，其次要保证模型能够进行验证、进行可重复性研究，此时模型才有价值。

模型解释是指对一个合理的拟合后模型的统计结果进行解释，利用模型中的非标准化系数与标准化系数，来判断哪一个参数的影响力比较大，哪一个参数的影响力比较小。非标准化系数与指标度量单位有关，它是指当其他变量都维持平均数时，一个单位的变量会引起因变量变化的程度。而标准化系数则消除了测量指标单位的影响，可以在模型内各参数之间进行比较，从而发现影响最大的变量。还可以通过路径解释出模型中变量间的直接关系、间接关系和总和关系。但是在进行模型解释的时候，没有一个标准的规定来决定什么样的系数能证明是好的效果，所以研究者应该根据其自身的研究领域和理论基础来做决定。

6.4　相关性研究的信效度分析

相关性研究的信度和效度可以从多方面进行考量。充分了解这些方面有助于我们在收集和分析相关性研究数据时尽量避免导致研究结果失真的因素，从而提高英语教学研究的质量。

6.4.1　相关性研究的信度

信度是指测量结果的可靠性，稳定性和一致性。信度受随机误差的影响，随机误差越大，信度越低。因此，信度可以视为测试结果受随机误差影响的程度，而系统误差产生恒定效应，不影响信度。信度一般分为重测信度、复本信度、评分者信度和内部一致性信度四种。

重测信度指用同一问卷，在不同时间对同一被测者施测两次，这两次测量分数的相关系数即为重测系数。重测信度所考察的误差是由于时间的变化所带来的随机影响。评估重测信度时必须注意重测间隔的时间，间隔太短或者太长均不适合评价。

复本信度是以两个测验复本即内容和难度均相似的两份工具来测量同一群体，然后求得应试者在这两个测验上得分的相关系数。复本信度的高低反映了这两个测验复本在内容上的等值性程度。这种方法的不足之处是，编制复本工具难度比较大，并且复本相关的方法不受记忆的影响，对测量误差的相关性比重测信度要低。

评分者信度是指评分者评分的一致性和稳定性，也就是指不同评分者对同一对象进行评定时的一致性。评分者信度因评分者人数不同而估计方法不一样。如果是两个评分者，独立对被试的反应评分，则可以用积差相关来计算，或用斯皮尔曼等级相关法计算；如果评分者在三人以上，而且是等级评分，则可以用肯德尔和谐系数来求评分者信度。内部一致性信度主要指测验内部项目之间的关系，考察测验的各个项目是否测量了相同内容或特质。内部一致性信度又分为折半信度和同质性信度。信度经常会受到参与者、研究者、测验时间、测验情境和测验内容等不同因素的影响。

6.4.2 相关性研究的效度

相关性研究的效度是指研究工具正确测量研究者所要测量的变量的程度，即测量工具的有效性和正确性，可以说明测验的结果在多大程度上反映了该测验所要达到的测验目的。比较常见的效度形式为内容效度、效标效度和结构效度。

内容效度也叫作表面效度或逻辑效度，指量表的测量内容和测量目的之间是否符合，在多大程度上表示了所测特质的范畴。换言之，量表是否包含足够的条目来反映所测内容。

效标效度是说明量表得分与某种外部准则效标间的关联程度，因为效标效度需要有实际证据，所以又叫实证效度。外部准则指不通过该量表，而是通过一些客观指标或某些总体评价性项目来间接反映该测定特质。根据涉及时间阶段，效标效度还可以分为两类，预测效度和同时效度：同时效度的效标资料是与测量所得同时搜集的，而预测效度的效标资料需要过一段时间才可搜集到。效标效度常用的估计法有相关法、分组法和预测表法等。

结构效度是指量表的构造是否符合有关的理论构念和框架，也就是检验量表是否真正测量了所提出的理论构思。这就要求研究者对评价内容的本质和各评价方面之间的关系有合理的理论解释。在效度检测中，由于许多观念不能被明确阐明或由于准则的不完美性，在使用内容效度与效标效度上存在着限制，而结构效度不受这些限制。结构效度包括判别效度和聚合效度两个方面。聚合效度是指一个变量和同一理论维度下的其他变量之间的关联程度，而判别效度则是指一个变量与其他理论维度下的其他变量之间的不相关联的程度。一个结构效度好的测量工具，其相应的结构框架必然对应着相应的理论依据，而且此测量工具所反映的结构，一定是可以直接或者间接能被测量。

常用的效度鉴别方法有相关分析、多元回归、因子分析和结构方程模型等统计方法。效度会受到测量过程、样本因素、效标因素和干扰变量等因素的影响。

第 7 章
实验研究

7.1 什么是实验研究

语言学习研究者经常会提出这样的问题:"为什么一些语言学习者比其他人更成功,原因是什么?"他们很想知道一个变量对另一个变量的潜在影响。实验研究就同这种旨在探讨因果关系的研究密切相关。

7.1.1 实验研究的定义及特征

实验研究是旨在探究变量之间因果关系的一种科学研究方法。它允许研究者严格控制无关变量在实验组和控制组中所产生的影响,操纵处理变量在各组学习者中的变化,以调查变量间的因果关系。众所周知,实验研究设计是二语习得研究中经常采用的一种定量研究方法。实验研究传统上是基于主动的因果关系理论,这种理论试图找出那些能够可以人为控制的变量,并对其进行操纵,以达到变化的目的。

然而基于这种理论的实验研究只能用来描述原因,无法解释原因变量如何发生和为什么发生,无法帮助理解众多现实世界的语言学习问题。语言学习方面的实证研究揭露出,语言学习在很大程度上会受到一些复杂的认知和社会因素的影响(Ellis,1994;Ortega,2009)。实验研究者的目的通常是在严格控制的环境下检验他们的假设是否得到实证数据的支持,因此实验研究需要对那些无关但是会影响研究结果的变量进行控制，以免影响研究效度。

实验研究可以帮助我们研究某种因素（如指令、输入或互动的类型）是否能促进或抑制语言学习，以及在多大程度上促进或抑制语言学习，通常具有如下特征：

- 对变量进行操作化定义，即对自变量和因变量的内涵与处延进行明确界定。
- 对变量进行操纵。在所研究的领域中设计某种形式的干预措施，目的是调查自变量对因变量的影响，这就是所谓的"干预"。
- 设置实验组和控制组。把实验参与者分成若干小组，其中一些构成实验组，另一组为对照组（即不接受干预的组）。
- 随机分配。实验参与者被随机分配到不同的小组。

7.1.2 实验研究的分类

研究设计是对实验研究过程中每个环节所涉及的计划、阶段和策略的系统概括。按照研究设计类型，实验研究一般分为预实验、单例、随机实验和准实验四种主要的研究设计形式（Phakiti，2015）。

1. 预实验设计（pre-experiment design）

预实验设计更多的是对自变量和因变量之间的关系进行探索性研究而不是验证性研究，这是因为它还不足以对变量间因果关系或干预效果作出结论。它通常是在一个完整的或现有的班级中进行的，缺乏随机化。有许多其他变量可能会对基于预实验的任何研究结果起到影响作用，因为它们不受研究者控制。这些变量可能包括参与者认知发展或成熟的自然过程，以及预实验期间可能发生的特定事件。因此，从某种程度上来说，可以把预实验设计看作准实验设计的弱版本。预实验设计包括如下三种最常见的设计：单组后测设计、单组前测—后测设计和非对等组仅后测设计。

2. 单例设计（single-case design）

单例实验设计，有时也称为单一受试设计，是指样本量只有一个参与者的实验，常用于研究某一个体的行为变化，因此不存在对比组或随机分配。不过要注意的是实验研究中的单案例设计不同于质性研究中的个案研究。个案研究允许研究者在不干预的情况下探索和观察个体的语言学习，其目的通常不像单例设计那样，通过明确的干预来发现类似因果关系的效果。单例设计的目的是考察干预措施对某一特定个体在学习或行为方面的改善是否有效。因此，与随机实验和准实验设计类似，它通过对一些自变量的操作来施加控制。例如，在语言学习中，可能存在严重的学习障碍者、注意力不集中或高度焦虑的学习者，以及有天赋的学习者。这时可以采取单例设计检测一下在准实验研究或随机实验研究中使用的干预措施是否适用于某个个体。单例设计具有动态性，能够对个体作出反应，允许研究者修改干预措施的性质，并通过客观测量寻找有效的替代干预措施。单例设计可以看作是准实验中的单组时间序列设计的延伸。

3. 随机实验设计（randomized design）

随机实验设计具有操纵自变量、随机化、存在比较组三个典型特征。实验研究假设一个自变量会引起一个因变量的变化，研究者通过操纵自变量以检验他们的假设。研究者常用是否干预、数量程度、不同类型三种方法来操纵一个自变量。随机分配是随机实验研究设计的要求（因此称为随机实验设计），因为它能提高研究的内部有效性。不过需要注意的是，随机分配并不一定能保证研究者能够控制所有的外在变量，因为随机分配仍然是基于参与者分布中的偶然性。

与预实验研究不同，随机实验设计采用随机分配和比较组。使用具有不同情况的两个对等组进行比较是实验研究的基本内容。对于自变量选取，实验研究者通常在深入阅读文献后，提出有关自变量对因变量影响的假设，如语言学习的成功率、语言准确性、流畅性和学习行为等。

随机实验设计最常见的设计形式有仅后测控制组设计、前后测控制组设计、随机匹配前后测控制组设计、重复测量设计和因子设计等五种形式（Phakiti，2015）。随机实验设计的明显优势在于其能够从研究中得出非常具有说服力的因果关系结论，能够建立因果关系的研究类型。然而纯实验研究要求极其严格，研究人员必须全力确保研究设计、数据和结论的效度。

4. 准实验设计（quasi-experiment design）

如上所述，随机实验研究设计是将参与者随机分配到一组。但是，在准实验研究中，当无法实现对潜在混杂变量的完全控制时，无法做到随机分配，就会考虑做准实验研究。在实际英语教学研究中，很多时候不可能进行随机分配。例如，无法把自然班中的学生按照随机方式重新安排到不同班级。由于在准实验研究中不能进行随机分配，因此必须认识到某些混杂变量（如学习者的特点、特定学科的知识、一天中的时间和教师）会对研究信度和效度产生影响，使研究者很难作出有效的因果关系的推论，因为只有在没有其他对立的解释（即同一发现的其他可信的替代解释）时才能做到这一点。然而，准实验研究仍然可以对类似因果关系产生一些有用的见解。这样的研究发现会有助于研究者开展更复杂的随机实验研究设计。准实验设计通常有后测控制组匹配设计（matching posttest-only control group design）、前后测控制组匹配设计（matching pretest-posttest control group design）、平衡设计（counterbalanced design）和时间序列设计（time-series design）四种。

7.2　实验研究的数据收集

英语教学实验研究中的数据收集方法多种多样，主要包括诱导式语言产出、设置语法判断任务、设置阐释性任务、开展自评或同伴评价、进行问卷调查、利用眼动技术以及开展自定速阅读等，我们在本节对这几类数据收集方法进行一一介绍。

7.2.1　诱导式产出

诱导式产出方法是一种实验性技术，常用于收集自发言语（spontaneous speech）数据，更加直接地揭示参与者的语法知识，而无须采取回答"是"或"否"的判断任务形式并从回答中做出推断（Ambridge & Rowland，2013）。此种方法处于一个从杂乱无章到最有条理的连续体中。在其中一端，要求参与者简单地展示一幅图片、动画、视频或现场表演，然后问一些"发生了什么"等诸如此类的问题。如果想更多控制参与者用于回答问题的语言表达式时，通常会使用更多的限制性问题。例如，通过采取聚焦动作施动者或受事者的不同问句形式来观察参与者的产出。再比如，采取主观性完形填空的形式让参与者把句子补齐。

这种方法的一个显著特征就是它能让实验者控制与目标语句相关的意义，通过每一次试验中呈现一个特定的情景，用玩具和道具表演来控制意义。另一个优点是，它能够使实验者考察学习者对复杂句法结构的使用。诱导式产出还可以在一个实验环节中收集到目标结构的有力数据样本，借助这些收集到的数据样本可以得出参与者在某一特定时间点上语法状况的可靠结论。相比之下，这一点无法通过数据库检索参与者自发语言的转录文本来做到。

采用诱导式产出方法收集数据时，需要考虑到任务具有的交流意义，参与者，尤其是儿童，可能不太可能对他们认为不必要或无意义的问题做出自愿或适当的反应，尤其当参与者是儿童时，他们对测试问题和真正的信息请求之间的区别特别敏感（Ambridge & Rowland，2013）。

7.2.2　语法判断任务

语法判断任务（grammaticality judgement task，GJT）是语言习得、双语学习、二语学习和语言损耗研究中广泛使用的工具之一（Schmid，2011）。GJT 用来探索母语或二语环境下参与者对一些给定句子或特定结构的语法性的直觉，反映了学习者的语言能力，是一个相对直接地了解学习者的语法能力的窗口。这类任务将刺激句呈现给参与者，请他们对这些句子进行语法上可接受或不可接受的评价。由于 GJT 的流行，它已经以不同形式被改编和应用，受试在实验中所判断的句子是研究者根据研究需要而设计的，并非来源于会话交际之中，因此在使用时要特别小心。研究者在使用语法判断方法收集数据时，应当明确理论背景和研究目的。

语法判断任务根据理论背景可分为具体语法和普遍语法两大类，根据研究目的可分为母语语言能力研究和二语能力研究。在具体语法框架下，研究者经常要求受试判断所给句子是否符合目的语语法，旨在验证某一教学方法或学习策略的效果或学生对具体的语音、语法或词汇知识的掌握程度。在普遍语法理论背景下，二语习得研究者根据原则与参数理论，设计若干关于某一普遍语法原则与参数的句子，同时这一参数在参与者的母语和目标语中的取值不同，要求受试进行语法判断。虽然语法判断因研究目的不同可分为母语习得和二语习得研究，但是需要特别注意语法任务在两种环境下的信度和效度解读，因为两种环境下的参与者在语言环境、语言输入、学习目的、学习者的生理条件和认知能力等方面都存在差异，这些差异也会引起知识结构的不同。

尽管 GJT 在实验方法上因研究目的不同而各不相同，但在研究程序上总是有一些共同点。它通常为被试者提供一个视觉或听觉上的句子，要求被试者听或读一些给定的句子（这些句子是为了研究目的而特意构建的），然后做出判断。在实验开始时，通常提供几个练习试验，使被试熟悉任务程序。分散注意力的试题通常与目标项目混合在一起。在 GJT 设计中，为了满足不同的研究目的，句子的构建都有一定的目标结构。

7.2.3　阐释性任务

近年来，语法判断任务经常结合各种阐释性任务一起调查英语教学中的语言理解和语言发展，将句子放在上下文中而不是孤立地呈现。真值判断任务（truth value judgement tasks, TVJT）是阐释性任务中比较常见的任务形式，起源于对儿童母语习得研究（Crain & Thornton,

1998）。TVJT 通常要求参与者首先听一段故事、看图片或观看视频，然后要求他们判断目标句子的真实性。对幼儿使用的 TVJT 总是以口头形式进行，通常涉及一个故事、一段玩具表演或者是一系列图片讲述。对于有文化的成年二语学习者，故事可以书面形式提供，也可能伴有图片。与明确关注语法的可接受性判断任务（acceptability judgement task, AJT）不同，TVJT 关注的是句子的意义，因此最适合研究句法—语义界面现象，例如，对代词、反义词、时态、定语、显性和空代词等语言现象的阐释。与 TVJT 任务比较类似的是起源于母语习得研究中的图片匹配任务（picture-matching task）（Schmitt & Miller，2010）。但是二者也存在差异，TVJT 要求学习者在一个故事或图片的语境中评价一句话的真假，而 PMT 则是在两张或多张图片的语境中呈现一句话，学习者的任务是将句子与正确的图片相匹配。

阐释性还包括那些结合了 GJT、TVJT 或 PMT 等不同形式的任务。例如，参与者可能被要求阅读一对句子，并判断第二句作为第一句的延续的可接受性程度。另外，也可以要求参与者阅读一个故事，然后向他们展示一个目标句子，并要求他们判断该句子在故事的上下文中是否可以接受。与要求参与者评价句子的真实性 TVJT 不同，这些阐释性任务更多要求参与者判断句子在上下文中的适当性。

显性知识与隐性知识的问题是阐释性任务必须要考虑的一个关键问题。基于生成语法的二语习得目的在于测试学习者潜在的、隐性的语法知识，从而推断学习者二语语言能力。然而 GJT 提供了相当明确的任务，明确要求学习者思考语法，如果学习者意识到 GJT 中的测试句型结构，他们可能会借助于在课堂上学到的有意识的、明确的知识，可能会造成研究者无法了解学习者的潜在语法直觉。阐释性任务可以弥补 GJT 在这一方面的不足，把注重形式的任务转换到注重意义的任务（如 TVJT 或 PMT），减少学习者利用语言形式显性知识的可能性（Ellis，2005）。当研究的重点是形式和意义之间的联系，而不是仅仅关注形式时，经常使用可以提供语境的解释任务方法，因为将句子放在上下文中呈现比孤立呈现更合适。

7.2.4 自评或同伴评价

1. 自评

在语言测评中，有两种衡量语言能力的方法（Oscarson，1989）：一种是与考试、教师等有关的外部方法，涉及从测试成绩或教师评估中收集证据，以确定是否达到了预定的目标，如特定的语言能力水平；另外一种是涉及学习者自我评价的内部方法，能够促使学习者自我评估自己的能力和进步程度。随着对学习者自主性的兴趣日益增加，以及从以教师为中心的教学到以学习者为中心的教学理念的转变，人们对采用自评（self-assessment）作为评价语言成绩的替代方法产生了极大的热情（Butler，2016）。自评是一种学习者参与内部或自我指导活动的评价（Oscarson，1989），因此自评不同于从教师和考试管理者等外部人员角度进行的评估。

研究表明，自评有许多好处，语言学习者可以利用自评诊断自己的优势和劣势，从而促进他们在未来调整语言学习的决心。从测试角度来说，高质量的自评节省时间、精力和成本等资源；从学习者情绪的角度来看，自评可以缓解恐惧、焦虑和挫折感（LeBlanc et al.，1985）。

需要注意的是，自评测量的内容和构念是否反映了外部测量的相同内容和构念，要考虑自评的准确性和主观性。不过，从过程导向评价（评估促进学习）的观点来看，评价被认为是一个寻求相关信息的过程，对这些信息进行解释，使学习者能够反思自己的学习，并为进一步学习做出建设性的决定。因此，当评价是为了学习时，传统心理测量学的信度和效度概念可能并不适合（Butler，2016）。

2. 同伴评价

同伴评价通常是指学生对其他学生的作业提供反馈，目的是形成性反馈或终结性评分，或者是两者的结合（Li & Gao，2016）。作为一种有效的学习工具，形成性同伴评价往往让学生同时扮演评估者和被评估者的角色。当充当评估者时，学生根据评分标准对同伴的作品进行评议并找出其优缺点；当扮演被评估者时，学生对同伴的反馈进行评价和反思，并改进自己的作品（Li et al., 2010）。让学习者参与评估其同伴的评价方式是一种非常有效的评价方法，因为听取同伴的反馈和提出的宝贵意见可以鼓励学习者更加投入任务和评价过程中，从而提高学习效果。

虽然同伴评价的差异性很大，很难确定其基本的理论依据，但有的学者认为它可能基于社会建构主义理论（Topping, 1998），至少可以用维果茨基的最近发展区解释。最近发展区可以被理解为学习者在没有帮助的情况下能做的事情和在能力更强的伙伴的帮助下能完成的事情之间的差异（Vygotsky, 1978）。大多数形成性同伴评价是指学生独立完成某些任务，然后通过与同伴或与学习材料的互动，进一步改进他们的工作，提升他们的能力。

大量研究发现同伴评价可以促进学生的学习（Li et al., 2010），增加反馈的数量和及时性（Lin et al., 2001），促进学生的积极性、自主性和责任感（Brown, 2004），增强学生对评估标准和质量表现的理解（Burke & Pieterick, 2010; Huges, 1995）。同伴评价让学生参与到主动学习过程中，加深了对所学知识的理解，促使他们成为反思性学习者（Li et al., 2010），并对自己和同伴的优势和劣势做出明智的判断。

7.2.5　问卷调查

问卷调查是研究者用来收集资料的一种方法，源于社会科学，目前广泛应用于社会学、教育学和二语习得等不同学科和领域。它通过语言描述，使用严格设计的问题，收集研究对象的资料，其基本假设是通过对特定总体中的一部分样本描述和分析，以反映总体的特征、意见、态度和预期行为等研究内容（Ruel et al., 2016）。

在英语教学中，问卷调查一方面可以为研究者提供语言学习者的预期语言行为，即学生计划如何应对某些语言学习情境，例如，他们愿意在二语学习中投入多少精力。另一方面，问卷调查还可以让研究者了解人们对特定的二语和一般的语言学习过程的意见和态度，例如，他们有多喜欢学习外语的某些方面。此外，通过问卷调查，研究者可以了解参与者对某些与二语相关问题的感受和信念，如学习外语的最佳年龄或方法、语言使用的焦虑、学习者对英语教学中某些问题的认识等。

总而言之，同其他研究工具相比，问卷调查成本较低，如果借助网络进行发放问卷，还可以极大地节省时间和人力，因此被广泛应用到各种与语言教学有关的调查研究中。

7.2.6　眼动技术

人们对眼动的兴趣可以追溯到 18 世纪。自其诞生以来，眼动技术一直被认为可以让我们"看清被试者的心灵"（Rayner，1978：618）。目前，眼动技术研究的三个主要领域分别是场景感知、视觉搜索和语言处理（Rayner，2009）。眼球移动是我们与世界互动的重要组成部分，在感知、认知、教育中起着重要的作用，有助于研究者探究和理解语言习得、表征、产出和认知过程等二语习得领域中的核心话题。由于认知过程无法直接观察，一部分研究者会依赖参与者的口头描述，使用刺激回忆和有声思维等方法，而其他研究者则通过观察和测量参与者行为，根据他们的表现推断出一些关于认知的东西（Ellis，2015）。眼动技术提供的实时处理数据可以使研究者更加深入了解参与者认知过程，更好理解语言习得过程，由于它的诸多优点，眼动追踪技术在二语习得领域获得快速发展。

眼动记录法一般分为传统眼动记录方法和现代眼动记录方法（卞迁等，2009）。前者主要包括观察法、机械记录法和胶片记录法三种，虽然目前看来这三种记录方法存在其固有的缺陷和不足之处，但是为当时科学研究提供了重要技术支持，拓宽了研究视野。后者主要包括电流记录法、探查线圈记录法、基于瞳孔和角膜发射的视频记录法和红外线普金野图像跟踪法。

阅读是眼动技术在二语习得研究中应用最广的领域，这是因为人们在阅读时候，研究运动表现为由注视（fixation）和眼跳（saccade）两种基本眼动现象组成的现象（Rayner，2009）。研究者可以通过眼动仪实时采集阅读者眼动数据，然后结合认知过程，对阅读者心理活动进行分析，推测其认知过程。在目前有关阅读的眼动研究中常用的实验范式有移动窗口、移动掩蔽、边界范式、快速启动范式、消失文本范式和视觉—情境范式五种（闫国利等，2010）。考虑到阅读过程中注视和眼跳两种基本眼动现象，阅读研究中的眼动技术指标根据时间和空间两个维度可以分为两大类（闫国利等，2013）：一类是同时间维度密切相关的眼动指标，主要涉及眼睛移动时间，包括以字或词为兴趣区的眼动指标（例如，单一注视时间、首次注视时间、第二次注视时间、凝视时间、离开目标后的首次注视时间、回视时间和总注视时间等）和以短语或句子为兴趣区的眼动指标（例如，第一遍阅读时间、向前阅读时间、第二遍阅读时间、回视路径阅读时间、重读时间等）；而另外一类则涉及同眼睛移动位置相关的空间维度眼动指标，包括眼跳距离、注视位置、注视次数、跳读率、再注视比率和回视次数等。

7.2.7　自定速阅读

自定速阅读根据研究目的可以分为母语和二语两种形式。自定速阅读通常用于母语句法解析研究。句法解析是指人们分析一串单词的句法结构，从而得出正确解释的过程。熟练的语言使用者通常会迅速且毫无困难地处理书本和口语中的句法信息。因此，研究者会使用一些给理解带来困难的句子，如花园路径句（garden-path sentences）等，这些句子最初会被误解，必须重新分析。

理解过程涉及词素 / 音素、单词、句子等不同层次的处理，并包括不同子处理过程（van Gompel & Pickering，2007），这样就涉及如下两个问题：人们是只对他们所读或所听的东西进行一种解释，还是同时考虑几种合理的解释？以及人们如何使用来自句法、语义、话语等不同来源的信息？自定速阅读已经被广泛用于解决这两个理论问题，重点是句子理解的互动理论和模块理论之间的理论争论。互动理论假设人们为了解释一个句法结构而同时接受几个信息源（Trueswell & Tanenhaus，2016）。与此相反，模块理论认为，人们只使用句法信息来创建对句子的初步解释，语义、语境等其他来源信息在理解过程的后期使用。由于有强有力的证据支持这两种观点，这一理论争论仍在继续（van Gompel & Pickering，2007）。

目前的双语、二语习得研究主要聚焦于二语学习者是否发展出目标语言特有的句法解析策略，还是使用基于学习者母语的解析策略，或者可能是两种语言都没有的策略（Dussias，2003）。简而言之，二语学习者的句法解析受到很多因素的影响，其中包括词汇、语义或句法信息等语言因素，其他因素则与第二语言使用者的熟练程度或接触类型等语言经验和个体差异有关。这些因素似乎相互作用，极大影响了二语学习者在学习目标语言中的解析策略与母语中的解析策略的相似程度。

7.3　实验研究的数据分析

统计方法论包括总结数据的描述性统计和利用样本数据信息推测总体信息的推断性统计。以此为标准，实验研究数据分析一般细分为描述性数据分析和推论性数据分析两类。

7.3.1　描述性数据分析

描述性统计分析是指归纳、整理、绘制图表以及从总体上描述定量信息的统计方法，而推断性统计是指依靠抽取的样本信息来推断总体信息；描述性统计分析有时也与研究三个或更多变量之间的关系多变量统计分析形成对比，此时描述性统计是指双变量或单变量的统计分析（Vogt，2005）。本小节主要讲述描述性数据分析的集中趋势分析、离散程度分析和数据分布形状三种主要类型。

1. 集中趋势

描述性数据集中趋势分析中最常用的三种集中程度指标是算术平均数（mean）、中位数（median）和众数（mode）。平均数是指把总体中所有观察数据值求和然后除以总体量所得出的数值。不过算术平均数会受到异常值（outlier）的影响。异常值是指一组测定值中与平均值的偏差超过两倍标准差的测定值，与平均值的偏差超过三倍标准差的测定值，称为高度异常的异常值。因此为了正确判读数据的集中趋势，研究者需要结合中位数和众数另外两种指标。

中位数，有时候也称为中值，是按顺序排列的一组数据中居于中间位置的数，其可将数值集合划分为相等的上下两部分。如果观察值是偶数，通常取最中间的两个数值的平均数作为中位数。通过排序得到的中位数不受最大、最小两个极端数值的影响。当一组数据中的个别数据变动较大时，常用它来描述这组数据的集中趋势。

而众数是指一组数据中出现次数最多的数值，有时一组数中可能存在多个众数。众数不受极端数据的影响，并且求法简便；如果在一组数据中，如果个别数据有很大的变动，选择中位数表示这组数据的集中趋势就比较合适。

2. 离散程度

描述性数据的离散程度通常使用极差（range）、离差（deviation）、方差（variance）或标准差（standard deviation）等离散指标。极差，有时也称为全距，是指样本观察变量最大数据值和最小数据值之间的差，反映变量分布的变异范围和离散幅度。极差越大，离散程度越大，反之，离散程度越小。这一指标优点是计算简单、含义直观和运用方便，在数据统计处理中仍有着相当广泛的应用。但是，极差仅仅依靠两个极端值的水平来展示观察变量的离散范围，未能充分利用观察变量所有数据值信息，不能反映其间的变量分布情况，同时易受极端值的影响。

离差，又称"偏差"，是观测值或估计量的平均值与真实值之间的差，反映统计总体中各单位标志值差别大小的程度或离差情况的指标。不过需要注意，离差的代数和等于 0，不能进行求和运算，离差的平均数不能将离差和除以离差的个数求得，而必须将离差取绝对数来消除正负号，这就需要平均差指标。平均差是总体所有单位与其算术平均数的离差绝对值的算术平均数。平均差越大，表明各标志值与算术平均数的差异程度越大，该算术平均数的代表性就越小；平均差越小，表明各标志值与算术平均数的差异程度越小，该算术平均数的代表性就越大。

方差和标准差是测算离散趋势最重要和最常用的指标。它们综合考虑了数据值与平均值之间的差异以及样本量的变化。方差，通常用希腊字母 σ^2 表示，是指总体中各个数据与其算术平均数的离差平方和的平均数。在平时研究中，很难或无法获得总体全体数据，这时可以使用样本方差估计上述总体方差，通常用英文字母 s^2 表示。

当数据分布离散程度较大时，各个数据与平均数的差的平方和较大，方差就较大；当数据分布比较集中时，各个数据与平均数的差的平方和较小。因此，方差大小可以反映数据离散程度。

由于方差涉及数据的平方，计算出来的值与检测值本身相差太大，难以直观衡量，所以常用方差开根号换算回来，这就是所说的标准差，总体标准差用希腊字母 σ 表示，而样本标准差用英文字母 s 表示。

3. 数据分布形状

除了集中趋势和离散程度外，描述性数据分析还可以考察衡量数据分布形状的常用指标，如偏度（skewness）和峰度（kurtosis）。鉴于偏度和峰度选择正态分布（normal distribution）作为参照物，因此需要首先介绍正态分布。正态分布，也称常态分布或高斯分布。正态分布曲线呈钟型，两头低、中间高，左右对称，曲线呈钟形分布状态。

偏度，有时也称为偏态、偏态系数，是衡量统计数据分布偏斜方向和程度的指标。参照正态分布，偏度可分为正、负偏态两种。正偏态，有时也称右偏态，是指右侧的尾部更长，分布的主体集中在左侧。与此相反，负偏态，有时也称为左偏态，是指左侧的尾部更长，分布的主体集中在右侧。

峰度，与偏度类似，是描述总体中所有取值分布形态陡缓程度的统计量。通常以正态分布作为参照指标，峰度为 0 表示该总体数据分布与正态分布的陡缓程度相同，称为常峰态；峰度大于 0 表示该总体数据分布与正态分布相比较为陡峭，为尖峰态；峰度小于 0 表示该总体数据分布与正态分布相比较为平坦，为低峰态。峰度的绝对值数值越大，表示其分布形态的陡缓程度与正态分布的差异程度越大。

7.3.2　推论性数据分析

从技术上讲，推论统计是指用于推论的各种统计量指标。但是，它也经常被用于表示计算推论统计的一系列方法，包括 t 检验、方差分析、卡方检验、Wilcoxon 检验、Kruskal-Wallis 检验等统计方法。因此，需要根据研究情况，选择具体统计分析方法。本小节主要从推论统计的哲学基础、推论统计量类别和推论类别三个方面介绍推论性数据分析。

1. 推论统计的哲学基础

推断统计分析与概率论密切相关，旨在通过假设检验和置信区间从收集到的样本数据对总体进行推断或估计。推论统计主要基于概率论的频率观（frequentist perspective）和贝叶斯观（Bayesian perspective）两种哲学基础。频率观认为，总体中存在着无法认知的特征，研究者为了估计他们所研究总特征的发生概率可以进行有限次数的观察，认为可以通过对大量的重复抽样计算来估计总体。他们认为，对总体的假设客观存在，并且不会改变，也就是存在固定的先验分布。因而，在计算具体事件的概率时，要先确定概率分布的类型和参数，以此为基础进行概率推论。

相比之下，贝叶斯学派则利用关于总体的先验知识为推理提供信息，然后通过收集数据进一步改进或更新这些信息。他们认为，概率是关于信念的程度，是一种主观陈述，不存在固定的先验分布。换句话说，对总体的假设本身取决于观察结果，是不确定的并且可以修正，收集的数据不断地对假设做出修正，从而使观察者对概率的主观认识更加接近客观实际。

2. 推论统计量类别

推论统计量是指推论方法应用于数据分析时通过计算所产生的统计指标。例如，将方差分析技术应用于一组数据将产生一个 F 统计量。虽然这是一个非常重要的推论统计量，但它只是推论过程中的一个中间步骤。为了进行推断，研究者必须将这个观察到的统计量与能够得到该统计量的所有可能值进行比较。如果研究者在研究中假设某一总体或多个总体的特征，比如，假设多个总体特征都是相同，他们不仅可以计算出某一推论统计量的可能值，还可以计算出该统计量值落在某一指定范围内的可能性有多大。例如，研究人员可能会计算出，观察到 F 统计量大于 4.0 的概率只有 5%。

p 值和置信区间是最常见的两种概率型推论统计量。p 值，有时候也称为显著性水平，是指在某一假设为真并且通过随机选择获得数据的情况下，从一组数据中获得某一推论统计量的概率大小。也就是说，p 值是用来判定假设检验结果的一个参数。当原假设为真时，比所得到的样本观察结果更极端的结果出现的概率大小。如果 p 值很小，说明原假设情况发生概率较小；如果出现，根据小概率原理，就有理由拒绝原假设，p 值越小，拒绝原假设的理由越充分。但是，检验结果究竟是"显著的""中度显著的"还是"高度显著的"需要根据 p 值大小和实际问题来解决。

另外一个被广泛接受的推论统计量就是置信区间。置信区间是指由样本统计量所构造的总体参数的估计区间，也就是分别以统计量的置信上限和置信下限为上下界构成的区间范围。置信区间的建立就与中心极限定理和抽样分布有关，在给定置信度的条件下，置信区间的宽度决定于抽样分布，会随着样本量的增大而减小，在样本量给定时，置信区间的宽度随着置信水平的增大而增大。置信区间是在预先确定好的显著性水平下计算出来的。显著性水平通常称为 α，大多数情况将 α 设为 0.05，则置信水平为（$1-\alpha$）。例如，显著性水平 $\alpha=0.05$，那么置信水平则是 0.95 或者 95%。对于某一总体数据，如果其平均值为 μ，标准差为 σ，则其整体数据的平均值的 100（$1-\alpha$）% 置信区间为（$\mu-Z_{\alpha/2}\sigma$，$\mu+Z_{\alpha/2}\sigma$），其中 α 为非置信水平在正态分布内的覆盖面积，$Z_{\alpha/2}$ 即为对应的标准分数。

3. 推论类别

推论类别分为总体推论和因果推论两种。总体推论是大多数研究者最为常用的推论方式，通过数据样本对总体进行推断。这种推论适用于通过随机选择的方法从总体中抽取的样本。另外一种推论是因果推论，是对两个或多个变量之间因果关系的概率陈述。总体推论依赖于从总体中随机抽样，而因果推论依赖于将研究参与者随机分配到各种研究条件中。

在随机选择和随机分配的研究中，可以借助推论统计分析进行总体推论和因果推论。通常情况下，某一研究要么是随机选择，要么是随机分配。在这些情况下，对推论性概率陈述判读取决于样本数据是否具有总体代表性，或者取决于不同研究条件下研究参与者的相似性。

7.4　实验研究的信效度控制

实验研究要求我们通过严格控制变量而创建实验环境，从而有效规避其他自变量对因变量的影响，帮助研究者更为明确地洞悉某一特定自变量与因变量之间的关系。因此，把握如何控制实验研究的信效度，对于开展高质量的实验研究至关重要。

7.4.1　实验研究的信度

信度是指测量工具的准确性或一致性。换句话说，如果在相同的情况下重复使用某一研究工具时，其结果应保持一致。当调查一个工具或一项调查的信度时，要确保某一时间内得到的结果与另外一个时间内得到的结果相似。虽然不可能准确地计算出可靠性，但可以通过同质性、稳定性和等值性三种测量方法衡量信度高低。

同质性（homogeneity），也称为内部一致性，指用来测量同一个概念的多个计量指标的一致性程度，常用 Cronbach α 系数、分半（split-halves）信度和 Kuder-Richardson 系数评估。稳定性一般需要借助前后测和平行测。等值性（equivalence）是指不同观察者使用相同工具同时测量相同对象，或两个大致相同的研究工具同时测量同一对象时所得结果的一致程度。最常用的指标是评分者间信度。是指不同评分者使用相同工具，同时测量相同对象时，不同评分者间所得结果的一致程度。一致程度越高，则该工具的等同性越好，信度越高。评分者间信度可通过 Pearson 积差相关系数（连续变量）、Spearman 秩相关系数（连续等级变量）或 Kendall 等级相关系数（两个分类变量均为有序分类）表示。如果评分者在两人以上，需采用等级记分（其他形式的资料需转化为等级资料），然后采用 Kendall 相关系数来评价评分者间信度。评分者间信度的数值介于 0~1 之间，数值越趋近于 1 说明研究工具的评分者间信度越高。一般认为评分者间信度至少应达到 0.6，当数值大于或等于 0.75 时，则认为该工具的评分者间信度非常好。

7.4.2 实验研究的效度

在定量研究中，效度是指测量工具在多大程度上测量了它应该测量的东西，即某一概念被准确测量的程度。例如，一项旨在测量语言能力的调查问卷，但实际上测量的是学习成绩，这将被认为是无效的。效度比可靠性更难测量，因为没有公式或分数来测量它。这是一个永无止境的过程，因为在某一领域有效的调查可能在另一个情况下无效。效度分为内容效度、效标效度和结构效度三种类型。

内容效度是指研究工具准确测量构念各个方面的程度，用于测量特定领域的概念知识。内容效度关注研究工具是否充分涵盖与变量有关的所有应该包括的内容。效标效度是指某一研究工具同测量同一变量的其他研究工具的相关程度，通常采取统计相关性来确定不同工具测量同一变量的相关程度。效标效度包括聚合效度、分歧效度和预测效度三种测量方法。结构效度是指能否从所研究的概念相关的测试分数中作出推断，通常使用因子分析统计方法来衡量结构效度，确定一组变量之间的关系。研究工具是否具备结构效度通常有同质性、趋同性和理论证据三种方法：同质性指该工具测量的是一个建构体，而不是多个；趋同性是指一个工具测量的概念与其他工具测量的此概念的结果有相似度，但是，如果没有类似的工具，这一点是不可能做到的；理论证据是指行为同工具所测量的构念理论命题的相似度。

第 8 章
英语教学研究的伦理观

英语教学研究常为一些研究参与者（学生、教师等）提供额外福利，如帮助学生提升语言学习成绩、改善教师教学实践等，研究风险通常较小，甚或无风险。然而，这并不意味着伦理原则不适用于教育研究，或者我们可以忽略伦理问题。正如 Johnson & Christensen（2004：Ⅲ）所言，某些研究实践，特别是定性研究，包含了"搅浑了伦理水域"的元素，值得仔细考虑。研究者们可能会有如下疑问：英语教学研究中需要注意哪些伦理？收集研究参与者数据为何需要机构批准和个人知情同意？等等。为回答诸类问题，本章将介绍英语教学研究中日益重要的伦理观问题。讨论重点主要包括研究伦理定义、教学研究中的主要伦理困境、英语教学研究中的伦理原则、多语和多文化环境下的研究伦理问题及数字环境下的研究伦理问题。

8.1　什么是研究伦理

研究伦理对于任何研究领域的持续发展都至关重要。目前，越来越多期刊规定，在提交论文前须满足伦理要求，一些期刊要求投稿作者直接提供其所在机构的机构审查委员会批准的证据。

英语教学研究关注社会中的人们，因此不可避免地涉及伦理问题。英语教学研究人员进行研究时，通常遵循公正、尊重他人、产生最佳利益和最小化伤害的核心原则。伦理可从宏观伦理（macro-ethics）与微观伦理（micro-ethics）视角进行检验。宏观伦理是指机构审查委员会、伦理委员会和专业组织的一般性伦理指导方针；微观伦理涉及研究者面临的日常伦理困境。迄今为止，许多伦理学文献以宏观伦理为指导方针（Chapelle & Duff，2003）。英语教学研究人员也有专业组织规定进行伦理指导（如 TESOL International Association，2014）。然而，伦理审查委员会的规程无法预测所有伦理问题（Anderson，2017）。宏观伦理指南需要微观伦理补充，即在特定研究背景下协商伦理困境方法（de Costa，2016a）。其核心为揭示和检验研究者在研究过程中所呈现的价值和意识形态，以及研究人员和被研究人员之间的权力关系。

伦理实践贯穿于研究前、研究间和研究后整个研究过程。研究开始前，研究人员需获得研究参与者的知情同意，知情同意表格须便于理解和获取。在数据收集和分析过程中，研究者需要采取灵活方法处理突发伦理问题。例如，在进行调查时，应将研究偏见考虑在内。访谈也应被视为一种社会实践形式，包括访谈者和被访谈者的话语定位和评价。Holliday（2015）强调了与研究参与者建立关系的重要性，他认为在研究环境中建立关系可能是不公平的，因为这种关系不能在参与者自身条件下维持。分析数据也提出了伦理要求，在分析定量数据时，研究者需选择合适的统计检验方法，了解统计分析背后的逻辑。Shohamy（2004）警示研究结果的潜在误用，研究完成后，结果可能被误用。避免方法之一是突出研究结果的统计意义和现实意义。

诚然，学者们对研究伦理持有不同定义。由于篇幅的限制，我们仅介绍 Pimple（2002）和 Emanuel et al.（2013）的两种观点。

Pimple（2002）主要从以下三个方面探讨伦理研究：数据汇报和呈现的真实性、引用和使用他人成果的公平性以及进行有意义和有用研究的智慧性。

该观点认为研究伦理并非指遵循既定指导方针，而是着眼于研究和研究人员的特性。研究人员是否真实汇报信息？有无可能捏造数据或隐藏不重要结果？在定性数据方面作者是否存在精心挑选数据表明自己观点？是否存在剽窃？此外，研究伦理还涉及在进行合作研究时保持公平，确保所有作者归属公平。最后，进行有意义研究的智慧观点则认为研究需对社会或科学有用，只有当研究被认为是有用或有价值的时候，才应该进行研究。

Emanuel et al.（2013）对伦理研究的定义则采用了更加实证主义的

观点。他们认为，伦理研究需要：①对科学或社会有价值；②具有科学效度；③可靠的独立审查；④尊重他人；⑤平衡风险受益率；⑥公平选择参与者；⑦实现真正的知情同意。

以上七项可分为两大主题：研究价值（前三项）和研究伦理（后四项）。与 Pimple（2002）观点类似，Emanuel et al.（2013）也强调研究的有用性或价值。大量研究已经表明，成人可以很好地学习第二语言，所以如果继续研究成年人是否可以学好第二语言则不会为该领域增加实际价值。事实上，此研究将会占用本可以用于更有价值研究的资源，如研究成人二语学习是如何完成的。科学效度是一个已被大量讨论的话题（Norris & Ortega，2000）。其目标为指出某领域所面临的各种方法和统计问题。确保以严格方法进行研究看起来似乎不像是伦理问题，但该领域如何使用其资源和确保研究结果的准确性至关重要。英语教学研究结果可被政府或其他决策者用于做出影响数百万人生活的决定，倘若政策基于一项管理不善的研究或错误解读的数据，可能会招致灾难。最后，在该领域很少看到审查的领域就是在同行审查阶段如何审查研究。

Emanuel et al.（2013）讨论的研究伦理还与如何进行研究有关。在英语教学中，较难公平选取研究参与者。盲选和随机抽样程序有时很难做到，因为参与者通常因其语言背景而被选取。此外，教学研究者常常面临如何平衡实验组和控制组受益问题。均衡的风险收益比通常是指参与者承担的风险与收益平衡。学生参与研究会占用他们大量的学习时间，如果研究结果所得利益由其他利益相关者所享有，如研究人员、机构或未来的学生，则参与者承担的风险与所得收益不平衡。确保真正的知情同意可能很难。如知情同意文件较长导致阅读困难，有些参与者甚至通常不读直接参与研究。此外，为使数据不产生偏差，知情同意文件上有些信息往往被有意保留。

8.2　教学研究中的主要伦理困境

研究人员需预测在研究中可能出现的伦理问题（Berg，2001；Sieber，1998）。研究包括收集参与者数据及关于参与者的数据（Punch，

2014）。在进行研究时，需写下一些预期的伦理问题。研究人员需要保护研究参与者，与他们建立信任，促进研究的完整性，防范可能影响其组织或机构的不端行为和不当行为，并应对新的、具有挑战性的问题（Israel & Hay，2006）。伦理问题在诸如个人信息披露、研究报告的真实性和可信度等问题上很明显，跨文化背景下研究人员的作用以及通过各种形式的互联网数据收集的个人隐私问题（Israel & Hay，2006）。本节将着重讨论英语教学研究中可能出现的四个主要伦理困境，试图提高人们对伦理挑战和争议的认识。

伦理困境 1：如何平衡参与者的保密权利和他/她希望宣传参与研究的愿望？

当参与者同意参加某项研究时，他们应得到研究者的保密承诺。对于许多大规模定量研究来说，保密往往没有太大问题，因为大量的数据被收集，参与者个性的痕迹被去除。然而，并非所有研究都能消除参与者个人痕迹。一般而言，研究参与者越少，隐藏他们的身份就越困难。

参与者资料保密是研究伦理中特别重要的一条规定。但在某些研究中，这一要求可能与参与者的愿望相矛盾。有些参与者想让人们知道他们参与了此项研究以展现他们为此研究作出了贡献。或者他们信任研究者，认为没有什么需要刻意隐瞒，甚或他们对是否暴露自身真实身份漠不关心。如果参与者选择使用真实姓名，研究者应该满足其要求还是应该反对？

这一问题需要研究人员慎重考虑。较为谨慎的做法是，要向研究参与者解释如果他们的身份被人知道可能会出现的负面后果，即使这些后果极其有可能不会出现。

伦理困境 2：不同文化对研究伦理和知情同意中使用的术语有不同理解，如何确保所收集的知情同意的真实性？

人们往往简单认为，如若研究参与者对"你同意参与此项研究吗？"提供肯定回答，则足以证明其已经同意参加某项研究。然而，在不同的研究和文化中，人们对"知情同意"的定义以及理解是不同的。知情同意背后的基本理念是参与者理解并自愿同意成为研究项目的一部分。知情同意并非一个超越所有文化的普遍观念。在一些文化中，人们在被要求签署类似法律文件的知情同意书时会产生怀疑，而在另一些文化中，知情同意是研究过程的一个常见现象。

　　尽管文化差异可能会对获得知情同意造成困难，但也应注意到，即使参与者和研究人员具有相同文化，知情同意文件可能对不熟悉研究的人来说意义不大。在实验研究中，为避免数据偏倚，数据收集时往往隐藏研究性质。这意味着参与者同意参与研究，但实际上并没有被告知研究对他们的期望是什么。在很多情况下，研究目标是在研究结束后揭示的。但同样，在很多情况下，如果参与者之间彼此交流，过早告知研究目的可能会影响结果。定性研究常常会遇到类似问题，因为在什么时候进行研究和什么时候进行随意交谈之间并不总是可以划清界限。

　　因此，如果参与者不清楚参与的研究对他们的期望是什么，我们是否能声称参与者已被告知？我们如何解释文件中未明确说明的假设？这些问题有待进一步探究。

　　伦理困境 3：研究完成后，参与者对自己的数据拥有什么处置权利？研究人员可继续使用他们收集到的数据进行其他分析吗？或者每一次新的分析都需要重新获得同意吗？

　　重新使用所收集的数据是一种较为常见的研究实践。在外语教学研究中，当研究者完成研究后，可能会注意到所收集的特定数据中存在一些研究开始时并未考虑过的有趣元素。但研究者并不是随时都能得到参与者的追溯性同意。如果研究参与者已经毕业，成功追踪参与者可能性降低，研究者该如何选择？

　　简单地说，获得收集数据的权限只是数据收集中必要的第一步。对于什么时候重用数据是可以接受的，什么时候应该征得研究参与者新的同意，永远不会有一个完美答案。当收集的数据与新的分析紧密结合时，重用数据可能是相当常见的实践。虽然重用数据本身并不违反伦理，但研究者可能以参与者从未同意的方式公开他们的数据。如研究者重新使用之前用来探索学习者书面身份的访谈数据，来调查学习者在写作时如何使用不同时态，这可能是可以接受的行为。而利用同样访谈数据，试图从陌生人那里引出母语人士对口音的看法，这显然超出了参与者签署的同意书。

　　问题 4：研究论文发表后，研究者的伦理角色是什么？研究人员是

否要对他们的数据如何被政府或教师采纳负责？如果发现已发表的论文数据不准确，研究者是否需要撤回？

对某些研究者而言，论文发表是研究开展的最后阶段，因而认为这一阶段是伦理契约的终结。然而，论文一旦出版，论文所使用的数据需要得到更好保护。我们需要考虑研究人员在继续使用他们研究中扮演什么角色。Shohamy（2004）描述了她和同事的研究数据被以色列政府用来限制埃塞俄比亚学生进入以色列学校学习的人数。这并非研究人员的意图，但他们的研究数据使得对埃塞俄比亚学生的歧视被合法化。研究人员对此应承担有责任吗？他们是否需要发表公开声明或为他们被错误引用的作品辩护？可以看出，这类问题并没有明确的答案。

此外，含有不准确信息的论文是否应该撤回？假设英语教学研究中，研究者发现了某些变量与英语学习提升具有相关性，但后来发现研究结果建立在异常数据之上。作者是否应撤回已发表的论文？在发表时要考虑的另一个问题是向参与者保证的保密性。例如，某项教学研究发现某教师的一些教学错误。因为匿名，人们不知道这位老师的身份。然而，读者可能会把足够多的信息拼凑起来，弄清楚老师的身份。虽然可能性不大，但研究中发现的信息可能会对教师的职业生涯产生影响。

总之，本节中提出的各种伦理问题强调了以下事实，即研究人员在研究前、研究过程中及研究后都有遵守道德原则的义务。研究者须以道德方式进行各项研究。

8.3　英语教学研究中的伦理原则

在许多国家，遵守伦理原则是由法律和制度要求强制执行的。例如，在美国，由于人权保护，研究人员在开始调查之前需要经过复杂的程序，必须向机构审查委员会提交一份详细的研究计划，包括填写各大学评审委员会提供的各种表格（参见 Mackey & Gass，2005），获得批准后才能进行研究。机构审查委员会要求研究人员评估研究参与者的潜在风险，如身体、心理、社会、经济或法律伤害（Sieber，1998）。研究人员还需要考虑弱势群体的特殊需求，如未成年人、精神不健全的参与者、受害者、神经障碍者、孕妇或胎儿、囚犯、艾滋病患者等。

8.3.1　研究者的研究诚信

研究伦理核心在于研究人员的道德品质。事实上，"伦理"一词来源于希腊词 *ethos*，意思是"品质"。在现代社会，人们易将伦理原则等同于简单地遵守法律。但研究伦理不仅是一个法律问题，而且涉及人类最基本的诚实和信任。这一点得到美国教育研究协会（American Educational Research Association，2011）的道德标准充分认可，该协会描述了研究人员一般责任的"指导标准"。其中包括以下几点：

- 教育研究人员不得歪曲、捏造或伪造作者、证据、数据、发现或结论；
- 教育研究人员不得故意利用其专业角色以达到欺骗目的；
- 教育研究人员应尝试将其发现报告给所有利益相关者，并应避免保留或有选择地传达其发现。

在研究中，隐瞒重要研究结果或只透露对参与者或研究人员有利的积极结果是学术上的不诚实或学术不端。在定性研究中，这意味着研究者需要报告所有发现，包括可能与主题相反的发现。良好定性研究的标志之一是关于该主题的多样化视角的报告。在定量研究中，数据分析应反映统计检验，不能少报。

此外，大量抄袭他人成果也是一个严重的道德问题。研究人员不应将他人成果当成自己的作品来展示（American Psychological Association，2010）。对他人作品的引用和转述也应在文中标识。目前许多期刊对引用他人作品以及查重率已有比较明确的规定。研究人员也不应重复发表自己已发表过的论文，提供完全相同的数据，讨论和结论等。一些期刊现在要求作者声明他们是否已经发表或准备发表与已提交手稿密切相关的论文（Israel & Hay，2006）。

8.3.2　参与者隐私问题

　　研究伦理的一项基本原则是应始终尊重研究参与者的隐私权，并且参与者有权拒绝回答问题或完全退出研究而无须提供任何解释。参与者也有权保持匿名，如果研究小组知道参与者身份，则研究人员有义务承诺对其身份保密，并使用化名或假名来描述个人和地点等，以保护参与者的身份。这些简单的原则有很多含义：

- 确保研究者不承诺超出所能达到的高度保密，确保研究者充分执行保密行为；
- 如果没有明确相反的理解，则应始终尊重保密权；
- 确保（尤其使用记录 / 转录数据时）被访者不可追溯或不可识别。

　　我们需要认识到，定性数据可能包含参与者生活和环境的个人信息，即使采用合理的伪装方式，也很难或几乎不可能实现不可追溯性。如果研究人员在最后报告中引用了参与者的言语，参与者可能会被识别（如通过他们对某个话题的立场陈述，而识别出他们的身份或者如果通过数据被播放出来，而识别出他们的声音）。如果教师被认出来，可能因其言行对未来晋升、合同续签或课堂授课产生影响。对于学生来说，被识别可能会影响其他老师对其进行评价。移民和难民还可能担心敏感信息可能被有意或无意地透露。在此种情况下，一些文献建议研究者可更改描述的一些关键要素，但这实际上可能与定性研究的努力如捕捉特殊性和背景背道而驰。这里没有一揽子解决方案，每项研究都应分开考虑，以显示敏感性并谨慎行事。

　　研究人员还需要预测在数据收集过程中有害的、私密的信息被披露的可能性。在面试过程中或面试后，很难预测和计划这些信息的影响。例如，一个学生可能会谈论父母虐待等。通常在这种情况下，研究人员的道德准则是保护参与者的隐私，并将这种保护传递给所有参与研究的他人。

对参与者隐私的一个较大威胁是数据存储，尤其是音频和视频录制及其文本。原始数据和其他材料需要保存一段合理的时间，例如，Sieber（1998）建议保存 5 年到 10 年。我们如何确保 5 年至 10 年的保密？一旦研究结束，可能存在储存纪律松懈或丢失数据的危险，这可能导致数据落入未经授权的人手中。如果研究团队解散，或者研究团队从一开始就未明确指定数据的所有权，则会加剧研究参与者隐私威胁。防止滥用数据存储的最佳方法是在一段时间后销毁数据。

8.3.3　知情同意问题

研究伦理中最突出和最常被讨论的原则是知情同意问题。该概念已成为涉及人类受试者研究伦理实践的基石。如果某国家或机构有规范道德实践的规定，则研究者可能首先要获得参与者的书面同意。例如，在美国，联邦法规不仅要求参与者的书面同意，而且还要求研究人员在将个人现有记录用于研究目的之前必须获得知情同意书。

知情同意总体目标为确保参与者获得足够信息，从而做出知情的自愿参与决策。主要有主动和被动两种基本形式。主动同意是指通过签署同意书同意参加某项研究，而被动同意是指不选择退出或不反对该研究。后者最常见示例为将同意书发送给学童父母，并告知他们仅在不想让孩子参加研究的情况下才将其退还。显然，在确保参与者了解自己权利方面，获得积极同意更为明确，而且还可以保护研究人员免受以后的任何指责。但在某些类型的教育研究中，这不一定是必要或有益的。正式的同意书签署方式可能会令人反感，也可能会引起不必要的怀疑，从而使人们不愿参加。此外，签署的同意书对某些文化或年龄段的人没有太大意义。因此，尽管研究者在定性访谈研究中寻求主动同意，如果在特定情况下不违反任何法律规定，很多研究者会考虑在匿名问卷调查中仅获得被动同意。

知情同意书包含一套研究人员责任和保护人权的标准要素，主要典型要素如下（Cohen et al.，2011；Johnson & Christensen，2004）：

- 对研究目的及应遵循的程序做出清晰解释；
- 说明参加者可能遇到的潜在风险或不适及可能获得的利益；
- 对结果保密程度的声明；
- 参与者自愿参与，可随时退出并拒绝参加，不会受到任何处罚；
- 回答有关程序相关问题的提议，并（可选）提供结果副本；
- 参与者和研究人员共同签名，同意同意书各项条款；
- 得到老师和家长的额外同意，获得必要的权限。

许多英语教学研究是在学校或其他教育机构内进行，因此研究人员可能需要征求教师或校长等各权威人士的额外同意。在某些国家，甚至必须征得当地教育当局的同意。

当研究针对未成年人时，他们可能无法恰当地代表自己，这意味着需要获得其他额外同意（Cohen et al.，2011）。这种情况下需确定谁有代表未成年人的权力：法定监护人（例如，父母）或老师？或两者兼而有之。关于此类问题，各国现有法律和伦理研究规定差异很大。比较常见的做法是，除非有法律要求，如果研究既不针对敏感信息，也不需要参与者极大的投入（如只需完成匿名问卷），则可以由教师授予研究权限。教师通常了解法律的重要性，因此，如果他们对谁应授权研究有任何疑问，他们会寻求建议。即使这项研究需要得到家长的许可，不少研究者们更倾向于被动同意，即向家长提供有关拟进行研究的建议。除非父母在研究开始日期前提出异议，否则将假定得到家长的许可。

值得注意的是，虽然没人质疑研究参与者自愿参与的重要性，但获得潜在研究参与者的知情同意绝非易事。我们需认真探索参与者应"知情"多少，研究者需与受访者分享多少信息以确保伦理道德以及研究参与者应以何种形式给予"同意"。如在英语教学效果研究中，控制组可能得不到与实验组相等的教学时间。控制组学习者可能需要被告知，他们可能被分配到一个理论上比实验组受益更少的小组。在同一项研究中，如果使用完整课堂，并在此基础上进行小组分配，学习者可能需要了解这种分配方法，即使这会导致他们提出疑问或希望改变课堂。以上均为研究前需考虑的重要问题，因为有关获取知情同意的方式会影响参与者类型。

8.3.4　有利无害原则

首先，在研究前，研究者需确定对研究参与者有利的研究问题，确定对研究人员及对其他人有意义的问题（Punch，2014）。研究者可以进行初步研究、需求评估或与研究参与者非正式对话，获取参与者信任和尊重，以便在研究前发现参与者的潜在边缘化问题。此外，研究者和参与者都应该从研究中受益。在某些情况下，研究者权力很容易被滥用，参与者可能会被迫参与研究。在研究中，可以让参与者与研究者合作。如在定性研究中，可以在整个研究过程中让参与者作为共同研究者进行研究设计、数据收集和分析、报告写作和发表等。

其次，研究人员需要尊重研究场地，确保进行研究后研究场地不被打扰。尤其当涉及在某研究场地进行长时间观察或访谈的定性研究中，研究者需充分认识到研究带来的影响，尽量减少对物理环境的破坏。例如，研究者尽量根据参与者的时间和要求安排访谈时间和地点，尽量减少对参与者日常学习和生活的干扰。此外，研究场地如学校或组织通常有自身文化和规章制度，研究者需尊重和服从规定。

研究伦理学的主要原则是，不应因受访者的参与而对他们造成精神或身体伤害。该原则优先于所有其他考虑因素。Haverkamp（2005）指出，虽然保护定量研究参与者的主要机制涉及角色的明确划分以及研究人员与参与者之间的接触最小化，但这些机制与大多数定性研究高度关联性特征不相容。因此，在定性和混合方法中，出现道德相关时刻的可能性增加。我们需要重申的是，在定量研究中滥用考试分数会引发一些伦理问题。例如，Shohamy（2004）报道了教育主管部门利用一项研究的成绩测试结果为针对少数民族学生的措施辩护，而这与调查结果并不一致。因此，研究报告或文章发表时，研究人员不能认为他们的任务已经完成，而必须跟踪其研究结果的使用（和误用）。

8.3.5　公平公正原则

公平公正原则体现在以下几个方面，首先，研究者和参与者是平等关系，当收集一项研究的知情同意时，研究者不应强迫参与者签署知情同意表格。参与研究应被视为自愿，研究人员应在同意书的说明中说明参与者可以决定不参与该研究。其次，我们不仅要防止我们的调查对参与者造成任何伤害，而且还要确保参与者以某种方式从我们的研究中受益。我们永远不应忘记，他们花费时间和精力帮助我们，我们的责任是设法使成本—收益平衡，尽可能公平。然而，有些研究者利用参与者却没有提供任何回报，一旦数据被收集他们就消失了。在某些情况下，说一句温暖的"谢谢"可能就足够了。在其他情况下，如有需要，我们可就调查结果向受访者或参与调查的教师／学校提供一些反馈。研究人员甚至可以更进一步，提供研讨会或小礼物。其实有很多善意的举动都可以奏效——心意最重要。记住 Brown（2001：87）的警告也很重要："记住，如果你承诺要送他们什么东西，你一定记住要送。"最后，用清晰、直接、恰当的语言与参与者沟通。研究呈现无偏见的语言，而不使用在性别、性取向、种族或民族、残疾或年龄等方面具有有偏见的语言或词汇。如使用"参与者"而不是"研究对象"，使用"非洲人"而不是"黑人"等。

8.4　多语和多文化环境下的研究伦理问题

在全球政治经济一体化大背景下，英语教育作为少数民族教育的重要组成部分，是实现民族地区经济发展、对外交流及学习的一个重要途径，也是将本民族优秀文化对外传播、发扬光大及培养学生多元文化意识的重要途径。因此，诸如双语或多语学习者等群体也越来越受到研究人员关注。由于不同民族、不同地区之间有其自身特殊性和差异，研究者在多语和多文化环境下的研究有独特的伦理要求。研究者伦理受到认识论和本体论的影响。应用语言学家们往往以社会和后现代主义视角关注研究人员立场（Rhodes & Weiss，2013）。为避免单语偏见，在与双语或多语群体学习者合作时，研究者不应采用单语视角，应结合少数民族语言特点，遵循其语言规律，构建适合多元文化背景下的研究伦理体系。Leung & Brice（2013）建议选择恰当的文化和语言进行评估，研究包含与研究参与者相同种族和语言背景的研究人员。总之，学者们认为，伦理关怀可以通过提升多语敏感性保护少数民族群体利益。

此外，多语和多文化环境下的研究伦理讨论还涉及研究者与被研究者之间权力关系问题。一些应用语言学家通常站在赋权研究立场上，致力于为他们少数民族参与者提供必要技能，通过研究易受伤害人群（如难民等）（Carson，2017），扩大研究者伦理责任。少数民族个体对于其语言和思想如何呈现给公众和学术界是高度敏感的，因此，研究人员应了解相关文化政策，批判性地审视他们对双语或多语参与者的潜在假设和意识形态，在与参与者互动时积极反思。

另外，多语学习者往往被要求阅读并签署非母语书写的知情同意书。对于语言水平较低的学习者，可能有必要提供以学习者第一语言翻译的同意文件。然而，当研究人员正在研究一个具有多个母语的大群体时，使用参与者母语有些不实际。在可能的情况下，知情同意信息应以参与者能够理解的语言呈现。

8.5   数字环境下的研究伦理问题

随着科技的发展，互联网的兴起，英语教学研究进入到数字化时代。如研究者可通过网络广告招募学生参与教学研究，Facebook 和 Twitter 等社交媒体网站使得研究人员能以极低成本寻求到大量参与者。另一种方法是利用众包网站招募参与者。目前有许多大众工作平台，如 CrowdFlower、Clickworker、CloudSource 和 Amazon Mechanical Turk，帮助研究者做学术研究调查，转录音频或验证网站信息等。研究者通过数据库共享研究工具和数据并提升他们的分析技能。此外，随着越来越多在线教学的流行，网络上会留下大量学生学习数据。大数据技术是一把"双刃剑"，一方面，通过大数据平台对学生海量数据进行数据成像，在聚类、相关性分析以及数据整合基础上能预测其行为与倾向。另一方面，大数据技术应用给研究带来一系列研究伦理问题和挑战，如学生私人信息有被泄露和传播的风险，教学数据被用于其他用途，大数据算法生成关于研究对象、但并非由研究对象自己提供的新数据，开放数据增加等。

目前，数字已渗透到我们的日常生活，数据的开放共享与个人信息保护两者是否能有一个共赢的局面值得学界积极探讨。Tao et al.（2017）分析了 72 篇期刊文章的作者如何处理伦理问题，并呼吁研究人员在进行基于互联网研究时，提高批判性意识并加强对潜在伦理问题的评估。Tagg et al.（2017）认为不仅需要意识到参与者媒体意识形态如何影响他们对数字技术的使用和看法，还需要意识到研究者的假设如何影响自身对数字数据的处理。鉴于技术对语言教育的影响以及数字平台在教学和研究中的繁荣使用，为语言教育研究者及教育者提供数字培训已变得相当重要（Carrier & Nye，2017），这能帮助他们解决突发的伦理困境。此外，由于大数据可用于众多研究活动，每个研究团队应制订本团队内与大数据使用相关的行为守则，强化隐私观念，加强数据立法，坚守伦理底线。

近年来，教学研究领域对开展伦理研究的兴趣日益浓厚。一些研究方法论书籍（如 de Costa，2016a；Dörnyei，2007；Mackey & Gass，2016）、书籍章节（如 de Costa，2015；Sterling & de Costa，2018；Sterling et al.，2016）、期刊文章（如 Chapelle & Duff，2003；de Costa，2014；Mahboob et al.，2016）和一些期刊特刊（如 Ngo et al.，2014；Ortega，2005）等对研究伦理进行了积极探讨。随着英语教学研究的发展，我们需要进一步强化研究伦理。

第四部分
英语教学实践研究

第 9 章
不同模式下的英语教学实践研究

英语教学有着悠久的历史，新时代的教学实践伴随着教学理论的完善，先进的、全方位的技术支持，从教学内容、材料、教学策略、组织方式、教学评价等多个方面都呈现出新的特点和变化。教学模式从线下教学，发展到线上教学和线下线上融合的混合教学。即使是线下的英语课堂，受益于更全面的理论指导和科技支撑，也早已不再是围着一本教材展开的老师读、学生背的模式。三种教学模式经过探索和实践经验的不断累积更新，不管是从教师层面、学生层面还是教学过程层面都不断展现出更强的生命力和创造力。鉴于这三种模式下的教学实践有很多重合之处，因此我们在讨论各种教学实践时会有不同的聚焦点：第一小节侧重介绍学习者和教师研究；第二小节侧重于计算机网络技术驱动下产生的线上教学过程研究；第三小节注重线上线下混合教学模式研究。

9.1 线下英语教学实践研究

在信息技术和社交网络全面介入之前，英语教学实践的主流，甚至几乎是唯一的教学模式，就是教师和学生面对面进行的教学。因此学习者和教师是教学过程中最主要的两个要素。由此，学者们围绕学习者和教师展开了大量研究。

9.1.1 学习者研究

在具体教学实践中，学习者差异会极大地影响教学过程和教学效果。个体差异已经被定性为心理特质，这些心理特质在具体学习者身上是稳定的，但在个体之间存在差异（Dörnyei，2005）。二语习得领域的研究者花了很长时间研究学习者个体差异。不同学者以不同方式对个体差异进行了分类（如表9-1）。

表9-1　学习者个体差异分类法（Loewen，2020：208）

Robinson（2005）	Dörnyei（2005）	Ellis（2008）
智力	个性	智力
动机	语言学能	工作记忆
焦虑	动机	语言学能
语言学能	学习和认知风格	学习风格
工作记忆	语言学习策略	动机
年龄	其他差异（焦虑、创造力、交流意愿、自信、学习者信念）	焦虑
		性格
		交流意愿
		学习策略
		学习者信念

　　有些类别如语言学能和动机在这三种分类中都有涉及，而其他类别如年龄、交流意愿和学习者信念等只出现在一两种分类中。因为篇幅所限，我们无法讨论上表列出的所有特征，主要着重讨论学习者研究中最普遍、最为研究者所关注的六个特征。

1. 学习者动机

　　简单地说，动机是驱动学习者发起和维持二语学习行为的一种心理刺激。教师和学习者往往认为动机是课堂第二语言学习行为产生的主要原因之一（Dörnyei，2005；You & Dörnyei，2016），如何在课堂上提高学生的学习动机一直是许多研究者和英语教师关心的问题。已经有相当多的研究调查了学习者动机的差异在课堂中产生的影响及其与二语习得的关系。除了个体差异，研究者们同样注意到了课堂中影响学习动机的因素，包括教学模式、课堂氛围和师生关系等（Henry & Thorsen，2018；Ng，2016）。Al-Hoorie & Hiver（2020）对语言动机中的基本差异假说（fundamental difference hypothesis）进行了实证检验，指出动机层面上语言和其他学科之间并没有明显的质的差异，是可以用统一的教育动机理论来进行解释的，只是在不同学科之间存在程度上的差异。

大量的研究聚焦于学习者二语学习动机的动态变化（如 Busse & Walter，2013；Song & Kim，2017；Waninge et al.，2014）。Papi & Hiver（2020）采用回溯性纵向研究设计，记录了六名在美国学习英语的伊朗研究生语言学习中不同阶段的学习动机变化，绘制出了动机与产生动机的环境变化的动态过程，形成了特定的动机轨迹，而学习者的动机变化塑造了他们的学习策略选择和个体经验。

学习者的动机即使在某一个课程或活动内，也可能发生增加、减少等变化。Guo et al.（2020）的研究将动机的动态变化归纳为四种模式："过山车"模式、"相对稳定"模式、"持续衰退"模式和"适度波动"模式。研究者发现不仅任务执行过程中每分钟的动机都有波动，而且学习者之间的动机变化会相互产生影响，这表明即使在很短的时间内，整体及个体的任务动机状态都是动态的。这种波动受行为、认知、语言等大量相关即时情境因素影响，积极表达观点会在最大程度上增强学习者动机，而缺乏准备会产生抑制作用。此项研究发现对教学有着非常实际的指导意义：在教学中，教师可以通过小组互动策略训练培养学生积极倾听的意识和技能（Xu & Kou，2018），同时教师应优先考虑任务主题的选择，抽象的主题可能不利于学生从真实环境和个人经验中提取概念和想法。因此针对较难获取想法的主题，教师可以在任务前设计相应的活动以促使学生产生想法，或者把一个大的主题分解成易于理解的子项目。

关于增强学习者动机的教师激励策略研究主要分成三个类别：创造能够产生动机的环境和条件的策略（Ng，2016）、激发与维持学习动机的策略以及不同教学方式对动机的影响（Yu et al.，2020）。Hiver & Al-Hoorie（2020）以及 Sato（2021）的研究验证了视觉干预在课堂上对于二语动机的促进作用。这些动机激励研究为课堂教学指明了方向，提供了有效可行的策略和方法。

2. 学习者交流意愿

学习者个体差异研究中与动机相关度很高的一个主题是交流意愿（willingness to communicate，WTC）。交流意愿涉及学习者个人经历的多个维度，包括心理、语言、教育和社会交往（MacIntyre et al.，2011）。这些维度组成了一个金字塔，金字塔的上层是交流意愿和沟通行为，支持金字塔上层的是学习者当下所处的具体语境，而金字塔的底层是在更大的社会环境中形成的学习者个性。

影响学习者 WTC 的因素非常复杂，往往不是单一因素在发生作用，学习者的信心、语言焦虑、学习动机和交流对象都会影响 WTC（Lee & Lee，2020；Shirvan et al.，2019），甚至思维模式和抉择方式也影响着 WTC。MacIntyre et al.（2020）以来自伊朗的 84 名学生和加拿大的 82 名学生作为数据样本，基于 Pacini & Epstein（1999）的理性经验清单对两组学生的英语语言交流意愿进行了评估。结合心理学中的双过程理论（dual-process theories）和两组学生的数据（母语 WTC 和二语 WTC）分析发现，对于二语学习者，理性的思维模式与更高的二语WTC 存在相关性。教师可以指导学生如何利用理性思维来提高 WTC，同样可以避免沟通表达中的犹豫不决。培养学习者自主性可以帮助形成成长型语言思维模式（growth language mindset），这种思维模式有利于提升二语语言能力和 WTC（Zarrinabadi et al.，2021）。

Kalsoom et al.（2020）对 200 名巴基斯坦大学生开展了关于二语WTC、社会支持和外语焦虑的问卷调查。对数据进行了描述性统计和推论统计。结果表明，提供社会支持和采取降低语言焦虑的策略有利于学习者增强 WTC。

在语言课堂中，学习者 WTC 可能会受到课堂互动模式、交流对象、任务类型和话题的影响（Cao，2011）。因此，课堂上时常会出现学生的二语 WTC 有时很高、有时很低的现象，还可能随着时间推移受到各种因素影响而变化（Yashima et al.，2018）。Nematizadeh & Wood（2019）基于 Segalowitz（2010）构建的复杂理论视角下口语流利度发展框架，采用混合研究方法研究了学习者 WTC 和情感认知的动态变化。结果发现，WTC 和 L2 口语流利度之间的联系是非连续的，主要表现为情感和认知不断交互、相互影响。

3. 学习者情感

对学习者情感和情绪特征的研究已经进行了几十年，英语教学研究中关于情感的主要焦点一直是语言焦虑。Horwitz et al.（1986：125）将焦虑定义为"与自主神经系统唤醒相关的紧张、恐惧和担忧的主观感受"，但一般所说的焦虑和语言学习焦虑是有区别的（Sparks & Patton，2013）。Pae（2013）认为，学习者可能存在与特定二语技能相关的焦虑，比如在课堂上发言，被认为是一种会引发高度焦虑的活动（Dewaele，2013；Pae，2013），而焦虑似乎对二语习得有负面影响（Teimouri et al.，2019）。Dewaele et al.（2018）进行了一项问卷调查，对英国189名高中二语学习者的课堂愉悦和课堂焦虑进行了研究。研究发现，愉悦和焦虑之间存在显著的负相关关系，且二者往往与学习者的其他个体特征有关，如性别、二语熟练程度和对二语的态度。然而，以教师为研究对象的变量主要与课堂愉悦（而不是焦虑）有关。例如，教师更多地使用二语和学习者更多地说二语都会产生愉悦（Dewaele et al.，2018）。鉴于在课堂上发言和焦虑之间的关系，研究者将他们的发现归因于学习者在与同学和老师交流时产生了心流体验。这项研究认为学习者的焦虑似乎主要来自于学习者内部，教师应该更关注如何创造一个愉快的课堂环境，而不是担心课堂互动诱导学习者的二语焦虑。

近几年随着心理学领域对积极心理学越来越多的关注，在学习者情感研究中出现了一个明显的转向，就是从传统的仅关注负面情绪转向了更为积极的情绪（MacIntyre et al.，2019）。当然，这种积极转向并不意味着负面情绪不再有研究价值，而是为研究者和教师对于学习者情绪的研究打开了一个新的局面。积极情绪包括诸如愉悦、毅力、勇气和心流等心理状态。积极心理学视角下的语言学习可以是一个愉快的过程（Khajavy et al.，2018）。Yun et al.（2018）评估了787名大学二年级的二语学习者的学业浮力（academic buoyancy），即学生应对学校生活中常见的挑战和度过挫折期的能力。他们的研究验证了学业浮力在维持语言学习动机方面的作用并通过聚类分析确定了五种语言学习者学业浮力模型：成就型学习者、专注型学习者、奋斗型学习者、依赖型学习者和松散型学习者。学业浮力代表了学习者身上一项重要的潜能，这种能力使二语学习者在遇到挫折和困难时仍然保持积极性，并将这种积极心理转化为具体的二语学习成果。

4. 学习策略

Oxford（2011：167）将学习策略定义为"学习者以目标为导向的行动，以提高语言能力或获得成就，或是为了让学习更有效率和更容易"。主要的学习策略包括认知策略、元认知策略、社会策略和情感策略（Dörnyei & Skehan，2003）。认知策略是指学习者在大脑中操纵或掌握二语输入，比如记忆策略、关键词策略、重复策略和可视化策略；元认知策略是学习者对自己的思维过程和认知有着明确的意识，能够计划、分析、监控和评估自己的学习；社会策略是学习者让他人参与进二语学习过程中，比如有意识地和母语者进行对话；情感策略是学习者调动自己的情感或者情绪来促进学习，比如奖励自己或有意减少焦虑。

Chow et al.（2018）发现，学习者使用元认知和社会策略可能有助于提高他们的学习动机水平，进而有助于降低阅读和听力焦虑。学习者可以通过安排、计划和评估（元认知）协调学习过程来调节焦虑情绪。Guo et al.（2018）对中国英语学习者在外语焦虑中的自我调节策略进行了探索性研究，采用探索性因子分析和验证性因子分析来确定调节策略的具体类别，同时采用一般线性模型单变量法来检测不同母语水平学生在策略使用上的差异。结果发现，外语焦虑水平对学生的策略使用有显著影响。低焦虑组常使用除回避策略和情感策略以外的其他策略，而高焦虑组和轻焦虑组使用回避策略和情感策略的频率最高。Bielak & Mystkowska-Wiertelak（2021）系统地回顾了语言学习者情绪调节策略研究，总结情绪调节策略大致是通过认知、情境和注意力的改变或调节达成的，情绪调节策略与学习者的个性和学习环境相互作用，但目前这个领域的研究需要更多理论的补充和实践探索。

最近十年，关于学习者自我调节和学习策略的关系引起了学者的关注和讨论（Rose et al.，2018；Zhang et al.，2019）。Rose et al.（2018：152）认为"自我调节是一个用来探索学习策略行为的稳定视角"，研究者们对 2010 年至 2016 年间发表的关于学习策略的研究进行了回顾，并把筛选出来的 24 篇文章按照自我调节策略（self-regulation-oriented strategy）研究、学习者策略研究（language learner strategy-oriented research）和自主学习者策略（self-regulated learner strategies）研究三种分类进行了系统介绍。他们总结了语言学习者策略研究未来的理论发展趋势：自我调节这一概念具有很强的延展性，可能会从概念上渐渐清晰和独立出来，与学习策略形成交互关系进行研究（Teng & Zhang，2016）。

5. 语言学能

语言学能（language aptitude），即学习者学习语言的能力，被认为是一种无法通过训练或指导获得的稳定的认知能力（Li，2013）。虽然每个人在不同学科或运动项目上都有各自的天赋，但 Caroll（1993）认为语言学能是整体智力（general intelligence）的一部分，是造成个体差异的重要因素（Granena，2013），也可以用来预测语言学习的成果（Doughty，2019）。

Caroll（1993）把学能分为四种具体的认知能力：音位编码能力、语法敏感性、内隐学习能力和记忆能力。二语学习者和教师常说的语感其实非常近似于学能中的音位编码能力和语法敏感性，所以学能如果可以测量的话，那么学习者所谓的语感也是可测的。

学能测试中最经典的是 Caroll 与 Sapon 开发的现代语言学能测试（modern language aptitude test，MLAT）（Caroll & Sapon，1959），测试包括数字学习、语音字母、拼写线索、句子中的词语和配对联想。Meara（2005）在 MLAT 基础上设计出的 LLAMA 测试将学能测试要素分为：词汇习得能力、语音识别能力、语音与符号联想能力和语法推断能力。Huang et al.（2020）以中国某重点大学 79 名大一和大二的英语专业学生为研究对象，采用 LLAMA 测试对他们语言学习中的学能变化以及学习强度（学习一门外语或两门外语）对该变化的调节作用进行了研究。结果发现，语言学习过程中所有学生的学能和工作记忆能力都有所提高；在一年级学生中，双外语学习者工作记忆能力的提高明显于其他学生。

6. 工作记忆

工作记忆被描述为一套临时的记忆存储系统，它允许大脑在短时间内保存和处理信息。但受制于这个系统的存储容量有限，这些信息要么短期存在于工作记忆中，要么被转移到长期记忆中（Li，2013）。

工作记忆不仅与语言理解有关，还为归纳、推理和联想等复杂认知任务提供必要信息（Baddeley，1992）。这个大的系统包括一个中央执行系统和三个子系统——语音循环系统、视觉空间建构系统和情节缓冲系统。中央执行系统类似于一个容量有限的注意力控制器，通过注意力的切换和协调，控制三个子系统的运行，激活长期记忆表征，并同时筛除无关信息（Baddeley，2015）。工作记忆系统容量越大，学习者在临时存储系统中存储的信息则更多，从而为触发语言学习机制提供可能。已有研究证明（Park et al.，2020），在特定口语任务中，工作记忆能力会影响二语初学者的口语复杂度和流利度，对经验相对丰富的学习者口语表现的调节并不显著。Michel et al.（2019）研究了工作记忆对二语写作的影响。结果发现，在不同类型的二语写作任务中，工作记忆的调节作用是不同的：工作记忆能力较低的学生在托福初级测试中（写作任务）的表现并不逊色；而在邮件写作和综合写作任务中，工作记忆能力起着明显的调节作用。

Li et al.（2019）研究了语言分析能力和工作记忆这两个认知能力之间的交互作用。研究对象为中国某中学的150名初中生，考察他们对英语语法被动语态的掌握情况。研究者将学生分成了五组：任务前教学组、任务中反馈组、任务后反馈组、任务前教学并且任务中反馈组和无指导无反馈组。结果表明，工作记忆可以有效调节任务中反馈组的学习效果；而接受教学指导的两个小组，语言分析能力和工作记忆都没有发挥明显的作用。

然而，与语言学能类似，教师在提高学习者工作记忆能力方面也几乎无能为力，能够意识到这种认知能力的影响就足矣，或者可以把工作记忆能力作为预测语言学习成果的指标之一（Michael & Mostafa，2021）。

9.1.2　教师研究

英语教师需要跟上时代进步发展的速度，完善自身专业素养和理念意识，以应对日益复杂的教学任务和不断变化的教学环境（Gao，2019a）。尤其在中国，大学英语教师是高等教育中重要的师资力量，而随着近几年持续不断的英语教育改革，大学英语教育呈现出的很多新形式（如慕课、翻转课堂、线上线下混合式教学），对大学英语教师的传统角色提出了挑战，对在职教师的专业发展提出了更高的要求（徐锦芬，2020a）。

徐锦芬等人（2014）对 2000 年至 2013 年发表在国内外外语教学类核心期刊的 379 篇文章进行了梳理和综述，总结了外语教师发展研究的五个主题：①教师生存和发展（徐锦芬、雷鹏飞，2020）；②教师专业素养（徐锦芬，2020a）；③教师信念与实践（Teng，2016）；④教师专业发展途径（李霞、徐锦芬，2020）；⑤教师专业角色和身份（文灵玲、徐锦芬，2014）。本章主要从教师的专业素养和教师的语言意识两个方面进行梳理和整合。

1. 外语教师专业素养研究

语言教师需要具备语言知识、学科相关知识，同时也要了解语言学习与语言教学相关的理论知识，例如，语言学习者如是如何学习语言的以及哪种教学方法可能对特定学生群体更有效。此外，语言教师需要在不断的教学实践中积累教学经验、反思教学过程，不断发展和完善自己对语言教学的理解。

教师既是具体教学工作的规划者和执行者（徐锦芬等，2014），又是教育理论的研究者和贡献者，但随着教育功利化趋势的加强，他们的教学实践和科研可能会在现代教育体系中走向"相互疏离"（徐锦芬、雷鹏飞，2020：62），有时学术研究反而会加剧理论与实践之间的差距（Gao，2019a）。要想弥合这种差距，最好的方式就是语言教师有意识地将学术研究中的理论知识整合到具体教学计划和专业发展计划中，通过自己的实践来获得学术研究的价值。

国内大学英语教师的专业素养应该包括下面五个内容：语言知识（language knowledge）、语言技能（language skills）、教学法知识（pedagogical knowledge）、教学技能（pedagogical skills）和学术研究能力（academic research abilitiy）（徐锦芬，2020a）。

在 Zappa-Hollman & Duff（2019）的一项质性研究中，作者介绍了如何在英语媒介教学（English-medium instruction，EMI）课程中收集和分析数据，以及如何实践相关的教学理念和制定教学策略，在研究中列举了三个具体的 EMI 课程案例，详细地介绍了课堂实证研究与教师专业素养研究结合的研究方法。

Benesch（2019）从后结构主义的视角讨论了语言教师的情感劳动（emotion labor），该研究通过调查教师对出勤政策的实施情况以及他们对美国大学生迟到和缺勤的情绪反应来解释什么是情绪规则（feeling rule）和情绪劳动。出勤政策的制定是期望教师对学生的出勤保持一定的关注，却反而导致英语教师要进行多种情感劳动来适应学生的迟到和缺席。作者探讨了英语教师如何通过设定情绪规则调节情绪，以及教师如何以顺从或抵抗（情感劳动）的方式对这种调节做出反应。

Loewen（2020）介绍了课堂二语习得研究中几个关键概念对语言教师教学实践的指导意义。二语习得中的互动、显性和隐性学习以及学习者个体特征的相关理论可以帮助教师在理论、研究和教学法之间建立联系。这本书详细地列举了 ISLA 研究在语法教学、词汇教学、语音和语用教学中的具体应用，语言教师可以通过学习和实践二语习得理论提升自身的学术素养和课堂实践水平。

2. 外语教师的语言意识研究

教师语言意识（teachers' language awareness，TLA）是指教师对所教语言及其所使用语言的认知。语言意识有其特殊的认知属性，TLA 研究不仅需要考察教师语言知识水平，更关注教师和学生认知层面的发展变化及其对教学的影响。

20 世纪 80 年代，伴随着《语言意识绪论》（*Awareness of Language: An Introduction*）的出版（Hawkins，1984），以及英国的政府调研报告《金曼报告》（*Report of the Committee of Inquiry into the Teaching of English*

Language）（Kingman，1988）的问世，学术和教育领域的研究人员注意到了当时语言教育中普遍存在一些问题，比如，中小学生语言运用不规范、阅读能力整体偏差（Hawkins，1984）。这些问题引发了研究者和教学者对语言本身及语言重要性的反思。几乎在同一时期，Bolitho & Tomlinson（1983）推出了一套旨在提升课堂活动中语言意识的培训教材——《发现英语：语言意识手册》（*Discover English—A Language Awareness Handbook*）。这套书的出版代表了当时英国语言意识运动（又叫草根运动，Grassroots）的研究趋势，即运用现有语言素材探讨语言本身和解决具体语言问题，缓解教师由于学生学习成绩不佳而产生的挫败感。这本书以语言概念，语法概念的显性描述为出发点，设计了一系列的讨论和练习题目，涉及了英语的错误认识、英语词汇问题、连贯问题、行文和语法问题。例如，讨论的话题包括"some 用于肯定句，any 用于否定和疑问句""过去时态只能用于过去的动作和状态"等。这本书为英语语言教学实践中语言意识的培养指出了明确的要求和方向（Bolitho & Tomlinson，1983）。

语言意识研究一直和语言教育实践紧密结合，除了探究学习者语言意识的发展，同样也会从教师角度研究 TLA 对于教学和学生的影响。语言教育的研究领域非常广泛，包括多语研究、少数民族研究、移民研究、多样性研究、语言接触、认知维度等。其中最受关注的是语言教育中的语言意识研究，例如，如何改进学校或其他教育环境的语言教学或提高教师对语言重要性的认识。还有一种观点认为语言意识是二语习得的心理过程，并强调外显知识和内隐知识对意识的作用（Ellis & Larsen-Freeman，2009）。对语言意识的理解主要体现在四个维度（James & Garrett，1991）：

- 认知维度。语言意识的认知意义首先是对具体的语言规则、体系、分类等的认识和反思。学习语言知识的同时强调提升创造性思维的能力；通过对语言形式和功能的了解，提升表达和分析的能力；能够有意识地进行更加细致的语言对比或者语言分析，更有效地接收外部反馈。
- 情感维度。掌握一门语言不仅是一种学习行为和认知行为，更是一种情感行为，更强的语言意识意味着注意力、语言敏感度、兴趣的全面提升。

- 社会文化维度。语言意识的唤醒会激发学习者对于语言起源、文化和语言多样性的兴趣。
- 语言运用维度。通过与教师，或者与其他学习同伴进行讨论、分享、描述语言知识，语言学习者实现了语言从学习到实践的过程，提升了实际的语言运用能力。

TLA 是教师发展研究的常见关键词，重点探讨教师对语言的了解如何促进他们的教学实践。原则上，TLA 关注所有学科的教师；但是，大多数 TLA 研究依旧聚焦于语言教师以及他们对所教授语言的认知（知识、信念和理解）。早期的 TLA 研究教师的语法知识和语言相关知识，后来 TLA 研究开始逐渐关注语言教师的认知发展方式及其对教学的影响。此类研究提出的基本假设是语言的自觉知识可以促进语言发展，无论是母语的还是其他语言的，语言教师需要这种知识来促进学生的学习（Andrews & Svalberg，2017）。

TLA 具有很强的复杂性。语言教师同时是语言使用者、分析者和教授者（Edge，1988）。为了更好地胜任这三个角色，教师除了自身需要具备良好的语言能力，还要能够有意识地站在学生的角度，以学生可以接受的方式陈述语言知识，并具备在设计教学环节和教学内容的反思能力（Andrews，2007）。这三种具体的能力就是 TLA 的三个具体体现。相关的研究包括：教师的语法知识和信念对教学的影响（Borg，2006），以及如何通过师资教育和教师培训来促进 TLA 的发展（Wright & Bolitho，1993）等。

Andrews（2001）指出 TLA 会直接影响教学观念。尤其在语法教学实践中，TLA 与语言教师认知之间的联系尤为明显。教师的语法教学是学术知识迁移到课堂实践的典型案例。教师在进行语法教学时，需要决定是否解释、何时以及如何作出解释。Borg（2006）综述了一语和二语语法课堂中教师采用的个性化的教学方案，记录了教师谈论语法术语时使用的语言并探讨了形成这些语言的因素。研究发现教师的语法知识与教学方式之间存在相关性。

Bartels（2009）讨论了在英语作为二语的课堂中教师需要具有哪些语言意识。作者建议把语言相关知识隐含在教学活动中，教师可以将学术知识转化为对学习者更有帮助的实践活动。Andrews（2007）探讨了EFL 教学中的专业标准问题，并特别提到了主题意识。他认为专业的英语教师应该拥有丰富的语言知识、内容知识（陈述性 TLA）、熟练的语言运用能力以及在教学实践中应用此类知识的能力（程序性 TLA）。

TLA 研究中一个重要的新方向集中在跨课程语言教学（languages across the curriculum，LAC）和 CLIL 领域。Lin（2016）认为，在LAC/CLIL 语境中，语言教师和学科教师都需要提高元语言意识，学习如何调动有效的语言模式来实现不同的教学目的。这方面的研究可以进一步深入探讨不同类型教师的学术语言意识是如何在课堂上影响学生，是否也会增强学生的学术语言意识。

9.2　线上英语教学实践研究

线上教学的优势非常明显：教学不受场地、时间限制；课程访问途径多样；课堂组织方式灵活。尽管最初是由大学的线上开放课程演变来的，但随着社交媒体技术的更新和线上教学平台的完善，线上语言教学实践呈现出复杂性和多样性的统一。这种以技术为媒介的教学形式的发展标志着语言教学领域一场根本性的变革，从早期制作独立的学习材料（CD-ROM、视频课程和广播教育），转向了更具交互性的现代化线上课堂。虚拟学习环境中师生之间以及生生之间的互动、沟通、协作和集体活动已不再是单向的知识输出，而是以文本、声音和影像为载体进行交流和学习的社会交往过程。为了更好地发挥线上教学的作用，学者们围绕这种新型的线上教学过程开展了大量探讨。

9.2.1　学习者研究

技术的介入使学生在更多样的环境中以更立体的方式进行语言学

习。线上教学这一模式最初是为方便学习者和教师进行沟通和交流（Cohen et al.，2019），而现在已经能够为学习者提供学习材料和引导学习者以具体方式进行语言学习（Formanek et al.，2017）。

早在 20 世纪就已经有学者研究虚拟语言课堂和远程教学是如何促进学习者自主性发展的（Lamy & Goodfellow，1999）。Zhang et al.（2019）针对学习者自我调节和学习策略进行了梳理和归纳后发现，随着线上技术的快速成熟和发展，越来越多的研究将新兴技术与学习者的学习实践和策略相结合来进行探索（Zhang & Qin，2018）。

线上的平台和课程资源为学习者研究提供了更丰富的数据来源。Yu et al.（2020）通过线上的写作课程，收集了来自 35 个大学的 1190 个学生的英语写作样本，探讨了三种不同的二语写作教学方法对于学生的写作动机和投入产生的不同程度的影响。结果表明，体裁导向法是最能促进二语写作适应性动机和投入的教学方法。

Douglas et al.（2020）以 MOOC 平台上的课程作为数据来源，对学习者的动机进行评估，并把评估结果与在线行为数据相对比，采用因子分析、项目反应理论、线性回归等方法对数据进行综合检验。结果表明，课程分数并不能解释学习者评估结果和课程行为之间的分歧，如何调整学习者对于线上课程的高期望值以及理解分数与学习者行为之间的关系仍然存在挑战。

李莹莹、周季鸣（2020）基于 Zimmerman 的自我调节学习理论，探究线上教学环境下英语专业大学生自我调控能力的运用过程。研究对 56 名学生进行问卷调查分析，通过个人访谈、学生学习计划、反思日志追踪三名个案学生的线上学习过程，呈现了不同学生在目标设定、环境构建、策略选择、时间管理、寻求帮助和自我评价方面展现出不同的调控能力。

虽然技术支持确实有助于学习过程，但这些支持最好是与健全的教学原则和程序相结合（Zhang et al.，2019）。利用好线上平台和信息技术的优势，充分发挥和调动学习者的兴趣、学习动机和能动性，并且可以从学习策略的角度对线上学习方式进行调节和改良，让学习者更有效地参与到学习中，促进自主学习能力的可持续发展。

9.2.2　教师研究

线上教学中对教师的研究整体来说和线下教师发展研究差异不大，教师作为老师、主持人、评估者、课程设计者的身份没有发生太大的变化，同样是以多种角度和身份出发参与技术调节下的线上语言学习。像线下教学实践中的教师研究一样会涉及课程所需的专业知识和教学技能，但针对线上教学这一形式的教师研究更强调教师在线上语言教学环境中的必备技能和策略实施（Lamy & Hampel，2007）。

Guichon（2009）研究了线上教学中教师的社交情感交流技能，比如，如何将教学策略和多媒体技能融合，个性化地处理和学生的关系。该案例研究的对象是不熟悉在线教学（尤其是视频会议）的语言教师，他们在线上语言教学活动中会遇到很多困难并尝试使用各种解决方案。研究对案例进行了反思性分析，确定了适合语言教学的视频会议系统该有的规范。在研究结果中，Guichon（2009：180）提到"教师必须同时处理多个任务，非常挑战教师的认知能力"。Hampel（2009）同样发现线上教学中教师倾向于采取更具指导性或以教学为中心的方法，但线上教学需要更多地关注人际互动，相比其他教学环境，更要求教师具备良好的组织能力以及对学习者个人情况的敏感性。

还有许多研究着重于了解线上课程教师在虚拟环境中如何应用特定的教学技能和策略（如 Comas-Quinn et al.，2012；Ernest et al.，2013）。教师的线上教学实践包括在线上学习平台中设置在线互动环节、提供支持和做出反馈，同时要确保课程作业和课程评估之间的一致性。教师进行教学的同时还要注意建立一个学习者友好型的社交空间。陈菁、李丹丽（2020）探析了八位高校英语教师技术教学知识的发展途径及影响因素，研究发现教师以线上教学活动系统、社会资源活动系统和自我导向活动系统为主要途径，通过多途径联动的方式实现技术及内容知识的动态发展。

陈先奎等人（2016）采用历时、多案例比较的方法探索了在网络共同体中国内英语高校教师科研领导力的发展情况。研究发现教师网络互动以资源、认知、情感、价值观为内容，通过自我互动、同伴互动、共同体互动，提升了对科研的认知，促进了教师群体的身份建构，反映了教师自身发展的自主性、合作性、实践性、连贯性和差异性。

许悦婷和陶坚（2020）对 12 名英语教师进行多轮访谈，基于定位理论（positioning theory）探究线上教学背景下外语教师的身份认同构建。结果显示，教师在多个层次上的定位同步交织于教师线上教学全程。在个人层面，教师的"学习者"身份和"反思者"身份是教师探索高质量线上教学本质的关键；在师生互动层面，教师以"线上互动决策者"的身份根据学生线上学习认知特点和情感需求，尝试更适合线上课堂环境的互动模式；在同事互动层面，教师之间组建学习共同体来寻求技术与情感支持。

9.2.3 教学过程研究

教学方式从线下转到线上，对于教学的改革和影响主要体现在教学过程中的四个要素：教学内容、教学设计、教学组织和学习评价。

教学内容层面，线上教学脱离了基于纸质课本的课程模式，也区别于线下的多媒体课堂环境提供的视听材料。White（2006）认为独立的课程教材开发是线上语言教学模式的核心。这种模式最初侧重于通过文本、音频、图形、视频进行教学，采用异步教学的模式让教师预先录制好教学视频，结合软件或者线上平台配套的练习和任务进行教学。计算机调节通信的出现开辟了另一种线上教学模式——远程同步教学，学生摆脱了预定课程和内容的局限，通过实时讨论和参与协作，为学习源源不断地提供新的内容和选择。重要的是，同步在线语言学习让学生成为更积极的教学推动者和内容建设者。

线上课程内容分为静态和动态两种。无论哪种都可以通过文本、音频和影像的同步或异步来实现传输。例如，Volle（2005）介绍了同步在线口语任务和在线口语面试以在线视频会议的形式纳入西班牙语远程学习者的课程中。线上同步教学模式下，语言教学内容的核心之一是为学习者提供了使用目标语言进行互动的可能。因此，新兴的远程语言教学范式使得个体可以和各种语言学习环境产生不同的组合，接触到形式更多样和更即时的内容。

在教学设计层面，Hurd et al.（2001）对线上教学设计过程进行了介绍，概述了开发和设计线上课程的各个阶段，值得强调的是，线上语言教学设计如果存在缺陷，可能会影响学习者的动机和持久性（Lamy，2013）。

在教学组织层面，Guichon（2010）曾论证视频会议等社交媒体软件应用于教学的目的和实际效果之间是否存在偏差。而最近几年，国内外已经出现了大量专业服务于教学的线上平台和内容提供商，比如，国外的 Coursera、国内的慕课平台（陈坚林，2015），本身兼任着平台和内容两项功能，海量的开放式在线学习课程供学习者选择，这种教学组织形式无限地放大了学生的自主性和能动性，形成真正的学生为中心的组织模式。另一种线上教学的组织形式是同时搭建了学生端和教师端的虚拟智慧教学交互平台，这种教学组织往往是要求学生和老师同步在线进行互动和协作。线上教学的重点往往是像网一样分布的，不再是以老师或者某一人为中心。

Wang（2016）报告了在 Blackboard Collaborate（同步在线教室）和 Journal（用于完成个人任务）中进行在线测验和在线学习，使用维基网站提交协作写作任务的情况。合作写作是维基网站的一项关键功能，学生通过互相提出建议来提供脚手架。在这个过程中，学生的同伴互动增多了，出现了更多的协商、建议、共同做出决策的行为。教师分配的任务从单个任务发展到涉及更大工作量和协作任务的小组工作，改变了教学组织形式的同时，教师还可以通过后台的教学相关数据深入地了解学生的具体学习情况，比如，在线时长、互动次数、修改次数、提交任务的时间和字数等，同时也为后续的学习评价提供了客观的数据支撑。

在学习评价层面上，研究者普遍关注的问题是线上教学模式匹配的评估方式具体有哪些，以及统一的评估标准是什么。对学生的线上学习成果进行评价的目的主要有两个：首先学习评价可以作为教学有效性的参考（Blake et al.，2008；Volle，2005）；另一方面也是对学习者学习进度进行监督和反馈。

Hopkins（2010）使用了具有同步语音和文本聊天功能，以及视频、白板、投票、文件共享等功能的交互平台，采用实时跟进的评估功能，评估了加泰罗尼亚大学外语系学生英语的交互式口语任务。Michell & Davison（2020）介绍了 TEAL（Tools to Enhance Assessment Literacy for Teachers of English as an Additional Language）线上读写评测工具在澳大利亚某中学的实际应用情况。近几年在语言学习评价领域也见到了机器学习技术、自然语言处理技术的介入和调节。Settles et al.（2020）开发了 Duolingo 在线英语能力测试系统。这套系统使用机器学习和自然语言处理技术根据给定的标准，推导出语言熟练程度的等级，然后使用语言模型直接估计项目难度以进行计算机自适应测试。研究结果证明 Doulingo 系统给出的分数与其他权威英语测验的分数明显一致，测试结果可靠度高。

随着各种前沿技术的介入，未来线上英语教学一定是向着更丰富、更便捷、学习者 / 教师友好的方向发展。"互联网 + 语言教育"这样的新型学习模式的前景非常可观，推动着英语语言教育与时俱进的发展和创新。

9.3　线上与线下融合式英语教学实践研究

英语教师们长期以来一直在探索如何利用数字技术来创造丰富而引人入胜的学习环境，线上线下的混合教学适应了新时期技术发展的特点，满足了语言教师们对教学发展的需要（Levy & Stockwell，2006）。在教学实践中，许多教师试图将线上的新技术整合到他们线下具体的教学环节中，力求提高课堂上的教学生产力，优化课程资源，为学生提供更大的选择空间。信息技术革新带来的网络化学习环境让教师重新审视自己的教学策略和课堂组织方式，将线下面对面教学中的核心要素与线上网络化学习的丰富立体化资源进行重组和配置（Graham，2006），形成了线上线下教学相融合的混合教学模式，或称作混合式语言学习（blended language learnings，BLL）（Gruba & Hinkelman，2012）。

Picciano（2009）认为"混合"可以通过多种方式实现。可以将组织方式进行融合，比如，将课堂活动与线上活动整合；也可以按学习时间进行合并，线上进行学习、线下组织互动和讨论。教师可以按照课程的要求和学生的特点将线下教学和线上教学的优势环节进行重新配置和组合，形成互补。

　　根据 Watson（2008：3）的观点，混合式学习"很可能会成为未来语言教学的主要模式，并且比纯粹的在线或面对面教学更为普遍"。2012 年，美国的一家大型科技教育研究机构，EDUCAUSE 分析与研究中心（EDUCAUSE Center for Analysis and Research，ECAR）发布的关于对本科生教学和信息技术的报告中同样提到，"混合学习环境将成为常态"，并且报告中 70％的学生说他们处于混合式学习环境下最多，而不是面对面教学环境或完全的线上环境或平台（转自 Grgurović，2017）。

　　国内自 2010 年以来，慕课、微课、翻转课堂等依托互联网技术的软件或平台日渐完善，在外语教学界掀起了混合教学的风潮（陈坚林，2010，2015；王守仁，2017）。

9.3.1　学习者研究

　　对于混合式教学中的学习者，技术支持和培训同样也是必不可少的。线上环境需要他们掌握相关的网络操作知识和一定的自主学习能力、毅力和内在动力。ESCAR 的 2012 年度报告中提到，有 64％的大学生认为在使用网络进行上课还是存在一些困难的；接受更好的培训或了解如何进行网络操作完成课程任务极其重要（转自 Grgurović，2017）。但显然，学习者的网络操作技术是可以通过不断实践得到提升的。2020 年，ESCAR 的年度学生教育科技使用报告中显示，认为在线教育科技对于他们的学术推动"非常有用和比较有用"的大学生数量占到了调查人数的 92％，对于网络技术的应用已不再持怀疑和担忧的态度，更多的担心来自于网络安全和个人信息泄露的问题（Gierdowski et al.，2020）。对于学习者网络操作技术的培训与教师培训存在很多共性，都强调循序渐进地做到技术性和教育性的有机融合，但显然他们适应新科技和新方式的速度非常迅速。

　　Grgurović（2017）分析了 16 篇针对混合式教学中的学习者的研究，

并把这些研究分为以下三个主题：学习者对混合式教学的满意度研究、学习者对混合式教学的接受度研究以及提升学生混合式教学体验感的方法探索研究。

在第一类主题下，最常使用的数据收集方法是学生问卷调查，研究得出的普遍结论是学生对他们的混合式教学课程感到满意。例如，Jochum（2011）的混合式教学实践中 91% 的学生和 Scida & Saury（2006）的研究中 94% 的学生对他们的西班牙语混合式教学感到满意。学生对混合式教学接受度较高的一个重要原因是这种教学方式的灵活性。例如，在 Goertler et al.（2012）的研究中 70% 的学生选择将课程中面对面教学的部分从每周五天减少到三天，而能够减少上课时间是学生愿意选择这门课的主要原因。同样，在 Scida & Saury（2006）的调查中，混合式课程比线上课程和线下课程更受学生的青睐。并且线上练习让学习者提前熟悉课程内容，可能会促使性格内向的学生在线下也愿意更多地参与到课堂互动中（Gleason，2013）。

在第三个主题下，很多研究描述了学习者在混合式学习中遇到的问题和挑战。比如，很多学生都对混合式课程缺乏纸质资料表示不习惯（Chenoweth et al.，2006）。还有学生表达了对于课程设计的担忧；例如，混合式课程中线下和线上的教学反馈不够及时，没有形成互补，线下课堂里教师没有针对线上提交的课程作业进行指导和反馈（Stracke，2007）。学习者在混合式学习中还会遇到的困扰是关于时间管理和自我调节能力。Snodin（2013）的研究描述了两个学习者在线上学习环境中表现出以下自主学习的能力：设定目标、制定相应的计划、自我监控和评估学习情况。而这些能力有些不是短时间能够培养起来的。

9.3.2 教师研究

在混合式教学中，教师除了要掌握线上教学需要的基本技能，还要能够做出将线上教学和线下教学整合设计的教学决策，这对教师的专业素养和研究能力提出了更高的要求。

Grgurović（2017）认为，学校和教育机构应该建立与混合式教学相应的教师培训，让教师们了解可能会出现的硬件、软件和网络方面的困难，并知道如何为学习者提供帮助。他们还应该了解如何为课程选择在线材料、设置任务、进行线上或者线下的评估。实践表明，教师必须将在线设备或组件视为课程的重要组成部分，才能将线上教学实践和面对面的工作联系起来。如果没有培训，教师很难独立发展出建立这种联系所需的教学技能。

9.3.3　混合教学模式研究

1. 混合教学模式的分类

线上学习和线上线下混合学习其实可以理解为学习者通过虚拟出一部分的学习环境完成老师布置的学习任务。这时候学生虽然不能总是面对面与老师和同伴进行沟通，但他也不是在自己的思维场景内孤立地学习语言，而是在信息技术模拟出的社会中学习。社会文化理论（Lantolf & Poehner，2014）和生态的语言学习观（van Lier，2004）都强调社会环境的重要作用。计算机网络不是一个独立的世界，而是集合了很多线下社群元素的虚拟社会。任务型教学研究者（Bygate et al.，2001；Ellis，2003）过去只专注于线下课堂的任务，而很少探讨线上学习任务或者教学任务在移动环境中的变化（Thomas & Reinders，2010）。Postman（1993）的观点认为课堂中的技术既不是做加法，也不是做减法，而是形成生态，单个微小的变化就足以改变整个系统。

Horn & Staker（2015）提出了四个混合模式来区分混合学习的类型：

- **轮换模式（rotation model）**是基于固定的学习计划，学生在线下教室、家里或者学校的线上教室（如翻转课堂）等不同的学习空间轮换学习。
- **Flex 模式（Flex model）**受学习计划的限制较小，仅仅灵活地把一些线上活动，如分组讨论等，引入线下课程，允许学生在线下课堂中临时组建线上学习小组或虚拟社区。

- **定制模式**（a la carte model）不设定严格的学习计划，学生可以在线上课程中"定制"自己喜欢的线下课程或者线下活动。
- **虚拟模式**（enriched virtual model）下的课程几乎是完全在线的，偶尔会有面对面进行的小组活动。

混合学习的这几种模式与计算机辅助语言学习和线下语言学习最重要的区别在于：线上和线下学习场所之间不断切换是混合学习的常态。

2. 混合教学实践设计

混合式教学有五种主要的教学实践设计类型：混合模态教学、翻转课堂、游戏化和嵌入式形成性评价、团队写作以及合作教学和行动研究（Gruba & Hinkelman，2012）。

- 混合多模态教学（mixed modalities）：混合多模态教学源于变异理论（variation theory）（Oliver & Trigwell，2005），强调整个学习过程中使用多媒体资源，课内课外大量地使用视频、音频等视觉、听觉或触觉资源帮助学生进行学习。
- 翻转课堂（flipped classroom）：翻转课堂是由学生主导的教学模式。"翻转"就是将平时在线下课堂上进行的教学活动与课后完成的任务进行翻转。学生在进入课堂讨论前会通过线上指导或者提前阅读学习材料了解学习内容，以便于之后更好地专注于参与课堂讨论和活动。同时上课期间就可以收到反馈，及时地强化了学习效果，允许学生在线下课堂以外的地方进行更多的认知性学习或完成结构性内容。这种模式能够更好地激发学生的能动性和参与感，帮助学生进行主动学习。通过参与辩论、小组讨论，学生可以通过课堂教学风格的"翻转"来更深入地参与课程讨论。
- 游戏化学习和嵌入式形成性评价（gamification and embedded formative assessment）：游戏化学习需要有一流的网站建设和线上平台根据游戏化原则制定任务和活动让学习者完成，将形成性评价系统嵌入游戏环境中自动对学习者的学习过程和结果进行评估。游戏化学习通常利用排行榜、积分、奖品、分级竞赛来鼓励学习者通过合作完成学习任务，建立学习共同体。游戏化学习与虚拟游戏很相似，都是基于一项可胜任的任务，都会说明游戏规则和"获胜"方式。两者都可以在学习过程中产生"心流"状态（Egbert，2003），学生会忘记课堂本身，而全神贯注于获胜。线下同样可以进行课堂游戏，也可以有小组互动、团队任务，线下游戏化学习是一个丰富的教学领域，但是没有像线上教学游戏那样受到广泛的研究关注。

- 团队教材协作（team-based materials authoring）：混合式学习环境的灵活性非常适合教学或研究团队进行教材创作。Harwood（2010）提倡教师设计课堂教学素材要懂得因地制宜，促进课程与学生兴趣及教学目标实现统一。此外，开放式教育资源（open education resources，OER）的发展让共享和共同编辑素材成为可能。借助OER，教师可以在课程建设和教材建设方面进行大规模协作，其他教学者所创造的内容同样可以适用于自己的课堂情况（Richter & McPherson，2012）。混合学习的教学素材往往是基于多任务和多模态的，要做到高质量可能会很费时，将这些耗时的任务共享为OER可以为教师节省大量时间。现在很多开源学习管理系统允许教师和机构在线进行自定义，以构建适合课程目标的活动和评估插件。

- 合作教学与行动研究（collaborative teaching and action research）：合作教学与行动研究可以理解为团队教材协作的进阶版。研究表明，公开透明的教学档案可以对教学产生可持续的改善（Hinkelman & Gruba，2012）。混合学习环境的另一种研究方法是通过嵌入特定文化进行人种学研究。合作教学可以促进教师共同体的形成，减少单个教师工作量的同时及时地解决教师技术培训的问题（陈先奎等，2016）。

第 10 章
专门用途英语教学实践研究

专门用途英语出现于 20 世纪 60 时代，最早可追溯至 Halliday 等（Halliday et al.，1964）研究者提出的倡议：语言学家要研究特定情境下的语言使用，以为教学提供反映职业领域内真实语言应用的材料。多年来，不论是在理论发展还是在实践创新方面，专门用途英语一直都是应用语言学中的前沿热点领域（Hyland，2019）。本章主要介绍专门用途英语的概念及其发展历程、专门用途英语教学现状研究、专门用途英语与通用英语的关系及其教学与研究的未来发展方向。

10.1　专门用途英语的概念及其发展历程

自其诞生以来，专门用途英语已经发展成为一个高度活跃的学科，其关注的基本问题是：如何最有效满足英语学习者的需求，尤其是在当今这个高度全球化和国际化的时代（Kırkgöz & Dikilitaș，2018）。正如 Räisänen 和 Fortanet-Gómez（Räisänen & Fortanet-Gómez，2008：12）所指出的那样，专门用途英语的主要使命是确保"教师所教的英语不仅能够迎合语言和艺术类的学生，还能迎合其他学科学生及其需求"。本节重点介绍专门用途英语的概念及其研究发展历程。

10.1.1　专门用途英语的概念

专门用途英语既是一种教学实践，也是一个研究领域。作为教学，专门用途英语可定义为"一种以培养学生学会使用特定领域英语为目标的二语或外语的教学"（Paltridge & Starfield，2013：2）。

如图 10-1 所示，专门用途英语包括学术英语和职业英语（English for occupational purposes，EOP）两个类别，分别满足学习者在教育、学术活动、工作中的不同需求（Robinson，1991；Strevens，1977），其目标是针对学科专业和职业需要开设英语课程，帮助学习者获取在专业领域内使用英语有效交流的能力。

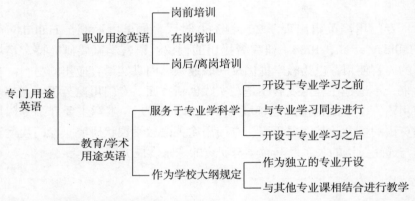

图 10-1　专门用途英语系谱图（Robinson，1991：3；Strevens，1977：92）

相对于通用英语／一般用途英语（English for general purposes，EGP）教学，专门用途英语教学具有如下特征：第一，以学习者特定需求为导向。进行专门用途英语教学设计时，首要任务是了解学习者需求，并据此调整教材与教学方法，同时要求教师获取相关知识和能力，以开展适应学习者需求的教学。第二，与学科专业或职业相关。专门用途英语教学使用目标学科的教学方法和活动，强调所涉及的词汇、语法、语篇和体裁与该学科相关。

"学术英语"的概念最早由 Tim Johns 于 1974 年提出，随后英国文化协会用此概念与职业英语相区分（Jordan，2002）。学术英语是正规教育体系中以学业用途为目的的英语交流技巧（Jordan，1997），是对特定学科的认知、社会和语言要求进行教学设置的手段，是把重点放在学术环境中某一特定群体的交流需求上而进行的教学（Hyland & Hamp-Lyons，2002）。学术英语最新的定义由 Hyland（2018）提出，指一种语言教学方法，这种教学方法旨在教会学生辨识目标学术群体的特定语言特征、话语实践以及交际技能，同时考虑学习者的学科需要和专业知识。

从培养目标上，尤其在涉及专业知识程度方面，学术英语的概念可区分为：广角学术英语（wide-angle EAP）与窄角学术英语（narrow-angle EAP）（Widdowson，1983），共核学术英语（common core EAP）与专业特定学术英语（subject-specific EAP）（Coffey，1984），通用学术英语（English for general academic purposes，EGAP）与专门学术英语（English for specific academic purposes，ESAP）（Blue，1988；Jordan，1997）。较近期的研究多使用通用与专用学术英语分类法，并据此组织具有不同侧重点的教学（如季佩英，2017）。

学术英语研究范围，如其代表性期刊 *Journal of English for Academic Purposes*（*JEAP*）官方网站所陈述，即从语言学、社会语言学和心理语言学视角考察学术研究和学术交流情境下英语语言使用，涵盖学术英语情境下的课堂语言、教学法、教师教育、语言测评、教材发展与评价、需求分析、语篇分析、习得研究等一系列广泛的研究主题。

关于专门用途英语研究范畴，尤其是专门用途英语与学术英语之间的关系问题，研究界存在两种不同看法：一种认为专门用途英语包括学术英语；另一种看法则认为尽管学术英语起源于专门用途英语领域，但"侧重个人在学术情境下的交际需要及实践"（Hyland & Shaw，2016：1），已成为独立研究领域。鉴于专门用途英语研究领域最具影响力的国际学术期刊 *English for Specific Purposes* 官方网站将其目标与范围表述为"面向学术、职业或其他特定语言社区的语言教学"，同时鉴于研究者在回顾专门用途英语发展时多采取前一种看法（Johns，2013；Liu & Hu，2021；Swales & Leeder，2012），我们将专门用途英语看作包含学术英语、职业英语等的一个宽泛概念，重点关注该领域发展最迅速的分支——学术英语。

10.1.2　专门用途英语研究发展历程

研究者对专门用途英语领域发展历程进行了回顾和总结。专门用途英语发展受到三种因素的推动：①社会需求。"二战"后人们对专门用途英语课程有广泛需求。②语言学研究中的转向。研究关注从语言特征转向特定情景中的语言使用。③教育心理学的发展。教育心理学越来越强调学习者的需求和兴趣（Hutchinson & Waters，1987）。

Johns（2013）将其发展划分为四个阶段：①"早期"（1962—1981），研究重点从基于文本的语法特征分析转向修辞分析；②"不那么遥远的过去"（1981—1990），引入体裁、修辞、语轮等核心概念，同时 English for Specific Purposes 在这个阶段创刊，研究范围得以扩展；③"现代"（1990—2011），以体裁研究和语料库研究为主导，创办了该领域另一本重要期刊——Journal of English for Academic Purposes；④"未来"（2012 年以后），以研究者国际化、研究方法多样化、关注多模态为特征。

Liu & Hu（2021）的近期研究全面而系统地回顾了专门用途英语研究领域发展历程。研究者选取该领域两大代表性国际学术期刊，English for Specific Purposes 和 Journal of English for Academic Purposes 作为文献来源，对两大期刊从 1980~2018 年刊发的 1092 篇论文进行了共引分析，描绘了该领域的发展历程和研究概况，提出专门用途英语领域发展至今经历了形成、成熟和繁荣三个阶段。

20 世纪 70 年代至 90 年代为形成阶段，以关注需求分析为特点。研究者将需求分析视为关键，普遍认为了解学习者学习英语的特定需求是专门用途英语课程成功的先决条件，需求分析影响其他所有教育决策，如课程设计、教材发展以及课程评估。例如，Munby（1978）较早提出如何进行系统的需求分析，并据此制定课程大纲。Hutchison & Waters（1987）提出需求分析应包括现状分析（如学生的语言文化背景）与目标分析（目标情境所要求的知识与技能）。此阶段另一个重要标志是"体裁"（genre）概念的提出。研究者在进行需求分析时用该概念描述目标情境中的语言使用。例如，Swales（1990）的专著——《体裁分析：学术研究环境中的英语》（Genre Analysis: English in Academic and Research Settings）为此阶段的里程碑式作品之一，推广了体裁的概念以及话步分析方法（move analysis），用于分析学术文本在结构以及语言方面的特征。

20世纪90年代至世纪之交为成熟阶段，以研究方法多样化为特点。专门用途英语研究方法在此阶段得到了很大发展。研究方法主要包括三类：基于体裁的方法、基于语料库的方法、情境及批判性方法（Charles，2013）。

基于体裁的研究方法由Swales（1990）在上一阶段开创，并在此阶段进一步发展，体裁概念的内涵得以深化（Swales，2004）。研究者将体裁分析应用于多种学术体裁，包括研究论文（Swales，2004）、项目申请书（Connor & Mauranen，1999）、博士学位论文（Bunton，2002；Paltridge，2002）等书面体裁，以及研究展示发言（Thompson，2002）、博士论文答辩（Swales，2004）等口头体裁。

基于语料库的专门用途英语研究自20世纪90年代开始迅猛发展，研究者依托大型语料库考察学术与职业文本的词汇语法、短语、体裁等特征。例如，Hyland（2000）基于语料库对比分析了多个学科不同体裁文本的词汇语法与语篇特征。基于语料库的方法也应用于学术英语写作教学研究，如Charles（2007）考察了如何使用两种教学方法——由上而下型（即由教师引导进行语篇分析）和由下而上型（即由学生完成语料库调查），培养学生根据修辞目标选择恰当词汇和语法结构的能力。

专门用途英语成熟阶段出现了多种情境及批判性方法。这种研究方法强调机构、社会及全球情境对学术素养（academic literacy）和学术发表实践的影响。例如，Lea & Street（1998：159）通过对英国高等教育情境下学术素养教学实践进行民族志研究，将学术素养定义为"认识论与身份层面上的社会实践性素养"。此类研究也考察学者文献引用实践以及文献使用不当问题。Harwood（2009）对比了来自不同学科学者的文献引用实践，发现学科内和学科间都存在差异。采用批判性方法的相关研究从批判的视角看待研究与教学实践，关注公平、意识形态和权力问题。例如，Benesch（2001）建议教学中用"权力分析"代替传统的需求分析，以促进学习者在学术情境、工作场所和个人生活中的民主参与。

Swales & Leeder（2012）考察了 1990—1999 年 *English for Specific Purposes* 刊发论文的被引情况，列出被引率最高的 15 篇论文，并分析了高引论文的成功之处。结果表明，专门用途英语领域比较欢迎简洁的论文，不需要列出大量不必要的参考文献；该领域对作者所在地、一语和性别没有偏见。影响论文被引率的主要因素为：如何选择供分析的材料、采取何种语篇分析方法以及创新性如何。

第三阶段为繁荣阶段，自 21 世纪初至今，以研究兴趣多样化为特点。21 世纪初出现的研究热点包括语料库语言学、民族志研究方法、对多词词汇的再次关注、英语作为国际通用语、口语学术体裁、更广泛的学术体裁等（Swales & Leeder，2012）。Liu & Hu（2021）将现阶段研究热点分为五类：①学科学术语篇，如 Lin & Evans（2012）分析了发表在高影响力英文期刊上的四类学科的实证研究论文，发现在体裁结构上有明显的学科差异。学术体裁分析可应用于写作教学，如 Swales & Feak（2012）的研究生写作教科书向学习者展示不同学术体裁的典型修辞语轮。②母语—二语差异，研究者将英语学术文本与其他语言的学术文本进行对比分析（如 Hirano，2009）。③学术词汇与程式语，代表研究包括 Gardner & Davies（2014）在 Coxhead（2000）基础上提出新的学术词汇词表，Simpson-Vlach & Ellis（2010）提出的学术程式语词表等。④学术写作元语篇，相关研究多依据 Hyland（1998，2000，2002，2005）已有成果并使用他所开发的分析工具，对不同体裁的元语篇进行分析（如 Hyland & Jiang，2016）。⑤全球化情境下的学术英语。例如，考察英语作为全球学术强势媒介如何影响多语学者的知识建构以及文本产出实践（Lillis & Curry，2010）。

如表 10-1 所示，从形成阶段至成熟阶段再到繁荣阶段，专门用途英语在研究重点上经历了一系列变化。随着研究方法的发展，同时在语料库发展的推动下，专门用途英语研究越来越深入，研究领域也得以扩展。

表 10-1　专门用途英语各发展阶段研究主题（改编自 Liu & Hu，2021：102）

发展阶段	发展时期中点 （mean year）	研究主题
形成阶段	1988	需求分析
成熟阶段	1999	专门用途英语相关问题及发展方向
	2002	学术语篇中的声音与立场
	2003	学术体裁与学术发表
	2007	文献引用与文献使用不当
成熟阶段至繁荣阶段	2007	学术写作学习
繁荣阶段	2008	母语—二语差异
	2010	学术词汇与程式语
	2010	英语作为学术国际通用语
	2011	学科学术语篇
	2012	英语学术写作中的元语篇

　　以上简要介绍了国际专门用途英语发展历程以及研究热点。我国专门用途英语发展历史可追溯至 20 世纪 70 年代科技英语（English for Science and Technology，EST）的兴起，1994 之前的研究几乎全是围绕科技英语展开。国内十种核心期刊在 1985~2008 年的刊发情况表明，1993 年以前关于专门用途英语的研究数量较少，从 1994 年开始，我国专门用途英语研究开始出现增长势头。研究数量总体呈缓慢上升趋势，但波动幅度较大，多次出现峰值与谷值。研究范围主要涉及五方面：①专门用途英语教学；②专门用途英语与翻译，如专业术语翻译；③专门用途英语理论探讨，如理论基础和学科性质；④专门用途英语语言特征，如分析医学英语、法律英语的语言特点；⑤专门用途英语研究方法，其中教学、理论探讨、专门用途英语与翻译三方面较受关注，研究数量多于其他相关研究。从发展趋势上，专门用途英语教学研究增长较明显（姜毅超、李娜，2010）。研究者从专门用途英语需求分析（管春林，2005）、课程设置（孟臻，2005；阮绩智，2005）、课程内容与实施（曾祥娟，2001）、教学法（刘法公，2001）、教学情况调查（王蓓蕾，2004）、课程评价（唐雄英，2004）等方面进行了探索。随着相关研究深入，专门用途英语各分支发展逐渐完善，2008 年以后的研究综述多聚焦于专门用途英语某一分支，如对商务英语（王立非、李琳，2013；

申甜，2020）和学术英语（李韬、赵雯，2019；辛积庆，2019）发展情况进行总结。

与上述国际专门用途英语研究概况比较而言，研究内容上，国内学者同样关注对特定领域语篇的语言特征进行分析，但明显更重视专门用途英语与翻译研究，如英汉对比研究。另外，国内学者相对更关注教学。研究方法上，国内研究以非实证研究为主。

2010 年，北京外国语大学创办了学术辑刊《中国 ESP 研究》，对外经济贸易大学同年创办了学术辑刊《商务外语研究》。2011 年 5 月，北京外国语大学成立了中国外语教学研究会专门用途英语专业委员会，为我国专门用途英语研究与教学提供了重要的交流平台。

我国专门用途英语研究受国家教育政策的引导和推动较明显。教育部从 2006 年开始论证设立商务英语本科专业，2007 年即批准对外经济贸易大学试办商务英语本科专业，引起了学术界的广泛关注，推动了关于商务英语学科专业内涵与定位的讨论。因此，作为专门用途英语的重要分支，商务英语在我国发展相对比较完善，积累了丰富的研究成果。商务英语是以英语为媒介、以商务知识和技能为核心的专门用途英语（Nickerson，2005）。其研究范围为国际商务中的语言、文化和应用，重点关注国际商务话语、国际商务沟通、国际商务文化和国别商务环境（王立非，2012）。

王立非、李琳（2013）从论文发表、专著、研究项目立项等方面总结了我国商务英语研究在 2002~2011 年间的发展情况，发现商务英语研究论文、立项项目、著作数量呈逐年递增态势，研究范围不断扩展，尤其自 2008 年以后发展迅猛。例如，从国内核心期刊发文量看，商务英语论文发表数量从 2009 年开始增长速度明显加快，论文数量成倍增加；从国家社科基金和教育部人文社科基金项目立项情况上看，2008 年以后，立项数量呈递增态势。研究内容不断拓展，涉及商务话语研究、商务翻译研究、跨文化商务交际研究、商务社会语言学、语言经济学等（详见表 10–2）。相关研究期刊发文量于 2011 年达到峰值（申甜，2020），研究主题也更多元化。

表 10-2　2002~2011 年商务英语高级别项目立项情况（王立非、李琳，2013：8）

2002~2011 年国家社科基金商务英语项目立项统计

年份	项目名称	负责人	单位	类别
2006	基于语言经济学的商务英语教育研究	莫再树	湖南大学	青年项目
2008	专门用途英语翻译的多维思考	谢建平	浙江理工大学	一般项目
2010	商务话语名物化语料库考察及研究	王立非	对外经济贸易大学	一般项目
2011	商务英语学习词典研编	何家宁	广东外语外贸大学	一般项目

2002~2011 年教育部人文社科基金商务英语项目立项统计

年份	项目名称	负责人	单位	类别
2007	商务英语人才培养复合度问题研究	王关富	对外经济贸易大学	规划基金
2007	高等学校商务英语专业培养方案研究	陈准民	对外经济贸易大学	规划基金
2010	嵌入式商务汉英口语翻译系统的研究	张晶	广东外语外贸大学	青年基金
2010	当代商务语言的社会语言学研究	谷小娟	对外经济贸易大学	规划基金
2010	跨文化语用学视野下的英汉商务语篇翻译研究	余祥越	湖州师范学院	规划基金
2011	中国大学国际化商务人才素质培养研究	王庆石	东北财经大学	规划基金
2011	中美贸易纠纷话语研究	吴鹏	江苏大学	青年基金

王立非、李琳（2014）采用计量文献学方法考察了 2002~2012 年间 SSCI 期刊发表的商务英语研究论文，发现国际研究热点包括：企业新闻发布会媒体体裁、跨文化商务交际、商务英语学科建设、语料库与商务英语交叉研究、英语国际商务通用语。

借助类似研究方法，申甜（2020）考察了 2001~2018 年间 CSSCI 期刊及中文核心期刊发表的商务英语研究论文。分析结果表明，国内该领域研究热点有：①《国家标准》下商务英语专业的创新，如探讨学科内涵和理论基础（王立非等，2015）；②基于语料库的商务英语研究，如考察商务英语主题词、搭配及词丛（胡春雨，2011）；③基于需求分析的高职商务英语人才培养模式研究（杨敏、黄翔，2016）；④跨学科视角下商务英语教学设计和改革，如从语言经济学视角分析商务英语的比较优势（莫在树，2008）。

如前文所述，学术英语起源于专门用途英语，在高等教育国际化的推动下，40 余年来成为专门用途英语领域发展最迅速的分支。全世界无数学生和学者需要发展用英语进行学术交流的能力，以获取学业和职业上的成功，学术英语因此成为高等教育的一个重要方面。通过对 40 种 SSCI 收录期刊 1980~2020 年刊发的学术英语相关研究进行文献计量分析，Hyland & Jiang（2021）回顾了学术英语发展历史并描绘了其研究概况。分析结果表明，相对于第一阶段（1980~2000 年），第二阶段（2001~2020 年）研究数量出现显著上升，在此阶段所发表的相关研究占 40 年研究总量的 78%（Hyland & Jiang，2021）。研究结果说明，学术英语研究近 20 年进入迅猛发展的繁荣时期。

研究者将第一阶段（1980~2000 年）与第二阶段（2001~2020 年）学术英语研究领域最受关注的研究主题进行了比较。如表 10–3 所示，热度持续不变的研究主题包括学习策略、教育体系、中学（学术英语教学）、学习结果和思辨，显示出该领域关注学术英语学习与教育体系的关系、学生在学习策略和思辨方面的发展以及取得的学习成果。关注度变化不大的研究主题如语篇，属于专门用途英语研究的典型主题。研究生、职业发展、高等教育等研究主题热度明显上升，体现出学术英语在高等教育中对研究生学业成功、学者职业发展的重要性。部分与研究方法有关的主题，如个案研究和行动研究，关注度明显下降。

表 10-3　学术英语研究热点变化（Hyland & Jiang，2021：5）

	1980—2000		2001—2020		标准频次变化率	卡方值	P 值
	原始频次	标准频次	原始频次	标准频次			
显著增加							
身份	91	3.2	1626	16.6	413	133.9	0
学术写作	57	2	775	7.9	290.4	46.4	0
学习过程	42	1.5	461	4.7	215.2	19	0
研究生	48	1.7	490	5	193.1	17.2	0
同伴评估	46	1.6	456	4.7	184.6	14.9	0
专业发展	80	2.8	787	8	182.5	25.1	0
体裁	103	3.7	953	9.7	165.7	25.6	0
互动	190	6.7	1613	16.5	143.8	32.3	0
阅读理解	76	2.7	645	6.6	143.7	12.9	0
学科	201	7.1	1511	15.4	115.8	17.3	0
高等教育	859	30.5	5390	55	80.2	12.6	0
显著下降							
个案研究	251	8.9	191	1.9	−78.2	583.3	0
教学法	57	2	76	0.8	−61.6	77.3	0
教学实践	99	3.5	191	1.9	−44.6	78.6	0
行动研究	65	2.3	127	1.3	−43.6	50.5	0
保持稳定							
学习策略	30	1.1	114	1.2	8	1.7	0.26
教育体系	68	2.4	254	2.6	6.6	1.3	0.42
中学	34	1.2	127	1.3	6.6	0.9	0.61
学习结果	53	1.9	191	1.9	2.8	1.4	0.42
批判思维	68	2.4	241	2.5	1.3	1.8	0.2
前五个增幅较大但未达显著水平的主题							
学习者感知	31	1.1	225	2.3	108.6	2.1	0.18
本科生	33	1.2	223	2.3	89.5	1.2	0.36
课程	521	18.5	2837	28.9	56.4	0.1	0.89

（续表）

	1980—2000		2001—2020		标准频次变化率	卡方值	P 值
	原始频次	标准频次	原始频次	标准频次			
语篇	289	10.3	1529	15.6	51.4	0.4	0.56
写作技能	30	1.1	133	1.4	23.3	1.2	0.38
前五个降幅较大但未达显著水平的主题							
课堂	513	18.2	1295	13.2	−27.5	5.6	0.05
控制组	42	1.5	109	1.1	−25.1	5.5	0.06
课本	30	1.1	81	0.8	−23.5	5.4	0.06
本族语者	95	3.4	267	2.7	−19.4	4.9	0.05
内容知识	33	1.2	101	1	−12.1	3.8	0.03

如同 Hyland & Jiang（2021）在国际领域所观察到的那样，进入 21 世纪之后，我国研究界对学术英语的关注也开始明显提升。左秀媛、宁强（2019）采用内容分析法，梳理分析了 2000~2018 年我国重要学术期刊发表的学术英语教学相关研究。统计分析结果显示，21 世纪以来我国学术英语教学研究数量总体呈上升趋势，经历了大致三个发展阶段：①第一阶段（2000—2009 年）为萌发阶段，这一阶段研究者开始逐步开展学术英语教学研究，但研究数量较少。②第二阶段（2010—2013 年）为突破阶段，《国家中长期教育改革和发展规划纲要（2010—2020 年）》明确提出国际化人才培养的要求，在国家政策的引导下，学术英语教学研究热度明显提升，四年合计发文量是第一阶段十年发文总数的 4 倍多。③第三阶段（2014—2018 年）为稳步发展阶段，相关研究数量有所回落，但发展态势相对稳定。

部分研究者聚焦于学术英语研究近十余年以来（大致相当于突破阶段以来）的发展现状。李韬、赵雯（2019）采用文献计量学方法对 2009—2018 年间发表于 CSSCI 期刊上的学术英语研究论文进行了深入挖掘和分析，发现突现率排名前 12 名的关键词为学术英语、大学英语、大学英语教学、语料库、研究生、需求分析、专门用途英语、高等教育国际化、教学改革、课程设置、词块和学术写作。其中学术英语、大学英语、专门用途英语、高等教育国际化、教学改革、课程设置等关键词主要出现在讨论学术英语的定义、特征、定位、与大学英语教学的关系、在外语教学改革中起到的作用以及对高等教育国际化产生的影响方面，属于宏观热点。而微观热点则包括语料库、研究生、需求分析、词块和学术写作。

10.2　专门用途英语教学现状研究

如前文所述，社会需求推动了专门用途英语教学课程的普及。在国外，对专门用途英语教学的需求主要来自于移民和国际学生，以欧洲和澳洲的情况比较典型。

一方面，来自非英语地区的移民需要获取就业所需的语言能力，同时通过语言学习融入当地实践社区。据报道，2004 年新西兰和澳大利亚劳动人口中移民的比例居世界前列（Phillips，2009），因此澳洲地区非常重视职业英语教育。

另一方面，学术英语教学在英语国家招收留学生的需求下应运而生。英国高校开展学术英语教学时间较早（自 20 世纪 60 年代）且普及率较高，率先尝试的是伯明翰大学，后推广至大多数高校（Jordan，2002）。新西兰高校所招收的留学生数量自 20 世纪 90 年代成倍增长，其中大多数学生来自亚洲，因此高校普遍开设了学术英语等帮助学生完成学业的课程（Basturkmen，2012）。为满足学生在高等教育不同阶段的语言需求，学术英语课程包括入学前预备课程和入学后课程，预备课程侧重于各学科通用的过程性知识，而入学后课程让学生了解各学科因研究范式不同而存在的学术话语差异，更高阶段的研究生课程则关注用于报告研究结果的各类书面与口头学术体裁（Bruce，2016）。学术英语课程常基于发展学习者各项技能组织教学内容。以新西兰奥克兰大学为例，学术英语课程教学内容包括：第一阶段，学术听、说、读、写技能课程；第二阶段，高级学术写作与讨论技能课程；本科阶段最后一年，开设研究写作课程，为研究生阶段学习做准备。课程内容由浅入深，反映了在特定阶段哪些技能对学生很重要，或者学生掌握哪些技能会有困难（Basturkmen，2012）。

高校所开设的学术英语课程多以通用学术英语为定位，开设专门学术英语课程的较少（Basturkmen，2012）。专用学术英语课程通常根据学生专业所在学科领域而非具体专业分几个大类开课。例如，澳大利亚Griffith 大学对所有大一学生开设的学术英语课程分四类：商务与贸易类、健康科学类、科学类、人文与社科类（Fenton-Smith et al.，2018）。

经过几十年的发展，全世界许多教育机构开设了专门用途英语教学课程，广泛涉及商务、法律、医学、传媒、政治、教育等多个学科。作为学科专业，美国高校设有专门用途英语硕士学位课程，英国高校也设有专门用途英语教师硕士课程。作为预备课程或选修课，欧洲、澳洲许多高校开设学术英语课程；同时，专门用途英语是职业教育的重要组成部分（Basturkmen，2012）。此外，美国许多高校开设了专门用途语言（language for specific purposes，LSP）课程，如商务西班牙语、商务法语等（Long & Uscinski，2012）。

专门用途英语教学在我国始于 20 世纪 70 年代，部分高校开设了科技英语专业，招收本科生和研究生。"十一五"和"十二五"期间，国内许多高校获批开办商务英语专业。根据中国国际商务英语研究会官网的统计结果，截至 2018 年 12 月，开设该专业的院校达 784 所。

关于我国学术英语教学情况，目前尚缺乏宏观数据。廖雷朝（2019）以网络问卷调查的形式，考察了我国 83 所高校学术英语开课情况。经调查发现，课程开设普及率较低；无论作为必修课还是选修课，学术英语课程学分比例不到大学英语总学分的一半；参与学术英语课程的授课教师和上课学生仅占少数。

目前仅有少数研究详细报告国内高校学术英语课程开设情况。例如，复旦大学从 2011 年开始以选修课的形式为学生开设学术英语课程群，包括通用学术英语和专用学术英语两大类课程。通用学术英语课程旨在培养学术英语听、说、读、写、译等技能，并进一步提升学生的交际能力和思辨能力。专用学术英语课程设有六门，分别面向人文、社科、理工、管理、医学类专业以及综合类（季佩英，2017）。

同济大学进行了学术英语教学改革实验，提出本硕博衔接的学术英语课程体系（如图 10-2 所示）。该课程体系具有两个特点：第一，"模块对接"，学术英语模块贯穿本、硕、博阶段公共英语课程体系，有利于学生学术英语能力培养的延续性，也能够促进从通用学术英语学习到专门学术英语学习的深化与强化。第二，"核心贯通"，学术英语核心课程在教学定位和教学内容也由浅入深（宋缨、朱锡明，2019）。

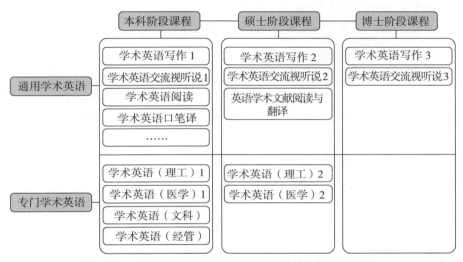

图 10-2　同济大学本硕博衔接的学术英语课程体系（宋缨、朱锡明，2019：54）

　　整体而言，专门用途英语发展至今，研究不断深入，领域不断扩展，积累了丰富的研究成果；教学实践方面，国内外广泛开设了各类专门用途英语课程。研究者回顾了专门用途英语发展历程以及研究现状（如 Liu & Hu，2021），但较少针对专门用途英语学习者、教师和教学相关研究结果进行总结。英语教育主要由学习者、教师和教学三方面构成（Wong & Hyland，2017）。因此接下来我们将从学习者、教师和教学三方面总结国内外专门用途英语教学研究中的新发展，并讨论专门用途英语教学中研究者和教师关注的热点问题。

10.2.1　学习者研究

　　针对学习者的研究主要围绕专门用途英语学习者能力。如何定义并描述学习者能力对确定教学目标、制定教学大纲、进行教学评估非常重要。具体主要针对职业英语学习者和学术英语学习者两个群体的能力研究。

1. 职业英语学习者能力构念

为了给我国职业英语教育提供定位，体现职业教育的性质与特点，研究者针对专门用途英语学习者提出了能力框架。例如，江洁（2011：57）将"职业英语能力"定义为"就业岗位核心任务中使用英语语言的能力"；曾用强（2020）提出，职业英语能力的基本要素包括行业能力、英语能力和社会能力，各要素由通用知识与技能、特定知识与技能两个层次构成。其中英语能力包括语言能力和职业技能两方面，语言能力为基础部分，职业技能为职业岗位相关的实际英语应用能力（如图10-3所示）。

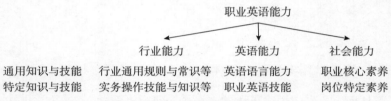

图10-3 职业英语能力构念（曾用强，2020：13）

职业英语技能是英语能力的核心组成部分。为了建构职业英语技能，研究者以全国范围内1000多名职业院校毕业生为对象，借助问卷调查了毕业生不同职业岗位的英语使用情况，并从场合、形式、任务、内容和对象五个方面进行分析。根据分析结果，研究者将职业英语技能定义为"基于特定的工作任务目标，获取、处理必需的信息后完成信息交流的能力"。信息获取、处理和交流均建立在典型的职场活动之上（曾用强，2020：17）（详见图10-4）。

上述研究提出职业英语能力构念，同时基于实证研究结果对职业英语技能进行描述，对职业英语教学目标设定以及教学评估都具有积极的指导意义。

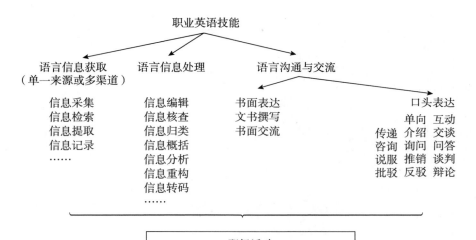

图 10-4　职业英语技能结构（曾用强，2020：17）

2. 学术英语学习者能力框架

　　描述学术英语学习者应具有的能力，对确定学术英语教学目标、制定教学大纲、进行教学评价具有重要意义。目前这方面的研究成果较少，最值得关注的是由英国学术英语讲师协会（BALEAP）于 2013 年提出的学术英语学习者能力框架（Can-Do Framework for EAP syllabus design and assessment）。该框架描述了在英国高等教育环境下完成硕士研究生阶段学业所需的学习者能力，可为制定学术英语教学大纲和教学评估提供参考。如表 10-4 所示，该框架从语言能力和学术能力两个维度描述学习者能力，其中语言能力包括听、说、读、写四方面，学术能力也包括四方面，即学术情境、学术语篇、学科专业和学术实践。学术情境相关能力指了解学术实践、价值观和规范，具有在此教育情境下完成课程所需的认知能力和使用元认知策略的能力；学术语篇相关能力指具有语言知识，并能根据特定学术情境恰当使用语言的能力；学科专业相关能力指学习者能了解并探索学科专业，并能认识到该学科专业如何影响知识的扩展和交流；学术实践能力指完成硕士研究生阶段学业所需的特定学习技能。

表 10-4　学术英语学习者能力框架汇总表（BALEAP，2013）

写作能力			举例/发展能力的观点（Exemplification/ideas for development of competencies）
学术情境	W1.1	开展（approaching）学术任务	
	W1.2	完成学术任务	
	W1.3	学业或项目论文写作	
学术语篇	W2.1	一般性能力	
	W2.2	语言相关能力	
	W2.3	关于体裁的能力	
学科相关	W3		
实践技能	W4		

口语能力			举例/发展能力的观点（Exemplification/ideas for development of competencies）
学术情境	S1.1	一般性能力	
	S1.2	团队合作能力	
	S1.3	个体独立能力	
	S1.4	其他辅助型能力	
学术语篇	S2.1	一般性/语言相关能力	
	S2.2	团队合作能力	
	S2.3	个体独立能力	
学科相关	S3		
实践技能	S4		

阅读能力			举例/发展能力的观点（Exemplification/ideas for development of competencies）
学术情境	R1.1	开展学术任务	
	R1.2	完成学术任务	
学术语篇	R2.1	一般性能力	
	R2.2	语言相关能力	
学科相关	R3		
实践技能	R4		

听力能力			举例/发展能力的观点（Exemplification/ideas for development of competencies）
学术情境	L1	一般性能力	
学术语篇	L2.1	一般性能力	
	L2.2	语言相关能力	
学科相关	L3		
实践技能	L4		

　　该框架具有以下亮点：第一，明确性，清楚地说明学习情境（英国高等教育环境下）和学习目标（完成硕士研究生阶段学业）。第二，具体性，用示例详细描述各维度学习者需要有能力完成的学习任务。例如，学术情境相关能力细化为一系列特定技能，包括"能理解学术任务的要求并恰当回应""能理解写作目的"等。第三，可行性，用丰富的教学活动示例说明如何发展这些技能，对教师组织课堂活动提供借鉴，同时有利于学生对自己的学习经验进行反思，发展自主学习能力。例如，为了发展理解学术任务的要求并恰当回应的能力，可以进行这样一些教学活动，如从大学网站上找以往考试的试卷并分析作文题，然后根据作文题的要素做出思维导图等。

10.2.2　教师研究

　　专门用途英语教学质量很大程度上取决于教师。本小节从以下四个方面探讨专门用途英语教师相关研究：首先是专门用途英语教师应具有的知识、能力与素养，然后讨论如何开展教师培训以及教师转型问题，最后讨论教师职业发展模式。

1. 专门用途英语教师知识、能力与素养

　　专门用途英语教师需要哪些知识和能力？专门用途英语教师需要应用语言学背景、对所教授的学生群体的经验、与科目专家合作的经验，还需要愿意去熟悉专门用途英语所涉及的某些学科专业知识（Ewer，1983）。通过考察资深教师如何开发专门用途英语课程（包括两门职业英语课程和两门学术英语课程），Basturkmen（2010）发现专门用途英语对教师知识和技能的要求很高。如图 10–5 所示，专门用途英语教师需要三方面的知识：教学知识、语言使用知识和特定话语社区相关知识。教师需要有能力进行专门用途英语课堂教学和评估，了解学习者需要，调查专业语篇／语言使用并据此制定教学描述，查阅相关文献资料。如果没有适合的教材，教师还需要有能力使用语篇分析技术分析语言样

本，如语料库分析、体裁分析和语用分析，编写具有学科特点的特制教学材料。

图 10-5 专门用途英语教师知识框架（Basturkmen，2019：322）

由于专门用途英语教学涉及广泛的学科领域，最受关注的问题是教师需要具备多少目标学科的相关专业知识。关于学科专业知识在教学中的作用，研究者对其重要程度看法不一。一部分学者认为学科专业知识可能阻碍专门用途英语教学发挥其真正价值，另一部分学者则建议开展语言知识从属于学科专业教学的课程（Master，2005）。从教师的视角而言，相关学科专业知识对成功的教学"绝对必需"或"很好""懂得越多，教学中的表现会越好"；相反，缺乏学科专业知识会对教师产生负面影响，如丧失自信（Bocanegra-Valle & Basturkmen，2019）。此外，学科专业知识难易程度因学科不同而存在差异。例如，受访教师认为旅游行业相关知识比较容易获取，因为教师一般有去旅行社、乘飞机之类的个人经验；而法律英语情况就不同，教师需要了解法律语言、使用语言的不同情境、法庭如何工作、不同类型的犯罪等（Basturkmen，2014）。

Early（1981）指出，专门用途英语教师的学科专业知识本质上有限。教师大多数情况下不会以"知者"的形象出现，他／她确实具备某些学科专业知识，在一定程度上了解学习者的专业领域，但学习者在自己专业领域内所拥有的深度知识可能远胜于教师。Ferguson（1997）认为，专门用途英语教师需要的不是学科专业知识，而是对该专业领域的肯定态度以及兴趣。Ferguson（1997：84）将学科专业知识区分为"专家型知识（specialist knowledge）"和"专业化知识（specialized knowledge）"，前者指学生学科专业或科目的相关内容知识，而后者涉及三种互相关联的知识：学科文化和价值观、不同学科的知识论基础，以及包含体裁、语篇分析技能的体裁和语篇知识。教师能拥有专家知识固然很好，但要求教师培训项目做到这一点不太可行。

学科专业知识在专门用途英语教学中的作用涉及"该由谁来教"的问题。具备学科专业相关知识的语言教师与学科专业教师似乎各有其优势。研究结果表明，在职业性或专业性较强的专门用途英语课程中，学科专业教师较有优势。例如，Flowerdew（2013）的报告说，职业英语课程一般由学科专业教师讲授。对专业化程度较高的领域而言，如航空交通控制，专门用途英语更适合于由学科专业教师讲授（Master，2005）。但这样的安排可能会出问题，例如，学科专业教师在实际教学过程中不知不觉地开始讲授学科知识，注重学科内容多于语言，从而偏离课程目标。因此对专业化程度较高的领域，建议合作教学（Basturkmen，2010）。

除了学科专业知识以外，资深专门用途英语教师认为，目标学科/行业的语言应用知识同样必需。具体而言，语言应用知识指在特定学科中如何使用语言，在词汇、体裁和文本类型上具有什么特点，以及这些特点如何影响该学科领域内的交流。教师需要了解目标学科/行业的常见体裁，探索专业文本的修辞结构，以便将体裁作为学习工具引入课程。每个学科领域都有其特定文化，因此语言应用知识也包括学科文化意识（Bocanegra-Valle & Basturkmen，2019）。

徐小舒等人（2020）基于 TPACK（technological pedagogical content knowledge，即整合技术的学科教学知识）理论，建构并完善了我国高校专门用途英语教师 TPACK 能力框架原型。该框架包含七个因子，即技术知识、内容知识、教学知识、教学内容知识、技术内容知识、技术教学知识、技术教学和内容知识，共 21 个变量。研究者将所建构的 TPACK 能力框架应用于我国专门用途英语教师知识现状的调查和分析。结果显示，受试者对其 TPACK 能力现况普遍比较满意，尤其是对教学知识中的"明确 ESP 教学目的、价值和目标，并能在教学中运用新的教学方法和工具，如基于内容的教学及语料库辅助教学等"展现出较高的自信，而对在课堂教学中将技术知识、教学知识与和内容知识相结合的信心相对较低，感到"ESP 相关学科的基础知识"和教学信息素养有待提高。

除了上述专门用途英语教师所需知识之外，研究者针对学术英语教学要求探讨了教师应具有的能力和素养。目前比较完整的学术英语教师能力框架——当代学术英语教师能力框架（Competency Framework for Teachers of English for Academic Purposes），由英国学术英语讲师协会于 2008 年提出。该框架从学术知识、学生培养、课程开发和课程实施四个方面描述了学术英语教师应具有的 11 种核心能力，可为新手教师提供职业发展方面的指导，也可为教师培训提供清晰的目标，帮助新手教师深化对学术英语教师角色的理解。如表 10–5 所示，在学术知识方面，学术英语教师需要了解学术情境、学科差异以及学术语篇，并在个人学习和发展方面做到以身作则；在学生培养方面，需要了解学生需求，能培养学生的思辨能力和自主性；在课程开发方面，需要有能力完成教学大纲设计与课程发展，组织教学单元和教学任务，提高学生文本处理与文本产出技能；在课程实施方面，熟悉交互式语言教学方法并将其应用于学术情境，有能力评估学术语言与技能任务。

表 10–5　学术英语教师能力框架

学术知识	学生培养	课程开发	课程实施
学术情境 学科差异 学术语篇 个人学习、发展与自主	学生需求 学生思辨 学生自主	教学大纲与课程发展 文本处理与文本产出	教学实践 教学评估

基于活动理论，颜奕等人（2020）以一名优秀教师为个案，考察了学术英语教师应具有的素养。作为教学活动系统的主体，学术英语教师应将自己定位为"学者型教师"，对学术英语的界定要有正确的认识，需要足够的学术英语体裁、语篇、语域等知识储备，需要对大学教育有宏观认识；学术英语教学能获益于教师的研究能力，因此教师还具有从事学术研究的责任。

颜奕等人（2020）对学术英语教师"学者型教师"的定位，符合学术英语教师能力框架对教师"学术知识"能力的描述。学术英语教师需要了解学术情境、学科差异以及学术语篇，尤其要做到以身作则，在个人学习和发展方面为学生做榜样。

2. 专门用途英语教师培训

研究者认为，与通用英语教师相对而言，专门用途英语教师需要更多培训（Strevens，1988）。关于专门用途英语教师培训应该包括哪些内容，研究者提出了不同的建议。Master（2005）提出将专门用途英语教师培训分为两种，即普通型和特殊型。普通型专门用途英语教师培训内容应包括：专门用途英语历史与发展、专门用途英语的主要分支、专门用途英语技能、教材评价与开发、课程设计、教学评估、教学管理，以及对至少一个专门用途英语领域的深入了解。Hall（2013）建议专门用途语言教师培训包含三个主题，即语言（例如，"特殊性如何体现？哪种分析方法会有帮助？"）、特殊性（"可以特殊到什么程度？"）和用途（"谁的用途？"），以及进一步的教学与教学管理技能。培训课程应包括教学、内嵌于情境的语言和语篇、教学管理三方面。

新西兰奥克兰大学所开设的专门用途英语教师培训课程可为此类培训提供参考。该课程参与者多为具有通用英语教学经验、准备从事专门用途英语教学的教师，旨在帮助参与者了解专门用途英语（包括学术英语）相关理论、实证证据和教学实践，以及该领域的重要问题和争议。所包括的四个主题分别为：专门用途英语理论基础、需求分析、专业性语篇研究、课程设计中的方法与问题（Basturkmen，2014）。具体课程主题见表10–6。

表10–6　专门用途英语教师培训课程主题（改编自 Basturkmen，2014：26）

理论基础	专门用途英语的分支、特征及缘由关键性概念（语言变体、话语社群、专业性）
需求分析	目标、过程及方法 语言观 辩证视角

（续表）

专业性语篇研究	目标及过程 体裁、语料库以及基于民族志的方法
课程设计中的方法与问题	基于需求分析设置课程目标 课程目标的类型 批判／实用之争、宽／窄视角之争、研究技能／学术素养培养方法、教学方法 教材发展 教师学科知识以及与学科专家协作方面的问题 关于学习与评估的观点 专门用途英语测试相关问题

3. 专门用途英语教师转型问题

专门用途英语教师一般来自于通用英语学科背景，这在国内外都是很典型的情况。当教师从通用英语向专门用途英语转型时，他们会遇到哪些挑战，又是如何克服的呢？ Campion（2016）发现，对学术英语教师而言，最大挑战是熟悉学术惯例、了解学术情境及其对语言使用的影响。有助于转型的因素包括：正式学习机会（如同行观摩和实践分享），非正式学习机会（如与同事交流、阅读书刊、参加会议等），先前教学经验（已获取的教学技能和语言教学技能），受高等教育经历（尤其硕士层次的教育），以及适合的学术英语教材（尤其对新手有帮助），等等。总之，教师成为一名合格的学术英语教师需要相当长的学习时间，学习方式可以多种多样。

除了上述知识欠缺的问题之外，处于转型期的教师还面临来自社会、机构、学生、同行以及自身的多重挑战，包括学术界、学校和院系的指导性意见不够明确，实践经验不足，学生对学术英语的重要性以及自身需求认识不足，教师团队的内部合作在理念上的不一致甚至冲突，等等（高原，2018）。另外，教师情感问题也不可忽视。由通用英语向学术英语过渡阶段的教师出现严重的焦虑感，经历了教师角色与家庭角色冲突，有明显的职业发展控制感焦虑，在教学准备与课堂教学控制感因子上也存在一定焦虑（王欣、王勇，2015）。

4. 专门用途英语教师发展模式

　　基于 Widdowson（2003）中介理论，Hüttner et al.（2009）提出中介式专门用途英语教师发展模型。"中介"由居于语言学、教育学相关理论与课堂实际之间的应用语言学提供。该模型认为理论与实践是相互依存的，应用语言学的任务是形成与语言教学可能有关联的原则，然后对这些原则进行批判式评价、调适和实施。应用语言学对原则的关联性和应用性进行评估以后，吸取评估结果。根据该模型，语言教师和教师培训者并不仅仅是应用语言学理论的执行者，而是积极的中介者，帮助创造理论与教学实践之间的连接。如图 10-6 所示，中介过程的两端为语言学理论和专门用途英语课堂，两者之间的互动依靠对特定语篇的准确描述。

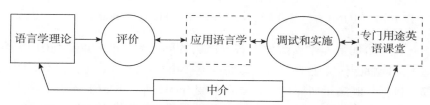

图 10-6　中介式专门用途英语教师发展模型（Hüttner et al.，2009：10）

　　根据上述中介式专门用途英语教师发展模型，Hüttner et al.（2009）进一步设计了 TESP（Teaching ESP）教师培训课程（见图 10-7）。其整体目标为强化专门用途英语文本语言知识，以及将这些知识应用于教学情境的能力。该培训课程包括两个要素，即实践性语言课堂和核心课。前者旨在发展专门用途英语语言知识。通过向参与培训的教师介绍专业领域示例，如商务、技术或法律英语文本，让他们获得作为专门用途英语学习者的第一手经验。核心课旨在发展将这些知识应用于教学情境的能力，例如"Approaching ESP Texts"课程讲授如何根据应用语言学框架分析文本，"ESP Methodology"课程介绍不同的教学情境，并为教师提供开发、实施专门用途英语教学项目所需的工具和技术。

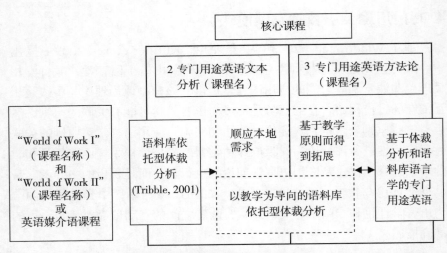

图 10-7　中介式专门用途英语教师培训课程（Hüttner et al.，2009：102）

　　缺乏培训是学术英语教师普遍遭遇的问题。Lee & Lee（2018）介绍了面向韩国研究生的学术英语职业发展项目。该项目具有学术和职业双重目标，既满足研究生在以英语为媒介的教学（EMI）环境下完成学业、发表研究的需求，也为他们未来从事学术英语教学工作做准备。如表 10-7 所示，课程内容包括教学法、学术英语口语技能和写作技能、实践工作坊等模块。研究者在每个课程模块结束后以调查的形式评估参与者的满意程度。参与者反馈表明，学术英语写作部分涉及学术写作的性质、学术范式、文献引用、学术发表等，对他们非常有帮助。

表 10-7　学术英语职业发展项目内容（Lee & Lee，2018：1102）

模块	研讨题目
A. 通用模块	A1. 学术英语策略
	A2. 备战学术与职业生涯
B. 教学法	B1. 备战教学生涯
	B2. 课程设计
	B3. 教学方法与策略
	B4. 教学中的评估与反馈
	B5. 互动性课堂活动

（续表）

模块	研讨题目
C. 学术英语口语技能	C1. 会议提案与发言 C2. 英语听说技能 C3. 学术讲座与展示技能
D. 学术英语写作技能	D1. 撰写学术论文 D2. 使用学术资源 D3. 写作中的连贯性 D4. 衔接、体裁和措辞
E. 实战工作坊	E1. 小组写作工作坊 E2. 微教学

　　上述学术英语职业发展项目（Lee & Lee，2018）属于职前培训，研究者也提出了适合于在职学术英语教师的发展模式，如进行探索性实践研究（exploratory practice，EP）。探索实践研究由 Allwright 等学者提出（Allwright，1993；Allwright & Bailey，1991；Allwright & Lenzuen，1997），主张教师和学习者对自己的语言学习/教学经验进行思考，将日常教学实践用作探索工具，让教师在不放下教学责任的同时满足研究需要。以两名学术英语教师为个案，Hanks（2015）考察了教师如何在教学中与学习者共同尝试探索实践研究，以及如何对自己的教学经验进行思考。研究结果表明，探索实践研究为学术英语教学提供了学习、教学、研究三方面的结合点。

　　另一种发展模式，研究者—教师合作模式，同样适合于在职学术英语教师。Liu et al.（2020）以研究者—教师合作为职业发展模式，在学术英语教学中尝试超语言教学法（translanguaging pedagogy）。研究者详细报告了研究者与教师如何讨论、准备教学计划的过程。随着合作的深入，双方在行动、感知、教学实践和顾虑等方面经历了一系列变化。研究者发现，研究者—教师合作模式让教师在教学工作中更投入、更主动，适合于教师在学术英语教学中尝试新的教学法。

10.2.3　教学过程研究

1. 专门用途英语教学模式研究

与特定学科专业相关是专门用途英语的鲜明特征。因此，专门用途英语研究与教学实践本质上具有跨学科性质。为了充分发挥语言教师与学科专业教师各自的优势，研究者建议采取跨学科合作模式进行专门用途英语教学。

英国自 20 世纪 70 年代末开始探索合作教学（Jordan，2002）。例如，伯明翰大学成功尝试了专门用途英语合作教学实践；在教学过程中，英语教师扮演语言和专业知识之间的中介者，提供表达专业内容所需的语言（Johns & Dudley-Evans，1985）。

Dudley-Evans（2001）在面向工科研究生的写作课程中开展合作教学，重点考察两种体裁的写作教学，即应试写作和职业写作。研究结果表明学生和合作双方教师均有所受益。学生学习了如何有效组织写作，专业教师可以了解学生在写作中可能遇到的困难，而语言教师则有机会直接获取并使用地道的专业内容。

Northcott & Brown（2006）报告了由专门用途英语教师与法律专家共同参与的一个法律英语翻译培训项目。借助合作双方互动的录音，研究者分析了双方就如何理解特定法律术语进行探讨的过程。分析结果表明，项目开始时法律英语教师参与程度更高，当法律专家和培训生之间出现误解时，他们扮演中介角色，让培训生学会通过提问题从法律专家获取所需信息。随着法律专家逐渐熟悉典型翻译问题，培训生语言水平和发问技能逐渐提高，法律英语教师的角色变得不那么突出了。整体上，为了达到有效交流，合作双方都主动去适应对方。研究结果说明，专门用途英语教师和专业教师双方建立起合作需要一个过程，而且在不同教学阶段经历了角色的变化。

尝试合作教学也可能遇到挑战。英语教师和学科专业教师学科背景上的差异有时会对双方协商和合作造成障碍。例如，Barron（2002）报告了一项不太成功的合作教学项目，发现英语教师和学科专业教师对"知识"有不同的理解。学科专业教师认为只有严格意义上的科学事实才能算"知识"，英语教师要求学生从不同视角去考察问题——科学、社会、经济等不同视角，在某些学科专业教师看来，这些都无关知识。另外，英语教师有可能在合作教学中感觉其学科身份受到了威胁。英语教师将语言看作可独立于课堂的科目，可通过控制课堂内容进行语言教学，当他们感觉语言和内容不在控制之内时，会担心失去其学科身份。

通过历时观察英语教师和学科专业教师在学术阅读课程中的合作，Atai & Fatahi-Majd（2014）发现双方在教学实践和教师认知上都存在较大差异。例如，双方都组织了一系列课堂活动，但英语教师侧重于提高学生阅读技能和阅读策略，而学科专业教师侧重于通过阅读理解学科内容。此外，两者在课堂提问策略上也有所不同，英语教师通过提问来引导阅读，学科专业教师则通过提问检查学生对内容信息的理解。学科专业教师缺乏阅读教学方面的知识，而英语教师由于缺乏培训机会，难以在教学方法上保持与时俱进。因此，研究者建议，英语教师和学科专业教师都需要系统的学术英语教师培训，同样应阅读学术英语教学相关理论和实证研究文献。

2. 专门用途英语教学方法研究

相对于阅读、听力和口语等技能，学术写作在学术英语教学中最受关注，一方面满足学习者完成学业的需要，另一方面出于学者科研发表的压力。随着高等教育国际化，世界各地高校为了在竞争中取得优势，出台政策鼓励其教职人员和研究生在高影响力国际学术期刊上发表研究成果。学者们越来越意识到，在试图用英语发表研究结果时，母语为非英语的作者相对于母语为英语的同行具有某些劣势（Gibbs，1995），需要借助教学干预提高学术写作能力。

学术英语写作教学中使用的教学法主要有三种，即过程法以及后过程法（process and post-process approaches）、体裁法（genre-based approach）和批判读写法（critical literacy approach）。其中体裁教学法将体裁用作教学工具，主张通过对目标体裁文本范例进行分析，让学生习得写作类似文本所必需的知识（Bruce，2016）。目前的体裁教学法大多受到澳大利亚学派、特殊用途英语学派和新修辞学派三个学派教学模式的影响。特殊用途英语学派为其他两个学派的融合，以学术性文本为研究重点，以语步（move）和语阶（step）为语言研究单位进行语篇体裁分析（Cheng，2018；Swales，1990）。例如，Swales（1990）提出了"三语步"的学术论文引言部分体裁结构（确立研究领域、确立研究地位、占据研究地位）。

体裁教学法在教学实践中得到了广泛应用，可应用于高等教育的不同阶段。预备课程中，教师可讲授认知体裁，如叙述、报告、说明或议论；更高阶段的课程可侧重于社会体裁，如学术论文体裁或诸如论文结论部分的亚体裁（Bruce，2016）。研究者认为，体裁教学法对高级学习者（如研究生）学习学术写作尤其有效（Hyland，2002；Johns，2003；Swales，1990）。

徐有志等人（2007）依据 Swales（1990）的语篇分析模式，对我国六所大学英语专业硕士学位论文引言的写作情况进行了调查分析。发现总体情况不太理想，学生对学术论文体裁的结构、社会功能和认知模式了解程度不高。结果表明了体裁教学的必要性。

通过个案分析，Cheng（2008）阐释了如何在教学实践中应用体裁教学法，包括一系列具体步骤：首先让学生收集已发表的研究论文样本；然后组织课堂讨论，通过生生互动和师生互动加强学生对体裁特征的意识；教师设计体裁分析任务并提供分析框架，让学生课后完成；学生完成写作任务后，教师与每个学生单独讨论其写作任务和体裁分析任务。研究结果说明，体裁是一种显性教学工具，让学习者了解目标文本是如何构建的；同时是一种支持性学习工具，帮助学习者逐渐掌握体裁知识。

韩萍、侯丽娟（2012）以计算机学科的学术论文摘要为例，展示在研究生学术英语写作教学中如何实施体裁教学法，以期有效提高研究生的学术写作能力。具体步骤包括：①确定语境，确定体裁的目的和体裁所处的情景语境；②建立模式，分析体裁的代表性范例，识别体裁的建构步骤和主要特征以及可能的变化形式；③共同创作，教师与学生一起创作这类体裁的文章；④独立写作，学生在教师监控下创作这类体裁的文章；⑤比较分析，将所学体裁与其他体裁和语境联系起来以便理解体裁如何实现特定的社会目的。

王薇（2019）考察了八名研究生在学习硕士学位论文体裁过程中的

元认知，并探讨了他们的体裁意识发展和体裁知识习得。研究的启示是：体裁教学中不应仅仅让学生了解词汇、语法和修辞资源的使用信息；为使学生全面理解学术语篇的完整性和复杂性，应该引导学生更多关注文本外部因素，超越文本去研究体裁和学科惯例。

10.3　专门用途英语教学与研究的未来发展方向

专门用途英语最初是教学需求为驱动的，教学实践在该领域的发展中发挥了关键作用；但后来随着专门用途英语越来越专业化，研究重心转向理论研究和语言特征分析，对教学研究的关注逐渐减少（Liu & Hu，2021）。例如，相当多研究对学术期刊论文体裁以及亚体裁进行分析，但往往不是出于教学目的，或者提出的教学启示笼统模糊，因此对教学的借鉴意义有限（Cheng，2019）。国内专门用途英语教学研究数量增长较明显，但非实证研究居多，大多数讨论专门用途英语课程设置和人才培养，考察课堂实践、教学方法、教师教育的实证研究较缺乏。

对于专门用途英语研究脱离实践的问题，近期有学者（Cheng，2019；Hu，2018）强调要增加对专门用途英语教学实践的关注。*JEAP* 期刊 2018 年推出 "学术英语实践研究专刊"，也提出关注教学实践的倡议。为了让相关研究结果更好地服务于教学，我们呼吁研究者围绕学习者、教师与教学三要素开展更多实证研究。针对现有研究不足，未来研究可重点关注以下几个方面。

第一，关注职业英语教学的发展。专门用途英语研究现状显示，尽管专门用途英语领域包括学术英语、职业英语等分支，但学术英语已发展为占据主导地位。这一点与英语作为学术通用语的地位不无关系，发表机会也可能为原因之一。学术英语专业人士常在高等教育机构，研究条件优于职业英语专业人士，职业英语研究证据则很少有机会发表，而且集中于商务、法律、医药等少数几个行业（Belcher，2006），各学科发展不均衡。因此，未来研究需要更多关注职业英语教学的发展。此外，职业英语教学包括就岗前、在岗、离岗培训（Robinson，1991；Strevens，1977），未来研究需更多关注工作场所的在岗职业英语教学。

例如，Cowling（2007）考察了如何通过需求分析，为日本某公司员工制订职业英语课程大纲；Bosher & Stocker（2015）考察了在职护士在工作中的英语使用情况，以及如何通过提高医务护理英语水平促进职业发展。

第二，扩展专门用途英语学习者研究。我国高校广泛开设商务英语专业。面对如此庞大的学习者群体，研究者需要收集关于商务英语教学情况的实证数据，进行更丰富、更深入的教学研究。同时，相关研究很少关注学习者个体差异，例如，英语水平、学习动机等。研究者需要更深入考察学习者个体差异对专门用途英语教学的影响。

第三，加强专门用途英语教师研究。关于专门用途英语教师的现有研究结果表明，教师发展问题尚未得到研究者重视（Basturkmen，2014）。Master（2005）对《专门用途英语》（*English for Specific Purposes*）期刊 1980—2001 年刊发论文的主题进行了分析，发现与语篇分析、课程描述等其他主题相比，教师培训相关研究出现频率较低。除了对专门用途英语教师发展问题不够重视之外，相关研究质量上也有待提高。郭桂杭、朱红（2018）发现，2006—2016 年间，国内以商务英语教师发展为主题的期刊发文量逐年上升，但是在 CSSCI 期刊上发表的此类论文在逐年减少，且目前已发表的相关研究普遍缺乏理论和数据支撑，大多数仅阐述观点，缺乏实证研究，整体上研究质量不高。因此，未来研究需更多关注教师发展。另外，教师比较缺乏在课堂教学中将技术知识、教学知识与和内容知识相结合的能力，同时专门用途英语相关学科的基础知识和教学信息素养也有待提高（徐小舒等，2020）。未来研究需要考察教师获取上述知识和能力的渠道。

第四，深化专门用途英语教学研究。尽管国内研究者很早就曾提出专门用途英语合作教学的建议（李红，2001），但一直少有教学实践。前人探索经验表明，即使因为种种原因无法实现真正的合作教学，英语教师与学科专业教师以其他方式进行合作也非常有益。例如，共同准备课文示例和阅读材料清单、举办客座授课、合作编写练习材料等（Jordan & Nixson，1986）。未来研究需要探索英语教师与学科专业教师如何以不同方式进行合作，以及各种合作方式的有效性。

在发展学习者学术英语技能方面，现有研究多以提高学习者写作能力为目标，对其他语言技能，如阅读、听力、口语关注很少。未来研究需要基于真实课堂，从听说读写各项技能上探索如何提高学习者学术交流能力。

如前文所述，尽管我国学术英语研究已取得了很大进展，但教学实践方面仍处于探索阶段。相关研究主题多为课程目标、课程设置、教学模式等宏观问题。由于学术英语教学改革争议大，难以实施，因此在教学方法、教材开发、教学评估和教师发展方面的研究比较欠缺（辛积庆，2019）。针对我国学术英语教学改革所面临的困境，我们提出以下建议。

第一，将学术英语导向与大学英语总体教学目标和谐统一。学术英语与通用英语教学不是"此消彼长"，而是同属于大学英语整体课程体系，共同构成大学英语总体教学目标。《大学英语教学指南》修订工作组调研结果显示，近 40% 的高校注重发展学生的学术交流能力。在教学目标部分，最新版《大学英语教学指南》（2020）（教育部高等学校大学外语教学指导委员会，2020）根据调研结果，在原有的英语应用能力、自主学习能力、跨文化交际能力基础之上，增加了审辩式思维能力与学术交流能力（赵雯、王海啸，2020）。因此，应恰当处理学术英语在大学英语整体课程体系中的位置，与大学英语总体教学目标和谐统一。将学术英语与通用英语置于对立的位置，甚至全盘否定通用英语教学，只会将大学英语边缘化，既不利于推行学术英语教学改革，也不利于大学英语教学生态。

第二，根据学习者不同需求定制学术英语教学项目。专门用途英语教学最鲜明的特征是以学习者需求为驱动。如前文所述，学术英语教学最早是适应留学生在英语国家完成学业的需求。在英语为外语的教育情境下，我们不可照搬国外经验，要对学习者进行更细致的需求分析，例如，调查所在高校 EMI 课程的普及程度、学生参与国际交流的机会，以及学生使用英语进行学术交流的目标、渠道、对象等。然后根据学习者不同需求，定制低、中、高阶学术英语教学项目。以写作教学为例，对起点不高的学习者可开设低阶课程，进行应试作文写作训练。而对于已取得研究数据且有国际发表意愿的学习者，则可开展高阶课程，进行学术发表英语教学（Teaching English for research publication purposes：ERPP），以学术期刊论文为教学素材，采取基于任务的教学法，帮助学习者修改草稿、完成论文写作以及投稿（Li & Flowerdew，2020）。

第三，探索学术英语教师职业发展路径，帮助教师成功转型。早在20 世纪 80 年代，Johns（1981）经调查发现，学术英语教师在职业发展上面临地位不高、与同行以及学科专业教师缺乏交流等问题。令人遗憾的是，学术英语研究几十年以来繁荣发展，但学术英语教师的地位并没有随之得到很大改善。尽管学术英语教师的任务是让学生加入学者对话，他们自己在高校的学术地位却不明。在很多高校，人们认为学术英语不同于其他学科，属于一种服务，造成教师学术地位模糊，加之工作负担繁重，教师难以进行研究工作（Hyland & Jiang，2021）。因此，高校需要开展有效的职前与职内培训，让教师了解学术英语教学目标与方法，熟悉学术情境、学科差异以及学术语篇；同时鼓励教师将教学实践与研究相结合，加强同行合作以及教师与研究者的合作，帮助教师实现教研相长，逐渐成长为学者型教师。

大学英语教师投入直接影响学术英语教学改革成效。而教师投入受多方面因素的制约，包括主体因素（如教师缺乏学科专业知识）、共同体因素（如学生不配合）、规则因素（如评价与激励制度）、中介工具因素（如教材、课时等方面的困难）、角色因素（如处于家庭和科研双重压力之下感觉顾此失彼）等（章木林、邓鹂鸣，2019）。研究者需要倾听一线教师的声音，了解教师的实际困难，创造有利于教师实现从通用英语向学术英语过渡的条件与环境。

第五部分
未来展望

第 11 章
英语教学研究发展趋势

全球化时代信息技术迅猛发展，各学科研究视角不断交融，引发了英语教学实践及研究的发展与变革，为英语教学研究带来新的理论视角，创建新的教研环境，为分析英语教学要素中的教师、学习者和教材带来新的切入点。本章将围绕复杂理论视角下的英语教学、与技术整合的英语教学、师生能动性研究和新时代英语教材研究来呈现英语教学研究的发展趋势。

11.1 从复杂理论视角探究英语教学

复杂理论于 20 世纪末期引入应用语言学领域，逐渐引起广泛关注。复杂理论以过程为导向，重视事物发展的"复杂性"和"动态性"，为二语习得领域带来新的研究视角和范式，该理论所倡导的语言观和语言发展观也为英语教学带来有益的启示。本节介绍复杂理论的核心概念，并在此基础上梳理和分析该理论视角下的英语教学实践及研究。

11.1.1 复杂理论核心理念

复杂理论强调发展的复杂性、动态性、非线性、自组织性、开放性、突现性，有时候会显示出杂乱性和适应性。复杂系统中包含各类异质元素，系统通过组成部分的互动和自组织涌现出具体行为。同时，系统会随时间发生变化，系统中各元素以及各元素之间互动的方式也会发生变化，并且系统当下的状态对未来的状态产生影响。此外，外界的能量和物质可以进入系统，系统及系统中的组成部分随环境变化进行调整和适应（Larsen-Freeman & Cameron，2008）。

在复杂理论视角下，语言是一个复杂的、动态的、系统的整体（de Bot et al.，2007），二语发展也被视为一个复杂、动态和系统化的过程，其运行轨迹具有非线性特征，既有"吸态"（attractor state），也有"斥态"（repellor state），而且二语发展系统对环境中的物质、资源和能量具有开放性（Larsen-Freeman & Cameron，2008），初始状态的微小变化都会促发不协调的回应，使语言发展轨迹出现非线性特征（徐锦芬、雷鹏飞，2017）。总之，在复杂理论框架下，语言习得是多重资源（包括认知资源、心理资源、社会文化资源等）在多层次、多维度不断互动的动态过程（郑咏滟，2011）。

11.1.2　复杂理论视角下的英语教学

将语言的发展视作复杂系统对于英语的教与学具有实践意义。首先，学习者从来就不是处在"真空"之中，学习语言的过程受到诸多因素的影响和制约，大到国家语言教育方面的政策，小到所接触的教师、教材、教学内容、教学设备等，整个环境就是一个复杂的系统。其次，学习过程本身具有复杂、动态、非线性的特点。Larsen-Freeman（1997，2006）在研究中对语言和语言/二语习得本质做了重新思考，她秉持"基于使用"的语言观，认为二语习得"并不是掌握了这个项目，再转向下一个项目"的线性过程，甚至单个项目学习的曲线也不呈线性，而是呈 S 形或 U 形特征，"布满了峰和谷，进步和倒退"。也就是说，个体学习者的语言发展不太可能一蹴而就，有时甚至会产生倒退的状态，这是学习者学习系统中的各变量相互作用产生暂时性的"吸态"，并不表明学习者无法学会。这一认识帮助教师和学习者更接近语言学习的真实状态，更加平和地看待语言发展过程中遇到的"瓶颈"，也启发教师教学时尽可能创造联结性生长点，遵循系统"共同适应、自我组织"原理设计课堂任务，关注教学对学习者学习轨迹所产生的影响，适时进行合理的反馈，为学习者的语言发展系统提供给养。学生也可对习得过程中的"峰谷"现象做合理解释，正确认识系统的初始状态 / 反馈敏感性对语言发展的影响。

除了教学启示，复杂理论也引发了国内外应用语言学界研究者的关注。但作为从自然科学领域引入应用语言学的理论，其概念艰涩、体系庞杂也致使国内外相关理论探讨较多，实证研究不足（郑咏滟，2016）。

目前复杂理论实证研究主要关注二语发展，尤其是语言的复杂性、准确性和流利度三个维度。Larsen-Freeman（2006）从复杂理论的视角出发，以五名去美国陪读的中国女性为研究对象，分析她们的写作样本，对其英语复杂度、流利度和准确度的涌现进行了调查，发现不同学习者这三个维度的发展轨迹不同，存在个体间差异和个体内变化。这是该领域首个实证研究，打破了静态测量的手段，动态展现二语发展轨迹。Verspoor et al.（2008）采用历时个案研究，追踪并分析了同一名学习者三年内产出的学术写作样本，证实了二语学习者书面语词汇、句法和语篇发展相互制约、相互关联。李荼、隋铭才（2017）观察六名英语学习者一年内口语复杂性、准确性、流利度的发展轨迹，发现主要呈现出五种动态模式：波峰 / 波谷型、曲线上升型、曲线下降型、近水平线型、复合型。这项研究表明，口语发展具有复杂性、动态性、多维性，并对初始值敏感。郑咏滟、刘飞凤（2020）从复杂理论框架下，借助计量语言学科分析手段，对中国英语学习者口语语料库进行分析，从宏观层面考察任务复杂度对学习者口语复杂特征表现的影响，发现学习者口语词汇复杂度各指标随着任务复杂度升高显著变化。

另一类实证研究关注教师和学习者，从复杂理论视角解读师生动机、能动性、自我意识等（Hiver & Whitehead，2018；Mercer，2011a，2011b，2012；Zheng，2013）。例如，Mercer（2011b）通过一项历时三年的外语学习者个案研究，发现学习者的"自我系统"由复杂多维的自我信念构成，具有复杂动态的特点。Zheng（2013）考察中国一名中学英语教师的认知与环境之间的互动，发现在课程改革背景下，教师信念呈现动态、非线性的特征。

从研究的角度来看，复杂理论拓宽了我们分析语言和语言发展的视野。从复杂性视角探究问题，强调的是动态变化、内在关联和多重因果关系，凸显语言学习与教学的复杂性、动态性，而非决定论、还原论以及精准的预测。该理论并不局限于特定的方法来收集和分析数据，已有的研究方法如叙事法、扎根理论、贝叶斯分析、聚类分析法、非线性时间序列分析等都可以用于复杂性视角的分析（Hiver & Al-Hoorie，2016）。不过这些方法具体应用于各种复杂系统时如何实操，仍然需要研究者们在实践中进一步探索。

11.2　技术与英语教学整合研究

技术支撑的英语教学在过去 20 多年间逐渐走向成熟，不断呈现新的面貌。本节梳理和分析信息技术背景下英语教学所呈现的形式与特征、英语教师应当具备的教学素养，以及未来信息化英语教学与研究的趋势，以促进信息技术与英语教学的深度融合。

11.2.1　技术支撑的英语教学形式与特征

互联网技术从早期 Web 1.0 静态、只读性的信息检索网站发展到 Web 3.0 阶段便携、个性化的技术，日益呈现出便捷、互动、个性和智能的特点。技术的迅猛发展也为教学带来以下几类给养（Hubbard，2007）：①记录、存档、索引，便于检索和获取资源；②链接，随时链接各类资源，改变传统的理解和学习模式；③时间控制，设置任务时间和监控学习者反馈时间；④转化，将资源在文本、图片、音视频等各种模态间转化；⑤评判，提供自动评分、语音识别等功能。将技术优势与英语教学相结合，一方面促进英语教学范式的革新，另一方面有助于增强英语教学的各个环节。

信息技术从大型主机发展到移动数字设备，创造出资源丰富多样、互动便利频繁的外语教学环境，对英语教学范式产生了影响。技术支撑的英语教学呈现出四个发展阶段（Li，2017）：第一阶段为 20 世纪 70 年代至 80 年代，主要采用语法—翻译法和听说法，计算机主要提供反复操练、练习、辅导解释以及纠正性反馈的功能；第二阶段为 20 世纪 80 年代至 90 年代，主要采用交际教学，个人电脑逐渐普及，为英语教学提供语言输入及分析型、推理型任务；第三阶段 20 世纪 90 年代至 21 世纪初，多媒体及互联网技术发展，服务于基于内容的教学法和专门用途及学术英语教学；第四阶段主要指 21 世纪以来，虚拟技术、移动设备等发展迅猛，英语教学注重交际及知识共建，技术为人们参与交际以及构建新知识提供空间和环境。信息化环境下的英语教学向着创造性、互动性、合作式、泛在式和个性化等方向发展（徐锦芬、刘文波，2019）。

信息技术还融入英语教学的各个环节，改变了教学的特点、方式和途径，尤其突出的是技术在语言输入、互动及合作学习、语言输出、语言测试等环节产生的作用。

第一，技术增强语言输入。从内容上，各类技术手段结合互联网可为学习者提供高质量、真实的语言输入。从形式上，可通过突出显示和重复出现等方式强调某些语言特征，引起学习者的注意；可通过改变信息模态、增加母语翻译或英语注释、调整内容难易度等方式对语言输入进行修改和阐释。

第二，技术促成互动和合作学习。以计算机为媒介的交流拓宽了英语学习的时空边界，丰富了互动形式。例如，学习者借助信息技术，通过论坛、博客、社交网站、网上学习管理系统等各类信息技术平台所开展的网络互动，从形式和内容上都与真实课堂的面对面互动有区别。网络同伴互动形式丰富多样，学习者可通过文字、语音或视频开展互动，也可以几种方式灵活组合。由于互动记录可以留存，网络同伴互动既可同步（synchronous）也可异步（asynchronous）。网络平台提供的便利也增加了不同类型的学习者参与互动的概率，母语者与非母语学习者、不同学习风格、语言水平的学习者都可以通过网络开展合作学习。

第三，技术支持语言输出。网络交流已然成为人们生活中的一部分，通过网络平台进行英语输出也是外语学习者会面临的一种真实语言交际情境。学习者在技术支撑的环境下进行语言输出时，可以有时间进行规划思考，有机会纠正语言输出，还可以便利地获取资源，为自己提供支架，语言输出的形式也比在传统课堂上更为多样。

第四，技术用于语言测试。用技术来支撑语言测试具有两大显著特点：其一，多模态测试形式有利于增强情境和互动的真实性；其二，可记录测试时间和测验对象的答题行为，尤其是计算机自适应测试（computer-adaptive test），能根据答题人的表现自动调整测试项目的难易度，与传统纸笔测试的形式和顺序有很大差异。

信息技术融入英语教学使得教学设计、实施、效果和评估等每个环节都产生了变化。信息化英语教学的设计、呈现与传播也引起了研究者关注。研究者强调技术支撑的英语教学应当让师生共同参与教学和评估过程（Kalaitzidis et al.，2017）；兼顾信息化教学的互动模式、情境、范围、数据管理、访问方式、设计规模和激励机制七个方面（Lecheler & Hosack，2014）；按照网络教学环境的特点设计教学任务（Hampel，2010）。但目前研究者就教学设计的探讨更多聚焦于特定技术教学环境，信息化外语教学的整体指导理念和框架的研究还相对缺乏。

同时，新的技术手段全方位渗透到英语教学中，对英语教师的知识结构、角色转变和情感认知也带来挑战。在教师知识层面，随着信息技术与教育的不断发展，信息化环境下教师应有的能力已不能简单通过"学科知识"来说明。在学科教学知识理论（Shulman，1987）基础之上，美国学者 Koehler & Mishra（2005）将教学学科内容知识、教学法知识和技术知识整合，提出了整合技术的学科教学知识，即教师在特定环境中使用技术并进行有效教学的知识。这就要求教师不仅掌握使用信息技术工具的技能，还要批判性地认识技术的利弊，与具体教学情境相结合，真正使得技术服务于英语教学。在技术支撑的英语教学中，教师担当的角色也区别于传统英语教学环境。教师需要激励和支持学生在信息化环境的语言学习，必要时提供技术支撑，承担起监督、激励、语言指导和社会支持四重角色。在情感认知层面，教师的教学理念和对技术的理解会影响他们的信息化英语教学实践（Farjon et al.，2019），因此教师还需要不断反思、调整、更新自己的教学理念、对技术利弊的认识和态度、对信息化教学环境下自身功能和定位的解读。

为迎接多变复杂的创新和智慧型时代的来临，应对大数据及科技发展、国家战略发展和知识社会对人才资源的需求，我国不断推进高校英语教育教学改革。高校英语教师应与时俱进，将信息技术深度融入教学中，提高信息化教学能力，转变旧的思想观念，更新教育理念、教学方式、学习方式等，努力提高自身素质，积极主动应对各种挑战。

11.2.2　技术支撑的英语教学研究

信息技术与英语教学相结合创造了丰富的学习情境和学习活动，不仅对师生信息化教与学的素养提出要求，也影响了二语习得研究的视角和方法。网络环境中的互动形式丰富多样，语言运用真实、杂乱、难以预测，不易通过实验控制来研究，需要更多样的理论视角来解读信息化教学情境下复杂的学习数据。同时，虚拟空间、网络资源和各种技术手段也影响二语习得研究中的数据收集和对研究结果的阐释。因此，未来技术支撑的英语教学研究需要关注以下几个方面。

第一，提升师生的信息化英语教学素养。鉴于技术对外语教学领域的影响，外语教师需要积极拓展知识和技能以评估、适应和采纳新兴技术，学习者需要掌握多语世界基本的技术知识和技能，在语言学习中有效且批判性地使用和评估各类技术工具。具体说来，语言层面，鉴于在线语言使用具有多语性和超多样性，教师应该以学生的多语使用能力为培养目标，发展学生的多语资源库（多语言、多符号和多模态资源）和多语使用者身份；文化层面，技术将多文化语境引入日常生活，教师应当培养学生的文化敏感性，引导学生在不同文化语境中灵活过渡；技术素养方面，教师需要接受技术专家的培训，明确如何使用技术才能为学生提供语言给养，进而引导学生充分有效利用技术辅助开展意义互动，促成语言学习；思维方面，技术调节外语教学环境下，学生不再只是外语学习者，他们还是外语使用者，具有多语身份。培养学习者批判思维、多语思维、创新思维等高阶思维才能使学习者充分发挥能动性，批判性看待并选择海量学习资源，融入在线全球化环境并避免文化冲突，在学习新的外语知识的同时，也成为知识的产出者。

第二，构建信息技术支撑的外语教学理论。理论发挥着黏合剂的作用，如何构建适切的理论与框架，如何促进教育技术与外语教学的深度融合，是值得探讨的重点。技术支撑的外语教学具有跨学科性，很多技术专家不懂语言教学，语言教学研究专家和语言教师不精通技术，这就需要一个中介调节三者的关系，而理论则能够将三者联系起来。技术开发的目的是语言学习，没有与外语教师和外语教学研究者在理论上的合作，他们所开发的技术资源仅仅是提供丰富的语言输入，无法产生有意义的学习。因此，技术开发者与语言学习研究专家的合作至关重要。而理论指导下开发的技术是否对学习有效，又需要教师依据理论使用技术并依据实践提供学习者使用反馈，需要研究者利用理论验证技术的有效性。因此技术专家、教师和语言教学研究专家必须在理论指导下展开深度合作，才能使语言学习真正受益于技术。

第三，研究信息化英语教学情境下的语言习得。技术支撑的英语教学所产生的语言学习数据具有三大突出特点：①包含网络人际互动和人机互动两个类别，区别于传统模式；②涵盖学习者学习过程和采用技术进行学习的具体行为，从学习者的文字、语音、表情到肢体动作，数据类型丰富；③呈现为音视频、文本、图片等多种模态。通过描述和分析这类数据，研究者可探究网络互动与面对面互动的异同，互动模式和对象的改变对学习者互动带来的变化，学习者的技术操作与学习任务之间的关联等。而对于这类学习数据的分析和评估也应区别于传统教学环境下的语言学习。其一，技术支撑的英语教学的目标可能多种多样，除了提升语言能力，还可能包含提升跨文化意识、增强技术运用能力的目标。其二，由于技术往往只是整个英语教学过程中的一个部分，用来提供语言输入、操练机会和交流平台等，而学习者某项语言知识的积累和技能的提升是一个复杂过程，牵涉到诸多因素，因此评价技术支撑的英语教学效果不应以语言学习结果为导向，而应看是否促成了理想的学习过程。简言之，技术的存在促使英语学习产生新型数据，也为英语教学研究提供了强有力的工具，是未来研究值得关注的焦点。

11.3 师生能动性研究

随着 20 世纪 90 年代末以来应用语言学界的社会转向，越来越多研究者从社会建构主义视角看待学习者，认为他们能发挥其能动性并投入到与学习环境的互动之中，从而"构建语言学习发生的条件和语境"（Lantolf & Pavlenko，2001：145）。此外，随着全球化进程不断加速、技术使用大面积推广以及随之而来的语言接触日益频繁，学习者如何发挥能动性发掘语言学习机会显得尤其重要。与此同时，教师能动性也成为研究热点。一方面，教师是学习者外语发展复杂系统中的重要组成要素，他们的学习及发展直接关涉外语教学成效；另一方面，近年来语言教学课程改革、各种语言教育政策与规划的实施，以及教学、科研压力的增大使语言教师的职业面临着前所未有的不稳定性（徐锦芬，2020c）。教师如何发挥能动性成为课程改革共建者、政策自主践行者以及科研路上的成长者显得愈发重要；能动性已经成为教师专业发展不可或缺的重要一环（Teng，2019）。

学者们普遍认为，能动性是个体与环境互动的产物，具有社会文化中介性、情境性、复杂性、动态性等特征，需要结合具体语境予以探究（Lantolf & Pavlenko，2001；Larsen-Freeman，2019；Mercer，2011a）。本节首先分析能动性本质，然后从能动性研究的理论视角、研究内容及方法等方面进行梳理，为未来研究提出建议。

11.3.1　能动性本质

Ahearn（2001）将能动性界定为环境中个体受社会文化中介调节的行动能力。Lantolf & Pavlenko（2001）强调能动性产生于个体与社会语境互动过程中，是个体与其周围人或事物间的关系；个体能界定这种关系，也能解读特定事物或事件的相关性和重要性。Lantolf & Thorne（2006）进一步指出能动性具有社会文化中介性；在特定时空语境下，语境中既有限制性因素也有给养机会，使个体采取行动的可能性程度不一，即能动性可能表现为选择"采取行动"或"不采取行动"，而是否采取行动则与语境和个体解读其相关性与重要性的能力等因素有关。此外，该定义还表明能动性具有动态性，会因时间或空间的不同而有差异。基于以上定义，van Lier（2008）进一步明确了能动性的三个核心特征：①具有能动性的个体或群体能采取主动行为或实施自我调节；②能动与社会文化语境相互依赖；③能动性意味着个体为自己对环境或他人所做的行动具有责任意识。

综上所述，能动性意味个体具有采取身体、认知、情感和动机行动的潜力，并能根据特定目的进行选择（Teng，2019），个体能动性与环境构成辩证统一关系。

11.3.2　能动性研究理论视角

目前外语教学领域的能动性研究主要涉及三大理论视角，即社会文化理论、生态视角和复杂理论。

1. 社会文化理论

社会文化理论认为人是具有主动性的能动个体，具有改变其赖以生存的物理和符号环境的潜力，从而达成特定目标并实现个体发展（Lantolf & Pavlenko，2001）。社会文化理论将人类活动看作中介调节的动态社会活动，尤其强调能动性以及人类认知活动与社会之间的内在联系。社会文化理论的中介概念和活动理论对能动性研究影响颇为显著。Vygotsky（1978）认为人类能动性是个体在社会文化环境中所采取的行动。有研究者随之借助"给养"概念将个体与社会语境联系起来，认为个体可以借助环境所提供的行动机会而采取直接行动，或通过他人中介而采取行动进而达到特定目标（秦丽莉，2015；Green & Pappa，2021）。van Lier（2008）认为能动性是人类在世界上的一种行为方式，具有语境敏感性。个体不仅能对每个特定语境的给养及制约做出反应，还能改变现有语境并为后续行动提供新的语境。外语教学中，个体能动性总是受到社会、互动、文化、机构等语境因素的调节。Green & Pappa（2021）对教师教育者专业能动性的研究发现，教师主要通过三种方式发挥能动性：协商与构建专业共同体身份、发展专业关系以及提供和接受专业帮助等。秦丽莉（2015）的研究表明学习者通过他人和文化产品等中介发挥能动性，进而感知并使用周围环境所提供的学习给养。这些研究都表明，能动性并非学习者所拥有的能力，而是他们在与社会文化语境的互动过程中所达成的。

活动理论主要基于 Vygotsky（1978）的中介思想发展而来，认为主体会借助工具中介和社会中介作用于客体以实现其目标并将其转化为成果；此外，活动系统内部或活动系统之间的矛盾是变化与发展的动力，个体解决矛盾的过程也是拓展学习的过程（徐锦芬、龙在波，2020b）。活动理论认为个体具有受社会文化中介调节的能动性，这种能动性包括以目标为导向的行动能力，以及使用各种中介手段执行这些行动的能力（张姗姗、龙在波，2021）。因此，能动性是主体在追求其目标过程中选择、控制和自我调节能力的体现；个体能动性使人能设想、接受和履行新的身份并采取相应行动来追求并实现其目标（徐锦芬、雷鹏飞，2018）。例如，Kitade（2015）探究了计算机辅助语言教学中教师能动性的产生过程。Kitade 发现在使用信息交流技术过程中，学生与教师对技术及其在语言教学中的价值所持的态度大相径庭。教师意识到要解决这一矛盾，他们必须承担"中介使命"，而正是在与学生协商对技术的态度和期待过程中，他们的能动性才得以涌现和发展。

2. 生态视角

应用语言学中的生态视角是 Vygotsky（1978）思想的延伸（van Lier，2004），与社会文化理论具有较大相似之处，但也存在一定差异。例如，社会文化理论以中介、最近发展区等为核心概念，而生态视角则基于中介概念强调给养、感知、行动等（van Lier，2004）。

生态视角将人类看作与周围环境相互关联的有机体；这种关联是由有机体发挥能动性感知环境中的行动潜力（即给养）而构建的。尽管嵌套于环境中的资源能提供行动机会，但这种行动并非一定能发生，个体不仅需要具备感知给养机会的能力，还需要有作用于给养机会的意图，也就是说在环境与能动个体之间必须形成"匹配"才能保证给养的最终实现（van Lier，2004）。另外，能动性并非个体特质，而是生态环境中的一种涌现式现象，是个体借助于环境而采取的行动。因此，环境并非仅仅只是外语学习者和教师行动的背景，还是他们行为的中介、渠道或工具。外语学习者和教师能动行为采取的是个体努力、可及资源以及环境因素不断交互的结果。个体既受制于环境，又得益于环境；他们具有反思性、创造性，能够采取行动克服特定环境局限。

Liu & Chao（2018）考察了技术中介型语言课堂上教师促进学习者能动性的过程。他们基于 van Lier（2008）的理论研究，并结合课堂观察及访谈数据构建了技术中介型课堂生态框架。该框架包含学生心中的教师存在感（sense of teacher presence）、给养感知度（perceivability of affordances）和学习者能动性表现（manifestation of learner agency）三个要素。当给养感知度较低时，学生心中的教师存在感就需要提高，即教师需要帮助学生感知到课堂环境中的技术给养；而当技术给养感知度较高时，教师只需发起语言学习项目，适当降低其在学生心中的存在感，鼓励他们相互协作使用技术并完成学习项目，从而触发他们的社会能动性，由此，学生的技术给养感知力得到提高，其个体能动性也有望得到提升。

3. 复杂理论视角

前文提到复杂理论认为语言教学中的人类活动是一个复杂系统，包含多个相互关联要素之间的复杂交互。能动性是人类活动系统中的一个子系统，与结构之间相互作用、相互补充，具有多维性、关系性、涌现性、时空情境性、动态性等特征。能动性的达成是一个反复迭代的共适应过程（Larsen-Freeman，2019）。

Mercer（2011a，2012）发现，学习者能动性系统包含多个相互交织的要素，其中能动感和能动行为是两大主要维度。学习者能动性是一种投入自我导向性活动的行为潜势，这种潜势何时以及如何得到利用取决于学习者能动感、动机、情感、元认知技能以及特定环境中的给养等。这些要素相互作用，从不同程度上影响能动性的发挥。能动性并非一种静态特质，它与环境中的给养不可分离。Mercer（2011a，2012）的研究表明，学习者依据其感知到的语境给养而"软整合"（soft assemble）内外部资源以达成个人语言学习目标。正是通过这种"软整合"，学习者在不同语境下能动性发挥的程度有所差异，这种差异的产生不能归因于某一子系统的作用，而是上述多个系统共同作用的结果。学习者能动性不仅表现为语境敏感性，还具有时间情境性，例如，研究中 Joana 的能动性不仅受她语言学习历史和当前经历的影响，还受其目标设置及将来自我形象的影响。她的能动性具有跨时间动态性，依据能动系统中其他因素（如动机、情感、信念等）的改变而改变。但是，这并不代表能动系统不具相对稳定性，例如，Joana 在学习第二外语时表现出与学习第一外语类似的能动感。因此，学习者能动系统包含两个层面的动态性：一是对语境较为敏感，具有多变性；二是发展相对迟缓，因而相对稳定。

Hiver & Whitehead（2018）对外语教师能动性的研究也发现了其复杂性特征。教师发挥课堂教学能动性的过程也是他们践行个人价值观、信念和目标的过程，与他们的自主性、成就、影响课堂过程的能力等因素紧密关联。换句话说，教师能动性的发挥是个体特征、身份、工作／教学语境等因素之间的连续性复杂协商过程，也是一种课堂情境适应，是多项内外部因素复杂交互的结果。基于复杂理论的情境化探究有助于教师及教师教育者及时干预，影响能动性系统发展轨迹，使之朝着有利方向发展。

11.3.3　能动性研究主要内容

现有文献针对教师的能动性研究稍多于学习者。而且针对教师的覆盖面较广，涉及幼儿园、小学、中学至高校各阶段，而学习者研究大多集中于高校，其他层次的研究较为稀缺。但总体上外语教学中的能动性研究较为匮乏。有限的研究较多从理论上探讨了能动性的社会文化中介性、情境性、复杂性、动态性等特征，为我们深入认识能动性构念提供了理论基础。近年来实证研究开始逐渐增多，具体探讨能动性的表现形式及其影响因素、能动性与身份、能动性与情感等内容。

1. 能动性的表现形式及其影响因素

外语教师和学习者如何发挥能动性应对当前外语教学面临的诸多挑战成为研究者关注的焦点。例如，Ahn（2016）考察了语言交流项目中学习者的能动性发挥过程。研究发现，学习者能动性表现形式各有差异，有的学习者通过切换互动身份而发起旁侧序列讨论语言形式；有的学习者通过发展友好社交关系而为元语言讨论创造舒适空间；还有学习者通过轮流交流元语言与文化知识而获得学习机会。 Gkonou & Miller（2019）对教师能动性的研究发现教师能动性表现为：通过建立关爱者身份、开展认知、元认知、情感策略教学等方式降低学习者焦虑。这两项研究都表明，个体能动性的发挥具有情境性。

另外，鉴于能动性并非个体特质，而是一种受社会调节的行为，因此能动性的发挥自然会受到很多因素的影响。例如，Feryok（2012）的研究中，研究对象 Nune 早年在其英语教师带领下学习语言的经历一直调节着她的能动感，从而指引着她在后来的师范生学习、英语教师和教师培训生涯中的能动行为方式。Kang（2017）的课堂互动研究表明，语言游戏作为一种能动性资源既有助于发挥教师的教学能动性以调节权威身份、管理课堂，也有助于发挥学生的个体能动性和集体能动性，从而为学生提供更轻松的语言环境和更多的参与 / 学习机会。除此之外，教师职业幸福感及对学生的责任感（Phan & Hamid，2017）、学习者信念（Mercer，2011a）等因素都被证明能影响个体能动性。国内能动性影响因素研究仅一项，高雪松等人（2018）发现课程改革中教师能动性的发挥受个人经历和环境机会的影响。

2. 能动性与身份

20 世纪 90 年代中后期以来，外语教学中的身份构建也受到广泛关注。研究者认为，个体能动性与身份不可分割。一方面，身份构建被看作是能动性发挥的前提条件，例如，Diao & Liu（2021）考察了五名美国理工科学生放弃继续学习汉语的经历。研究表明，社会结构因素使得五名学生不得不优先构建其理工科专业学习者身份，因此，他们放弃学习汉语的能动性决策不能不说是社会结构和身份构建造成的结果。另一方面，身份构建又得益于个体能动性的发挥，例如，Hiver & Whitehead（2018）的研究表明教师发挥能动性并有意识地掌控思想与行动能促进他们顺利构建身份。国内学者秦丽莉（2015）发现学习者能动性是一种调节动力，促进身份构建，也为学习者身份赋予情境化特征。以上研究均表明，能动性与身份构建间具有辩证统一关系。然而国内探讨这种辩证关系的研究屈指可数，未来可加强这方面的实证研究。

3. 能动性与情感

外语教学中的情感成为近年来的研究热点，这一发展趋势也反映在能动性研究中。例如，Miller & Gkonou（2018）发现教师的情感劳动（教师情感的管理、隐藏与调控过程）作为一种能动性表现具有社会性，是社会对教师的一种期待，与"教学即关爱"这一社会话语紧密关联。尽管该话语对教师可能造成情感压力，但它往往也能促成教师能动地与学生发展情感关系，并收获学生的投入与学习成绩的提高，从而提升教师职业幸福感。古海波、顾佩娅（2019）的研究发现能动性在教师科研情感调节过程中发挥着积极作用，使教师从不同角度看待环境中的情感事件，主动隔离消极情境并积极调整科研目标。鉴于情感与认知的辩证统一性，现有研究还未充分探究情感与能动性间的相互关系，需要未来研究者进一步探索。

11.3.4　能动性未来研究趋势

迄今为止，外语教学中的能动性研究还存在实证研究数量不多、研究内容不够丰富、研究方法不够多样等问题。未来研究可从以下方面继续努力。

第一，随着技术在外语教学中的普及，语言学习者与教师既面临着诸多机遇，也面临着许多问题和挑战。例如，教师如何帮助学习者从海量资源中感知给养机会并成功发挥能动性实现学习目标，教师与学习者经历了何种身份变化，这种变化与能动性关系如何等都是未来值得深入探讨的问题。

第二，虽然已有研究考察了个体内外部因素与能动性间的关系，但是还有部分因素并未受到足够关注，例如，个体能动性、身份、自主性三者间呈何种关系还需要更多实证研究来解答（Teng，2019）。虽然有少量研究考察了教师情感与能动性间的关系，但还未见学生情感与能动性之间关系的研究。随着近年来积极心理学在应用语言学领域的兴起，探究积极情感与能动性之间的关系成为必然。此外，能动性与动机、自我效能等其他因素存在何种关系，这些问题都有待未来研究去考察。

第三，当前能动性研究大多关注个体能动性的发挥，集体能动性尚未引起重视。社会文化理论认为，群体成员间的互动及相互支架能促进个体发展，也有利于群体中的集体能动性转化为个体能动性（Allwright & Hanks，2009）。未来研究可探索群体活动中的集体能动性有何种特征、与个体内外部因素形成何种互动关系等。

第四，课堂是外语环境下语言学习的主要场所，课堂互动又为学习者提供了主要的语言使用和学习机会。而课堂上师生如何通过话语发挥能动性却未受到足够重视。常用于课堂话语研究中的会话分析、互动分析等数据分析方法还未得到充分利用。这些方法与访谈、日志分析等方法相结合，有利于师生洞悉并调整课堂话语策略，进而提供／获得更多学习机会。

第五，已有研究主要从三大理论视角探讨能动性的社会文化中介性、情境性、复杂性、动态性等特征。鉴于二语习得是一个情感、认知、社会等多因素交织的复杂过程，有必要进一步借鉴其他学科理论，从跨学科视角阐释和探究能动性（Miller & Gkonou，2018），以更充分地揭示其多面性和复杂性。

最后，在课程改革日趋激烈、科研压力日益增长的背景下，我们建议教师基于自身课堂，以问题为驱动，勤于反思，构建教师研究者、主动学习者等身份，从而不仅提升课堂效率，也促进自身专业发展（徐锦芬、李霞，2018）。

11.4 新时代英语教材研究

教材的编写、出版、修订对于课程教学、人才培养以及学科建设和发展起着重要作用。教材建设既是一个研究领域也是一项实践性工作。作为研究领域，教材建设聚焦研究语言教材的设计、实施和评估原则及过程；作为一项实践性工作，教材建设包括教材编写者、教师和学生为增加语言吸收、刺激有目的的语言输出而提供和利用各种语言资源的一切活动（Tomlinson，2011）。

11.4.1　英语教材编写研究

自 20 世纪 90 年代开始，教材建设的价值逐渐引起重视，涌现出一批聚焦教材编写原则和步骤的著作（McDonough et al.，2013；McGrath，2002；Tomlinson，2011）。这些论著阐述了在教材编写中如何基于对教学目标、教学情境和学习者等因素的考虑，对教材在语言内容、学科知识、技能融合等方面进行编排。

我国英语教材的编写思路和理念也在不断创新和发展。高等教育阶段大学英语教材可大致分为四代，教材从最开始采用传统模式，以课文分析为主、以语法为纲，着重培养阅读能力，逐渐发展到利用现代信息技术，构建以多媒体网络为依托的立体式教材（陈坚林，2007）。国内学者也为建设具有中国特色、符合中国本土情境的英语教材提出自己的理念：以"人的发展"为依据，结合第二语言学习理论的最新成果，并充分体现中国外语教学的特色（文秋芳，2002）；实现教材内容、形式和服务的立体化（庄智象、黄卫，2003）；以针对性、科学性、完整性、系统性为原则促进人格塑造和素质培养（庄智象，2006）；在教材教学路径与教学方法的运用、教学重点的安排、教学活动的设计方方面面践行立德树人（刘正光、岳曼曼，2020）。我国英语教材编写开始关注教材本身传播的价值理念，注重通过教材实现全人培养，在呈现、传播和创造形式上融入信息技术，向立体化多模态发展。

11.4.2　英语教材评估研究

教材是教学内容和教学理念的重要载体，对教材质量进行评估以选择合适的教材显得尤为重要。教材评估的方式基本可以分为两种类型：对照特定标准进行评估和采取特定步骤进行评估。

　　传统的教材评估基本采用对照法。Hutchinson & Waters（1987）就认为教材评估基本上是一个对照过程，即按照特定要求，将"主观需要分析"（subjective analysis）和"客观对象分析"（objective analysis）相互对照进行评估。以下是几种代表性的对照评价体系：Ur（1998）提出的评价标准包括对教材引言、教材理念、版面设计、内容编排和配套素材等各方面的具体要求，比较全面地涵盖了教学内容各个方面。Cunningsworth（2002）提出了四个评价标准：①应当符合学习者的需求，应当与语言学习大纲的目标一致；②应当反映出学习者目前或者将来语言运用的需要，帮助学生有效地使用语言；③应当考虑到学生作为学习者的需求；④应当支持学习者的语言学习。其评价标准关注学生需求、学习过程和教学方法，为教材评估增添了新的视角。Tomlinson（2003）提出，好的外语教材应当形式新颖、题材多样，贴近学生的生活实际，促进学生投入并为学习者提供语言实践的机会，其评价标准非常关注教材呈现形式和学生学习情境。

　　另一种方式是按步骤分阶段对教材进行评估。Breen & Candlin（1987）提出"两个阶段"教材评价指南：第一阶段由评估者就教材目的、教材内容、教材应有的用途等提出问题；第二阶段就教材课堂活动设计提出标准。Grant（1987）认为教材评价可由初步评价、细致评价、使用中评价构成。McDonough et al.（2013）的评估模型分为外部评估和内部评估，即首先对教材从外部（教材封面、简介、目录等）进行总体判断，然后进行细致的内部评估，看教材内部情况是否与简介、前言等一致。Cunningsworth（2002）提出，可以采用使用前评价、使用中评价和使用后评价的方法，这种评价方式跨度较大，开展起来较为复杂，但可以更全面地认识教材的优缺点。

　　目前对照法和阶段法教材评估都比较偏向定性评估，虽然给教材评估确定了比较清晰的方向，但依然存在问题：评估方式牵涉较多主观性个人经验判断，可能出现评估结果的失真；评估标准和方式涵盖的方面、层次和阶段多样，操作较为复杂；教师作为教材主要使用者之一，是否具备相应的评估权利和评估素养则是现实难题。

11.4.3　英语教材与教师发展关联研究

自 20 世纪 90 年代起，教材评估与开发对于教师发展的重要性开始得到认可（Tomlinson，2003）。教材建设与教师专业发展之间的关联逐渐引起学界重视，对教材与教师相互关系的理解逐步深入，同时出现了以下两类情境下的实证研究：①真实教学环境下教师使用教材的态度、行为及影响；②融合教材建设的教师培训与发展项目具体实施及其对教师专业发展的影响。

作为课程教学的重要载体和依据，教材代表着教学原理转化成实践的第一阶段（McGrath，2002），而教师在衔接教材与教学实践之间担当重要角色。一些学者开始关注教材与教师之间的关联，从关系型视角解读两者之间的相互作用及影响。Canniveng & Martinez（2003）提出有效促进语言学习的外语教材建设应当是二语习得理论、教师认知（观念、态度、决策、个性）和教师经验三者积极持续互动的结果。束定芳、张逸岗（2004）认为教师和教材都是学生外语学习的重要支持和辅助，两者的目标应该完全一致，相互合作但又各自发挥独特的作用。Remillard（2005）也强调两者之间是一种参与协作式的关系，教师应发挥积极性和能动性来配合教材开发。徐浩（2010）从教学视角出发，认为英语教材既是教学要素又是教学联结，教材与教师发展的关系是天然的教学相长路径。他呼吁研究教材的使用过程与影响因素，研究教师的教材使用策略。考虑到教材与教师之间密切的关系，学者们也在不断提倡将教材建设相关内容纳入教师培训与发展项目中，丰富教师发展知识体系（Canniveng & Martinez，2003；Tomlinson，2003，2011）。

近年来教师在真实课堂中使用教材的态度、策略、影响因素及教材使用带来的影响等逐渐引起研究者关注。McGrath（2006）和 Allen（2015）通过让教师用隐喻描述教材来探究教师的教材观。徐锦芬、范玉梅（2017）采用质性个案研究方法，探究两名大学英语教师实施教材任务的具体策略、动机以及动机形成的原因，发现两名教师会采用跳过、增加、修改、调整顺序等策略对教材任务进行改编，而改编的动机受到教师对教学法的理解、学术背景和兴趣、关于英语教学和学习的信念以及考试制度的影响。Tasseron（2017）研究大学教师如何使用英语教程中聚焦语言的部分以及 Abdel-Latif（2017）分析埃及初高中教师如何使用归纳式语法教材都发现了教师个人理念对教材使用产生的影响。而教师的教材使用实践反过来也会对教师本身产生影响。国红延、战春燕（2011）的调查发现大学英语教师的教材使用能够促进其语言能力和教学能力提高，但教师基于教材使用进行教学反思和开展课堂研究的能力还有待增强。可见教材、教师和课堂教学实践之间存在复杂关系，物理环境、制度因素和教师个人的知识、能力及认知都会影响教师对教材的看法和使用教材的方式，而教师使用教材的实践也确实会对教师专业发展产生影响。以上实证研究的一个共同点是参与研究的教师普遍对于如何评估、使用和改编教材缺少知识基础，通常直觉性地依赖自身对于语言教学的理解、对教材的判断和对教学环境的解读来使用教材。

考虑到教师在真实教学场景下通常缺少教材建设相关知识和技能储备，已经有研究者开始尝试将教材建设融入教师培训和发展项目中，探索教师教学实践和专业发展可能受到的影响。Augusto-Navarro et al.（2014）研究职前教师参与一项教材评估和改编的教师教育项目，发现参与教师经过培训，在评估和改编教材时考虑学习者要素的意识大为增强。Banegas et al.（2020）调查了 16 名哥伦比亚英语教师参与 CLIL 教材开发工作坊，基于教师自我汇报和参与教材建设相关资料发现，参与者的语言、内容和教学专业知识得到提升，教师的动机、身份认同和能动性增强。

以上研究结果为基于教材建设促进教师专业发展提供实证依据。但研究项目的周期较短，研究结果多基于教师的自我汇报和项目进程中收集的其他数据，对于教师的项目后续教学实践未进行跟踪观察和研究，项目对教师专业发展影响的持续力以及在教学实践中的转化程度有待进一步验证。

国内外教材建设理论和实践研究为创建合理的教材体系提供了支撑，但教材建设也面临新的挑战。信息技术改变了教材的面貌和人们获取内容、创造内容以及互动的方式。未来英语教材建设一方面需要考虑如何有效融入新技术，革新教材开发、呈现、传播、评估和使用的方式；另一方面需要融入新理念，开发与时俱进的新一代教材。同时，还需要更多关注教师在教材开发中的作用，提高教师在资源建设、资源使用与资源评价中的参与度，激发教师充分利用信息技术，将教材设计、编写、改编、评估和使用与真实教学情境相结合，促进英语教材建设，为英语教学改革提供重要支撑。

参考文献

毕争. 2019. "产出导向法"与"任务型教学法"比较：教学材料设计与使用. 外语教学,（4）：61–65.

卞迁，齐薇，刘志方，闫国利. 2009. 当代眼动记录技术述评. 心理研究,（1）：34–37.

蔡基刚. 2012. 中国大学英语教学路在何方？上海：上海交通大学出版社.

蔡基刚. 2013. 误解与偏见：阻碍我国大学 ESP 教学发展的关键. 外语教学,（1）：56–60.

蔡基刚. 2014. 一个具有颠覆性的外语教学理念和方法——学术英语与大学英语差异研究. 外语教学理论与实践,（2）：1–7，45，94.

蔡基刚. 2015. 中国专门用途英语教学发展回顾、问题和任务. 西安外国语大学学报,（1）：68–72.

蔡基刚. 2020. 高校公共外语教师知识结构升级：从 1.0 到 2.0. 外语电化教学,（1）：65–70，10.

曹韵. 2015. 多模态教育环境中的多元识读能力培养研究. 外语学刊,（4）：134–137.

常俊跃，刘兆浩. 2020. 内容语言融合教育理论的理论支撑. 外语与外语教学,（6）：85–95，150.

常小玲. 2017. "产出导向法"的教材编写研究. 现代外语,（3）：359–368.

陈浩，文秋芳. 2020. 基于"产出导向法"的学术英语写作名词化教学研究——以促成教学环节为例,（1）：15–23.

陈坚林. 2006. 大学英语教学新模式下计算机网络与外语课程的有机整合——对计算机"辅助"外语教学概念的生态学考察. 外语电化教学,（6）：3–10.

陈坚林. 2007. 大学英语教材的现状与革——第五代教材研发构想. 外语教学与研究,（5）：374–378.

陈坚林. 2010. 计算机网络与外语课程的整合. 上海：上海外语教育出版社.

陈坚林. 2015. 大数据时代的慕课与外语教学研究——挑战与机遇. 外语电化教学,（1）：3–8，16.

陈菁，李丹丽. 2020. 中介调节视角下高校英语教师技术教学内容知识的发展. 外语与外语教学,（5）：22–32，148.

陈朗，张锦原，贾根五. 2013. 多模态化《英语公众演讲》网站设计及教学模式创新. 外语电化教学,（6）：50–55.

陈文凯 . 2013. 语音多模态研究与多模态二语语音习得 . 外语电化教学，（4）：59–63.

陈先奎，孙钦美，毛浩然 . 2016. 网络实践共同体对高校英语教师科研领导力发展的影响：一项多案例研究 . 外语界，（6）：40–48.

陈昕媛 . 2017. 全球化教育视角下中国英语教学改革的方向与策略 . 教学与管理，（6）：108–110.

陈瑜敏 . 2010. 情态分析在多模态外语教材研究中的应用探析 . 外语教学，（1）：69–72.

陈瑜敏，秦小怡 . 2007. 教科书语篇多模式符号的介入意义与多声互动 . 外语与外语教学，（12）：15–18.

程瑞兰，张德禄 . 2017. 多模态话语分析在中国研究的现状、特点和发展趋势——以期刊成果为例 . 中国外语，（3）：36–44.

程文华 . 2012. 高校英语教师课堂教学中的专业学习模式研究 . 外语教学与研究，（6）：912–924，961.

程晓堂 . 2012. 语言学理论对制定我国外语教育政策的启示 . 外语教学与研究，（2）：298–307.

大学英语教学大纲修订工作组 . 1985. 大学英语教学大纲（高等学校理工科本科使用）. 北京：高等教育出版社 .

大学英语教学大纲修订工作组 . 1999. 大学英语教学大纲（修订本）. 北京：高等教育出版社 .

戴炜栋 . 2001. 外语教学的"费时低效"现象——思考与对策 . 外语与外语教学，（7）：1–32.

邓海龙 . 2018. "产出导向法"与"任务型教学法"比较：理念、假设与流程 . 外语教学，（3）：55–59.

丁韬，杨永林 . 2019. 多模态理论框架下的在线课程研发 . 外语电化教学，（4）：33–38.

董希骁 . 2019. "产出导向法"在大学罗马尼亚语教学中的应用 . 外语与外语教学，（1）：1–8.

杜宛宜，王宇，刘辉，周纯岳 . 2019. POA 在工科 ESP 课程中的教学实践研究——以"IT 行业职场英语"课程为例 . 外语教育研究前沿，（3）：42–50.

范烨 . 1999. 浅淡大学英语教学中的"学习者训练". 外语界，（3）：32–38.

范玉梅 . 2019. 任务类型对同伴互动中学习者投入的影响研究 . 解放军外国语学院学报，（6）：29–37.

范玉梅 . 2020. 大学英语课堂同伴互动中的学习者投入研究 . 北京：知识产权出版社 .

范玉梅，徐锦芬 . 2016. 国外二语／外语课堂口头纠正性反馈研究综述 . 解放军外国语学院学报，（5）：121–128.

范祖承 . 2019. 产出导向法教材使用理论在大学英语思辨性读写教学中的应用 .

外语教育研究前沿，（1）：38–43.

方平，熊端琴，姜媛．2000. 结构方程模式及其成功应用的判断标准．首都师范大学学报（社会科学版），（3）：61–64.

冯德正．2017. 基于多元读写理论的课堂教学设计：以英语语言学课程为例．中国外语，（3）：55–63.

甘容辉，何高大．2020. 5G 时代二语习得游戏化学习路径探究．外语教学，（5）：60–65.

高雪松，陶坚，龚阳．2018. 课程改革中的教师能动性与教师身份认同——社会文化理论视野．外语与外语教学，（1）：19–28，146.

高一虹．2009. 社会语言学研究：作为知识增长点的"整合"．中国外语，（3）：14–19.

高一虹，李玉霞，边永卫．2008. 从结构观到建构观：语言与认同研究综观．语言教学与研究，（1）：19–26.

高原．2018. "尽头在远方"——通用英语向学术英语转型期外语教师的困惑来源及建议．外语教育研究前沿，（1）：73–80.

葛俊丽，罗晓燕．2010. 新媒介时代外语教学新视角：多元识读教学法．外语界，（5）：13–19.

古海波，顾佩娅．2019. 高校英语教师科研情感调节策略案例研究．解放军外国语学院学报，（5）：57–65.

顾菁，周玉梅．2018. 读后续写的互动引导任务对协同效应的影响．西安外国语大学学报，（4）：57–61.

顾琪璋．2016. "产出导向法"与英语课堂人文素质教育效率提升研究．教育评论，（6）：139–141.

顾世明．2018. 大学英语自主学习理论与实践研究的得与失．黑龙江高教研究，（5）：42–46.

顾日国．2007. 多媒体、多模态学习剖析．外语电化教学，（2）：3–12.

管春林．2005. 试论需求分析在经贸英语专业课程设置中的意义和方法．外语与外语教学，（3）：37–40.

桂靖，季薇．2018. "产出导向法"在对外汉语教学中的应用：对教学材料的改编．世界汉语教学，（4）：546–554.

桂诗春．2000. 20 世纪应用语言学评述．外语教学与研究，（1）：2–7，78.

桂诗春，宁春岩．1997. 语言学方法论．北京：外语教学与研究出版社．

国红延、战春燕．2011. 一项关于大学英语教材对教师专业发展作用的调查研究．外语界，（4）：67–74.

郭桂杭，朱红．2018. 商务英语教师发展研究——现状与思考．中国外语，（2）：17–21.

郭红伟，杨雪燕．2020. 多模态视阈下教师元话语与手势语的符际关系研究．

外语教学,（4）: 52–57.

郭丽 . 2000. 语言自学中心与学习自主性——英国中央兰开夏大学语言学习中心个案研究 . 外语电化教学,（4）: 56–58

郭万群 . 2013. 论间性理论视阈下的大学英语多模态教学与研究——兼论外语教育技术的哲学基础 . 外语电化教学,（1）: 21–26.

郭晓梅,陈坚林 . 2019. 高校英语教师教育者学科教学知识结构及其可视化表征研究 . 外语电化教学,（3）: 83–90.

韩宝成 . 2009. 动态评价理论、模式及其在外语教育中的应用 . 外语教学与研究,（6）: 452–458.

韩萍,侯丽娟 . 2012. 从体裁分析角度探索研究生学术英语写作能力培养 . 外语界,（6）: 74–80.

韩艳丽 . 2015. 大学英语听力教学的动态评估模式构建 . 语文学刊（外语教育教学）,（9）: 150–152, 154.

韩晔,高雪松 . 2020. 国内外近年线上外语教学研究述评: 理论基础、核心概念及研究方法 . 外语与外语教学,（5）: 1–11, 148.

韩晔,许悦婷 . 2020. 积极心理学视角下二语写作学习的情绪体验及情绪调节策略研究——以书面纠正性反馈为例 . 外语界,（1）: 50–59.

何佳佳 . 2018. 动态系统理论视域下高校英语写作中心个性化写作辅导模式研究 . 外语电化教学,（2）: 10–17.

何莲珍 . 2003. 自主学习及其能力的培养 . 外语教学与研究,（4）: 287–289.

何莲珍,傅莹,方富民,闵尚超 . 2011. 中国非英语专业大学生自主学习能力的培养路径之探索 . 中国外语,（5）: 18–24.

何莲珍,林晓 . 2015. 高等教育环境下外语交际能力的培养——现实困顿和解决途径 . 现代外语,（1）: 83–92, 146.

洪炜,石薇 . 2016. 读后续写任务在汉语二语量词学习中的效应 . 现代外语,（6）: 806–818, 873–874.

胡春雨 . 2011. 语料库与商务英语词汇研究 . 广东外语外贸大学学报,（2）: 55–58.

胡开宝,谢丽欣 . 2014. 我国大学英语教学的未来发展方向研究 . 外语界,（3）: 12–19, 36.

胡文仲 . 1982. 交际教学法初探 . 外国语（上海外国语学院学报）,（5）: 17–24.

胡永近,张德禄 . 2013. 英语专业听力教学中多模态功能的实验研究 . 外语界,（5）: 20–25, 44.

胡壮麟 . 2007. 社会符号学研究中的多模态化 . 语言教学与研究,（1）: 1–10.

胡壮麟,董佳 . 2006. 意义的多模态构建——对一次 PPT 演示竞赛的语篇分析 . 外语电化教学,（3）: 3–12.

华维芬 . 2001. 自主学习中心——一种新型的语言学习环境 . 外语界,（5）:

41–45.

华维芬. 2002. 外语学习者策略训练刍议. 外语界，（3）：2–7.

华维芬. 2009. 试论外语学习动机与学习者自主. 外语研究，（1）：57–67.

华维芬. 2020. 数字素养与英语自主学习研究. 外语教学，（5）：66–70.

黄洁，肖娴. 2021. 汉英"续译"的协同效应研究. 外语教学与研究，（1）：124–134，161.

惠兆阳，王丽恒，林意新，赵莉莉. 2013. 主次模态协同性实证分析——以英语听力教学为例. 山东外语教学，（3）：77–81.

季佩英. 2017. 基于《大学英语教学指南》框架的专门用途英语课程设置. 外语界，（3）：16–21.

贾蕃，沈一新. 2020. "产出导向法"理论框架下《国际人才英语教程》评价研究：教师视角. 外语教育研究前沿，（3）：19–26.

贾琳. 2014. 专门用途英语教学模式研究——基于多模态视域下的视角. 黑龙江高教研究，（8）：160–164.

江洁. 2011. 基于职业英语能力实证调查的高职公共英语教学体系重构. 中国职业技术教育，15：56–60.

江庆心. 2006. 论教师介入学生自主学习的重要性. 外语界，（2）：10–15.

江潇潇. 2019. 基于"产出导向法"的僧伽罗语教材改编. 外语与外语教学，（1）：17–24.

姜琳，陈锦. 2015. 读后续写对英语写作语言准确性、复杂性和流利性发展的影响. 现代外语，（3）：366–375，438.

姜琳，陈燕，詹剑灵. 2019. 读后续写中的母语思维研究. 外语与外语教学，（3）：8–16，143.

姜琳，涂孟玮. 2016. 读后续写对二语词汇学习的作用研究. 现代外语，（6）：819–829，874.

姜艳. 2020. 影响中国大学生外语愉悦的教师因素研究. 外语界，（1）：60–68.

姜毅超，李娜. 2010. 国内专门用途英语研究20年：回顾与思考. 宁波大学学报（教育科学版），（2）：104–109.

教育部高等教育司. 2004. 大学英语课程教学要求（试行）. 北京：外语教学与研究出版社.

教育部高等教育司. 2007. 大学英语课程教学要求. 上海：上海外语教育出版社.

教育部高等学校大学外语教学指导委员会. 2020. 大学英语教学指南（2020版）. 北京：高等教育出版社.

教育部高等学校教学指导委员会. 2018. 普通高等学校本科专业类教学质量国家标准（上）. 北京：高等教育出版社.

教育部高等学校外国语言文学类专业教学指导委员会英语专业教学指导分委员会. 2020. 普通高等学校本科外国语言文学类专业教学指南（上）——英语类

专业教学指南.北京：外语教学与研究出版社.

井升华.1999.我国大学英语教学费时低效的原因.外语教学与研究,（1）：22–24.

康志峰.2012.立体论与多模态口译教学.外语界,（5）：34–41.

孔文,李敦东,余国兴.2013.L2 写作动态评估中同伴中介干预和教师中介干预比较研究.外语界,（03）：77–86.

赖祎华,祝伟国.2018.“互联网＋”交替传译开放式教学模式研究.外语电化教学,（4）：78–83.

雷茜,张德禄.2018.英语多模态写作中的学习者身份认同研究.外语电化教学,（6）：52–57, 64.

李宝宏,尹丕安.2012.多模态语境下大学英语教学模式的一项实证研究.外语电化教学,（6）：72–75.

李茶,隋铭才.2017.基于复杂理论的英语学习者口语复杂度、准确度、流利度发展研究.外语教学与研究,（3）：392–404, 480–481.

李成陈.2020.情绪智力与英语学业成绩的关系探究——愉悦、焦虑及倦怠的多重中介作用.外语界,（1）：69–78.

李春光.2013.网络多模态学习环境理论在音体美专业大学英语教学中的应用研究.外语电化教学,（5）：71–75.

李丹丽.2014.二语协作任务中同伴支架对语言输出的影响.中国外语,11（1）：43–50.

李红.2001.专门用途英语的发展和专业英语合作教学.外语教学,22（1）：40–43.

李琳.2016.二语习得概念型教学法的中介探究——活动理论视角.现代外语,（1）：86–96, 146–147.

李民,王文斌.2018.关于构建外语教育学若干问题的思考.外语与外语教学,（2）：7–14, 147.

李思萦,高原.2016.移动技术辅助外语教学对英语词汇习得有效性的实证研究.外语界,（4）：73–81.

李韬,赵雯.2019.国内学术英语研究述评.外语电化教学,（187）：22–27.

李霞,徐锦芬.2020.国内外教师学习研究：模型、主题与方法.外语界,（5）：80–88.

李欣,李玫瑛,王佳子.2012.多模态自主听力教学模式有效性的实证研究.解放军外国语学院学报,（6）：59–64, 126.

李燕飞,冯德正.2017.PPT 课件设计与语言学知识建构：多元读写教学法视角.电化教育研究,（5）：95–100.

李奕华.2015.基于动态评估理论的英语写作反馈方式比较研究.外语界,（3）：59–67.

李莹莹，周季鸣. 2020. 线上英语教学环境下学习者自我调控能力研究. 外语与外语教学，（5）：45–54，149.

李宇明. 2018. 语言在全球治理中的重要作用. 外语界，（5）：2–10.

李战子. 2003. 多模式话语的社会符号学分析. 外语研究，（5）：1–8，80.

李战子. 2007. 跨文化自传与英语教学. 北京：高等教育出版社.

梁晓晖. 2015. 英语写作思维的认知型多模态培养模式. 外语电化教学，（1）：43–49.

廖雷朝. 2019. 中国高校学术英语教学开展与课程设置调查. 解放军外国语学院学报，42（3）：48–55.

刘琛琛，冯亚静. 2019. 基于"产出导向法"的"日语口译"课程教学实践. 外语教育研究前沿，（4）：63–69.

刘法公. 2001. 论专门用途英语的属性与对应教学法. 外语与外语教学，（12）：25–27.

刘丽，王初明. 2018. "续论"与对外汉语动结式的学习. 广东外语外贸大学学报，（3）：21–28.

刘明，胡加圣. 2011. 大学外语视听教材的多模态化设计构想及要求分析. 外语电化教学，（2）：3–8，20.

刘鹏. 2019. 三语习得视角下的读后续写协同效应研究. 北京第二外国语学院学报，（5）：53–67.

刘芹，何蕾. 2017. 基于语料库的英语写作自主学习模式构建. 外语电化教学，（6）：44–49，77.

刘润清. 2015. 外语教学中的科研方法. 北京：外语教学与研究出版社.

刘向红. 2010. 大学英语自主学习理论研究与实践. 西安：西北工业大学出版社.

刘晓斌，林文衡，张维，洪晓丽. 2013. 基于语音可视化的英语模仿朗读教学实验研究. 电化教育研究，（4）：81–86.

刘欣，司炳月，杨帆. 2015. 专门用途英语教学多模态框架建构与实证研究. 黑龙江高教研究，（6）：173–176.

刘秀丽，张德禄，张宜波. 2013. 外语教师多模态话语与学生学习积极性的关系研究. 外语电化教学，（3）：3–9.

刘延秀，孔宪辉. 2008. 计算机辅助自主学习＋课堂的模式探索与学习者研究. 外语界，（1）：64–71.

刘艳，倪传斌. 2018. 视听续说的即时协同与延时促学效应. 现代外语，（6）：793–804.

刘熠，商国印. 2017. 世界英语背景下高校英语教师对跨文化教学的信念研究. 北京第二外国语学院学报，（05）：87–97，126.

刘正光，孙玉慧，李曦. 2020. 外语课程思政的"德"与"术". 中国外语，（5）：4–9.

刘正光，岳曼曼. 2020. 转变理念、重构内容，落实外语课程思政. 外国语（上海外国语大学学报），（5）：21–29.

龙宇飞，赵璞. 2009. 大学英语听力教学中元认知策略与多模态交互研究. 外语电化教学，（4）：58–62，74.

龙在波，徐锦芬. 2020. 二语课堂话语研究的多视角理论回顾与思考. 第二语言学习研究. 第十一辑：109–120.

罗娟. 2020. 基于马尔科夫链的外语教学动态评估模型. 外语教学理论与实践，（1）：26–33.

骆蓉. 2017. 网络环境下外语自主学习模式研究——基于中美 MOOC 平台调查. 外语界，（6）：29–36.

孟臻. 2005. 高校科技英语翻译课程设置探讨. 外语界，（1）：50–53.

缪海燕. 2017. 外语写作互动的语篇协同研究. 现代外语，（5）：630–641，730.

缪海燕. 2019. "续"中促学变量对英语过去时"–ed"习得的影响. 外语与外语教学，（3）：27–37，144.

莫在树. 2008. 语言经济学视角下的商务英语教育研究. 外语界，（2）：65–72.

庞维国. 2003. 自主学习：学与教的原理和策略. 上海：华东师范大学出版社.

彭红英. 2017. 英语学习者写作连贯性的实证研究. 解放军外国语学院学报，（4）：87–92.

秦丽莉. 2015. 社会文化视域下英语学习者能动性与身份之间的关系. 外语教学，（1）：61–64.

秦丽莉，戴炜栋. 2013. 二语习得社会文化理论框架下的"生态化"任务型语言教学研究. 外语与外语教学，（2）：41–46.

秦一竹，李英迪. 2019. 国际教育背景下英语学习者的文化身份认同研究. 外语学刊，（3）：100–103.

邱琳. 2017. "产出导向法"语言促成环节过程化设计研究. 现代外语，（3）：386–396.

邱琳. 2019. "产出导向法"促成环节的辩证研究. 现代外语，（3）：407–418.

邱琳. 2020a. "产出导向法"促成环节设计标准例析. 外语教育研究前沿，（2）：12–19.

邱琳. 2020b. "产出导向法"应用中的教师发展：矛盾与对策. 中国外语，（1）：68–74.

阮绩智. 2005. 大学商务英语课程目标及教学原则. 外语界，（3）：26–31.

芮燕萍，冀慧君. 2017. 多模态听说教学对口语焦虑与课堂沉默的影响. 外语电化教学，（6）：50–55.

邵颖. 2019. 基于"产出导向法"的马来语教材改编：驱动环节设计. 外语与外语教学，（1），25–32.

申甜. 2020. 中国商务英语研究的热点综评——基于 2001—2018 年 CSSCI 期刊和中文核心期刊数据库文献的共词可视化研究. 北京第二外国语学院

学报，（2）：85–98.

沈骑 . 2014. 转型期大学英语课程的价值追问 . 外语电化教学，（2）：61–67，73.

盛仁泽 . 2011. 元认知策略与多模态交互下的听力理解和词汇附带习得 . 黑龙江
高教研究，（9）：179–182.

束定芳 . 2019. 外语教学应在传统教学法与交际教学法之间寻求融合——李观仪
先生的外语教学观及外语教学实践主张 . 外语界，（2）：16–23.

束定芳，张逸岗 . 2004. 从一项调查看教材在外语教学过程中的地位与作用 .
外语界，（2）：56–64.

宋庆伟 . 2013. 多模态化与大学英语多元读写能力培养实证研究 . 外语研究，
（2）：55–59.

宋缨，朱锡明 . 2019. "双一流" 建设背景下高校学术英语教学改革实践研究 .
外语教育研究前沿，2（3）：51–57.

孙钦美，王钰 . 2018. 读后续写在英语冠词学习中的效应及影响因素研究 . 外语
电化教学，（2）：18–24.

孙曙光 . 2017. "师生合作评价" 课堂反思性实践研究 . 现代外语，（3）：397–406.

孙曙光 . 2020a. "产出导向法" 中师生合作评价原则例析 . 外语教育研究前沿，
（2）：20–27.

孙曙光 . 2020b. 拓展学习视角下师生合作评价实践中的教师自我发展 . 中国外语，
（1）：75–83.

孙亚 . 2017. 基于认知介入和产出导向的商务英语词汇教学 . 外语学刊，（6）：
83–89.

孙有中 . 2017. 人文教育论 . 外语教学与研究，（6）：859–870.

孙有中 . 2019. 思辨英语教学原则 . 外语教学与研究，（6）：825–837，959.

孙志农 . 2017. 大学英语自主学习平台学习者满意度及其影响因素研究 . 外语
电化教学，（3）：15–21.

唐美华 . 2020. "产出导向法" 与 "任务型教学法" 比较：英语专业精读课单元
教学设计案例 . 外语教学，（1）：65–69.

唐雄英 . 2004. ESP 能力测试问题再探索 . 外语与外语教学，（6）：61–63.

陶伟，古海波 . 2019. 农村小学英语教师职业幸福感提升：积极心理学视角 .
基础外语教育，（5）：16–22，106.

田苗，王萌，周子航 . 2019. 多模态翻转课堂教学模式对大学生英语听力培养
效果的实证研究 . 黑龙江高教研究，（11）：152–156.

汪波 . 2019. "产出导向法" 在大学朝鲜语专业低年级语法教学中的应用 . 外语与
外语教学，（1），9–16.

王蓓蕾 . 2004. 同济大学 ESP 教学情况调查 . 外语界，（1）：35–42.

王博佳 . 2019. 口语思辨 "一体化" 教学对议论文写作反哺性的实证研究——
基于思辨模型和产出导向法理论 . 外语教学，（5）：51–56.

王初明. 2003. 补缺假设与外语学习. 外语学刊,（1），1–5，112.

王初明. 2005. 外语写长法. 中国外语,（1），45–49.

王初明. 2006. 运用写长法应当注意什么. 外语界,（5），7–12.

王初明. 2007. 论外语学习的语境. 外语教学与研究,（3），190–197，240.

王初明. 2009. 学相伴, 用相随——外语学习的学伴用随原则. 中国外语,（5）：53–59.

王初明. 2010. 互动协同与外语教学. 外语教学与研究,（4）：297–299.

王初明. 2012. 读后续写——提高外语学习效率的一种有效方法. 外语界,（5）：2–7.

王初明. 2014. 内容要创造, 语言要模仿——有效外语教学和学习的基本思路. 外语界,（2）：42–48.

王初明. 2015. 读后续写何以有效促学. 外语教学与研究,（5）：753–762，801.

王初明. 2016. 以"续"促学. 现代外语,（6）：784–793，873.

王初明. 2017. 从"以写促学"到"以续促学". 外语教学与研究,（4）：547–640.

王初明. 2018. 如何提高读后续写中的互动强度. 外语界,（5）：40–45.

王初明. 2019. 运用续作应当注意什么? 外语与外语教学,（3）：1–7，143.

王初明. 2020. 外语学习的一个根本性问题：静态语言知识如何适配到动态内容? 现代外语,（5）：593–600.

王初明, 亓鲁霞. 2013. 读后续写题型研究. 外语教学与研究,（5）：707–718，800.

王初明, 牛瑞英, 郑小湘. 2000. 以写促学——一项英语写作教学改革的试验. 外语教学与研究,（3）：207–212，240.

王丹丹. 2019. 基于"产出导向法"的大学印度尼西亚语视听说课教学研究. 外语教育研究前沿,（2）：55–62.

王惠萍. 2010. 英语阅读教学中多模态识读能力的培养. 外语界,（2）：20–25，10.

王慧君, 王海丽. 2015. 多模态视域下翻转课堂教学模式研究. 电化教育研究,（12）：70–76.

王立非. 2012. 商务英语词汇名化的语料库考察及批评分析. 外语电化教学,（3）：3–8.

王立非, 李琳. 2013. 我国商务英语研究十年现状分析（2002—2011）. 外语界,（4）：2–10.

王立非, 李琳. 2014. 基于可视化技术的国外商务英语研究进展考察（2002—2012）. 中国外语,（2）：88–96.

王立非, 叶兴国, 严明, 彭青龙, 许德金. 2015. 商务英语专业本科教学质量国家标准要点解读. 外语教学与研究,（2）：297–302.

王梅. 2012. 多模态与多元文化读写能力培养证研究. 外语教学,（1）：66–69，80.

王敏, 王初明. 2014. 读后续写的协同效应. 现代外语,（4）：501–512，584.

王启. 2019. 读后续写协同效应对汉语二语学习的影响. 外语与外语教学,（3）：38–46，144.

王启，王凤兰 . 2016. 汉语二语读后续写的协同效应 . 现代外语，（6）：794–805，873.

王启，王初明 . 2019. 以续促学英语关系从句 . 外语教学理论与实践，（3）：1–5，18.

王启，曹琴 . 2020. 二语读后续写中的结构启动——以英语被动句产出为例 . 解放军外国语学院学报，（1）：25–32.

王守仁 . 2017. 转变观念深化改革促进大学外语教学新发展 . 中国大学教学，（2）：59–64.

王薇 . 2019. 学术英语写作学习者的元认知与体裁习得研究 . 外语教育研究前沿，（2）：73–80.

王欣，王勇 . 2015. 大学英语教学改革形势下教师转型期间状态焦虑的现状分析与对策研究 . 外语教学理论与实践，（2）：31–38.

王艳 . 2011. 优秀外语教师实践性知识的个案研究 . 外语教学理论与实践，（1）：68–76.

王宇 . 2000. 策略训练与听力教学 . 外语与外语教学，（8）：61–63.

王宇，杜宛宜，周纯岳，刘辉 . 2019. 基于产出导向法的工科 ESP 课程教学设计框架 . 外语教育研究前沿，（2）：44–52.

王玉雯 . 2009. 多模态听力自主学习的设计及其效果研究 . 外语电化教学，（6）：62–65.

王炤 . 2010. 多媒体英语写作教学中的多模态互动模式 . 外语电化教学，（6）：14–19.

韦健 . 2014. 多模态辅助支架式教学法在大学英语翻译教学中的应 . 教育探索，（2）：33–36.

韦琴红 . 2009. 多模态化与大学生多元识读能力研究 . 外语电化教学，（2）：28–32.

魏立明，隋铭才，何梅蓉 . 1998. 从语言到教育：九十年代外语教学发展的走向——兼论在我国确立外语教育学学科地位的必要性 . 外语界，（1）：3–5.

文灵玲，徐锦芬 . 2014. 国外教师专业身份研究综述 . 教师教育研究，（06）：93–100.

文秋芳 . 2002. 编写英语专业教材的重要原则 . 外语界，（1）：17–21.

文秋芳 . 2008. 输出驱动假设与英语专业技能课程改革 . 外语界，（2）：2–9.

文秋芳 . 2013. 输出驱动假设在大学英语教学中的应用：思考与建议 . 外语界，（6）：14–22.

文秋芳 . 2014a. 大学英语教学中通用英语与专用英语之争：问题与对策 . 外语与外语教学，（1）：1–8.

文秋芳 . 2014b. 输出驱动—输入促成假设：构建大学外语课堂教学理论的尝试 . 中国外语教育，（2）：1–12.

文秋芳 . 2015. 构建"产出导向法"理论体系 . 外语教学与研究，（4）：547–

558，640.

文秋芳．2016．"师生合作评价"："产出导向法"创设的新评价形式．外语界，（5）：37–43.

文秋芳．2017a．"产出导向法"的中国特色．现代外语，（3）：348–358，438.

文秋芳．2017b．辩证研究法与二语教学研究．外语界，（4）：2–11.

文秋芳．2017c．唯物辩证法在应用语言学研究中的应用——桂诗春先生的思想
　　遗产．现代外语，（6）：855–860.

文秋芳．2017d．我国应用语言学理论国际化的标准与挑战——基于中国大陆
　　学者国际论文创新性的分析．外语教学与研究，（2）：254–266.

文秋芳．2017e．"产出导向法"教材使用与评价理论框架．中国外语教育，（2）：
　　17–23.

文秋芳．2018a．"辩证研究范式"的理论与应用．外语界，（2）：2–10.

文秋芳．2018b．"产出导向法"与对外汉语教学．世界汉语教学，（3）388–400.

文秋芳．2019．新中国外语教学理论70年发展历程．中国外语，（5）：14–22.

文秋芳．2020．熟手型外语教师运用新教学理论的发展阶段与决定因素．中国外语，
　　（1）：50–59.

文秋芳，毕争．2020．产出导向法语任务教学法的异同评述．外语教学，（4）：
　　42–46.

文秋芳，孙曙光．2020．"产出导向法"驱动场景设计要素例析．外语教育研究
　　前沿，（2）：4–11.

文秋芳，俞希．2003．英语的国际化与本土化．国外外语教学，（3）：6–11.

文卫霞，杨燕．2016．英语写作中结合同伴反馈与教师反馈的动态评估模式效果
　　研究．外语测试与教学，（4）：43–51.

吴春明．2014．英语词汇的多模态叙事教学．外国语文，（4）：171–174.

习近平．2017．决胜全面建成小康社会夺取新时代中国特色社会主义伟大胜利．
　　人民日报，10月28日.

肖琼，黄国文．2020．关于外语课程思政建设的思考．中国外语，（5）：1，10–14.

谢竞贤，董剑桥．2010．论多媒体与多模态条件下的大学英语听力教学．外语
　　电化教学，（6）：9–13.

辛积庆．2019．中国学术英语发展10年述评：基于与国际相关论文的对比．
　　解放军外国语学院学报，（3）：64–72.

辛声．2017．读后续写任务条件对二语语法结构习得的影响．现代外语，（4）：
　　507–517，584.

辛声，李丽霞．2020．读后续写任务的文本复杂度协同及其对准确度的影响．
　　解放军外国语学院学报，（1）：33–41.

熊淑慧．2018．议论文对比续写的协同效应研究．解放军外国语学院学报，（5）：
　　85–92.

徐富平，王初明．2020．复诊续写任务促学医学汉语词汇的效应．解放军外国语学院学报，（1）：17–24，159．

徐浩．2010．教学视角下的英语教材与教材使用研究．山东师范大学外国语学院学报（基础英语教育），（2）：3–6．

徐锦芬．2006．现代外语教学的理论与实践．武汉：华中科技大学出版社．

徐锦芬．2007．大学外语自主学习理论与实践．北京：中国社会科学出版社．

徐锦芬．2014．中国大学生英语自主学习能力发展规律及影响因素研究．北京：外语教学与研究出版社．

徐锦芬．2018．同伴互动的理论基础与研究方法．第二语言学习研究，（1）：100–113．

徐锦芬．2019．关于基础教育阶段英语课程资源建设的思考．外语学刊，（2）：64–67．

徐锦芬．2020a．大学英语教师的自主性专业发展．山东外语教学，（4）：19–26．

徐锦芬．2020b．二语学习同伴互动研究．北京：外语教学与研究出版社

徐锦芬．2020c．论外语教师心理研究．外语学刊，（3）：56–62．

徐锦芬．2020d．外语类专业学生自主学习能力的构成与培养．外语界，（6）：26–32，62．

徐锦芬．2021．高校英语课程教学素材的思政内容建设研究．外语界，（2）：18–24．

徐锦芬，程相连，秦凯利．2014．优秀高校英语教师专业成长的叙事研究——基于教师个人实践知识的探索．外语与外语教学，（6）：1–6．

徐锦芬，范玉梅．2017．大学英语教师使用教材任务的策略与动机．现代外语，（1）：91–101，147．

徐锦芬，范玉梅．2019．社会认知视角下的外语学习者投入研究．外语教学，（5）：39–43，56．

徐锦芬，付华．2019．国际二语私语研究三十年．外语学刊，（5）：49–54．

徐锦芬，黄子碧．2020．国际自我调节学习研究——二语教学与教育心理学的对比分析．外语学刊，（6）：1–8．

徐锦芬，寇金南．2011．大学英语课堂小组互动策略培训实验研究．外语教学与研究，（1）：84–95，159．

徐锦芬，雷鹏飞．2017．基于动态系统理论的课堂二语习得研究：理论框架与研究方法．外语教学理论与实践，（1）：22–29，9．

徐锦芬，雷鹏飞．2018．社会文化视角下的英语课堂研究．现代外语，（4）：563–573．

徐锦芬，雷鹏飞．2020．大学英语教师教学科研融合发展的叙事研究．中国外语，（6）：62–68．

徐锦芬，李斑斑．2007．中外籍英语教师课堂中介作用调查与对比分析．外语教学

与研究，（4）：301–306.

徐锦芬，李斑斑．2012. 中国高校英语教师教学反思现状调查与研究．外语界，
（4）：6–15.

徐锦芬，李斑斑．2014. 学习者可控因素对大学生英语自主学习能力的影响．
现代外语，（5）：647–656，730.

徐锦芬，李昶颖．2018. 任务前后语言形式聚焦对英语学习者语法习得影响的
对比研究．外语教学理论与实践，（1）：74–80.

徐锦芬，李昶颖．2019. 初中英语教师形式聚焦教学实证研究．外语教学理论与
实践，（3）：12–18.

徐锦芬，李昶颖．2020. 形式聚焦教学时机对不同英语水平学习者语法习得的
效果研究．外语教学理论与实践，（2）：50–56.

徐锦芬，李霞．2018. 国内外二语教师研究的方法回顾与反思（2000—2017）.
解放军外国语学院学报，（4）：87–95，160.

徐锦芬，李霞．2019. 社会文化理论视角下的高校英语教师学习研究．现代外语，
42（06）：842–854.

徐锦芬，刘文波．2019. 信息技术背景下的外语创新教学与研究．外语与外语教学，
（5）：1–9，147.

徐锦芬，龙在波．2020a. 后结构主义视域下国际二语课堂话语研究．现代外语，
（6）：854–864.

徐锦芬，龙在波．2020b. 技术调节外语教学研究中的理论意识．外语电化教学，
（1）：6，38–44.

徐锦芬，龙在波．2020c. 外语教学中的能动性研究．解放军外国语学院学报，
（5）：93–100，160.

徐锦芬，龙在波．2021.《基于实证的二语教学：教学二语习得研究汇编》评介.
外语教育研究前沿，（1）：77–81.

徐锦芬，潘晨茜．2019. 国际二语教师语言意识研究及发展趋势．现代外语，42（4）：
565–574.

徐锦芬，彭仁忠，吴卫平．2004. 非英语专业大学生自主性英语学习能力调查和
分析．外语教学与研究，（1）：64–68.

徐锦芬，舒静．2020. 我国大学英语课堂同伴协商互动实证研究．外语教学与研究，
（6）：868–879，959–960.

徐锦芬，唐芳，刘泽华．2010. 培养大学新生英语自主学习能力的"三维一体"
教学模式——大学英语教学模式改革实验研究．外语教学，（6）：60–64.

徐锦芬，文灵玲，秦凯利．2014. 21世纪国内外外语/二语教师专业发展研究
对比分析．外语与外语教学，（3）：29–35.

徐锦芬，占小海．2004. 国内外"学习者自主"研究述评．外语界，（4）：2–9.

徐珺，夏蓉．2013. 商务英语写作多模态设计的实证研究．外语界，（4）：32–39.

徐启豪，王雪梅．2018. 教育生态学视阈下的大学英语课程空间研究．外语电化教学，（8）：38-44.

徐小舒，孙以琳，蔡基刚．2020. 我国高校专门用途英语教师技术教学内容知识能力框架研究．外语与外语教学，（1）：51-60.

徐有志，郭丽辉，徐涛．2007. 学术论文体裁教学不可或缺——英语专业硕士学位论文引言写作情况调查．中国外语，（4）：47-51.

许琪．2016. 读后续译的协同效应及促学效果．现代外语，（6）：830-841，874.

许琪，董秀清．2018. 基于微信平台的大学英语视听续说教学方法研究．广东外语外贸大学学报，（4）：125-131.

许幸，刘玉梅．2018. 多模态理论视域下英语写作写前动机培养的实证研究．外语电化教学，（1）：25-31.

许悦婷，陶坚．2020. 线上教学背景下高校外语教师身份认同研究．外语与外语教学，（5）：12-21，148.

闫国利，巫金根，胡晏雯，白学军．2010. 当前阅读的眼动研究范式述评．心理科学进展，（12）：1966-1976.

闫国利，熊建萍，臧传丽，余莉莉，崔磊，白学军．2013. 阅读研究中的主要眼动指标评述．心理科学进展，（4）：589-605.

闫莉．2010. 学习者发展项目对英语学习自主性的长期作用研究．外语界，（3）：21-29.

严明．2009. 大学英语自主学习能力培养模式研究．黑龙江：黑龙江大学出版社．

颜奕，张为民，张文霞．2020. 优秀学术英语教师教学实践的活动系统分析．外语教学，41（3）：73-77.

杨华．2018. 读后续写对中高级水平外语学习者写作修辞的学习效应研究．外语教学与研究，（4）：596-607，641.

杨金才．2020. 外语教育"课程思政"之我见．外语教学理论与实践，（4）：48-51.

杨莉芳．2015. 产出导向法"驱动"环节的微课设计——以《新一代大学英语综合教程2》"艺术与自然"单元为例．中国外语教育，（4）：3-9.

杨敏，黄翔．2016. 基于跨境电商方向的高职商务英语专业教学改革的探索与实践——以南昌师范高等专科学校为例．职教论坛，（11）：77-79，96.

杨延宁．2014. 应用语言学研究的质性方法．北京：商务印书馆．

俞理明，袁平华．2004. 应用语言学还是教育语言学？——对二语习得研究学科属性的思考．现代外语，（3）：282-293.

袁传有．2010."多模态信息认知教—学模式"初探——复合型课程"法律英语"教学改革尝试．山东外语教学，（4）：10-18.

曾庆敏．2011. 多模态视听说教学模式对听说能力发展的有效性研究．解放军外国语学院学报，（6）：72-76，128.

曾祥娟 . 2001. 体裁分析与科技英语写作教学 . 外语教学，22（5）：51–55.

曾艳钰 . 2019.《英语专业本科教学指南》解读 . 外语界，（6）：2–8.

曾用强 . 2020. 职业英语能力构念的实证研究 . 外语界，（2）：12–19.

詹霞 . 2019. 基于"产出导向法"的德语教材改编：促成活动过程化设计 . 外语与外语教学，（1）：33–42.

张德禄 . 2009a. 多模态话语分析综合理论框架探索 . 中国外语，（1）：24–30.

张德禄 . 2009b. 多模态话语理论与媒体技术在外语教学中的应用 . 外语教学，（4）：15–20.

张德禄 . 2010. 多模态外语教学的设计与模态调用初探 . 中国外语，（3）：48–53, 75.

张德禄 . 2012a. 多模态学习能力培养模式探索 . 外语研究，（2）：9–14.

张德禄 . 2012b. 论多模态话语设计 . 山东外语教学，（1）：9–15.

张德禄 . 2018. 系统功能理论视阈下的多模态话语分析综合框 . 现代外语，（6）：731–743.

张德禄，丁肇芬 . 2013. 外语教学多模态选择框架探索 . 外语界，（3）：39–46, 56.

张德禄，李玉香 . 2012. 多模态课堂话语的模态配合研究 . 外语与外语教学，（1）：39–43.

张德禄，刘睿 . 2014. 外语多元读写能力培养教学设计研究——以学生口头报告设计为例 . 中国外语，（3）：45–52.

张德禄，王璐 . 2010. 多模态话语模态的协同及在外语教学中的体现 . 外语学刊，（2）：97–102.

张德禄，王正 . 2016. 多模态互动分析框架探索 . 中国外语，（2）：54–61.

张德禄，张时倩 . 2014. 论设计学习——多元读写能力培养模式探索 . 解放军外国语学院学报：（2）：1–8, 159.

张德禄，张淑杰 . 2010. 多模态性外语教材编写原则探索 . 外语界，（5）：26–33.

张殿玉 . 2005. 英语学习策略与自主学习 . 外语教学，（1）：41–43.

张红玲，姚春雨 . 2020. 建构中国学生跨文化能力发展一体化模型 . 外语界，（4）：35–44, 53.

张蕾 . 2019. 文化全球化背景下英语教师的双重文化身份研究 . 科教文汇（上旬刊），（4）：179–180

张莲 . 2019. 高校外语类专业教师知识基础及其建构与发展的现象图析学分析 . 解放军外国语学院学报，（5）：40–48, 159.

张琳，秦婷 . 2020. 读后续写对英语专业学生写作焦虑和写作能力的影响研究 . 外语教学，（6）：72–76.

张伶俐 . 2017."产出导向法"的教学有效性研究 . 现代外语，（3）：369–376.

张伶俐 . 2020."产出导向法"在英语通用语教学中的应用研究 . 外语教育研究前沿，（3）：3–10.

张佩秋 . 2020."产出导向法"促成环节的课堂教学实践研究——以学生多模态

口头报告设计为例 . 外语教育研究前沿，（3）：11–18.

张姗姗，龙在波 . 2021. 活动理论视角下高校英语经验教师专业发展能动性研究 . 外语教学，（6）：85–90.

张姗姗，徐锦芬 . 2019. ZPD 视角下在线自动反馈对英语不同水平学习者写作的影响 . 外语与外语教学，（5）：30–39，148.

张素敏 . 2019a. 不同词类加工中"续译"对译者主体性的作用研究 . 外语与外语教学，（3）：17–26，143–144.

张素敏 . 2019b. 续译在情绪信息语篇加工中的效应 . 现代外语，（4）：514–526.

张素敏，张继东 . 2019."多轮续写"中学习者英语水平的动态发展研究 . 外语教学，（6）：57–62.

张文娟 . 2016. 基于"产出导向法"的大学英语课堂教学实践 . 外语与外语教学，（2）：106–114.

张文娟 . 2017."产出导向法"对大学英语写作影响的实验研究 . 现代外语，（3）：377–385.

张文娟 . 2020. 高校外语教师应用"产出导向法"的自我叙事研究 .（1）：60–67.

张晓鹏 . 2016. 读后续写对二语写作过程影响的多维分析 . 外语界，（6）：86–94.

张秀芹，王迎丽 . 2020. 读后续说任务中语言水平对学习者输出及协同效果的影响 . 解放军外国语学院学报，（1）：9–16，159.

张秀芹，武丽芳，张倩 . 2019. 续写任务中输入模式和语言水平对英语词汇习得影响研究 . 解放军外国语学院学报，（2）：10–17，158.

张秀芹，张倩 . 2017. 不同体裁读后续写对协同的影响差异研究 . 外语界，（3）：90–96.

张艳 . 2019. 基于"产出导向法"的《学术英语》泛在学习模式研究 . 外语电化教学，（3）：110–115.

张艳红 . 2008. 大学英语网络写作教学的动态评估模式研究 . 外语界，（4）：73–81.

张义君 . 2011. 英语专业学生多元识读能力实证研究 . 外语界，（1）：45–52.

张芸 . 2012. 基于计算机网络的多模态化英美文学教学探索 . 外语电化教学，（2）：65–68.

张征 . 2010. 多模态 PPT 演示教学与学生学习绩效的相关性研究 . 中国外语，（3）：54–58.

张征 . 2013a. 多模态 PPT 演示教学与学生学习态度的相关性研究 . 外语电化教学，（3）：59–64.

张征 . 2013b. 基于"设计"理念的多元读写能力培养模式 . 外语与外语教学，（2）：11–15.

章木林，邓鹂鸣 . 2019. 学术英语改革中教师投入的制约因素研究 . 现代外语，（1）：110–121.

赵雯，王海啸．2020．新时代大学英语语言能力的建构．外语界，（4）：19–27．

赵晓光，马云鹏．2015．外语教师学科教学知识的要素及影响因素辨析．外语教学理论与实践，（3）：36–41，95．

郑咏滟．2011．动态系统理论在二语习得研究中的应用——以二语词汇发展研究为例．现代外语，（3）：303–309，330．

郑咏滟．2016．复杂动态系统理论在应用语言学中的研究方法——设计原则与分析手段．复旦外国语言文学论丛，（1）：51–57．

郑咏滟，刘飞凤．2020．复杂理论视角下任务复杂度对二语口语表现的影响．现代外语，（3）：365–376．

中华人民共和国教育部．2012．义务教育英语课程标准（2011年版）．北京：北京师范大学出版社．

中华人民共和国教育部．2018．普通高中英语课程标准（2017年版）．北京：人民教育出版社．

朱茜，徐锦芬．2014．国外优秀英语教材词汇和语法的布局、复现及练习方式．外语教学理论与实践，（4）：25–33，93．

朱永生．2007．多模态话语分析的理论基础与研究方法．外语学刊，（5）：82–86．

朱永生．2008．多元读写能力研究及其对我国教学改革的启示．外语研究，（4）：10–14．

朱勇，白雪．2019．"产出导向法"在对外汉语教学中的应用：产出目标达成性考察．世界汉语教学，（1）：95–103．

庄玉莹．2013．英语专业学生自主学习能力实证研究．高教探索，（4）：100–103．

庄智象．2006．构建具有中国特色的外语教材编写和评价体系．外语界，（6）：49–56．

庄智象，黄卫．2003．试论大学英语教材立体化建设的理论与实践．外语界，（6）：8–14．

邹为诚．2016．教育语言学——我国外语／二语教师的精神家园．外语与外语教学，（3）：1–6，144．

左秀媛，宁强．2019．21世纪以来我国学术英语教学研究：回顾与展望．外语界，（2）：73–81．

Abdel-Latif, M. M. 2017. Teaching grammar using inductive and communicative materials: Exploring Egyptian EFL teachers' practices and beliefs. In H. Masuhara, F. Mishan & B. Tomlinson (Eds.), *Practice and Theory for Materials Development in L2 Learning*. Cambridge: Cambridge Scholars Publishing, 275–289.

Ableeva, R. & Lantolf, J. 2011. Mediated dialogue and the microgenesis of second language listening comprehension. *Assessment in Education: Principles, Policy & Practice*, 18(2): 133–149.

Ahearn, L. M. 2001. Language and agency. *Annual Review of Anthropology, 30*: 109–137.

Ahn, S. 2021. Visualizing the interplay of fear and desire in English learners' imagined identities and communities. *System, 102*: 102598.

Ahn, T. Y. 2016. Learner agency and the use of affordances in language-exchange interactions. *Language and Intercultural Communication, 16*(2): 164–181.

Al-Hoorie, A. H. 2017. Sixty years of language motivation research: Looking back and looking forward. *SAGE Open. 7*(1): 1–11.

Al-Hoorie, A. H. & Hiver, P. 2020. The fundamental difference hypothesis: expanding the conversation in language learning motivation. *SAGE Open, 10*(3): 1–15.

Aljaafreh, A. & Lantolf, J. P. 1994. Negative feedback as regulation and second language learning in the zone of proximal development. *The Modern Language Journal, 78*(4): 465–483.

Allegra, M. 2018. Role of phonetic alphabets for teaching pronunciation. In J. I. Liontas (Ed.), *The TESOL Encyclopedia of English Language Teaching*. Retrieved November 22, 2021, from Wiley Online Library website.

Allen, C. 2015. Marriages of convenience? Teachers and coursebooks in the digital age. *ELT Journal, 69*(3): 249–263.

Allwright, D. 1993. Integrating "research" and "pedagogy": Appropriate criteria and practical possibilities. In J. Edge & K. Richards (Eds.), *Teachers Develop Teachers Research*. Oxford: Heinemann, 125–135.

Allwright, D. & Bailey, K. 1991. *Focus on the Language Classroom: An introduction to Classroom Research for Language Teachers*. Cambridge: Cambridge University Press.

Allwright, D. & Hanks, J. 2009. *The Developing Language Learner*. New York: Palgrave Macmillan.

Allwright, D. & Lenzuen, R. 1997. Exploratory practice: Work at the cultura inglesa, Rio de Janeiro, Brazil. *Language Teaching Research, 1*(1): 73–79.

Ambridge, B. & Rowland, C. F. 2013. Experimental methods in studying child language acquisition. *Wiley Interdisciplinary Reviews, Cognitive Science, 4*(2): 149–168.

American Educational Research Association. 2011. Ethical standards of the American educational research association. *AERA*. Retrieved November 19, 2021, from AERA website.

American Psychological Association. 2010. Ethical principles of psychologists and code of conduct, including 2010 Amendments. *APA*. Retrieved November 19, 2021, from APA website.

Anderson, C. 2017. Ethics in qualitative language education research. In S. Mirhosseini (Ed.), *Reflections on Qualitative Research in Language and Literacy Education*. New York: Springer, 59–73.

Anderson, J. R., Bothell, D., Byrne, M. D., Douglass, S., Lebiere, C. & Qin, Y. 2004. An integrated theory of the mind. *Psychological Review, 111*(4): 1036–1060.

Andrews, S. 2001. The language awareness of the L2 teacher: Its impact upon pedagogical practice, *Language Awareness, 10*(2–3): 75–90.

Andrews, S. 2007. *Teacher Language Awareness*. Cambridge: Cambridge University Press.

Andrews S. & Svalberg, A. 2017. Teacher language awareness. In J. Cenoz, D. Gorter & S. May (Eds.), *Language Awareness and Multilingualism*. Cham: Springer, 219–232.

Aronson, E., Ellsworth, P. C., Carlsmith, J. M. & Gonzales, M. H. 1990. *Methods of Research in Social Psychology* (2nd ed.). New York: McGraw-Hill.

Atai, M. R. & Fatahi-Majd, M. 2014. Exploring the practices and cognitions of Iranian ELT instructors and subject teachers in teaching EAP reading comprehension. *English for Specific Purposes, 33*(1): 27–38.

Atkinson, D. 2011. Introduction. In D. Atkinson (Ed.), *Alternative Approaches to Second Language Acquisition*. London: Routledge, 1–23.

Atkinson, D., Churchill, E., Nishino, T. & Okada, H. 2007. Alignment and interaction in a sociocognitive approach to second language acquisition. *The Modern Language Journal, 91*(2): 169–188.

Atkinson, J. M. & Heritage, J. 1984. *Structure of Social Action*. Cambridge: Cambridge University Press.

Augusto-Navarro, E., de Oliveira, L. C. & de Abreu-e-Lima, D. M. 2014. Teaching pre-service EFL teachers to analyze and adapt published materials: An experience from Brazil. In S. Garton & K. Graves (Eds.), *International Perspectives on Materials in ELT*. London: Palgrave, 237–252.

Bachman, L. 1990. *Fundamental Considerations in Language Testing*. Oxford: Oxford University Press.

Baddeley, A. 1992. Working memory. *Science, 255*(5044): 556–559.

Baddeley, A. 2015. Working memory in second language learning. In M. Mota & A. McNeill (Eds.), *Working Memory in Second Language Acquisition and Processing*. Bristol: Multilingual Matters, 17–28.

Bahramlou, K. & Esmaeili, A. 2019. The effects of vocabulary enhancement exercises and group dynamic assessment on word learning through lexical inferencing. *Journal of Psycholinguistic Research, 48*(4): 889–901.

Baker, W. 2012. From cultural awareness to intercultural awareness: Culture in ELT. *ELT Journal, 66*(1): 62–70.

Bakhoda, I. & Shabani, K. 2019. Bringing L2 learners' learning preferences in the mediating process through computerized dynamic assessment. *Computer Assisted Language Learning, 32*(3): 210–236.

Banegas, D. L., Corrales, K. & Poole, P. 2020. Can engaging L2 teachers as material designers contribute to their professional development? Findings from Colombia. *System, 91*: 1–14.

Baratta, A. 2019. *World Englishes in English Language Teaching*. Cham: Palgrave Macmillan.

Barkhuizen, G. 2016. A short story approach to analyzing teacher (imagined) identities over time. *TESOL Quarterly, 50*(3): 655–683.

Barraja-Rohan, A. M. 2011. Using conversation analysis in the second language classroom to teach interactional competence. *Language Teaching Research, 15*(4): 479–507.

Barrios, S., Jiang, N. & Idsardi, W. J. 2016. Similarity in L2 phonology: Evidence from L1 Spanish late-learners' perception and lexical representation of English vowel contrasts. *Second Language Research, 32*(3): 367–95.

Barron, C. 2002. Problem-solving and EAP: Themes and issues in a collaborative teaching venture. *English for Specific Purposes, 22*(3): 297–314.

Bartels, N. 2009. Knowledge about language. In A. Burns & J. Richards (Eds.), *The Cambridge Guide to Second Language Teacher Education*. Cambridge: Cambridge University Press, 125–134.

Basharina, O. 2007. An activity theory perspective on student reported contradictions in international telecollaboration. *Language Learning & Technology, 11*(2): 80–103.

Basturkmen, H. 2010. *Developing Courses in English for Specific Purposes*. New York: Palgrave Macmillan.

Basturkmen, H. 2012. Languages for specific purposes curriculum creation and implementation in Australasia and Europe. *The Modern Language Journal, 96*(S1): 59–70.

Basturkmen, H. 2014. LSP teacher education: Review of literature and suggestions for the research agenda. *Ibérica, 28*(28): 17–34.

Basturkmen, H. 2019. ESP teacher education needs. *Language Teaching, 52*(3): 318–330.

Belcher, D. D. 2006. English for specific purposes: Teaching to perceived needs and imagined futures in worlds of work, study, and everyday life. *TESOL Quarterly, 40*(1): 133–156.

Bellés-Fortuño, B. 2021. CLIL assessment: Accommodating the curricular design in HE. In M. L. Carrió-Pastor & B. Bellés-Fortuño (Eds.), *Teaching Language and Content in Multicultural and Multilingual Classrooms*. Cham: Palgrave Macmillan, 293–314.

Benesch, S. 2001. *Critical English for Academic Purposes: Theory, Politics, and Practice*. Mahwah: Lawrence Erlbaum.

Benesch, S. 2019. Feeling rules and emotion labor: A poststructural-discursive approach to English language teachers' emotions. In X. Gao (Ed.), *Second Handbook of English Language Teaching*. Cham: Springer, 1111–1129.

Benson, P. 2001. *Teaching and Researching Autonomy in Language Learning*. Harlow: Longman.

Berg, B. L. 2001. *Qualitative Research Methods for the Social Sciences* (4th ed.). Boston: Allyn & Bacon.

Bialystok, E. 2011. The good, the bad and the indifferent. *Bilingualism: Language and Cognition, 12*(1): 3–11.

Bialystok, E., Majumder, S. & Martin, M. M. 2003. Developing phonological awareness: Is there a bilingual advantage? *Applied Psycholinguistics, 24*(1): 27–44.

Bianco, J. L., Orton, J. & Gao, Y. 2009. *China and English: Globalization and the Dilemmas of Identity*. Bristol: Multilingual Matters.

Bielak, J. & Mystkowska-Wiertelak, A. 2021. Language learners' emotion-regulation strategies. In M. Simons & T. F. H. Smits (Eds.), *Language Education and Emotions*. London: Routledge, 21–36.

Blake, R. J., Wilson, N. L., Cetto, M. & Pardo-Ballester, C. 2008. Measuring oral proficiency in distance, face-to-face, and blended classrooms. *Language Learning and Technology, 12*(3): 114–127.

Blin, F. 2016. Towards an "ecological" call theory: Theoretical perspectives and their instantiation in call research and practice. In F. Farr & L. Murray (Eds.), *The Routledge Handbook of Language Learning and Technology*. Oxford: Routledge, 39–54.

Blommaert, J. 2010. *The Sociolinguistics of Globalization*. Cambridge: Cambridge University Press.

Blue, G. 1988. Individualizing academic writing tuition. In P. C. Robinson (Ed.), *Academic Writing: Process and Product*. London: Modern English Publications in Association with The British Council, 129–148.

Bocanegra-Valle, A. & Basturkmen, H. 2019. Investigating the teacher education needs of experienced ESP teachers in Spanish universities. *Ibérica, 38*: 127–150.

Bock, J. K. 1986. Syntactic persistence in language production. *Cognitive Psychology, 18*(3): 355–387.

Bolitho, R. & Tomlinson, B. 1983. *Discover English—A Language Awareness Handbook*. London: Heinemann.

Bollen, K. A. & Long, J. S. 1992. Tests for structural equation models. *Sociological Methods & Research, 21*(2): 123–131.

Borg, S. 2006. *Teacher Cognition and Language Education: Research and Practice*. London: Continuum.

Bosher, S. & Stocker, J. 2015. Nurses' narratives on workplace English in Taiwan: Improving patient care and enhancing professionalism. *English for Specific Purposes, 38*: 109–120.

Boudreau, C., MacIntyre, P. D. & Dewaele, J. M. 2018. Enjoyment and anxiety in second language communication: An idiodynamic approach. *Studies in Second Language Learning and Teaching, 8*(1): 149–170.

Bourdieu, P. 1991. *Language and Symbolic Power*. (G. Raymond & M. Adamson, Trans.) Cambridge: Harvard University Press.

Bourdieu, P. & Passeron, J. 1977. *Reproduction in Education, Society, and Culture*. London & Beverly Hills: Sage.

Braun, V. & Clarke, V. 2013. *Successful Qualitative Research: A Practical Guide for Beginners*. London: Sage.

Breen, M. P. & Candlin, C. N. 1987. Which materials? A consumer's and designer's guide. In L. E. Sheldon (Ed.), *ELT Textbooks and Materials: Problems in Evaluation and Development*. London: Modern English Publications in Association with the British Council, 132–135.

Briggs, J. 2015. Out-of-class language contact and vocabulary gain in a study abroad context. *System, 53*: 129–140.

British Association of Lecturers in English for Academic Purposes. 2013. Can-Do Framework for EAP syllabus design and assessment. *BALEAP*. Retrieved November 19, 2021, from BALEAP website.

Britzman, D. P. 1994. Is there a problem with knowing thyself? Toward a poststructural view of teacher identity. In T. Shanahan (Ed.), *Teachers*

Thinking, Teachers Knowing: Reflections on Literacy and Language Education. Urbana: National Council of Teachers of English, 53–75.

Bronfenbrenner, U. 1979. *The Ecology of Human Development: Experiments by Nature and Design.* Cambridge: Harvard University Press.

Brown, H. D. 2004. *Language Assessment: Principles and Classroom Practice* (2nd ed.). New York: Longman.

Brown, J. D. 2001. *Using Surveys in Language Programs.* Cambridge: Cambridge University Press.

Bruce, I. 2016. *Theory and Concepts of English for Academic Purposes.* Beijing: Tsinghua University Press.

Bruck, M. & Genesee, F. 1995. Phonological awareness in young second language learners. *Journal of Child Language, 22*(2): 307–324.

Bunton, D. R. 2002. Generic moves in PhD thesis introductions. In J. Flowerdew (Ed.), *Academic Discourse.* London: Longman, 57–75.

Burke, D. & Pieterick, J. 2010. *Giving Students Effective Written Feedback.* Maidenhead: Open University Press.

Busch, B. 2014. Building on heteroglossia and heterogeneity: The experience of a multilingual classroom. In A. Blackledge & A. Creese (Eds.), *Heteroglossia as Practice and Pedagogy.* Cham: Springer, 21–40.

Busse, V. 2013. An exploration of motivation and self-beliefs of first year students of German. *System, 41*(2): 379–398.

Busse, V. 2017. Plurilingualism in Europe: Exploring attitudes towards English and other European languages among adolescents in Bulgaria, Germany, the Netherlands and Spain. *The Modern Language Journal, 101*(3): 566–582.

Busse, V. & Walter, C. 2013. Foreign language learning motivation in higher education: A longitudinal study of motivational changes and their causes. *The Modern Language Journal, 97*(2): 435–456.

Butler, Y. G. 2016. Self-assessment of and for young learners' foreign language learning. In M. Nikolov (Ed.), *Assessing Young Learners of English: Global and Local Perspectives.* Cham: Springer, 291–315.

Bybee, J. & Hopper, P. 2001. Introduction to frequency and the emergence of linguistic structure. In J. Bybee & P. Hopper (Eds.), *Frequency and the Emergence of Linguistic Structure.* Amsterdam: John Benjamins, 1–24.

Bygate, M., Skehan, P. & Swain, M. 2001. *Researching Pedagogic Tasks: Second Language Learning, Teaching, and Testing.* London: Pearson.

Byram, M. 1997. *Teaching and Assessing Intercultural Communicative Competence.*

Clevedon: Multilingual Matters.

Byram, M. 2009. Intercultural competence in foreign languages: The intercultural speaker and the pedagogy of foreign language education. In D. K. Deardorff (Ed.), *The SAGE Handbook of Intercultural Competence*. Thousand Oaks: Sage, 321–332.

Campion, G. C. 2016. The learning never ends: Exploring teachers' views on the transition from General English to EAP. *Journal of English for Academic Purposes*, *23*: 59–70.

Canagarajah, A. 2012. Migrant ethnic identities, mobile language resources: Identification practices of Sri Lankan Tamil youth. *Applied Linguistics Review*, *3*(2): 251–272.

Canagarajah, S. 2018. Materializing "Competence": Perspectives from international STEM scholars. *The Modern Language Journal*, *102*(2): 1–24.

Canale, M. & Swain, M. 1980. Theoretical bases of communicative approaches to second language teaching and testing. *Applied Linguistics*, *1*(1): 1–47.

Canniveng, C. & Martinez, M. 2003. Materials development and teacher training. In B. Tomlinson (Ed.), *Developing Materials for Language Teaching*. London: Bloomsbury, 479–489.

Cao, Y. 2011. Investigating situational willingness to communicate within second language classrooms from an ecological perspective. *System*, *39*(4): 468–479.

Carrier, M. & Nye, A. 2017. Empowering teachers for the digital future: What do 21st-century teachers need? In M. Carrier, R. M. Damerow & K. M. Bailey (Eds.), *Digital Language Learning and Teaching: Research, Theory, and Practice*. New York: Routledge, 208–221.

Carroll, J. 1993. *Human Cognitive Abilities: A Survey of Factor-Analytic Studies*. Cambridge: Cambridge University Press.

Carroll, J. & Sapon, S. 1959. *Modern Language Aptitude Test (MLAT)*. New York: The Psychological Corporation.

Carson, L. 2017. Realities of doing research in applied linguistics. In J. McKinley & H. Rose (Eds.), *Doing Research in Applied Linguistics*. New York: Routledge, 114–123.

Caws, C. & Heift, T. 2016. Evaluation in CALL: Tools, interactions, outcomes. In F. Farr & L. Murray (Eds.), *The Routledge Handbook of Language Learning and Technology*. Oxford: Routledge.

Cekaite, A. 2007. A child's development of interactional competence in a

Swedish L2 classroom. *The Modern Language Journal, 91*(1): 45–62.

Cenoz, J. & Gorter, D. 2011. A Holistic approach to multilingual education: Introduction. *The Modern Language Journal, 95*(3): 339–343.

Chan, J. Y. H. 2019. Four decades of ELT development in Hong Kong: Impact of global theories on the changing curricula and textbooks. *Language Teaching Research*. Retrieved November 22, 2021, from SAGE Journals website.

Chan, M. 2019. The role of classroom input: Processing instruction, traditional instruction, and implicit instruction in the acquisition of the English simple past by Cantonese ESL learners in Hong Kong. *System, 80*: 246–256.

Chapelle, C. 2009. The relationship between second language acquisition theory and computer-assisted language learning. *The Modern Language Journal, 93*(S1): 741–753.

Chapelle, C. & Duff, P. 2003. Some guidelines for conducting quantitative and qualitative research in TESOL. *TESOL Quarterly, 37*(1): 157–178.

Charles, M. 2007. Reconciling top-down and bottom-up approaches to graduate writing: Using a corpus to teach rhetorical functions. *Journal of English for Academic Purposes, 6*(4): 289–302.

Charles, M. 2013. English for academic purposes. In B. Paltridge & S. Starfield (Eds.), *The Handbook of English for Specific Purposes*. Chichester: Wiley-Blackwell, 137–153.

Chen, C., Lee, S. & Stevenson, H. W. 1995. Response style and cross-cultural comparison of rating scales among East Asian and North American students. *Psychological Science, 6*(3): 170–175.

Chen, J. & Day, C. 2015. Tensions and dilemmas for Chinese teachers in responding to system wide change. In G. Qing (Ed.), *The Work and Lives of Teachers in China*. London: Routledge, 1–21.

Chen, P. & Popovich, P. 2002. *Correlation*. Thousand Oaks: Sage.

Chen, Y. S., Ren, W. & Lin, C. Y. 2020. English as a lingua franca: From theory to practice. *Language Teaching, 53*(1): 63–80.

Cheng, A. 2008. Analyzing genre exemplars in preparation for writing: The case of an L2 graduate student in the ESP genre-based instructional framework of academic literacy. *Applied Linguistics, 29*(1): 50–71.

Cheng, A. 2018. *Genre and Graduate-level Research Writing*. Ann Arbor: University of Michigan Press.

Cheng, A. 2019. Examining the "Applied Aspirations" in the ESP genre analysis of published journal articles. *Journal of English for Academic Purposes, 38*: 36–47.

Chenoweth, A. N., Ushida, E. & Murday, K. 2006. Student learning in hybrid French and Spanish courses: an overview of language Online. *CALICO Journal, 24*(1): 115–146.

Chow, B. W., Chiu, H. T. & Wong, S. W. L. 2018. Anxiety in reading and listening English as a foreign language in Chinese undergraduate students. *Language Teaching Research, 22*(6): 719–738.

Chun, C. W. 2016. Addressing racialized multicultural discourses in an EAP textbook: Working toward a critical pedagogies approach. *TESOL Quarterly, 50*(1): 109–131.

Chun, E. 2009. Speaking like Asian immigrants: Intersections of accommodation and mocking at a U. S. high school. *Pragmatics, 19*(1): 17–38.

Chvala, L. 2020. Teacher ideologies of English in 21st century Norway and new directions for locally tailored ELT. *System, 94*: 102327.

Clemente, I. 2008. Recording audio and video. In L. Wei & M. G. Moyer (Eds.), *The Blackwell Guide to Research Methods in Bilingualism and Multilingualism.* Malden: Blackwell Publishing, 177–191.

Close, R. A. 1966. What qualifications do we need for the teaching of English as a foreign language? *ELT Journal, 20*(2): 98–102.

Coffey, B. 1984. ESP—English for specific purposes. *Language Teaching, 17*(1): 2–16.

Cogo, A. & Dewey, M. 2012. *Analysing English as a Lingua Franca: A Corpus-Driven Investigation.* London: Continuum.

Cohen, A., Shimony, U., Nachmias, R. & Soffer, T. 2019. Active learners' characterization in MOOC forums and their generated knowledge. *British Journal of Educational Technology, 50*(1): 177–198.

Cohen, J. 1988. *Statistical Power Analysis for the Behavioral Sciences.* Hillsdale: Erlbaum Associates.

Cohen, L., Manion, L. & Morrison, K. 2011. *Research Methods in Education.* New York: Routledge.

Colpaert, J. 2013. Peripatetic consideration on research challenges in CALL. In P. Hubbard, S. Mathias & S. Bryan (Eds.), *Learner-Computer Interaction in Language Education.* San Marcos: Computer Assisted Language Instruction Consortium, 272–279.

Comas-Quinn, A., De los Arcos, B. & Mardomingo. R. 2012. Virtual learning environments (VLEs) for distance language learning: Shifting tutor roles in a contested space for interaction. *Computer Assisted Language Learning,* *25*(2): 129–143.

Connor, U. & Mauranen, A. 1999. Linguistic analysis of grant proposals: European union research grants. *English for Specific Purposes, 18*(1): 47–62.

Cook, V. 1992. Evidence for multicompetence. *Language Learning, 42*(4): 557–591.

Costa, F. & Coleman, J. A. 2013. A survey of English-Medium instruction in Italian higher education. *International Journal of Bilingual Education and Bilingualism, 16*(1): 3–19.

Coughlan, P. & Duff, P. A.1994. Different activities: Analysis of a SLA task from an activity theory perspective. In J. P. Lantolf & G. Apple (Eds.), *Vygotskian Approaches to Second Language Research.* Norwood: Ablex Press, 173–194.

Cowling, J. D. 2007. Needs analysis: Planning a syllabus for a series of intensive workplace courses at a leading Japanese company. *English for Specific Purposes, 26*(4): 426–442.

Coxhead, A. 2000. A new academic word list. *TESOL Quarterly, 34*(2): 213–238.

Crain, S. & Thornton, R. (Eds.). 1998. *Language, Speech, and Communication, Investigations in Universal Grammar: A Guide to Experiments on the Acquisition of Syntax and Semantics.* Cambridge: MIT Press.

Creese, A. & Blackledge, A. 2010. Translanguaging in the bilingual classroom: A pedagogy for learning and teaching? *The Modern Language Journal, 94*(1): 103–115.

Creese, A. & Martin, P. 2008. Classroom ecologies: A case study from a Gujarati complementary school in England. In N. Hornberger (Ed.), *Encyclopedia of Language and Education.* New York: Springer, 3142–3151.

Creswell, J. W. & Creswell, J. D. 2018. *Research Design: Qualitative, Quantitative, and Mixed Methods Approach.* Los Angeles: Sage.

Crystal, D. 2008. Two thousand million? *English Today, 24*(1): 3–6.

Cummins, J. 1979. Cognitive/academic language proficiency, linguistic interdependence, the optimal age question, and some other matters. *Working Papers on Bilingualism,* (19): 197–205.

Cummins, J. & Davison, C. 2007. The global scope and politics of ELT: Critiquing current policies and programs. In J. Cummins & C. Davison (Eds.), *International Handbook of English Language Teaching.* Boston: Springer, 3–11.

Cunningsworth, A. 2002. *Choosing Your Course Book.* Shanghai: Shanghai Foreign Education Press.

Curdt-Christiansen, X. L. 2020. Observation and field notes: Recording live experiences. In J. McKinley & H. Rose (Eds.), *The Routledge Handbook of Research Methods in Applied Linguistics*. New York: Routledge, 336–347.

Curdt-Christiansen, X. L. & Silver, R. E. 2013. New wine into old skins: The enactment of literacy policy in Singapore. *Language and Education, 27*(3): 246–260.

Dahlberg, G. M. & Bagga-Gupta, S. 2014. Understanding glocal learning spaces: An empirical study of languaging and transmigrant positions in the virtual classroom. *Learning Media and Technology,39*(4): 468–487.

Dam, L. 1995. *Learner Autonomy: From Theory to Classroom Practice*. Dublin: Authentik.

Damon, W. & Phelps, E. 1989. Critical distinctions among three approaches to peer education. *International Journal of Educational Research, 13*(1): 9–19.

Darvin, R & Norton, B. 2015. Identity and a model of investment in applied linguistics. *Annual Review of Applied Linguistics*, 35: 36–56.

Davies, B. & Harré, R. 1990. Positioning: The discursive production of selves. *Journal for the Theory of Social Behavior, 20*(1): 43–63.

Davin, K. J. & Donato, R. 2013. Student collaboration and teacher-directed classroom dynamic assessment: A complementary pairing. *Foreign Language Annals, 46*(1): 5–22.

de Bot, K., Lowie, W. & Verspoor, M. 2007. A dynamic systems theory approach to second language acquisition. *Bilingualism Language & Cognition, 10*(1): 7–21.

de Costa, P. I. 2010. Reconceptualizing language, language learning, and the adolescent immigrant language learner in the age of postmodern Globalization. *Linguistics and Language Compass, 3*(01): 1–12.

de Costa, P. I. 2014. Making ethical decisions in an ethnographic study. *TESOL Quarterly, 48*(2): 413–422.

de Costa, P. I. 2015. Ethics and applied linguistics research. In B. Paltridge & A. Phakiti (Eds.), *Research Methods in Applied Linguistics: A Practical Resource*. London: Bloomsbury, 245–257.

de Costa, P. I. 2016a. *Ethics in Applied Linguistics Research: Language Researcher Narratives*. New York: Routledge.

de Costa P. I. 2016b. *The Power of Identity and Ideology in Language Learning, Multilingual Education*. Cham: Springer.

de Costa, P. I. & Norton, B. 2016. Future directions in identity research on language learning and teaching. In S. Preece (Ed.), *The Routledge*

Handbook of Language and Identity. Abingdon: Routledge, 586–601.

de Los Rios, C. V. & Seltzer, K. 2017. Translanguaging, coloniality, and English classrooms: An exploration of two bicoastal urban classrooms. *Research in the Teaching of English, 52*(1): 55–76.

de Swaan, A. 2001. *Words of the World: The Global Language System.* Cambridge: Polity Press.

Dekeyser, R. 2007. Conclusion: The future of practice. In R. M. DeKeyser (Ed.), *Practice in a Second Language: Perspectives from Applied Linguistics and Cognitive Psychology.* Cambridge: Cambridge University Press, 287–304.

DeKeyser, R. 2015. Skill acquisition theory. In B. VanPatten & J. Williams (Eds.), *Theories in Second Language Acquisition: An Introduction.* New York: Routledge, 94–112.

DeKeyser, R. & Sokalski, K. J. 1996. The differential role of comprehension and production practice. *Laguage Learning, 46*(4): 613–642.

Denzin, N. K. 1978. Triangulation: A case for methodological evaluation and combination. In N. K. Denzin (Ed.), *Sociological Methods.* New York: McGraw-Hill, 339–357.

Dewaele, J. 2013. The link between foreign language classroom anxiety and psychoticism, extraversion, and neuroticism among adult bi- and multilinguals. *The Modern Language Journal, 97*(3): 670–684

Dewaele, J. & Alfawzan, M. 2018. Does the effect of enjoyment outweigh that of anxiety in foreign language performance? *Studies in Second Language Learning and Teaching, 8*(1): 21–45.

Dewaele, J., Chen, X., Padilla, A. M. & Lake, J. 2019 The flowering of positive psychology in foreign language teaching and acquisition research. *Frontiers in Psychology, 10*: 2128.

Dewaele, J. & Dewaele, L. 2017. The dynamic interactions in foreign language classroom anxiety and foreign language enjoyment of pupils aged 12 to 18: A pseudo-longitudinal investigation. *Journal of the European Second Language Association, 1*(1): 12–22.

Dewaele, J. & Dewaele, L. 2020. Are foreign language learners' enjoyment and anxiety specific to the teacher? An investigation into the dynamics of learners' classroom emotions. *Studies in Second Language Learning and Teaching, 10*(1): 45–65.

Dewaele, J. & MacIntyre, P. D. 2014. The two faces of Janus? Anxiety and enjoyment in the foreign language classroom. *Studies in Second Language Learning and Teaching, 4*(2): 237–274.

Dewaele, J. & Mercer, S. 2018. Variation in ESL/EFL teachers' attitudes towards their students. In S. Mercer & A. Kostoulas (Eds.), *Teacher Psychology in SLA*. Bristol: Multilingual Matters, 178–195.

Dewaele, J., Witney, J., Saito, K. & K. Dewaele. 2018. Foreign language enjoyment and anxiety: The effect of teacher and learner variables. *Language Teaching Research*, 22(6): 676–697.

Diao, W. & H. -Y., Liu. 2021. Starting college, quitting foreign language: The case of learners of Chinese language during secondary-postsecondary transition. *Journal of Language, Identity & Education*, 20(2): 75–89.

Dickinson, L. 1987. *Self-instruction in Language Learning*. Cambridge: Cambridge University Press.

Ding, A. & Bruce, I. 2017. *The English for Academic Purposes Practitioner: Operating on the Edge of Academia*. Cham: Springer.

Dings, A. 2014. Interactional competence and the development of alignment activity. *The Modern Language Journal*, 98(3): 742–756.

Do, S. L. & Schallert, D. L. 2004. Emotions and classroom talk: Toward a model of the role of affect in students' experiences of classroom discussions. *Journal of Educational Psychology*, 96(4): 619–634.

Donato, R. 1994. Collective scaffolding in second language learning. In J. P. Lantolf & G. Apple (Eds.), *Vygotskian Approaches to Second Language Research*. Norwood: Ablex Press, 33–56.

Donato, R. & McCormick, D. 1994. A sociocultural perspective on language learning strategies: The role of mediation. *The Modern Language Journal*, 78(4): 453–464.

Dörnyei, Z. 2005. *The Psychology of the Language Learner: Individual Differences in Second Language Acquisition*. New York: Routledge.

Dörnyei, Z. 2007. *Research Methods in Applied Linguistics: Quantitative, Qualitative, and Mixed Methodologies*. Oxford: Oxford University Press.

Dörnyei, Z. 2009a. The L2 motivational self system. In Z. Dörnyei & E. Ushioda (Eds.), *Motivation, Language Identity and the L2 Self*. Bristol: Multilingual Matters, 9–42.

Dörnyei, Z. 2009b. The 2010s communicative language teaching in the 21st century. *Perspectives*, 36(2): 33–43.

Dörnyei, Z. & Csizér, K. 1998. Ten commandments for motivating language learners: Results of an empirical study. *Language Teaching Research*, 2(3): 203–229.

Dörnyei, Z. & Skehan, P. 2003. Individual differences in L2 learning. In C.

Doughty & M. Long (Eds.), *The Handbook of Second Language Acquisition*. Malden: Blackwell Publishing, 589–630.

Dörnyei, Z. & Taguchi, T. 2010. *Questionnaires in Second Language Research: Construction, Administration, Processing*. London: Routledge.

Doughty, C. J. 2019. Cognitive language aptitude. *Language Learning, 69*(S1): 101–126.

Douglas Fir Group. 2016. A transdisciplinary framework for SLA in a multilingual world. *The Modern Language Journal, 100*(S1): 19–47.

Douglas, K. A., Merzdorf, H. E., Hicks, N. M., Sarfraz, M. I. & Bermel, P. 2020. Challenges to assessing motivation in MOOC learners: An application of an argument-based approach. *Computers & Education, 150*(2): 103829.

Dudley-Evans, T. 2001. Team-teaching in EAP: Changes and adaptations in the Birmingham approach. In J. Flowerdew & M. Peacock (Eds.), *Research Perspectives on English for Academic Purposes*. Cambridge: Cambridge University Press, 225–238.

Duff, P. A. 2002. The discursive co-construction of knowledge, identity, and difference: An ethnography of communication in the high school mainstream. *Applied Linguistics, 23*(3): 289–322.

Duff, P. A. 2020. Case study research: Making language learning complexities visible. In J. McKinley & H. Rose (Eds.), *The Routledge Handbook of Research Methods in Applied Linguistics*. New York: Routledge, 144–163.

Duff, P. A. & Talmy, S. 2011. Language socialization approaches to second language acquisition. In D. Atkinson (Ed.), *Alternative Approaches to Second Language Acquisition*. New York: Routledge, 95–116.

Duranti, A. 1997. *Linguistic Anthropology*. Cambridge: Cambridge University Press.

Dussias, P. E. 2003. Syntactic ambiguity resolution in L2 learners. *Studies in Second Language Acquisition, 25*(4): 529–557.

Early, P. 1981. The ESP teacher's role-implications for the 'knower-client' relationship. In J. McDonough & T. French (Eds.), *The ESP Teacher: Role, Development and Prospects*. London: The British Council, 42–52.

Ebadi, S. & Asakereh, A. 2017. Developing EFL learners' speaking skills through dynamic assessment: A case of a beginner and an advanced learner. *Cogent Education, 4*(1): 1419796.

Ebadi, S. & Rahimi, M. 2019. Mediating EFL learners' academic writing skills in online dynamic assessment using Google Docs. *Computer Assisted*

Language Learning, 32(5–6): 527–555.

Ebadi, S., Weisi, H., Monkaresi, H. & Bahramlou, K. 2018. Exploring lexical inferencing as a vocabulary acquisition strategy through computerized dynamic assessment and static assessment. *Computer Assisted Language Learning, 31*(7): 790–817

Edge, J. 1988. Applying linguistics in English language teacher training for speakers of other languages. *ELT Journal, 42*(1): 9–13.

Egbert, J. 2003. A study of flow theory in the foreign language classroom. *The Modern Language Journal, 87*(4): 499–518.

Ellis, N. C. 2015. Implicit and explicit language learning. In P. Rebuschat (Ed.), *Studies in Bilingualism: Implicit and Explicit Learning of Languages.* Philadelphia: John Benjamins, 1–24.

Ellis, N. C. & Larsen-Freeman, D. (Eds.). 2009. *Language as a Complex Adaptive System.* Oxford: Wiley-Blackwell.

Ellis, R. 1984. *Second Language Classroom Development.* Oxford: Pergamon.

Ellis, R. 1994. *The Study of Second Language Acquisition.* Oxford: Oxford University Press.

Ellis, R. 1997. SLA and language pedagogy: An educational perspective. *Studies in Second Language Acquisition, 19*(1): 69–92.

Ellis, R. 2003. *Task-Based Language Learning and Teaching.* Oxford: Oxford University Press.

Ellis, R. 2005. Measuring implicit and explicit knowledge of a second language: A Psychometric Study. *Studies in Second Language Acquisition, 27*(2): 91.

Ellis, R. 2008. *The Study of Second Language Acquisition.* Oxford: Oxford University Press.

Ellis, R. 2012. *Language Teaching Research and Language Pedagogy.* Chichester: Wiley-Blackwell.

Ellis, R. & Shintani, N. 2014. *Exploring Language Pedagogy Through Second Language Acquisition Research.* New York: Routledge.

Emanuel, E. J., Wendler, D. & Grady, C. 2013. What makes clinical research ethical? *The Journal of the American Medical Association, 283*(20): 2701–2711.

Engeström, Y. 1987. *Learning by Expanding: An Activity Theoretical Approach to Developmental Research.* Helsinki: Orienta-Konsultit.

Engeström, Y. 2001. Expansive learning at work: Toward an activity theoretical reconceptualization. *Journal of Education and Work, 141*: 133–156.

Engeström, Y. 2008. *From Teams to Knots: Activity-Theoretical Studies of Collaboration and Learning at Work*. Cambridge: Cambridge University Press.

Erickson, F. 1996. Ethnographic microanalysis. In S. L. Mackay & N. Hornberger (Eds.), *Sociolinguistics and Language Teaching*. Cambridge: Cambridge University Press, 238–306.

Erlam, R., Ellis, R. & Batstone, R. 2013. Oral corrective feedback on L2 writing: Two approaches compared. *System, 41*(2): 257–268.

Ernest, P., Heiser, P. & Murphy, L. 2013. Developing teacher skills to support collaborative online language learning. *Language Learning Journal, 41*(1): 37–54.

Escobar, C. F. 2019. Translanguaging by design in EFL classrooms. *Classroom Discourse, 10*(3–4): 290–305.

Eskildsen, S. & Wagner, J. 2015. Embodied L2 construction learning. *Language Learning, 65*(2): 268–297.

European Commission. 2007. *Final Report: High Level Group on Multilingualism*. Luxembourg: Office for Official Publications of the European Communities.

Ewer, J. R. 1983. Teacher training for EST: Problems and methods. *The ESP Journal, 2*(1): 9–31.

Fairclough, N. 2005. Critical discourse analysis in transdisciplinary research. In R. Wodak & P. Chilton (Eds.), *A New Agenda in (Critical) Discourse Analysis*. Amsterdam: John Benjamins, 9–42.

Fanselow, J. F. 1977. The treatment of error in oral work. *Foreign Language Annals, 10*(5): 583–593.

Farjon, D., Smits, A. & Voogt, J. 2019. Technology integration of pre-service teachers explained by attitudes and beliefs, competency, access, and experience. *Computers & Education, 130*: 81–93.

Farrokh, P. & Rahmani, A. 2017. Dynamic assessment of writing ability in transcendence tasks based on Vygotskian perspective. *Asian-Pacific Journal of Second and Foreign Language Education, 2*(1): 1–23.

Feenberg, A. 1991. *Critical Theory of Technology*. New York: Oxford University Press.

Fenton-Smith, B., Humphreys, P. & Walkinshaw, I. 2018. On evaluating the effectiveness of university-wide credit-bearing English language enhancement courses. *Journal of English for Academic Purposes, 31*: 72–83.

Ferguson, G. 1997. Teacher education and LSP: The role of specialized knowledge. In R. Howard & G. Brown (Eds.), *Teacher Education for LSP*. Clevedon: Multilingual Matters, 80–89.

Fernández-García, M. & Martínez-Arbelaiz, A. 2002. Negotiation of meaning in nonnative speaker-nonnative speaker synchronous discussions. *CALICO Journal, 19*(2): 279–294.

Feryok, A. 2012. Activity theory and language teacher agency. *The Modern Language Journal, 96*(1): 95–107.

Feuerstein, R., Miller, R., Hoffman, M. B., Rand, Y. A., Mintzker, Y. & Jensen, M. R. 1981. Cognitive modifiability in adolescence: Cognitive structure and the effects of intervention. *The Journal of Special Education, 15*(2): 269–287.

Firth, A. & Wagner, J. 1997. On discourse, communication, and (some) fundamental concepts in SLA research. *The Modern Language Journal, 81*(3): 285–300.

Flanders, N. 1970. *Analyzing Teaching Behavior Reading*. Reading: Addison-Wesley.

Flewitt, R. 2011. Bringing ethnography to a multimodal investigation of early literacy in a digital age. *Qualitative Research, 11*(3): 293–310.

Flores, N. & García, O. 2017. A critical review of bilingual education in the United States: From basements and pride to boutiques and profit. *Annual Review of Applied Linguistics, 37*: 14–29.

Flowerdew, J. 2013. English for research publication purposes. In B. Paltridge & S. Starfield (Eds.), *The Handbook of English for Specific Purposes*. Chichester: Wiley-Blackwell, 301–322.

Formanek, M., Wenger, M. C., Buxner, S. R., Impey, C. D. & Sonam, T. 2017. Insights about large-scale online peer assessment from an analysis of an astronomy MOOC. *Computers & Education, 113*: 243–262.

Frawley, W. & Lantolf, J. P. 1984. Speaking as self-order: A critique of orthodox L2 research. *Studies in Second Language Acquisition, 6*(2): 143–159.

Frawley, W. & Lantolf, J. P. 1985. Second language discourse: A Vygotskian perspective. *Applied Linguistics, 6*(1): 19–44.

Fredrickson, B. 2001. The role of positive emotions in positive psychology: The broaden-and-build theory of positive emotions. *American Psychologist, 56*(3): 218–226.

Frederickson, B. 2004. The broaden-and-build theory of positive emotions. *Philosophical Transactions of the Royal Society, 359*: 1367–1378.

Galloway, N. & Rose, H. 2014. Using listening journals to raise awareness of global Englishes in ELT. *ELT Journal, 68*(4): 386–396.

Galloway, N. 2020. Focus group: Capturing the dynamics of group interaction. In J. McKinley & H. Rose (Eds.), *The Routledge Handbook of Research Methods in Applied Linguistics*. New York: Routledge, 290–301.

Gan, Z., Humphreys, G. & Hamp-Lyons, L. 2004. Understanding successful and unsuccessful EFL students in Chinese universities. *The Modern Language Journal, 88*(2): 229–244.

Gao, X. 2019a. *Second Handbook of English Language Teaching*. Cham: Springer.

Gao, X. 2019b. The goals and focus of the English language teaching program: Section introduction. In X. Gao (Ed.), *Second Handbook of English Language Teaching*. Cham: Springer, 195–198.

García, O. 2009. *Bilingual Education in the 21st Century: A Global Perspective*. Oxford: Wiley-Blackwell.

García, O. & Li, W. 2014. *Translanguaging: Language, Bilingualism and Education*. New York: Palgrave Macmillan.

Gardner, D. & Davies, M. 2014. A new academic vocabulary list. *Applied Linguistics, 35*(3): 305–327.

Gardner, H. & Hatch, T. 1989. Educational implications of the theory of multiple intelligences. *Educational Researcher, 18*(8): 4–10.

Garfinkel, H. 1967. *Studies in Ethnomethodology?* Englewood Cliffs: Prentice-Hall.

Gass, S. M. & Mackey, A. 2015. Input, interaction, and output in second language acquisition. In B. VanPatten & J. Williams (Eds.), *Theories in Second Language Acquisition: An Introduction*. New York: Routledge, 180–206.

Ghahari, S. & Nejadgholamali, A. 2019. Instructed assessment and assessed instruction: A review of dynamic assessment and ways forward. *Educational Psychology in Practice, 35*(4): 384–394.

Gibbs, W. 1995. Trends in scientific communication: Lost science in the third world. *Scientific American, 273*: 76–83.

Gierdowski, D. C., Brooks, D. C. & Galanek, J. 2020. *EDUCAUSE 2020 Student Technology Report: Supporting the Whole Student*. Louisville: EDUCAUSE Research.

Gkonou, C., Mercer, S. & Daubney, M. 2018. Teacher perspectives on language learning psychology. *The Language Learning Journal, 46*(4): 501–513.

Gkonou, C. & Miller, E. R. 2019. Caring and emotional labour: Language teachers' engagement with anxious learners in private language school classrooms. *Language Teaching Research, 23*(3): 372–387.

Glaser, B. 1978. *Advances in the Methodology of Grounded Theory: Theoretical Sensitivity*. Mill Valley: Sociology Press.

Glaser, B. & Strauss, A. 1967. *The Discovery of Grounded Theory: Strategies for Qualitative Research*. New York: Aldine de Gruyter.

Gleason, J. 2013. Dilemmas of blended language learning: Learner and teacher experiences. *CALICO Journal, 30*(3): 323–341.

Goertler, S., Bollen, M. & Gaff Jr., J. 2012. Students' readiness for and attitudes toward hybrid FL instruction. *CALICO Journal, 29*(2): 297–320.

Graham, C. 2006. Blended learning systems: Definitions, current trends, and future directions. In C. Bonk & C. Graham (Eds.), *The Handbook of Blended Learning: Global Perspectives, Local Designs*. San Francisco: Pfeifer, 3–21.

Granena, G. 2013. Individual differences in sequencing learning ability and second language acquisition in early childhood and adulthood. *Language Learning, 63*(4): 665–703.

Grant, N. 1987. *Making the Most of Your Textbook*. New York: Longman.

Gray, J. 2016. TESOL and the discipline of English. In A. Hewings, L. Prescott & P. Seargeant (Eds.), *Futures for English Studies: Teaching Language, Literature and Creative Writing in Higher Education*. New York: Palgrave Macmillan, 81–98.

Grgurović, M, 2017. Blended language learning: Research and practice. In C. A. Chapelle & S. Sauro (Eds.), *The Handbook of Technology and Second Language Teaching and Learning*. Oxford: Willey-Blackwell, 149–168.

Green, C. & Pappa, S. 2021. EFL teacher education in Finland: Manifestations of professional agency in teacher educators' work. *Scandinavian Journal of Educational Research, 65*(4): 552–568.

Grosjean, F. 2010. *Bilingual: Life and Reality*. Cambridge: Harvard University Press.

Gruba, P. & Hinkelman, D. 2012. *Blending Technologies in Second Language Classrooms*. London: Palgrave Macmillan.

Guichon, N. 2009. Training future language teachers to develop online tutors' competence through reflective analysis. *ReCALL, 21*(2): 166–185.

Guichon, N. 2010. Preparatory study for the design of a desktop videoconferencing platform for synchronous language teaching. *Computer Assisted Language Learning, 23*(2): 169–182.

Guo, Y., Xu, J. & Liu, X. 2018. English language learners' use of self-regulatory strategies for foreign language anxiety in China. *System, 76*: 49–61.

Guo, Y., Xu, J. & Xu, X. 2020. An investigation into EFL learners' motivational dynamics during a group communicative task: A classroom-based case study. *System*, *89*(3): 102–214.

Hadley, G. 2020. Grounded theory method. In J. McKinley & H. Rose (Eds.), *The Routledge Handbook of Research Methods in Applied Linguistics*. New York: Routledge, 264–275.

Hall, D. R. 2013. Teacher education for languages for specific purposes. In C. A. Chapelle (Ed.), *Encyclopedia of Applied Linguistics*. Oxford: Blackwell Publishing, 5537–5542.

Hall, J. K. 2019. *Essentials of SLA for L2 Teachers: A Transdisciplinary Framework*. New York: Routledge.

Halliday, M. A. K. 1978. *Language as Social Semiotic*. London: Edward Arnold.

Halliday, M. A. K., Strevens, P. & McIntosh, A. 1964. *The Linguistic Sciences and Language Teaching*. London: Longman.

Hampel, R. 2009. Training teachers for the multimedia age: Developing teacher expertise to enhance online learner interaction and collaboration. *Innovation in Language Learning and Teaching*, *3*(1): 35–50.

Hampel, R. 2010. Task design for a virtual learning environment in a distance language course. In M. Thomas & H. Reinders (Eds.), *Task-based Language Learning and Teaching with Technology*. London: Continuum, 131–153.

Hanks, J. 2015. Language teachers making sense of exploratory practice. *Language Teaching Research*, *19*(5): 612–633.

Harris, Z. S. 1952. Discourse analysis. *Language*, *28*(1): 1–30.

Harun, H., Abdullah, N., Wahab, N. A. & Zainuddin. 2019. Concept based instruction: Enhancing grammar competence in L2 learners. *RELC Journal*, *50*(2): 252–268.

Harun, H., Massari, N. & Behak, F. P. 2014. Use of L1 as a mediational tool for understanding tense/aspect marking in English: An application of concept-based instruction. *Procedia-Social and Behavioral Sciences*, *134*: 134–139.

Harwood, N. 2009. An Interview-based study of the functions of citations in academic writing across two disciplines. *Journal of Pragmatics*, *41*(3): 497–518.

Harwood, N. 2010. Issues in materials development and design. In N. Harwood (Ed.), *English Language Teaching Materials: Theory and Practice*. Cambridge: Cambridge University Press, 3–32.

Haverkamp, B. E. 2005. Ethical perspectives on qualitative research in applied psychology. *Journal of Counseling Psychology*, *52*(2): 146–155.

Hawkins, E. 1984. *Awareness of Language: An Introduction*. Cambridge: Cambridge University Press.

Hayduk, L., Cummings, G., Boadu, K., Pazderka-Robinson, H. & Boulianne, S. 2007. Testing! testing! one, two, three-testing the theory in structural equation models! *Personality and Individual Differences*, 42(5): 841–850.

Hayes, D. 2009. Non-native English-speaking teachers, context and English language teaching. *System*, 37(1): 1–11.

He, D. & Zhang, Q. 2010. Native speaker norms and China English: From the perspective of learners and teachers in China. *TESOL Quarterly*, 44(4): 769–789.

Helgesen, M. 2016. Happiness in ESL/EFL: Bringing positive psychology to the classroom. In P. D. MacIntyre, T. Gregersen & S. Mercer (Eds.), *Positive Psychology in SLA*. Bristol: Multilingual Matters, 305–323.

Helgesen, M. 2018. *English Teaching and the Science of Happiness: Positive Psychology Communication Activities for Language Learners*. Tokyo: Abax.

Heller, M. 1999. *Linguistic Minorities and Modernity: A Sociolinguistic Ethnography*. London: Longman.

Hellermann, J. & Harris, K. A. 2015. Navigating the language-learning classroom without previous schooling. In D. A. Koike & C. S. Blyth (Eds.), *Dialogue in Multilingual and Multimodal Communities*. Amsterdam: John Benjamins, 49–78.

Hélot, C. & Laoire, M. Ó. 2011. *Language Policy for the Multilingual Classroom: Pedagogy of the Possible*. Bristol: Multilingual Matters.

Henry, A. 2017. L2 motivation and multilingual identities. *The Modern Language Journal*, 101(3): 548–565.

Henry, A. & Davydenko, S. 2020. Thriving? or surviving? an approach-avoidance perspective on adult language learners' motivation. *The Modern Language Journal*, 104(2): 363–380.

Henry, A., Davydenko, S. & Dörnyei, Z. 2015. The anatomy of directed motivational currents: Exploring intense and enduring periods of L2 motivation. *The Modern Language Journal*, 99(2): 329–345.

Henry, A. & Thorsen, C. 2018. Teacher-student relationships and l2 motivation. *The Modern Language Journal*, 102(1): 218–241.

Herdina, P. & Jessner, U. 2002. *A Dynamic Model of Multilingualism: Perspectives of Change in Psycholinguistics*. Clevedon: Multilingual Matters.

Herrell, A. & Jordan, M. 2015. *50 Strategies for Teaching English Language Learners*. Boston: Pearson.

Hessel, G. 2015. From vision to action: Inquiring into the conditions for the motivational capacity of ideal second language selves. *System, 52*: 103–114.

Heugh, K. 2013. Mobility, migration and sustainability: Re-figuring languages in diversity. *International Journal of the Sociology of Language, 222*: 5–32.

Higgins, C. 2017. Towards sociolinguistically informed language teacher identities. In G. Barkhuizen (Ed.), *Reflections on Language Teacher Identity Research*. New York: Routledge, 37–42.

Hinkelman, D. 2018. *Blending Technologies in Second Language Classrooms*. London: Palgrave Macmillan.

Hinkelman, D. & Gruba, P. 2012. Power within blended language learning programs in Japan. *Language Learning & Technology, 16*(2): 46–64.

Hirano, E. 2009. Research article introductions in English for specific purposes: A comparison between Brazilian Portuguese and English. *English for Specific Purposes, 28*(4): 240–250.

Hiver, P. & Al-Hoorie, A. H. 2016. A dynamic ensemble for second language research: Putting complexity theory into practice. *The Modern Language Journal, 100*(4): 741–756.

Hiver, P. & Al-Hoorie, A. H. 2020. Reexamining the role of vision in second language motivation: A preregistered conceptual replication of You, Dörnyei, and csizér (2016). *Language Learning, 70*(1): 48–102.

Hiver, P. & Whitehead, G. E. K. 2018. Sites of struggle: Classroom practice and the complex dynamic entanglement of language teacher agency and identity. *System, 79*: 70–80.

Holec, H. 1981. *Autonomy and Foreign Language Learning*. Oxford: Pergamon Press.

Holliday, A. 2015. Qualitative research and analysis. In B. Paltridge & A. Phakiti (Eds.), *Research Methods in Applied Linguistics: A Practical Resource*. London: Bloomsbury, 49–62.

Holmes, P., Bavieri, L. & Ganassin, S. 2015. Developing intercultural understanding for study abroad: Students' and teachers' perspectives on pre-departure intercultural learning. *Intercultural Education, 26*(1): 16–30.

Hopewell, S. & Escamilla, K. 2014. Struggling reader or emerging biliterate student? Reevaluating the criteria for labeling emerging bilingual students as low achieving. *Journal of Literacy Research, 46*(1): 68–89.

Hopkins, J. E. 2010. Distance language learners' perceptions of assessed, student-led speaking tasks via a synchronous audiographic conferencing tool. *Innovation in Language Learning and Teaching, 4*(3): 235–258.

Horn, M. & Staker, H. 2015. *Blended: Using Disruptive Innovation to Improve Schools*. San Francisco: Jossey-Bass.

Hornberger, N. H. 1988. Language ideology in Quechua communities of Puno, Peru. *Anthropological Linguistics, 30*(2): 214–235.

Hornberger, N. H. 2005. Heritage/Community language education: US and Australian perspectives. *International Journal of Bilingual Education and Bilingualism, 8*(2–3): 101–108.

Hornberger, N. H. & Hult, F. M. 2006. Educational linguistics. In K. Brown (Ed.), *Encyclopedia of Language and Linguistics*. Oxford: Elsevier, 76–81.

Horwitz, E. K. 2010. Foreign and second language anxiety. *Language Teaching, 43*(2): 154–167.

Horwitz, E. K., Horwitz, M. & Cope, J. 1986. Foreign language classroom anxiety. *The Modern Language Journal, 70*(2): 125–132.

Hu, G. 2005. Contextual influences on instructional practices: A Chinese case for an ecological approach to ELT. *TESOL Quarterly, 39*(4): 635–660.

Hu, G. 2018. The "researching EAP practice" initiative. *Journal of English for Academic Purposes, 31*: A2.

Huang, T. Loerts, H. & Steinkrauss, R. 2020. The impact of second-and third-language learning on language aptitude and working memory. *International Journal of Bilingual Education and Bilingualism*. Retrieved November 22, 2021, from Taylor & Francis Online website.

Huang, Z. 2019. An exploratory study of non-native English-speaking teachers' professional identity construction in a globalizing China. *Chinese Journal of Applied Linguistics*, 42(1): 40–59, 136.

Hubbard, P. 2007, May 25. *The many interfaces of CALL listening*. Proceedings of The Annual CALICO Symposium, San Marcos, United States.

Hubbard, P. & Levy, M. 2016. Theory in computer-assisted language learning research and practice. In F. Farr & L. Murray (Eds.), *The Routledge Handbook of Language Learning and Technology*. Oxford: Routledge, 50–64.

Hult, F. M. 2019. Toward a unified theory of language development: The transdisciplinary nexus of cognitive and sociocultural perspectives on social activity. *The Modern Language Journal, 103*(S1): 136–144.

Hurd, S. 2001, June 25–27. *Open and distance language learning: Implications of individual learning styles and strategies for course design and learner support*. Proceedings of the 6th International Annual Conference of the European Learning Styles Information Network, Glamorgan, UK.

Hussain, S. & Woods, K. 2019. The use of dynamic assessment by educational psychologists in the early years foundation stage. *Educational Psychology in Practice, 35*(4): 424–439.

Hutchinson, T. & Waters, A. 1987. *English for Specific Purposes*. Cambridge: Cambridge University Press.

Hüttner, J., Smit, U. & Mehlmauer-Larcher, B. 2009. ESP teacher education at the interface of theory and practice: Introducing a model of mediated corpus-based genre analysis. *System, 37*(1): 99–109.

Hyland, K. 1998. *Hedging in Scientific Research Articles*. Amsterdam: John Benjamins.

Hyland, K. 2000. *Disciplinary Discourses: Social Interactions in Academic Writing*. London: Longman.

Hyland, K. 2002. Authority and invisibility: Authorial identity in academic writing. *Journal of Pragmatics. 34*(8): 1091–1112.

Hyland, K. 2005. *Metadiscourse: Exploring Interaction in Writing*. London: Continuum.

Hyland, K. 2018. Sympathy for the devil? A defence of EAP. *Language Teaching, 51*(3): 383–399.

Hyland, K. 2019. English for specific purposes: Some influences and impacts. In X. Gao (Ed.), *Second Handbook of English Language Teaching*. Cham: Springer, 337–353.

Hyland, K. & Hamp-Lyons, L. 2002. EAP: Issues and directions. *Journal of English for Academic Purposes, 1*(1): 1–12.

Hyland, K. & Jiang, F. K. 2016. "We must conclude that... ": A diachronic study of academic engagement. *Journal of English for Academic Purposes, 24*: 29–42.

Hyland, K. & Jiang, F. K. 2021. A Bibliometric study of EAP research: Who is doing what, where and when? *Journal of English for Academic Purposes, 49*: 100929.

Hyland, K. & Shaw, P. (Eds.). 2016. *The Routledge Handbook of English for Academic Purposes*. London: Routledge.

Hymes, D. 1971. *On Communicative Competence*. Philadelphia: University of Pennsylvania Press.

Ianco-Worrall, A. D. 1972. Bilingualism and cognitive development. *Child Development, 43*(4): 1390–1400.

Ibrahim, Z. 2016. Affect in directed motivational currents: Positive emotionality in long-term L2 engagement. In P. D. MacIntyre, T. Gregersen & S. Mercer (Eds.), *Positive Psychology in SLA*. Bristol:

Multilingual Matters, 259–281.

Imai, Y. 2010. Emotions in SLA: New insights from collaborative learning in an EFL classroom. *The Modern Language Journal, 94*(2): 278–292.

Infante, P. 2016. *Mediated development: Promoting L2 conceptual development through inter psychological activity.* Doctoral dissertation, The Pennsylvania State University.

Ishihara, N. 2019. Understanding English language learners' pragmatic resistance. In X. Gao (Ed.), *Second Handbook of English Language Teaching.* Cham: Springer, 621–641.

Israel, M. & Hay, I. 2006. *Research Ethics for Social Scientists: Between Ethical Conduct and Regulatory Compliance.* Thousand Oaks: Sage.

Iwaniec, J. 2020. Questionnaires: Implications for effective implementation. In J. McKinley & H. Rose (Eds.), *The Routledge Handbook of Research Methods in Applied Linguistics.* New York: Routledge, 324–335.

Jakobsen, I. K. & Tønnessen, E. S. 2018. A design-oriented analysis of multimodality in English as a foreign language. *Designs for Learning, 10*(1): 40–52.

Jakonen, T. & Morton, T. 2015. Epistemic search sequences in peer interaction in a content-based language classroom. *Applied Linguistics, 36*(1): 73–94.

James, C. & Garrett, P. 1991. *Language Awareness in the Classroom.* Harlow: Longman.

Jarvis, S. 2013. Crosslinguistic influence and multilingualism. In C. A. Chapelle (Ed.), *The Encyclopedia of Applied Linguistics.* Retrieved November 22, 2021, from Wiley Online Library website.

Jarvis, S. & Pavlenko, A. 2008. *Crosslinguistic Influence in Language and Cognition.* New York: Routledge.

Jefferson, G. 1984. Transcription notation. In J. M. Atkinson & J. Heritage (Eds.), *Structures of Social Action.* Cambridge: Cambridge University Press, ix–xvi.

Jenkins, J. 2000. *The Phonology of English as an International Language.* Oxford: Oxford University Press.

Jenkins, J. 2006. Current perspectives on teaching world Englishes and English as a Lingua Franca. *TESOL Quarterly, 40*(1): 157–181.

Jenkins, J. 2020. Where are we with ELF and language testing? An opinion piece. *ELT Journal, 74*(4): 473–479.

Jessner, U., Allgaüer-Hackl, E. & Hofer, B. 2016. Emerging multilingual awareness in educational contexts: From theory to practice. *Canadian Modern Language Review, 72*(2): 157–182.

Jewitt, C. 2008. Multimodality and literacy in school classrooms. *Review of Research in Education, 32*(1): 241–267.

Jiang, N. 2002. Form-meaning mapping in vocabulary acquisition in a second language. *Studies in Second Language Acquisition, 24*(4): 617–637.

Jochum, C. J. 2011. Blended Spanish instruction: Perceptions and design: A case study. *Journal of Instructional Psychology, 38*(1): 40–46.

Johns, A. M. 2003. Genre and ESL/EFL composition instruction. In B. Kroll (Ed.), *Exploring the Dynamics of Second Language Writing*. Cambridge: Cambridge University, 195–217.

Johns, A. M. 2013. The history of English for specific purposes research. In B. Paltridge & S. Starfield (Eds.), *The Handbook of English for Specific Purposes*. Chichester: Wiley-Blackwell, 5–30.

Johns, T. F. 1981. Some problems of a world-wide profession. In J. McDonough & T. French (Eds.), *The ESP teacher: Role, development and prospects*. London: British Council English Teaching Information Centre, 42–52.

Johns, T. F. & Dudley-Evans, T. 1985. An experiment in team-teaching of overseas postgraduate students of transportation and plant Biology. In J. M. Swales (Ed.), *Episodes in ESP*. Oxford: Pergamon, 140–153.

Johnson, F. C. 1969. The failure of the discipline of linguistics in language teaching. *Language Learning, 19*(3–4): 235–244.

Johnson, K. 1982. *Communicative Syllabus Design and Methodology*. Oxford: Pergamon Press.

Johnson, K. E. 1995. *Understanding Communication in Second Language Classroom*. Cambridge: Cambridge University Press.

Johnson, K. E. 1996. The vision versus the reality: The tensions of the TESOL practicum. In D. Freeman & J. C. Richards (Eds.), *Teacher Learning in Language Teaching*. Cambridge: Cambridge University Press, 30–49.

Johnson, R. B. & Christensen, L. 2004. *Educational Research: Quantitative, Qualitative and Mixed Approaches*. Boston: Allyn and Bacon.

Johnstone, B. 2009. Pittsburghese shirts: Commodification and the enregisterment of an urban dialect. *American Speech, 84*(2): 157–175.

Jones, A. 2009. Redisciplining generic attributes: the disciplinary context in focus. *Studies in Higher Education, 34*(1): 85–100.

Jordan, B. & Henderson, A. 1995. Interaction analysis: Foundations and practice. *The Journal of the Learning Sciences, 4*(1): 39–103.

Jordan, R. R. 1997. *English for Academic Purposes: A Guide and Resource Book for Teachers*. Cambridge: Cambridge University Press.

Jordan, R. R. 2002. The growth of EAP in Britain. *Journal of English for Academic Purposes, 1*(1): 69–78.

Jordan, R. R. & Nixson, F. 1986. *Language for Economics*. London: Collins ELT.

Jorgensen, D. 2015. Participant observation. In R. Scott & S. Kosslyn (Eds.), *Emerging Trends in the Social and Behavioral Sciences*. Oxford: Wiley Publications, 1–15.

Kachru, B. 1976. Models of English for the third world: White man's linguistic burden or language pragmatics? *TESOL Quarterly, 10*(2): 221–239.

Kachru, B. 1993. World Englishes: Approaches, issues and resources. *Language Teaching, 25*(1): 1–14.

Kachru, B. 2005. *Asian Englishes: Beyond the Canon*. Hong Kong: Hong Kong University Press.

Kalaitzidis, T. J., Litts, B. & Halverson, E. R. 2017. Designing collaborative production of digital media. In C. M. Reigeluth, B. J. Beatty & R. D. Myers (Eds.), *Instructional Design Theories and Models*. Now York & London: Routledge, 189–220.

Kalsoom, A., Soomro, N. H. & Pathan, Z. H. 2020. How social support and foreign language anxiety impact willingness to communicate in English in an EFL classroom. *International Journal of English Linguistics, 10*(2): 80–91.

Kamrood, A. M., Davoudi, M., Ghaniabadi, S. & Amirian, S. M. R. 2019. Diagnosing L2 learners' development through online computerized dynamic assessment. *Computer Assisted Language Learning*. Retrieved November 22, 2021, from Taylor & Francis Online website.

Kang, D. M. 2017. The Multifaceted ecology of language play in an elementary school EFL classroom. *International Journal of Bilingual Education and Bilingualism, 20*(1): 84–101.

Kanno, Y. & Norton, B. (Eds.). 2003. Imagined communities and educational possibilities. *Journal of Language, Identity and Education, 2*(4): 241–249.

Kasper, G. 2006. Beyond repair: Conversation analysis as an approach to SLA. *AILA Review, 19*(1): 83–99.

Kayi-Aydar, H. 2014. Social positioning, participation, and second language learning: Talkative Students in an academic ESL classroom. *TESOL Quarterly, 48*(4): 686–714.

Khajavy, G. H., MacIntyre, P. D. & Barabadi, E. 2018. Role of the emotions and classroom environment in willingness to communicate: Applying doubly latent multilevel analysis in second language acquisition research. *Studies in Second Language Acquisition, 40*(3): 605–624.

Kingman, J. 1988. *Report of the Committee of Inquiry into the Teaching of English Language.* London: HMSO.

Kırkgöz, Y. & Dikilitaş, K. 2018. Recent developments in ESP/EAP/EMI context. In Y. Kırkgöz & K. Dikilitaş (Eds.), *Key Issues in English for Specific Purposes in Higher Education.* Cham: Springer, 1–10.

Kitade, K. 2015. Second language teacher development through CALL practice: The emergence of teachers' agency. *CALICO Journal, 32*(3): 396–425.

Koda, K. 2012. How to do research on second language reading. In A. Mackey & S. M. Gass (Eds.), *Research Methods in Second Language Acquisition: A Practical Guide.* Chichester: Wiley-Blackwell, 158–176.

Koehler, M. J. & Mishra, P. 2005. What happens when teachers design educational technology? The development of technological pedagogical content knowledge. *Journal of Educational Computing Research, 32*(2): 131–152.

Kossakowska-Pisarek, K. 2016. Pedagogical implications of positive psychology: positive emotions and human strengths in vocabulary strategy training. In D. Gabryś-Barker & D. Gałajda (Eds.), *Positive Psychology Perspectives on Foreign Language Learning and Teaching.* New York: Springer, 93–114.

Kotilainen, L. & Kurhila, S. 2020. Orientation to language learning over time: A case analysis on the repertoire addition of a lexical item. *The Modern Language Journal, 104*(3): 647–661.

Krais, B. & Gebauer, G. 2002. *Habitus.* Bielefeld: Transcript Verlag.

Kramsch, C. 2000. Second language acquisition, applied linguistics and the teaching of foreign languages. *The Modern Language Journal, 84*(3): 311–326.

Kramsch, C. 2014, Teaching foreign languages in an era of globalization: introduction. *The Modern Language Journal, 98*(1): 296–311.

Krashen, S. D. 1982. *Principles and Practice in Second Language Acquisition.* Oxford: Pergamon Press.

Krashen, S. D. 1985. *The Input Hypothesis: Issues and Implications.* London: Longman.

Krashen, S. D. & Terrell, T. D. 1983. *The Natural Approach: Language Acquisition in the Classroom.* Hayward: Alemany Press.

Kroll, J. F. & Dussias, P. E. 2013. The comprehension of words and sentences in two languages. In T. K. Bhatia & W. C. Ritchie (Eds.), The *Handbook of Bilingualism and Multilingualism*. Chichester: Wiley-Blackwell, 169–200.

Kumaravadivelu, B. 1994. The post-method condition: (E)merging strategies for second/foreign language teaching. *TESOL Quarterly, 28*(1): 27–48.

Kumravadivelu, B. 2006. *Understanding Language Teaching: From Method to Postmethod*. New York & London: Routledge.

Kumaravadivelu, B. 2016. The decolonial option in English teaching: Can the subaltern act? *TESOL Quarterly, 50*(1): 79–85.

Kunitz, S. 2018. Collaborative attention work on gender agreement in Italian as a foreign language. *The Modern Language Journal, 102* (S): 64–81.

Lamy, M. 2013. Distance CALL online. In M. Thomas, H. Reinders & M. Wrschauer (Eds.), Con*temporary Computer-assisted Language Learning*. London: Continuum,141–158.

Lamy, M. & Goodfellow, R. 1999. "Reflective conversation" in the virtual Language classroom. *Language Learning and Technology, 2*(2): 43–61.

Lamy, M. & Hampel, R. 2007. *Online Communication in Language Learning and Teaching*. Basingstoke: Palgrave Macmillan.

Lantolf, J. 2000. Introducing sociocultural theory. In J. Lantolf (Ed.), *Sociocultural Theory and L2 Learning*. Oxford: Oxford University, 1–26.

Lantolf, J. 2003. Intrapersonal communication and internalization in the second language classroom. In A. Kozulin, B. Gindis, V. S. Ageyev & S. Miller (Eds.), *Vygotsky's Educational Theory in Cultural Context*. Cambridge: Cambridge University Press, 349–370.

Lantolf, J. 2011. The sociocultural approach to second language acquisition: Sociocultural theory, second language acquisition, and artificial L2 development. In D. Atkinson (Ed.), *Alternative Approaches to Second Language Acquisition*. New York: Routledge, 26–47.

Lantolf, J. & Pavlenko, A. 2001. (S)econd (L)angauge (A)ctivity theory: Understanding second language learners as people. In M. P. Breen (Ed.), *Learner Contributions to Language Learning*. Harlow: Pearson Education, 141–158.

Lantolf, J. & Poehner, M. 2004. Dynamic assessment: Bringing the past into the future. *Journal of Applied Linguistics, 1*(1): 49–72.

Lantolf, J. & Poehner, M. 2014. *Sociocultural Theory and Pedagogical Imperative in L2 Education*. New York: Routledge.

Lantolf, J. & Thorne, S. L. 2006. *Sociocultural Theory and the Genesis of Second*

Language Development. Oxford: Oxford University Press.

Lantolf, J., Thorne, S. L. & Poehner, M. E. 2015. Sociocultural theory and second language development. In B. VanPatten & J. Williams (Eds.), *Theories in Second Language Acquisition: An Introduction*. New York: Routledge, 207–226.

Lantolf, J. & Tsai, M. H. 2018. L2 development education and systemic theoretical instruction: The case of English verb-noun collocations. In L. Ortega & A. Tyler (Eds.), *Usage-inspired L2 Instruction: Researched Pedagogy*. Amsterdam: John Benjamins, 30–54.

Larsen-Freeman, D. 1997. Chaos/complexity science and second language acquisition. *Applied Linguistics, 18*(2): 141–165.

Larsen-Freeman, D. 2000. *Techniques and Principles in Language Teaching*. Oxford: Oxford University Press.

Larsen-Freeman, D. 2002. Language acquisition and language use from a chaos/complexity theory perspective. In C. Kramsch (Ed.), *Language Acquisition and Language Socialization: Ecological Perspectives*. London: Continuum, 33–46.

Larsen-Freeman, D. 2006. The emergence of complexity, fluency, and accuracy in the oral and written production of five Chinese learners of English. *Applied Linguistics, 27*(4): 590–619.

Larsen-Freeman, D. 2015. Complexity theory. In B. VanPatten & J. Williams (Eds.), *Theories in Second Language Acquisition: An Introduction*. New York: Routledge, 227–244.

Larsen-Freeman, D. 2019. On language learner agency: A complex dynamic systems theory perspective. *The Modern Language Journal, 103*(S): 61–79.

Larsen-Freeman, D. & Cameron, L. 2008. *Complex Systems and Applied Linguistics*. Oxford: Oxford University Press.

Lave, J. & Wenger, E. 1991. *Situated Learning: Legitimate Peripheral Participation*. Cambridge: Cambridge University Press.

Lazarus, R. S. 2003. Does the positive psychology movement have legs? *Psychological Inquiry, 14*(2): 93–109.

Lea, M. R. & Street, B. V. 1998. Student writing in higher education: An academic literacies approach. *Studies in Higher Education, 23*(2): 157–172.

LeBlanc, R., Painchaud, G. & Painchaud, G. 1985. Self–assessment as a second language placement instrument. *TESOL Quarterly, 19*(4): 673– 687.

Lecheler, L. & Hosack, B. 2014. Seven design considerations for mobile learning applications. In C. Miller & A. Doering (Eds.), *The New*

Landscape of Mobile Learning. London: Routledge, 85–102.

LeCompte, M. D. & Goetz, J. P. 1982. Problems of reliability and validity in ethnographic research. *Review of Educational Research, 52*(1): 31–60.

Lee, C. & García, G. E. 2020. Unpacking the oral translanguaging practices of Korean-American first graders. *Bilingual Research Journal, 43*(1): 32–49.

Lee, J. S. & Lee, K. 2020. Role of L2 motivational self system on willingness to communicate of Korean EFL university and secondary students. *Psycholinguist Research, 9*(2): 147–161.

Lee, K. & Lee, H. 2018. An EAP professional development program for graduate students in an English-medium instruction context. *TESOL Quarterly, 52*(4): 1097–1107.

Leedy, P. D., Ormrod, J. E. & Johnson, L. R. 2019. *Practical Research: Planning and Design*. New York: Pearson.

Lei, L. & Liu, D. 2019. Research trends in applied linguistics from 2005 to 2016: A bibliometric analysis and its implications. *Applied Linguistics, 40*(3): 540–561.

Leontjev, D. 2016. ICAnDoit: *The impact of computerised adaptive corrective feedback on L2 English learners*. Doctoral dissertation, The University of Jyväskylä.

Leung, C. B. & Brice, A. E. 2013. Ethical issues in conducting research with bilingual/dual language learners. In C. S. Rhodes & K. J. Weiss (Eds.), *Ethical Issues in Literacy Research*. New York: Routledge, 63–75.

Levy, M. & Stockwell, G. 2006. *CALL Dimensions: Options and Issues in Computer-Assisted Language Learning*. Mahwah: Lawrence Erlbaum.

Li, C., Dewaele, J. & Jiang, G. 2020. The complex relationship between classroom emotions and EFL achievement in China. *Applied Linguistics Review, 11*(3): 485–510.

Li, C., Jiang, G. & Dewaele, J. 2018. Understanding Chinese high school students' foreign language enjoyment: Validation of the Chinese version of the foreign language enjoyment scale. *System, 76*: 183–196.

Li, C. & Xu, J. 2019. Trait emotional intelligence and classroom emotions: A positive psychology investigation and intervention among Chinese EFL learners. *Frontiers in Psychology, 10*: 2453.

Li, D. 1998. "It's always more difficult than you plan and imagine": Teachers' perceived difficulties in introducing the communicative approach in South Korea. *TESOL Quarterly, 32*(4): 677–703.

Li, L. 2017. *New Technologies and Language Learning*. London: Palgrave

Macmillan.

Li, L. & Gao, F. 2016. The effect of peer assessment on project performance of students at different learning levels. *Assessment & Evaluation in Higher Education, 41*(6): 885–900.

Li, L., Liu, X. & Steckelberg, A. L. 2010. Assessor or assessee: How student learning improves by giving and receiving peer feedback. *British Journal of Educational Technology, 41*(3): 525–536.

Li, S. 2013. The interactions between the effects of implicit and explicit feedback and individual differences in language analytic ability and working memory. *The Modern Language Journal, 97*(3): 634–654.

Li, S., Ellis, R. & Zhu, Y. 2019. The associations between cognitive ability and L2 development under five different instructional conditions. *Applied Psycholinguistics, 40*(3): 693–722.

Li, W. 2020. Ethnography: origins, features, accountability, and criticality. In J. Mckinley & H. Rose (Ed.), *The Routledge Handbook of Research Methods in Applied Linguistics*. New York: Routledge, 154–164.

Li, Y. & Flowerdew, J. 2020. Teaching English for research publication purposes (ERPP): A review of language teachers' pedagogical initiatives. *English for Specific Purposes, 59*: 29–41.

Liddicoat, A., Crozet, C. & Lo Bianco, J. 1999. Striving for the third place: Consequences and implications. In J. Lo Bianco, A. Liddicoat & C. Crozet (Eds.), *Striving for the Third Place: Intercultural Competence Through Language Education*. Melbourne: Language Australia, 181–187.

Lidz, C. 2003. Dynamic assessment (Learning potential testing, testing the limits). In R. Fernández-Ballesteros (Ed.), *Encyclopedia of Psychological Assessment*. London: Sage, 337–343.

Lightbown, P. M. 1985. Great expectations: Second-language acquisition research and classroom teaching. *Applied Linguistics, 6*(2): 173–189.

Lightbown, P. M. 2000. Anniversary article: Classroom SLA research and second language teaching. *Applied Linguistics, 21*(4): 431–462.

Lillis, T. & Curry, M. J. 2010. *Academic Writing in a Global Context*. London: Routledge.

Lin, A. M. Y. 2016. *Language Across the Curriculum & CLIL in English as an Additional Language (EAL) Contexts: Theory and Practice*. Singapore: Springer.

Lin, L. & Evans, S. 2012. Structural patterns in empirical research articles: A cross-disciplinary study. *English for Specific Purposes, 31*(3): 150–160.

Lin, S. S. J., Liu, E. Z. F. & Yuan, S. M. 2001. Web-based peer assessment: Feedback for students with various thinking-styles. *Journal of Computer Assisted Learning, 17*(4): 420–432.

Little, D. 1991. *Learner Autonomy: Definitions, Issues and Problems*. Dublin: Authentik.

Little, D. 1994. Learner autonomy: A theoretical construct and its practical application. *Die Neueren Sprachen, 93*(5): 430–442.

Little, D. 1996. Freedom to learn and compulsion to interact: Promoting learner autonomy through the use of information systems and information technologies. In R. Pemberton, E. S. Li, W. W. Or & H. D. Pierson (Eds.), *Taking Control: Autonomy in Language Learning*. Hong Kong: Hong Kong University Press, 203–218.

Littlewood, W. 1981. *Communicative Language Teaching: An Introduction*. Cambridge: Cambridge University Press.

Littlewood, W. 1996. Autonomy: An anatomy and a framework. *System, 24*(4): 427–435.

Littlewood, W. 1999. Defining and developing autonomy in East Asian contexts. *Applied Linguists, 20*(1): 71–94.

Littlewood, W. 2004. The task-based approach: Some questions and suggestions. *ELT Journal, 58*(4): 319–326.

Liu, J. E., Lo, Y. Y. & Lin, A. M. Y. 2020. Translanguaging pedagogy in teaching English for academic purposes: Researcher-teacher collaboration as a professional development model. *System, 92*: 102276.

Liu, Q. & Chao, C. 2018. CALL from an ecological perspective: How a teacher perceives affordance and fosters learner agency in a technology-mediated language classroom. *ReCALL, 30*(1): 68–87.

Liu, Y. & Fang, F. 2020. Translanguaging theory and practice: How stakeholders perceive translanguaging as a practical theory of language. *RELC Journal*. Retrieved November 22, 2021, from SAGE Journals website.

Liu, Y. & Hu, G. 2021. Mapping the field of English for specific purposes (1980—2018): A co-citation analysis. *English for Specific Purposes, 61*: 97–116.

Loewen, S. 2020. *Introduction to Instructed Second Language Acquisition*. New York: Routledge.

Loewen, S. & Plonsky, L. 2016. *An A–Z of Applied Linguistics Research Methods*. London: Palgrave.

Loewen, S. & Sato, M. 2018. Interaction and instructed second language acquisition. *Language Teaching, 51*(3): 285–329.

Loewen, S. & Sato, M. 2019. Instructed second language acquisition and English language teaching: Theory, research, and pedagogy. In X. Gao (Ed.), *Second Handbook of English Language Teaching*. Cham: Springer, 1131–1146.

Loh, C. E. & Liew, W. M. 2016. Voices from the ground: The emotional labour of English teachers' work. *Teaching and Teacher Education*, 55: 267–278.

Lomas, T. & Ivtzan, I. 2015. Second wave positive psychology: Exploring the positive-negative dialectics of wellbeing. *Journal of Happiness Studies, 17*(4): 1753–1768.

Long, M. 1983a. Linguistic and conversational adjustments to non-native speakers. *Studies in Second Language Acquisition, 5*(2): 177–193.

Long, M. 1983b. Native speaker/non-native speaker conversation and the negotiation of comprehensible input. *Applied Linguistics, 4*(2): 126–141.

Long, M. 1991. Focus on form: A design feature in language teaching methodology. In K. de Bot, R. Ginsberg & C. Kramsch (Eds.), *Foreign Language Research in Cross-Cultural Perspective*. Amsterdam: John Benjamins, 39–52.

Long, M. 1996. The Role of the linguistic environment in second language acquisition. In W. Ritchie & T. Bhatia (Eds.), *Handbook of Second Language Acquisition*. San Diego: Academic Press, 413–468.

Long, M. 2015. *Second Language Acquisition and Task-based Language Teaching*. Chichester: Wiley-Blackwell.

Long, M. & Crookes, G. 1992. Three approaches to task-based syllabus design. *TESOL Quarterly, 26*(1): 27–56.

Long, M. & Uscinski, I. 2012. Evolution of languages for specific purposes programs in the United States: 1990–2011. *The Modern Language Journal*, 96: 173–189.

Long, Z. & Xu, J. 2020. Extending language motivation research and pushing it forward. *American Journal of Psychology, 133*(4): 543–548.

Lopez, S. J. & Snyder, C. R. 2009. *Oxford Handbook of Positive Psychology*. Oxford: Oxford University Press.

Lu, Y. Y. & Hu, C. F. 2019. Dynamic assessment of phonological awareness in young foreign language learners: Predictability and modifiability. *Reading and Writing, 32*(4): 891–908.

Lyster, R., Saito, K. & Sato, M. 2013. Oral corrective feedback in second language classrooms. *Language Teaching, 46*(1): 1–40.

Lyubomirsky, S. & Layous, K. 2013. How do simple positive activities increase well–being? *Current Directions in Psychological Science*, *22*(1): 57–62.

MacDonald, M. N., Badger, R. & Dasli, M. (2006) Authenticity, culture and language learning. *Language and Intercultural Communication*, *6*(3–4): 250–262.

MacIntyre, P. D. 2007. Willingness to communicate in the second language: Understanding the decision to speak as a volitional process. *The Modern Language Journal*, *91*(4): 564–576.

MacIntyre, P. D., Burns, C. & Jessome, A. 2011. Ambivalence about communicating in a second language: A qualitative study of French immersion students' willingness to communicate. *The Modern Language Journal*, *95*(1):81–96.

MacIntyre, P. D. & Gregersen, T. 2012. Emotions that facilitate language learning: The positive-broadening power of the imagination. *Studies in Second Language Learning and Teaching*, *2*(2): 193–213.

MacIntyre, P. D., Gregersen, T. & Mercer, S. 2019. Setting an agenda for positive psychology in SLA: Theory, practice, and research. *The Modern Language Journal*, *103*(1): 262–274.

MacIntyre, P. D., Ross, J., Talbot, K., Gregersen, T., Mercer, S. & Banga, C. A. 2019. Stressors, personality and wellbeing among language teachers. *System*, *82*: 26–38.

MacIntyre, P. D., Wang, L. & Khajavy, G. H. 2020. Thinking fast and slow about willingness to communicate: A two-systems view. *Eurasian Journal of Applied Linguistics*, *6*(3): 443–458.

Mackey, A. & Gass, S. 2005. *Second Language Research: Methodology and Design*. Mahwah: Lawrence Erlbaum.

Mackey, A. & Gass, S. M. 2012. *Research Methods in Second Language Acquisition: A Practical Guide*. Oxford: Wiley-Blackwell.

Mackey, A. & Gass, S. M. 2016. *Second Language Research: Methodology and Design*. New York: Routledge.

Mahboob, A., Paltridge, B., Phakiti, A., Wagner, E., Starfield, S., Burns, A., Jones, R. H. & de Costa, P. I. 2016. TESOL quarterly research guidelines. *TESOL Quarterly*, *50*(1): 42–65.

Mao, Z. & Jiang, L. 2017. Exploring the effects of the continuation task on syntactic complexity in second language writing. *English Language Teaching*, *10*(8): 100–106.

Markee, N. 2005. Conversation analysis for second language acquisition. In E. Hinkel (Eds.), *Handbook of Research in Second Language Teaching and*

Learning. Mahwah: Lawrence Erlbaum, 355–374.

Markee, N. 2008. Toward a learning behavior tracking methodology for CA-for-SLA. *Applied Linguistics, 29*(3):404–427.

Marsden, E. J., Mackey, A. & Plonsky, L. 2016. The IRIS repository: Advancing research practice and methodology. In E. J. Marsden, A. Mackey & L. Plonsky (Eds.), *Advancing Methodology and Practice: The IRIS Repository of Instruments for Research into Second Languages*. New York: Routledge, 1–21.

Marshall, C. & Rossman, G. B. 1989. *Designing Qualitative Research*. Newbury Park: Sage.

Martin-Beltrán, M., Chen, P., Guzman, N. & Merrills, K. 2016. How adolescents use social discourse to open space for language learning during peer interactions. In M. Sato & S. Ballinger (Eds.), *Peer Interaction and Second Language Learning: Pedagogical Potential and Research Agenda*. Amsterdam: John Benjamins, 319–348.

Martínez-Prieto, D & Lindahl, K. 2020. (De)legitimization: The impact of language policy on identity development in an EFL teacher. *TESOL Journal, 11*(3): e00514.

Master, P. 2005. English for specific purposes. In E. Hinkel (Ed.), *Handbook of Research in Second Language Teaching and Learning*. Mahwah: Lawrence Erlbaum, 99–115.

Matsuda, A. 2013. World Englishes and language pedagogy. In C. A. Chapelle (Ed.), *The Encyclopedia of Applied Linguistics*. Retrieved November 22, 2021, from Wiley Online Library website.

Matsuda, A. 2019a. World Englishes and teaching English to speakers of other languages. In C. A. Chapelle (Ed.), *The Encyclopedia of Applied Linguistics*. Retrieved November 22, 2021, from Wiley Online Library website.

Matsuda, A. 2019b. World Englishes in English language teaching: Kachru's six fallacies and the TEIL paradigm. *World Englishes, 38*(1–2): 144–154.

Matsuda, A. & Matsuda, P. K. 2010. World Englishes and the teaching of writing. *TESOL Quarterly, 44*(2): 369–374.

Matsumoto, Y. & Dobs, A. M. 2017. Pedagogical gestures as interactional resources for teaching and learning tense and aspect in the ESL grammar classroom. *Language Learning, 67*(1): 7–42.

May, S. 2019. Negotiating the multilingual turn in SLA. *The Modern Language Journal, 103*(S1): 122–129.

McCarthy, M. & Walsh, S. 2003. Discourse. In D. Nunan (Ed.), *Practical*

English Language Teaching. New York: McGraw-Hill, 173–195.

McDonough, J., Shaw, C. & Masuhara, H. 2013. *Materials and Methods in ELT.* Oxford: Wiley-Blackwell.

McGrath, I. 2002. *Materials Evaluation and Design for Language Teaching.* Edinburgh: Edinburgh University Press.

McGrath, I. 2006. Teachers' and learners' images for coursebooks. *ELT Journal, 60*(2): 171–180.

McKay, S. L. & Wong, C. S. 1996. Multiple discourses, multiple identities: Investment and agency in second-language learning among Chinese adolescent immigrant students. *Harvard Educational Review, 66*(3): 577–608.

Mckinley, J. 2019. Evolving the TESOL teaching-research nexus. *TESOL Quarterly, 53*(3): 875–884.

Mckinley, J. & Rose, H. 2020. *The Routledge Handbook of Research Methods in Applied Linguistics.* New York: Routledge.

Meara, P. 2005. *LLAMA Language Aptitude Tests: The Manual.* Swansea: Lognostics.

Menard-Warwick, J. 2005. Intergenerational trajectories and sociopolitical context: Latina immigrants in adult ESL. *TESOL Quarterly, 39*(2): 165–185.

Menard-Warwick, J. 2008, The cultural and intercultural identities of transnational English teachers: Two case studies from the Americas. *TESOL Quarterly, 42*(4): 617–640.

Mercer, S. 2011a. Understanding learner agency as a complex dynamic system. *System, 39*(4): 427–436.

Mercer, S. 2011b. Language learner self-concept: Complexity, continuity and change. *System, 39*(3): 335–346.

Mercer, S. 2012. The complexity of learner agency. *Apples-Journal of Applied Language Studies, 6*(2): 41–59.

Mercer, S. 2016. Complexity and language teaching. In G. Hall (Ed.), *The Routledge Handbook of English Language Teaching.* London: Routledge, 473–485.

Michael, S. & Mostafa, P. 2021. The contributions of working memory and pre-task explicit instruction to L2 oral performance. *System, 96*: 102409.

Michel, M., Kormos, J., Brunfaut, T. & Ratajczak, M. 2019. The role of working memory in young second language learners' written performances. *Journal of Second Language Writing, 45*: 31–45.

Michell, M. & Davison C. 2020. "Bringing the teacher back in": Toward L2 assessment praxis in English as an additional language education. In M. Poehner & O. Inbar-Lourie (Eds.), *Toward a Reconceptualization of Second*

Language Classroom Assessment. Educational Linguistics. Cham: Springer, 23–41.

Miller, E. R. 2018. Interaction analysis. In A. Phakiti, P. D. Costa, L. Plonsky & S. Starfield (Eds.), *The Palgrave Handbook of Applied Linguistics Research Methodology*. London: Springer, 615–638.

Miller, E. R. & Gkonou, C. 2018. Language teacher agency, emotion labor and emotional rewards in tertiary-level English language programs. *System*, *79*: 49–59.

Mitchell, R. & Myles, F. 2004. *Second Language Learning Theories*. London: Hodder Education.

Mohamed, N. 2013. The challenge of medium of instruction: A view from Maldivian schools. *Current Issues in Language Planning*, *14*(1): 185–203.

Morita, N. 2000. Discourse socialization through oral classroom activities in a TESL graduate program. *TESOL Quarterly*, *34*(2): 279–310.

Morris, S. & King, J. 2018. Teacher frustration and emotion regulation in university language teaching. *Chinese Journal of Applied Linguistics*, *41*(4): 433–452.

Moskowitz, G. 1971. Interaction analysis—A new modern language for supervisors. *Foreign Language Annals*, *5*(2): 211–221.

Moskowitz, G. 1976. The classroom interaction of outstanding foreign language teachers. *Foreign Language Annals*, *9*(2): 125–143.

Moyer, M. 2000. Negotiating agreement and disagreement in Spanish-English bilingual conversations with no. *International Journal of Bilingualism*, *4*(4): 485–504.

Mozzon-McPherson, M. & Vismans R. 2001. *Beyond Language Teaching, Towards Language Advising*. London: The Center for Information on Language Teaching and Research.

Munby, J. 1978. *Communicative Syllabus Design*. Cambridge: Cambridge University Press.

Nagy, W. 2007. Metalinguistic awareness and the vocabulary-comprehension connection. In R. K. Wagner, A. E. Muse & K. R. Tannenbaum (Eds.), *Vocabulary Acquisition: Implications for Reading Comprehension*. New York: The Guilford Press, 52–77.

Nakatsukasa, K. & Loewen, S. 2015. A teacher's first language use in form-focused episodes in Spanish as a foreign language classroom. *Language Teaching Research*, *19*(2):133–149.

Nassaji, H. 2017. Diversity of research methods and strategies in language teaching research. *Language Teaching Research, 21*(2): 140–143.

Negueruela, E. 2003. *A sociocultural approach to teaching and researching second language: Systemic-theoretical instruction and second language development.* Doctoral dissertation, The Pennsylvania State University.

Nematizadeh, S. & Wood, D. 2019. Willingness to communicate and second language speech fluency: An investigation of affective and cognitive dynamics. *Canadian Modern Language Review, 75*(3): 1–19.

New London Group. 1996. A pedagogy of multiliteracies: Designing social futures. *Harvard Educational Review, 66*(1): 60–92.

Ng, C. C. 2016. Crafting an intrinsically motivating course environment for language learning: A Japanese pedagogical innovation. In C. Ng, R. Fox & M. Nakano (Eds.), *Reforming Learning and Teaching in Asia-Pacific Universities.* Singapore: Springer, *33*: 275–296.

Ngo, B., Bigelow, M. & Lee, S. 2014. Introduction to the special issue: What does it mean to do ethical and engaged research with immigrant communities. *Diaspora, Indigenous and Migrant Education, 8*(1): 1–6.

Nicholas, A. 2015. A concept-based approach to teaching speech acts in the EFL classroom. *ELT Journal, 69*(4): 383–394.

Nickerson, C. 2005. English as a lingua franca in international business contexts. *English for Specific Purposes, 24*(4): 367–380.

Nishino, T. & Watanabe, M. 2008. Communication-oriented policies versus classroom realities in Japan. *TESOL Quarterly, 42*(1): 133–138.

Niu, R. & You, X. 2020. Effects of indirect corrective feedback with and without written languaging on L2 written accuracy: A multitask intervention study. *The Asia-Pacific Education Researcher, 29*(4): 343–351.

Norris, J. M. & Ortega, L. 2000. Effectiveness of L2 instruction: A research synthesis and quantitative meta-analysis. *Language Learning, 50*(3): 417–528.

Northcott, J. & Brown, G. 2006. Legal translator training: Partnership between teachers of English for legal purposes and legal specialists. *English for Specific Purposes, 25*(3): 358–375.

Norton, B. 1995. Social identity, investment, and language learning. *TESOL Quarterly, 29*(1): 9–31.

Norton, B. 2000. *Identity and Language Learning: Gender, Ethnicity, and Educational Change.* Harlow: Pearson.

Norton, B. 2001. Non-participation, imagined communities and the language classroom. In M. Breen (Ed.), *Learner Contributions to Language Learning.* London: Longman, 159–171.

Norton, B. 2013. *Identity and Language Learning: Extending the Conversation.* Bristol: Multilingual Matters.

Norton, B. & Toohey, K. 2001. Changing perspectives on good language learners. *TESOL Quarterly, 35*(2): 307–322.

Norton, B. & Toohey, K. 2011. Identity, language learning, and social change. *Language Teaching, 44*(4): 412–446.

Nunan, D. 1991. Communicative tasks and the language curriculum. *TESOL Quarterly, 25*(2): 279–295.

Nunan, D. 1997. Designing and adapting materials to encourage learner autonomy. In P. Benson & P. Voller (Eds.), *Autonomy and Independence in Language Learning.* London: Longman, 192–203.

Nunan, D. & Bailey, K. M. 2009. *Exploring Second Language Classroom Research: A Comprehensive Guide.* Boston: Heinle Cengage.

Nuske, K. 2018. "I mean I'm kind of discriminating my own people": A Chinese TESOL graduate student's shifting perception of China English. *TESOL Quarterly, 52*(2): 360–390.

Ohta, A. 2000. Rethinking interaction in SLA: Developmentally appropriate assistance in the zone of proximal development and the acquisition of L2 grammar. In J. P. Lantolf (Ed.), *Sociocultural Theory and Second Language Learning.* Oxford: Oxford University Press, 51–78.

Ohta, A. 2001. *Second Language Acquisition Processes in the Classroom: Learning Japanese.* Mahwah: Erlbaum.

Oliver, M. & Trigwell, K. 2005. Can "blended learning" be redeemed? *E–Learning, 2*(1): 17–26.

Olsher, D. 2004. Talk and gesture: The embodied completion of sequential actions in spoken interaction. In R. Gardner & J. Wagner (Eds.), *Second Language Conversations.* London: Continuum, 221–246.

Ortega, L. 2005. Methodology, epistemology, and ethics in instructed SLA research. *The Modern Language Journal, 89*(3): 315–488.

Ortega, L. 2007. Meaningful L2 practice in foreign language classrooms: A cognitive-interactionist SLA perspective. In R. M. DeKeyser (Ed.), *Practice in a Second Language: Perspectives from Applied Linguistics and Cognitive Psychology.* Cambridge: Cambridge University Press, 180–207.

Ortega, L. 2009. *Understanding Second Language Acquisition.* London: Hodder Education.

Ortega, L. 2015. Second language learning explained? SLA across 10 contemporary theories. In B. VanPatten & J. Williams (Eds.), *Theories in*

Second Language Acquisition: An Introduction. New York: Routledge, 245–272.

Oscarson, M. 1989. Self-assessment of language proficiency: rationale and applications. *Language Testing, 6*(1): 1–13.

Oxford, R. 2011. Strategies for learning a second or foreign language. *Language Teaching, 44*(2): 167–180.

Oxford, R. L. 2016. Toward a psychology of well-being for language learners: The "EMPATHICS" vision. In T. Gregersen, P. MacIntyre & S. Mercer (Eds.), *Positive Psychology and Language Learning*. Bristol: Multilingual Matters, 10–88.

Pacini, R. & Epstein, S. 1999. The relation of rational and experiential information processing styles to personality, basic beliefs, and the ratio-bias problem. *Journal of Personality and Social Psychology, 76*(6): 972–987.

Pae, T. 2013. Skill-based L2 anxieties revisited: Their intra-relations and their interrelations with general foreign language anxiety. *Applied Linguistics, 34*(2): 232–252.

Palfreyman, D. M. 2014. The ecology of learner autonomy. In G. Murray (Ed.), *Social Dimensions of Autonomy in Language Learning*. London: Palgrave Macmillan, 175–191.

Palfreyman, D. M. & Benson, P. 2019. Autonomy and its role in English language learning: Practice and research. In X. Gao (Ed.), *Second Handbook of English Language Teaching*. Cham: Springer, 661–681.

Palmer, D. K., Martínez, R. A. Mateus S. G. & Henderson. 2014. Reframing the debate on language separation: Toward a vision for translanguaging pedagogies in the dual language classroom. *The Modern Language Journal, 98*(3): 757–772.

Paltridge, B. 2002. Thesis and dissertation writing: An examination of published advice and actual Practice. *English for Specific Purposes, 21*(2): 125–143.

Paltridge, B. & Starfield, S. 2013. *The Handbook of English for Specific Purposes*. Chichester: Wiley-Blackwell.

Pan, L. & Block, D. 2011. English as a "global language" in China: An investigation into learners' and teachers' language beliefs. *System, 39*(3): 391–402.

Papi, M. & Hiver, P. 2020. Language learning motivation as a complex dynamic system: A global perspective of truth, control, and value. *The Modern Language Journal, 104*(1): 209–232.

Park, G. 2012, "I am never afraid of being recognized as an NNES": One teacher's journey in claiming and embracing her nonnative-speaker identity. *TESOL Quarterly, 46*(1): 127–151.

Park, H. I., Solon, M., Henderson, C. & Dehghan-Chaleshtori, M. 2020. The roles of working memory and oral language abilities in elicited imitation performance. *The Modern Language Journal, 104*(1):133–151.

Park, N. & Peterson, C. 2006. Character strengths and happiness among young children: Content analysis of parental descriptions. *Journal of Happiness Studies, 7*(3): 323–341.

Patton, M. Q. 2015. *Qualitative Research and Evaluation Methods: Integrating Theory and Practice.* Los Angles: Sage.

Pavlenko, A. 2006. Bilingual selves. In A. Pavlenko (Ed.), *Bilingual Minds: Emotional Experience, Expression and Representation.* Clevedon: Multilingual Matters, 1–33.

Pavlenko, A. & Blackledge, A. 2004. *Negotiation of Identities in Multilingual Contexts.* Clevedon: Multilingual Matters.

Pavlenko, A. & Nortcn, B. 2007. Imagined communities, identity, and English language teaching. In J. Cummins & C. Davison (Eds.), *International Handbook of English Language teaching.* New York: Springer, 669–680.

Peña, E. D. & Greene, K. J. 2018. Dynamic assessment of children learning a second language. In J. P. Lantolf, M. E. Poehner & M. Swain (Eds.), *The Routledge Handbook of Sociocultural Theory and Second Language Development.* London: Routledge, 324–339.

Peng, J., Wang, C. & Lu, X. 2018. Effect of the linguistic complexity of the input text on alignment, writing fluency, and writing accuracy in the continuation task. *Language Teaching Research, 24*(3): 1–18.

Pennington, M. C. & Hoekje, B. J. 2014. Framing English language teaching. *System, 46*: 163–175.

Petersen, D. B., Tonn, P., Spencer, T. D. & Foster, M. E. 2020. The classification accuracy of a dynamic assessment of inferential word learning for bilingual English/Spanish-speaking school-age children. *Language, Speech, and Hearing Services in Schools, 51*(1): 144–164.

Peterson, C. & Seligman, M. 2004. *Character Strengths and Virtues: A Handbook and Classification.* Oxford: Oxford University Press.

Pett, M. A., Lackey, N. R. & Sullivan, J. J. 2003. *Making Sense of Factor Analysis: The Use of Factor Analysis for Instrument Development in Health Care Research.* Thousand Oaks: Sage.

Phakiti, A. 2015. *Experimental Research Methods in Language Learning.* New York:

Bloomsbury.

Phan, L. H. 2008. *Teaching English as an International Language: Identity, Resistance and Negotiation*. Clevedon: Multilingual Matters.

Phan, H. T. T. & Hamid, M. O. 2017. Learner autonomy in foreign language policies in Vietnamese universities: An exploration of teacher agency from a sociocultural perspective. *Current Issues in Language Planning, 18*(1): 39–56.

Phillips, J. 2009. History of immigration-multi-cultural New Zealand: 1991 onwards. *Te Ara—The Encyclopedia of New Zealand*. Retrieved November 20, 2021, from TeAra website.

Piasecka, L. 2016. Activating character strengths though poetic encounters in a foreign language—A case study. In D. Gabryś–Barker & D. Gałajda (Eds.), *Positive Psychology Perspectives on Foreign Language Learning and Teaching*. New York: Springer, 75–92.

Picciano, A. 2009. Blending with purpose: The multimodal model. *Journal of Asynchronous Learning Networks, 13*(1): 7–18.

Pickering, M. J. & Garrod, S. 2004. Toward a mechanistic psychology of dialogue. *Behavioral & Brain Sciences, 27*(2): 169–190.

Pimple, K. D. 2002. Six domains of research ethics: A heuristic framework for the responsible conduct of research. *Science and Engineering Ethics, 8*(2): 191–205.

Poehner, M. E. 2008a. Both sides of the conversation: The interplay between mediation and learner reciprocity in dynamic assessment. In J. P. Lantolf & M. E. Poehner (Eds.), *Sociocultural Theory and the Teaching of Second Languages*. London: Equinox Publishing, 33–56.

Poehner, M. E. 2008b. *Dynamic Assessment: A Vygotskian Approach to Understanding and Promoting L2 Development*. Singapore: Springer Science & Business Media.

Poehner, M. E. 2009. Group dynamic assessment: Mediation for the L2 classroom. TESOL *Quarterly, 43*(3): 471–491.

Poehner, M. E. 2018. Probing and provoking L2 development. In J. P. Lantolf, M. E. Poehner & M. Swain (Eds.), *The Routledge Handbook of Sociocultural Theory and Second Language Development*. London: Routledge, 249–265.

Poehner, M. E. & Davin, K. 2013, March 16–19. *Learning to teach reactively through dynamic assessment*. Annual Meeting of the American Association for Applied Linguistics, Dallas, United States.

Poehner, M. & Infante, P. 2016. Dynamic assessment in the language classroom. In D. Tsagari & J. Banerjee (Eds.), *Handbook of Second Language Assessment*. Boston: Mouton de Gruyter, 275–290.

Poehner, M. E. & Infante, P. 2017. Mediated development: A Vygotskian approach to transforming second language learner abilities. *TESOL Quarterly*, *51*(2): 332–357.

Poehner, M. E. & van Compernolle, R. A. 2016, April 9–12. *From L2 dynamic assessment to learner receptivity: Consider time as a dimension in classroom assessment validation*. Annual Meeting of the American Association for Applied Linguistics, Orlando, United States.

Postman, N. 1993. *Technopoly: The Surrender of Culture to Technology*. New York: Vintage.

Punch, K. F. 2014. *Introduction to Social Research: Quantitative and Qualitative Approaches*. Thousand Oaks: Sage.

Räisänen, C. & Fortanet-Gómez, I. 2008. The state of ESP teaching and learning in Western European higher education after Bologna. In I. Fortanet-Gómez & C. Räisänen (Eds.), *ESP in European Higher Education: Integrating Language and Content*. Amsterdam: John Benjamins, 11–51.

Ranta, L. & Meckelborg, A. 2013. How much exposure to English do international students really get? Measuring language use in a naturalistic setting. *The Canadian Modern Language Review*, *69*(1): 1–33.

Rayner, K. 1978. Eye movements in reading and information processing. *Psychological Bulletin*, *85*(3): 618–660.

Rayner, K. 2009. Eye movements and attention in reading, scene perception and visual search. *Quarterly Journal of Experimental Psychology*, *62*(8): 1457–1506.

Reinders, H. & White, C. 2011. Special issue commentary: Learner autonomy and new learning environments. *Language Learning & Technology*, *15*(3): 1–3.

Remillard, J. T. 2005. Examining key concepts in research on teachers' use of mathematics curricula. *Review of Educational Research*, *75*(2): 211–246.

Rhodes, C. S. & Weiss, K. J. 2013. Introduction: The advancement and significance of protecting human subjects. In C. S. Rhodes & K. J. Weiss (Eds.), *Ethical Issues in Literacy Research*. New York: Routledge, 23–28.

Richards, J. C. 1996. Teachers' maxims in language teaching. *TESOL Quarterly*, *30*(2): 281–296.

Richards, J. C. 2015. *Key Issues in Language Teaching*. Cambridge: Cambridge University Press.

Richards, J. C. & Rodgers, T. S. 2014. *Approaches and Methods in Language*

Teaching. Cambridge: Cambridge University Press.

Richards, K. 2003. *Qualitative Inquiry in TESOL*. Houndsmil: Palgrave Macmillan.

Richter, T. & McPherson, M. 2012. Open educational resources: Education for the world? *Distance Education, 33*(2): 201–219.

Robinson, P. 1991. *ESP Today: A Practitioner's Guide*. Hemel Hempstead: Prentice Hall.

Robinson, P. 2005. Aptitude and second language acquisition. *Annual Review of Applied Linguistics, 25*: 46–73.

Rose, H., Briggs, J. G., Boggs, J. A., Sergio, L. & Ivanova-Slavianskaia, N. 2018. A systematic review of language learner strategy research in the face of self-regulation. *System, 72*: 151–163.

Rose, H. & Galloway, N. 2019. *Global Englishes for Language Teaching*. Cambridge: Cambridge University Press.

Rose, H. & McKinley, J. 2018, March 24–27. *The place of second language pedagogy in applied linguistics: A systematic review of a fragmenting field*. American Association of Applied Linguistics Conference, Chicago, United States.

Royce, T. 2002. Multimodality in the TESOL classroom: Exploring visual-verbal synergy. *TESOL Quarterly, 36*(2): 191–204.

Ruel, E. E., Wagner, W. E. & Gillespie, B. J. 2016. *The Practice of Survey Research: Theory and Applications*. Thousand Oaks: Sage.

Sadeghi, K. & Khanahmadi, F. 2011. Dynamic assessment of L2 grammar of Iranian EFL learners: The role of mediated learning experience. *International Journal of Academic Research, 3*(2): 931–936.

Salkind, N. J. & Rasmussen, K. 2007. *Encyclopedia of Measurement and Statistics*. Thousand Oaks: Sage.

Sampson, R, J. 2015. Tracing motivational emergence in a classroom language learning project. *System, 50*: 10–20.

Samuda, V. 2001. Guiding relationships between form and meaning during task performance: The role of the teacher. In M. Bygate, P. Skehan & M. Swain (Eds.), *Researching Pedagogic Tasks, Second Language Learning, Teaching and Testing*. New York: Longman, 119–140.

Saraceni, M. 2019. Problematizing the linguistic goal in English language curricula. In X. Gao (Ed.), *Second Handbook of English Language Teaching*. Cham: Springer, 221–238.

Sato, M. 2021. Generating a roadmap for possible selves via a vision intervention: Alignment of second language motivation and classroom behavior. *TESOL Quarterly, 55*(2): 427–457.

Savignon, S. J. 1983. *Communicative Competence: Theory and Classroom Practice*. Reading: Addison-Wesley.

Schegloff, E. & Sacks, H. 1973. Opening up closings. *Semiotica, 8*(4): 289–327.

Schmid, M. S. 2011. *Language Attrition*. Cambridge: Cambridge University Press.

Schmidt, R. 1990. The role of consciousness in second language learning. *Applied Linguistics, 11*(2): 129–158.

Schmitt, C. & Miller, K. 2010. Using comprehension methods in language acquisition research. In W. B. T. Blom & S. Unsworth (Eds.), *Language Learning & Language Teaching: Experimental Methods in Language Acquisition Research*. Philadelphia: John Benjamins, 35–56.

Schram. S. F. 2006. *Welfare Discipline: Discourse, Governance and Globalization*. Philadelphia: Temple University Press.

Schueller, S. M. 2014. Person-activity fit in positive psychological interventions. In A. C. Parks & S. M. Schueller (Eds.), *The Wiley Blackwell Handbook of Positive Psychological Interventions*. Chichester: Wiley-Blackwell, 285–402.

Scida, E. E. & Saury, E. 2006. Hybrid courses and their impact on student and classroom performance: A case study at the University of Virginia. *CALICO Journal, 23*(3): 517–531.

Searle, J. 2002. *Consciousness and Language*. Cambridge: Cambridge University Press.

Segalowitz, N. 2010. *Cognitive Bases of Second Language Fluency*. New York: Routledge.

Seidlhofer, B. 2001. Closing a conceptual gap: The case for a description of English as a lingua franca. *International Journal of Applied Linguistics, 11*(2): 133–158.

Seidlhofer, B. 2005. English as a lingua franca. *ELT Journal, 59*(4): 339–341.

Seidlhofer, B. 2007. Common property: English as a lingua franca in Europe. In J. Cummins & C. Davison (Eds.), *International Handbook of English Language Teaching*. New York: Springer, 137–153.

Seligman, M. E. P. 2011. *Flourish: A Visionary New Understanding of Happiness and Well-being*. New York: Atria / Simon & Schuster.

Seligman, M. E. P. & Csikszentmihalyi, M. 2000. Positive psychology: An introduction. *American Psychologist, 55*(1): 5–14.

Settles, B., Laflair, G. T. & Hagiwara, M. 2020. Machine learning-driven language assessment. *Transactions of the Association for Computational*

Linguistics, 8(4): 247–263.

Shankar, S. 2008. Speaking like a model minority: "FOB" styles, gender, and racial meanings among Desi teens in Silicon Valley. *Journal of Linguistic Anthropology, 18*(2): 268–289.

Shi, B., Huang, L. & Lu, X. 2020. Effect of prompt type on test-takers' writing performance and writing strategy use in the continuation task. *Language Testing, 37*(3): 361–388.

Shirvan, M. E., Khajavy, G. H., MacIntyre, P. D. & Taherian, T. 2019. A meta-analysis of L2 willingness to communicate and its three high-evidence correlates. *Psycholinguist Research, 48*(6): 1241–1267.

Shohamy, E. 2004. Reflections on research guidelines, categories, and responsibility. *TESOL Quarterly, 38*(4): 728–731.

Shrestha, P. & Coffin, C. 2012. Dynamic assessment, tutor mediation and academic writing development. *Assessing Writing, 17*(1): 55–70.

Shulman, L. 1987. Knowledge and teaching: Foundations of the new reform. *Harvard Educational Review, 57*(1): 1–22.

Sieber, J. E. 1998. Planning ethically responsible research. In L. Bickman & D. J. Rog (Eds.), *Handbook of Applied Social Research Methods*. Thousand Oaks: Sage, 127–156.

Siekmann, S. & Charles, W. 2011. Upingakuneng (when they are ready): Dynamic assessment in a third semester Yugtun class. *Assessment in Education: Principles, Policy & Practice, 18*(2): 151–168.

Simpson-Vlach, R. & Ellis, N. C. 2010. An academic formulas list: New methods in phraseology research. *Applied Linguistics, 31*(4): 487–512.

Sinclair, J. & Coulthard, M. 1975. *Towards an Analysis of Discourse*. London: Routledge.

Snodin, N. 2013. The effects of blended learning with a CMS on the development of autonomous learning: A case study of different degrees of autonomy achieved by individual learners. *Computers & Education, 61*: 209–216.

Sockett, G. & Toffoli, D. 2012. Beyond learner autonomy: A dynamic systems view of the informal learning of English in virtual online communities. *ReCALL, 24*(2): 138–151.

Song, B. & Kim, T. 2017. The dynamics of demotivation and remotivation among Korean high school EFL learners. *System, 65*: 90–103.

Spada, N. 2007. Communicative language teaching: Current status and future prospects. In J. Cummins & C. Davison (Eds.), *International Handbook of*

English Language Teaching. New York: Springer, 261–288.

Sparks, R. & Patton, J. 2013. Relationship of L1 skills and L2 aptitude to L2 anxiety on the Foreign Language Classroom Anxiety Scale. *Language Learning, 63*(4): 870–895.

Spolsky, B. 1970. Linguistics and language pedagogy-Applications or implications. In J. E. Alatis (Ed.), *Report of the Twentieth Annual Round Table Meeting on Linguistics and Language Studies*. Washington D.C.: Georgetown University Press, 143–155.

Stake, R. E. 1995. *The Art of Case Study Research*. Thousand Oaks: Sage.

Starfield, S. 2020. Autoethnography critical ethnography. In J. Mckinley & H. Rose (Eds.), *The Routledge Handbook of Research Methods in Applied Linguistics*. New York: Routledge, 165–175.

Starfield, S., Paltridge, B. & Tardy, C. M. 2016. *Ethnographic Perspectives on Academic Writing*. Oxford: Oxford University Press.

Stein, P. 2000. Rethinking resources in the ESL classroom: Rethinking resources: multimodal pedagogies in the ESL classroom. *TESOL Quarterly, 34*(2): 333–336.

Sterling, S. & de Costa, P. I. 2018. Ethical applied linguistics research. In A. Phakiti, P. I. de Costa, L. Plonsky & S. Starfield (Eds.), *The Palgrave Handbook of Applied Linguistics Research*. London: Palgrave Macmillan, 163–182.

Sterling, S., Winke, P. & Gass, S. 2016. Training in research ethics among applied linguistics and SLA researchers. In P. I. de Costa (Ed.), *Ethics in Applied Linguistics Research: Language Researcher Narratives*. New York: Routledge, 15–37.

Sternberg, R. J. & Grigorenko, E. L. 2002. *Dynamic Testing: The Nature and Measurement of Learning Potential*. Cambridge: Cambridge University Press.

Stewart, D. W., Shamdasani, P. N. & Rook, D. W. 2007. *Focus Groups: Theory and Practice*. Newbury Park: Sage.

Storch, N. 2002. Patterns of interaction in ESL pair work. *Language Learning, 52*(1): 119–158.

Stracke, E. 2007. A road to understanding: A qualitative study into why learners drop out of a blended language learning (BLL) environment. *ReCALL, 19*(1): 57–78.

Strauss, A. L. 1987. *Qualitative Analysis for Social Scientists*. New York: Cambridge University Press.

Strauss, A. L. & Corbin, J. M. 1998. *Basics of Qualitative Research: Grounded*

Theory Procedures and Techniques. Thousand Oaks: Sage.

Strevens, P. 1977. *New Orientations in the Teaching of English*. Oxford: Oxford University Press.

Strevens, P. 1988. The Learner and teacher of ESP. In D. Chamberlain & R. Baumgardner (Eds.), *ESP in the Classroom: Practice and Evaluation*. London: Modern English Publications in Association with the British Council, 39–44.

Sugiharto, S. 2019. Communicative language teaching as situated practice: Moving beyond dogma. *TESOL Journal, 10*(2): 433.

Suzuki, Y. 2018. The role of procedural learning ability in automatization of L2 morphology under different learning schedules. *Studies in Second Language Acquisition, 40*(4): 923–937.

Swain, M. 1985. Communicative competence: Some roles of comprehensible input and comprehensible output in its development. In S. Gass & C. Madden (Eds.), *Input in Second Language Acquisition*. Mass: Newbury House, 235–253.

Swain, M. 1995. Three functions of output in second language learning. In G. Cook & B. Seidlhofer (Eds.), *Principles and Practice in Applied Linguistics: Studies in Honor of H. G. Widdowson*. Oxford: Oxford University Press, 125–144.

Swain, M. 2000. The output hypothesis and beyond: Mediating acquisition through collaborative dialogue. In J. Lantolf (Ed.), *Sociocultural Theory and Second Language Learning*. Oxford: Oxford University Press, 97–114.

Swain, M. 2005. The output hypothesis: Theory and research. In E. Hinkel (Ed.), *Handbook on Research in Second Language Teaching and Learning*. Mahwah: Lawrence Erlbaum, 471–483.

Swain, M. 2013. The inseparability of cognition and emotion in second language learning. *Language Teaching, 46*(2): 195–207.

Swales, J. M. 1990. *Genre Analysis: English in Academic and Research Settings*. Cambridge: Cambridge University Press.

Swales, J. M. 2004. *Research Genres: Explorations and Applications*. Cambridge: Cambridge University Press.

Swales, J. M. & Feak, C. B. 2012. *Academic Writing for Graduate Students: Essential Tasks and Skills*. Ann Arbor: University of Michigan Press.

Swales, J. M. & Leeder, C. 2012. A reception study of the articles published in English for specific purposes from 1990–1999. *English for Specific Purposes, 31*(2): 137–146.

Tagg, C., Lyons, A., Hu, R. & Rock, F. 2017. The ethics of digital ethnography in a team project. *Applied Linguistics Review*, 8(2–3): 271–292.

Talmy, S. 2008. The cultural productions of ESL student at Tradewinds high: Contingency, multidirectionality, and identity in L2 socialization. *Applied Linguistics*, 29(4): 619–644.

Talmy, S. 2010. Qualitative interviews in applied linguistics: from research instrument to social practice. *Annual Review of Applied Linguistics, 30*: 128–148.

Talmy, S. & Richardson, K. 2011. Theorizing qualitative research interviews in applied linguistics. *Applied Linguistics, 32*(1): 1–5.

Tao, J., Shao, Q. & Gao X. 2017. Ethics-related practices in Internet-based applied linguistics research. *Applied Linguistics Review*, 8(4): 321–353.

Tasseron, M. 2017. How teachers us the global ELT coursebook. In H. Masuhara, F. Mishan & B. Tomlinson (Eds.), *Practice and Theory for Materials Development in L2 Learning*. Cambridge: Cambridge Scholars Publishing, 290–311.

Teimouri, Y., Goetze, J. & Plonsky, L. 2019. Second language anxiety and achievement: A meta-analysis. *Studies in Second Language Acquisition, 41*(2): 363–387.

Teng, F. 2019. *Autonomy, Agency and Identity in Teaching and Learning English as a Foreign Language*. Singapore: Springer.

Teng, L. S. 2016. Changes in teachers' beliefs after a professional development project for teaching writing: Two Chinese cases. *Journal of Education for Teaching*, 42(1): 106–109.

Teng, L. S. & Zhang, L. J. 2016. A questionnaire-based validation of multidimensional models of self-regulated learning strategies. *The Modern Language Journal, 100*(3): 674–701.

TESOL International Association. 2014. *TESOL International Association Research Agenda*. Alexandria: TESOL.

Thomas, M. & Reinders, H. 2010. *Task-based Language Learning and Teaching with Technology*. London: Continuum.

Thompson, S. 2002. As the story unfolds: The uses of narrative in research presentations. In E. Ventola, C. Shalom & S. Thompson (Eds.), *The Language of Conferencing*. Frankfurt: Peter Lang, 147–167.

Thornbury, S. 2011. Language teaching methodology. In J. Simpson (Ed.), *The Routledge Handbook of Applied Linguistics*. Abingdon: Routledge, 185–199.

Thorne, S. L. & Black, R. W. 2011. Identity and interaction in internetmediated contexts. In C. Higgins (Ed.), *Identity Formation in Globalizing Contexts*. Berlin: Mouton de Gruyter, 257–278.

Tomlinson, B. 2001. Materials development. In R. Carter & D. Nunan (Eds.), *The Cambridge Guide to Teaching English to Speakers of Other Languages*. Cambridge: Cambridge University Press, 66–71.

Tomlinson, B. 2003. *Developing Materials for Language Teaching*. London: Bloomsbury.

Tomlinson, B. 2011. *Materials Development in Language Teaching*. Cambridge: Cambridge University Press.

Topping, K. 1998. Peer assessment between students in colleges and universities. *Review of Educational Research, 68*(3): 249–276.

Toohey, K. 2001. Disputes in child L2 learning. *TESOL Quarterly, 35*(2): 257–278.

Trueswell, J. C. & Tanenhaus, M. K. 2016. Toward a lexicalist framework of constraint-based syntactic ambiguity resolution. In C. Clifton, L. Frazier & K. Rayner (Eds.), *Perspectives on Sentence Processing*. New York: Psychology Press, 155–179.

Tsai, M. H. 2020. The effects of explicit instruction on L2 learners' acquisition of verb-noun collocations. *Language Teaching Research, 24*(2): 138–162.

Tsui, A. B. M. 2007. Complexities of identity formation: A narrative inquiry of an EFL teacher. *TESOL Quarterly, 41*(4): 657–680.

Turnbull, B. 2019. Translanguaging in the planning of academic and creative writing: A case of adult Japanese EFL learners. *Bilingual Research Journal, 42*(2): 232–251,

Ull, A. & Agost, R. 2020. Communicative language teaching: Is there a place for L1 in L2 learning? *European Journal of Language Policy, 12*(1): 55–83.

Uludag, O. & Vanpatten, B. 2012. The comparative effects of processing instruction and dictogloss on the acquisition of the English passive by speakers of Turkish. *IRAL–International Review of Applied Linguistics in Language Teaching, 50*(3): 189–212.

Ur, P. 1998. *A Course in Language Teaching: Practice and Theory*. Cambridge: Cambridge University Press.

Usioda, E. & Dörnyei, Z. 2009. Motivation, language identities and the L2 self: A theoretical overview. In Z. Dörnyei & E. Ushioda (Eds.), *Motivation, Language Identity and the L2 Self*. Bristol: Multilingual Matters, 1–8.

Vakili, S. & Ebadi, S. 2019. Exploring EFL learners' developmental errors in academic writing through face-to-face and computer-mediated dynamic assessment. *Computer Assisted Language Learning*. Retrieved November 22,

2021, from Taylor & Francis Online website.

Valdés, G. 2005. Bilingualism, heritage language learners, and SLA research: Opportunities lost or seized? *The Modern Language Journal*, *89*(3): 410–434.

Valeo, A. 2013. Language awareness in a content-based language programme. *Language Awareness*, *22*(2): 126–145.

van Compernolle, R. A. & McGregor, J. 2016. *Authenticity, Language and Interaction in Second Language Contexts*. New York: Multilingual Matters.

van Compernolle, R. A. & Williams, L. 2011. Thinking with your hands: Speech-gesture activity during an L2 awareness-raising task. *Language Awareness*, *20*(3): 203–219.

van Gompel, R. P. G. & Pickering, M. J. 2007. Syntactic parsing. In M. G. Gaskell & G. Altmann (Eds.), *The Oxford Handbook of Psycholinguistics*. Oxford: Oxford University Press, 289–308.

van Lier, L. 1997. Approaches to observation in classroom research: Observation from an ecological perspective. *TESOL Quarterly*, *31*(4): 783–787.

van Lier, L. 2003. A tale of two computer classrooms: The ecology of project–based language learning. In J. H. Leather & J. van Dam (Eds.), *The Ecology of Language Acquisition*. Dordrecht: Kluwer Academic Publishers, 49–63.

van Lier, L. 2004. *The Ecology and Semiotics of Language Learning: A Sociocultural Perspective*. New York: Kluwer Academic Publishers.

van Lier, L. 2007. Action-based teaching, autonomy and identity. *Innovation in Language Learning and Teaching*, *1*(1): 46–65.

van Lier, L. 2008. Agency in the classroom. In J. P. Lantolf & M. E. Poehner (Eds.), *Sociocultural Theory and the Teaching of Second Languages*. London: Equinox, 163–186.

VanPatten, B. 2015. Input processing in adult SLA. In B. VanPatten & J. Williams (Eds.), *Theories in Second Language Acquisition: An Introduction*. New York: Routledge, 113–134.

Verspoor, M., Lowie W. & van Dijk, M. 2008. Variability in second language development from a dynamic systems perspective. *The Modern Language Journal*, *92*(2): 214–231.

Vogt, W. P. 2005. Descriptive statistics. In W. P. Vogt (Ed.), *Dictionary of Statistics & Methodology: A Nontechnical Guide for the Social Sciences*. Thousand Oaks: Sage, 87.

Volle, L. M. 2005. Analyzing oral skills in voice E-mail and online interviews. *Language Learning and Technology*, *9*(3): 146–163.

Vygotsky, L. 1978. *Mind in Society: The Development of Higher Psychological*

Processes. Cambridge: Harvard University Press.

Walker, A. & White, G. 2013. *Technology Enhanced Language Learning: Connecting Theory and Practice*. Oxford: Oxford University Press.

Waller, T. A. 2018. Content-based instruction. In J. I. Liontas (Ed.), *The TESOL Encyclopedia of English Language Teaching*. Retrieved November 22, 2021, from Wiley Online Library website.

Wang, H. 2020. Facilitating English L2 learners' intercultural competence and learning of English in a Taiwanese university. *Language Teaching Research*. Retrieved November 22, 2021, from SAGE Journals website.

Wang, Q. & Luo, S. 2019. Shifting from teaching the subject to developing core competencies through the subject: The revised Senior Middle School English Curriculum Standards (2017 edition) in China. In X. Gao (Ed.), *Second Handbook of English Language Teaching*. Cham: Springer, 109–134.

Wang, Y. 2016. Innovative learning design for online language learning: A systems design framework. In R. Moloney & H. L. Xu (Eds.), *Exploring Innovative Pedagogy in the Teaching and Learning of Chinese as a Foreign Language*. Singapore: Springer, 253–271.

Waninge, F., Dörnyei, Z. & de Bot, K. 2014. Motivational dynamics in language learning: Change, stability and context. *The Modern Language Journal, 98*(3): 704–723.

Watson, J. 2008. *Blended Learning: The Convergence of Online and Face-to-Face Education. Promising Practices in Online Learning*. Vienna: North American Council for Online Learning.

Weedon, C. 1987. *Feminist Practice and Poststructuralist Theory*. London: Basil Blackwell.

Wei, Y. & Wei, R. 2019. Source use in the story continuation writing task. *Assessing Writing, 39*: 39–49.

Wen, Q. 2017. The Production-oriented approach: A pedagogical innovation in university English teaching in China. In L. Wong & K. Hyland (Eds.), *Faces of English: Students, Teachers, and Pedagogy*. London: Routledge, 91–106.

Wen, Q. 2018. The production-oriented approach to teaching university students English in China. *Language Teaching, 51*(4): 526–540.

Wenden, A. L. 1991. *Learner Strategies for Learner Autonomy*. London: Prentice Hall.

Wertsch, J. V. 1994. The primacy of mediated action in sociocultural studies. *Mind, Culture and Activity, 1*(4): 202–208.

White, C. J. 2006. State of the art article: The distance learning of foreign languages. *Language Teaching*, 39(4): 247–264.

White, C. J. 2018. Emotional turn in applied linguistics and TESOL: Significance, challenges and prospects. In J. de Dios Martínez Agudo (Ed.), *Emotions in Second Language Teaching: Theory, Research and Teacher Education*. Berlin: Springer, 19–34.

Widdowson, H. G. 1978. *Teaching Language as Communication*. Oxford: Oxford University Press.

Widdowson, H. G. 1983. *Learning Purpose and Language Use*. Oxford: Oxford University Press.

Widdowson, H. 2003. Expert beyond experience: Notes on the appropriate use of theory in practice. In D. Newby (Ed.), *Mediating between Theory and Practice in the Context of Different Learning Cultures and Languages*. Strasbourg: Council of Europe Publishing, 23–30.

Widodo, H. P., Perfecto, M. R., van Canh, L. & Buripakdi, A. 2018. *Situating Moral and Cultural Values in ELT Materials: The Southeast Asian Context*. Cham: Springer.

Wilkins, D. 1976. *Notional Syllabuses*. Oxford: Oxford University Press.

Wilson, K. 2016. Critical reading, critical thinking: Delicate scaffolding in English for Academic Purposes (EAP). *Thinking Skills and Creativity*, 22: 256–265.

Woll N. 2019. Investigating positive lexical transfer from English (L2) to German (L3) by Quebec Francophones. In E. Vetter & U. Jessner (Eds.), *International Research on Multilingualism: Breaking with the Monolingual Perspective*. Cham: Springer, 103–123.

Wong, L. C. & Hyland, K. 2017. *Faces of English Education: Students, Teachers, and Pedagogy*. London: Routledge.

Wright, T. & Bolitho, R. 1993. Language awareness: A missing link in language teacher education? *ELT Journal*, 47(4): 292–304.

Wu, Y. & Lin, A. M. 2019. Translanguaging and trans-semiotising in a CLIL biology class in Hong Kong: Whole-body sense-making in the flow of knowledge co-making. *Classroom Discourse*, 10(3–4): 252–273.

Xing, F. & Turner, J. E. 2020. Revisiting Chinese resistance to communicative English: A counter example. *International Journal of Educational Research*, 103: 101631.

Xu, J., Li, B. & Curtis, A. 2015. Validating an English language teaching reflection inventory in a Chinese EFL context. *System*, 49: 50–60.

Xu, J. & Fan, Y. 2017. The evolution of the college English curriculum in

China (1985–2015): Changes, trends and conflicts. *Language Policy*, *16*(3): 267–289.

Xu, J. & Fan, Y. 2021. Finding success with the implementation of task-based language teaching: The role of teacher agency. *Language, Culture and Curriculum*. Retrieved November 22, 2021, from Taylor & Francis Online website.

Xu, J. & Kou, J. 2018. Group interaction strategies and students' oral performance in Chinese EFL classrooms. *TESOL Quarterly, 52*(1): 198–209.

Xu, J. & Long, Z. 2020. Sociocultural theory and L2 learning: A review of studies in East Asia. *Language and Sociocultural Theory, 7*(2): 202–222.

Yáñez-Prieto, M. D. C. 2014. Sense and subjectivity: Teaching literature from a sociocultural perspective. *Language and Sociocultural Theory, 1*(2): 179–203.

Yang, P. 2018. Developing TESOL teacher intercultural identity: An intercultural communication competence approach. *TESOL Journal, 9*(3): 525–541.

Yang, Y. & Qian, D. D. 2020. Promoting L2 English learners' reading proficiency through computerized dynamic assessment. *Computer Assisted Language Learning, 33*(5–6): 628–652.

Yashima, T., MacIntyre, P. D. & Ikeda, M. 2018. Situated willingness to communicate in an L2: Interplay of individual characteristics and context. *Language Teaching Research, 22*(1): 115–137.

You, C. & Dörnyei, Z. 2016. Language learning motivation in China: Results of a large-scale stratified survey. *Applied Linguistics, 37*(4): 495–519.

Yu, S., Jiang, L. & Zhou, N. 2020. The impact of L2 writing instructional approaches on student writing motivation and engagement. *Language Teaching Research*. Retrieved November 22, 2021, from SAGE Journals website.

Yuan, R. & Stapleton, P. 2020. Student teachers' perceptions of critical thinking and its teaching. *ELT Journal, 74*(1): 40–48.

Yun, S., Hiver, P. & Al-Hoorie, A. H. 2018. Academic buoyancy. *Studies in Second Language Acquisition, 40*(4): 805–830.

Zappa-Hollman, S. & Duff, P. A. 2019. Qualitative approaches to classroom research on English-medium instruction. In X. Gao (Ed.), *Second Handbook of English Language Teaching*. Cham: Springer, 1029–1051.

Zarrinabadi, N., Lou, N. M. & Shirzad, M. 2021. Autonomy support predicts language mindsets: Implications for developing communicative competence and willingness to communicate in EFL classrooms.

Learning and Individual Differences, 86: 101981.

Zhang, L. J. & Qin, T. L. 2018. Validating a questionnaire on EFL writers' metacognitive awareness of writing strategies in multimedia environments. In A. Haukås, C. C. Bjørke & M. Dypedahl (Eds.), *Metacognition in Language Learning and Teaching*. London: Routledge, 157–179.

Zhang, L. J., Thomas, N. & Qin, T. L. 2019. Language learning strategy research in system: Looking back and looking forward. *System*, 84: 87–92.

Zhang, X. 2016. Reading-writing integrated tasks, comprehensive corrective feedback, and EFL writing development. *Language Teaching Research, 21*(2): 217–240.

Zhang, X. & Lantolf, J. P. 2015. Natural or artificial: Is the route of second language development teachable? *Language Learning, 65*(1): 152–180.

Zheng, X. & Gao, Y. 2019. Promoting intercultural competence in English language teaching: A productive bilingualism perspective. In X. Gao (Ed.), *Second Handbook of English Language Teaching*. Cham: Springer, 199–219.

Zheng, H. 2013. Teachers' beliefs and practices: A dynamic and complex relationship. *Asia-pacific Journal of Teacher Education, 41*(3): 331–343.

Zheng, H. 2015. *Teacher Belief as a Complex System: English Language Teachers in China*. Cham: Springer.

Zimmerman, B. J. 2000. Self-efficacy: An essential motive to learn. *Contemporary Educational Psychology, 25*: 82–91.

Zuengler, J. 2003. Jackie Chan drinks mountain dew: Constructing cultural models of citizenship. *Linguistics and Education, 14*(3–4): 277–304.

Zuengler, J. & Miller, E. 2006. Cognitive and sociocultural perspectives: Two parallel SLA worlds? *TESOL Quarterly, 40*(1): 35–58.

术 语 表

定序数据	ordinal data
定制模式	a la carte model
动态多语系统模型	Dynamic Model of Multilingualism
动态评估	dynamic assessment
多模态读写能力教学法	pedagogy of multiliteracies
多模态信息认知教—学模式	model of multimodal information and cognition
多语催化因素	multilingualism factor
多语动机自我系统	multilingual motivational self system
多语化交际语言教学	plurilingual approach in communicative language teaching
多语现象 / 主义	multilingualism
多语意识	multilingual awareness
多语转向	multilingual turn
多语资源库	multilingual repertoire
多语资源库	plurilingual repertoire
多元能力	multi-competence
多元智能	multiple intelligences
二语动机自我系统	L2 motivational self system
二语研究工具及材料	instruments and materials for research into second languages, IRIS
发起—回应—评价	initiation-response-evaluation, IRE
发现与互动的技能	skills of discovery and interaction
翻转课堂	flipped classroom
反思式教学理念	reflexive approach to pedagogy and curriculum
方差	variance
非冗余性意义语法标记	non-redundant meaningful grammatical marker
非英语本族语教师	non-native English speaker teacher, NNESTs
峰度	kurtosis
附带习得	incidental acquisition
附加价值	added value
附加语	additional language
复杂理论	complexity theory, CT
改革运动	Reform Movement
概念型教学	concept-based language instruction, C-BLI.

个案研究法	case study method
个人意义原则	personal significance principle
给养	affordance
公共因子模型	common factor model, CFM
共核学术英语	common core EAP
关联式编码 / 主轴编码	axial coding
关于自我和他人的知识	knowledge of self and other
观察研究法	observational method
广角学术英语	wide-angle EAP
规范化交际教学法	principled communicative approach
国际人格项目量表	international personality item pool
国际音标	International Phonetic Alphabet
过程法以及后过程法	process and post-process approach
好奇与开放的心态	attitudes of curiosity and openness
合作教学	team teaching
合作教学与行动研究	collaborative teaching and action research
核心类属	core category
宏观伦理	macro-ethics
后测控制组匹配设计	matching posttest-only control group design
后方法时代	postmethod era
后摄性自主	reactive autonomy
互动假说	interaction hypothesis
互动言谈	talk-in-interaction
话步分析方法	move analysis
话语	utterance
话语分析	discourse analysis
话语习得	discourse acquisition
话语秩序	orders of discourse
回应标记	response token
会话分析	conversation analysis
混合多模态教学	mixed modalities
混合式语言学习	blended language learning, BLL
活动理论	activity theory
积极机构	positive institution
积极情感体验	positive experience

积极人格	positive character trait
基本差异假说	fundamental difference hypothesis
基于使用的理论	usage-based approach
极差	range
计算机自适应测试	computer-adaptive test
技能习得理论	skill acquisition theory
加工教学	processing instruction
假想社群	imagined community
假想身份	imagined identity
交际法	communicative methodology
交际能力	communicative competence
交际语言教学	communicative approach
交流意愿	willingness to communicate, WTC
焦点小组	focus group
教师即研究者	teacher researchers
教师语言意识	teachers' language awareness, TLA
教学法知识	pedagogical knowledge
教学技能	pedagogical skill
结构方程模型	structural equation modeling, SEM
结构性输入	structured input
结构性输入任务	structured input task
句首名词原则	first-noun principle
句子分析	parsing
聚焦型互动原则	focused interaction principle
开放式编码	open coding
开放式教育资源	open education resources, OER
可接受性判断任务	acceptability judgement task, AJT
可理解性输入假说	comprehensible input hypothesis
客观对象分析	objective analysis
课堂二语言习得	instructed second language acquisition, ISLA
控制性练习原则	controlled practice principle
跨课程语言教学	languages across the curriculum, LAC
跨文化语言使用者	intercultural speaker
跨语言意识	crosslinguistic awareness
跨语言因素	crosslinguistic factor

跨语言影响	crosslinguistic influence
扩展建设理论	broaden and build theory
离差	deviation
李克特量表	Likert scale
理解核查	comprehension check
理解与关联的能力	skills of interpreting and relating
理论饱和	theoretical saturation
理想社群	imagined community
理性思维自适应控制理论	adaptive control of thought-rational theory, ACT-R
连贯	coherence
练习性测试	practice test
轮换模式	rotation model
矛盾心理	ambivalence
民族志	ethnography
名义数据	nominal data
明确指导	overt instruction
模型估计	estimation
模型评价 / 模型拟合	testing fit
模型设定	specification
模型识别	identification
模型修正	respecification
母语文化扎根性	rootedness in native culture
目标语	target language
内容与语言融合学习	content and language integrated learning, CLIL
内容知识	content knowledge
内生变量	endogenous variable
内在言语	inner speech
批判读写法	critical literacy approach
批判性文化意识	critical cultural awareness
批评框定	critical framing
偏度	skewness
篇际语境	intertextual context
频率观	frequentist perspective
平衡设计	counterbalanced design
平衡双语	balanced bilingualism

普遍语法	Universal Grammar
前后测控制组匹配设计	matching pretest-posttest control group design
前摄性自主	proactive autonomy
潜在因子	latent factor
强化性输入	enhanced input
情感劳动	emotion labor
情境教学法	situational language teaching
情境学习理论	situated learning theory
情绪规则	feeling rule
认知 / 学术语言能力	cognitive/academic language proficiency
认知互动理论	cognitive-interactionist perspective
认知教学法	cognitive approach
任务型教学	task-based instruction / task-based language teaching, TBLT
冗余性意义语法标记	redundant meaningful grammatical marker
软整合	soft assemble
社会认知理论	sociocognitive theory
社会文化理论	sociocultural theory, SCT
社会转向	social turn
身份认知理论	identity theory
时间序列设计	time-series design
实景实践	situated practice
世界英语	World Englishes
输入互动分析	input interaction analysis
输入加工理论	input processing theory
输入流	input flood
数值型等级量表	numerical rating scale
双过程理论	dual-process theories
双语参与	dual-language involvement
双语现象 / 主义	bilingualism
双重单语	double monolingualism
思辨能力	critical thinking
思维单位	units of thought
算术平均数	mean
随机实验设计	randomized design

探索性实践研究	exploratory practice, EP
探索性因子分析	exploratory factor analysis, EFA
特殊因子	specific factor
特质情绪智力	trait emotional intelligence
提问—回答—评论	question-answer-comment, QAC
体裁	genre
体裁法	genre-based approach
田野笔记	field note
听说法	audio-lingual method
通用学术英语	English for general academic purposes, EGAP
通用英语 / 一般用途英语	English for general purposes, EGP
同伴教育	peer education
同质性	homogeneity
投资	investment
图片匹配任务	picture-matching task
团队教材协作	team-based materials authoring
外生变量	exogenous variable
外语学习焦虑	foreign language anxiety
外语学习愉悦	foreign language enjoyment
微变化分析法	microgenesis analysis
微观伦理	micro-ethics
唯一因子	unique factor
文本分析	text analysis
文化资本	cultural capital
吸收	intake
吸态	attractor state
习得式隐喻	acquisition metaphor
系统—理论教学	systemic-theoretical instruction
系统功能语法	Systemic-Functional Grammar
显性信息	explicit information
现代语言学能测试	modern language aptitude test, MLAT
相邻对	adjacency pair
写长法	the length approach
心理机制	mental mechanism
心理资本	psychological capital

心流	flow
信息传递失败	information breakdown
信息素养	digital literacies
形式—意义映射	form-meaning mapping
形式聚焦教学	focus on form
形式聚焦原则	focus-on-form principle
幸福理论	well-being theory
修正性输出	modified output
修正性输入	modified input
虚拟编码	dummy coding
虚拟模式	enriched virtual model
选择式编码	selective coding
学术发表英语教学	teaching English for research publication purposes, TERPP
学术素养	academic literacy
学术研究能力	academic research ability
学术英语	English for academic purpose, EAP
学术英语学习者能力框架	Can-Do Framework for EAP syllabus design and assessment
学习潜能评估	learning potential assessment
学习者自主	learner autonomy
学习中心说	learning-centered principle
学业浮力	academic buoyancy
学用一体说	learning-using integrated principle
言说	languaging
验证性因子分析	confirmatory factor analysis, CFA
异常值	outlier
意念—功能大纲	notional-functional syllabus
意义潜势	meaning potential
意义优先原则	the primacy of meaning principle
音系过程	phonological process
音系意识	phonological awareness
隐性系统	implicit system
英语非母语教学 / 对外英语教学	teaching English to speakers of other languages, TESOL

英语教学反思量表	English Language Teaching Reflection Inventory
英语通用语	English as a lingual franca, ELF
英语语言教学	English language teaching, ELT
优势行为价值表	The Value in Action Classification of Strengths
游戏化学习和嵌入式形成性评价	gamification and embedded formative assessment
有意操练	deliberate practice
语法翻译法	grammar-translation method
语法判断任务	grammaticality judgement task, GJT
语言技能	language skill
语言接触原则	language exposure principle
语言迁移	language transfer
语言社会化理论	language socialization theory
语言社区	speech community
语言相关片段	language related episode, LRE
语言相关知识	knowledge about language
语言相互依存假说	Linguistic Interdependence Hypothesis
语言学能	language aptitude
语言意识	language awareness
语言阈限假说	Language Threshold Hypothesis
语言政策	language policy
语言知识	language knowledge
语言资本	linguistic capital
语言综合水平	global language proficiency
语义差异量表	semantic differential
预实验设计	pre-experiment design
扎根理论	grounded theory
窄角学术英语	narrow-angle EAP
真值判断任务	truth value judgement task, TVJT
整合技术的学科教学知识	technological pedagogical content knowledge, TPACK
整合连续体	integration continuum
正态分布	normal distribution
知识搜寻序列	epistemic search sequence, ESS
职业英语	English for occupational purposes, EOP
中国式英语	Chinese English

中介	mediation
中位数	median
众数	mode
主观需要分析	subjective analysis
主体性	subjectivity
专家型知识	specialist knowledge
专门学术英语	English for specific academic purposes, ESAP
专门用途英语	English for specific purposes, ESP
专门用途语言	language for specific purposes, LSP
专业化知识	specialized knowledge
专业特定学术英语	subject-specific EAP
转化实践	transformed practice
准实验设计	quasi-experiment design
自动性	automaticity
自发言语	spontaneous speech
自然推广	naturalistic generalization
自然性私语	naturally occurring private speech
总加量表	summated rating scale
最近发展区	zone of proximal development, ZPD
最终能力	ultimate attainment